竞 聘 演 讲 词

竞聘演讲词

宿文渊 编著

北京联合出版公司
Beijing United Publishing Co.,Ltd.

图书在版编目（CIP）数据

竞聘演讲词 / 宿文渊编著. — 北京：北京联合出版公司，2015.9
（2018.11重印）

ISBN 978-7-5502-6119-8

Ⅰ.①竞… Ⅱ.①宿… Ⅲ.①演讲—写作—基本知识 Ⅳ.①H152.3

中国版本图书馆CIP数据核字（2015）第214537号

竞聘演讲词

编　　著：宿文渊

责任编辑：李　征

封面设计：李艾红

责任校对：焦金云

美术编辑：张　诚

北京联合出版公司出版

（北京市西城区德外大街83号楼9层　100088）

北京鑫海达印刷有限公司印刷　新华书店经销

字数486千字　　720毫米×1020毫米　1/16　28印张

2018年11月第2版　2018年11月第2次印刷

ISBN 978-7-5502-6119-8

定价：68.00元

本书若有质量问题，请与本公司图书销售中心联系调换。电话：（010）58815821

　　演讲好，升职快。竞聘演讲是指竞聘者就自己所要竞聘的岗位发表关于竞聘条件、竞争优势及施政方案的公开演讲，竞聘者通过演讲的形式展示自我形象，阐述工作理念，表示竞聘决心，从而加深及增强听众对自己的了解，获得成功竞聘的机会。其中，竞聘是目的，演讲是形式。

　　上至总统选举，下至平民谋职，竞聘演讲在现代社会中都发挥着极为重要的作用。它既能为竞聘者提供一个施展才华的平台，为刚刚起步的事业谋求进一步发展的先机；同时也成为了招聘方选拔人才的有效手段之一。在竞聘演讲的过程中，竞聘者能够对自我竞聘条件进行深入阐述，对过往的工作经历做一回顾和总结，并对所要竞聘的工作岗位提出切实的构想和规划，是对竞聘者个人素质、实际工作能力、文字表现力、口头表达能力及现场反应力等各项软硬实力的综合考评，考察点更为全面，也更能体现效率和公平的原则。

　　1998年，中共中央组织部和国家人事部下发了《关于党政机关推行竞争上岗的意见》，指出："各地、各部门要在总结近年来推行竞争上岗经验的基础上，进一步加大竞争上岗的力度，特别是在机构改革过程中，要积极运用竞争上岗的方式，做好机关工作人员的选配定岗工作，推动机构改革的顺利进行。"为响应该《意见》，全国各党政部门、机关单位、企事业单位在选拔人才时纷纷采取竞聘上岗的形式。十几年以来，公开选拔和竞聘上岗已成为我国党政机关领导干部和企事业单位选拔任用人才的重要方式。

　　说出精彩，才能成就未来。在现实生活中，由于竞聘演讲词空洞无物、条理不清、没有说服力以及不懂得公开演讲的技巧、方法，而错失晋升机会的例子并不鲜见。作为竞聘演讲的辅助工具，一篇优秀的竞聘演讲词能够为你的竞聘演讲锦上添花，为你的个人形象加分，从而为你的未来赢得无数机遇。为帮助广大正在准备竞聘演讲和即将走上竞聘演讲台的读者掌握竞聘演讲的要义，在激烈的竞聘演说中脱颖而出，我们精心组织编写了这本《竞聘演讲词》。本书荟萃数百篇各行各业的优秀竞聘演讲词范文，分类科学、系统，涵盖面广，可即查即用，能够帮助读者在最短的时间写出最精彩的演讲词，并出色完成演讲，是专门为参加干部选拔和竞争上岗人员量身定制的竞聘演讲技能训练教程。

全书共分为"理论综述篇""情景案例篇"和"情景模拟篇"三个部分，选编了大量干部选拔和竞争上岗过程中的经典竞聘演讲稿，并提供了撰写竞聘演讲稿时应注意的事项和禁忌，以及如何在竞聘演讲的过程中化不利为有利、如何抓住听众心理、如何设置竞聘演讲的兴奋点等技巧。其中："理论综述篇"主要分析了竞聘演讲词的概念要素、基本要求、准备工作及各种艺术技巧，从多个角度细致深入地分析了竞聘演讲前后要注意的各类问题。"情景案例篇"包含两个方面，一是岗位理论知识介绍，详细介绍了竞聘岗位的概念特点、工作职责以及做好工作的方法；二是竞聘演讲词案例分析，精选了百余篇出色的竞聘演讲词，并配有精彩的点评，为读者撰写竞聘演讲词提供了有益的指导。"情景模拟篇"提供了竞聘上岗环节中的面试答辩场景，包括面试答辩中可能会出现的问题、解答及点评，帮助竞聘者做好竞聘中有关面试答辩的心理准备和技巧准备。

本书理论与实践紧密结合，相辅相成，是一部囊括竞聘演讲词写作规范、技巧、范例和演讲知识、技巧、方法的大型竞聘演讲实用工具书。既能够为竞聘者提供各类竞聘岗位的最佳范文参考，以轻松应对不同竞聘岗位的演讲需要，也可以为有关领导评判竞聘演讲优劣提供依据。书中所收录的竞聘演讲词，大多是近十年来各行各业竞聘者在竞聘各类工作岗位时的优秀竞聘演讲词范文，可帮助竞聘者快速掌握竞聘演讲词的写作技巧和演讲方法，相信每一位读者都能从本书中汲取到有益的演讲知识，从而能够用一流的竞聘演讲词和出色的演讲征服听众，竞聘成功，跨越更高的人生阶梯，赢取更加美好的未来。

目 录
CONTENTS

上篇
理论综述篇

中篇
情景案例篇

第一部分　机关、事业单位系统

第二部分　企业单位系统

下篇
情景模拟篇

上篇
理论综述篇

第一章

竞聘演讲概述

竞聘演讲的概念

随着公开选拔领导干部在全国各地的全面展开，竞聘演讲已成为优秀人才走上领导岗位必须面临的考验之一。竞聘者要想在竞争上岗中得到评委和听众的认可并进入组织部门的视野，除了学历水平、素质要求外，是否掌握了竞聘演讲的技巧也是一个重要因素。在很大程度上，好的竞聘演讲词是优秀人才获得成功的重要桥梁。

竞聘演讲，也就是竞争上岗的演说。要对竞聘演讲下定义，首先就要搞清楚竞争上岗的内在含义。所谓竞争上岗，是指各级党政机关和企事业单位的工作人员在职务晋升、轮岗交流过程中，通过在一定范围内的公开竞争、群众评议、组织考察等环节，确定拟晋升、留任、轮岗、交流的人选，然后按有关管理权限决定任命的一种领导选拔任用方式。

竞聘演讲是竞争上岗过程中的一项重要内容。它是在一定的组织形式下，参加竞聘者为了达到上岗目的，而在特定的时间和场合，面对特殊的听众，就本人的竞聘条件、竞争优势、施政方案等内容发表的公开演说。竞聘演讲作为一种直抒胸臆、发表政见的重要形式，在竞争上岗中被广泛应用，成为考察个人综合素质的有效途径。在整个竞聘过程中，竞聘演讲词充当了"中介"的角色。通过它，可以为竞聘者和听众之间建立起沟通的桥梁，让听众在较短的时间内对竞聘者有进一步的了解，从而作出是否聘用的决定。

任何一种文化现象的出现都是为了满足社会和人们的需求。竞聘演讲作为一种领导选拔任用的考察方式，也不会例外。它是为了满足现代社会人们展现自我、表达自我的需要而产生的，并将伴随着社会发展的"快节奏"而不断走向"实用化"。

竞聘演讲的特征

竞聘演讲作为演讲者竞聘上岗的主要方式，具有以下 4 方面的特征：

首先，竞聘演讲具有鲜明的目的性。任何讲话都有其目的性，竞聘演讲也不例外。目标的确定性，是竞聘演讲区别于其他演讲的一大特色。竞聘者在演讲开始时就要明确表达这次竞聘的目标，而竞聘演讲的目的也就是竞聘成功。通过竞聘演讲，可以使听众了解竞聘者的生活经历、性格特征、能力素质和工作谋略等，从而认可、推荐竞聘者，使竞聘者达到竞聘上岗的目的。这就要求竞聘者在演说过程中必须始终围绕竞聘的主题，充分展现自我优势，并采用各种积极有效的办法取得听众的信任与认可。

其次，竞聘演讲具有激烈的竞争性。竞聘者在演讲过程中，要针对自身的能力和条件，还有上岗后的各种施政方案、措施，做到"独树一帜"，要显示出他人所不具备的特质。竞聘演讲的全过程，实际上就是竞聘者用语言表述个人的基本素质、能力优势、施政方案，从而与对手进行公开竞争的过程。因此，竞争性贯穿于整个演讲过程。竞聘者在演讲时不仅要考虑个人的情况，而且还要认真分析竞争对手的优势和劣势，使自己能在参照比较中突出自身的特长和优势，从而使自己具有更强的竞争力。

再次，竞聘演讲具有独特的创造性。为了更好地展示个人的才能，每位竞聘者的演讲都要根据个人特点展示自身的特别之处。这就要求竞聘者在演讲时，无论是对个人基本情况的陈述，还是对未来工作的设想和安排，都应力求显示出独特的创造性。特别是对今后工作的设想和安排，更要具备一些独到的、创造性的见解，使在座的群众和评委听了之后有耳目一新的感觉，继而对你倍加信任与赞赏。

最后，竞聘演讲具有真实的质朴性。竞聘演讲鲜明的目的性和强烈的竞争性，决定它具有真实的质朴性。大多数情况下，竞聘演讲不能用夸张、虚浮的态度来粉饰自己，也不能用华丽的辞藻和极富鼓动性的语言来表达。竞聘演讲主要是靠竞聘者真实的才能、诚恳的态度、严谨的思想和创新的思维来表现自己，说服评委，打动听众。因此，实事求是的质朴性在竞聘演讲中显得十分重要。

竞聘演讲的要素

所谓要素，就是构成事物的必要因素。竞聘演讲的要素，主要有演讲者、听众和演讲词。竞聘演讲的三要素之间有着密切的联系，相互影响，相互作用。竞聘者只有充分把握竞聘演讲的三要素及其相互关系，才能呈现出一席精彩的竞聘演讲，从而达到竞聘上岗的目的。

1. 演讲者是竞聘演讲的主体

演讲者是演讲词的创作者和演讲内容的传递者，主导着演讲的整个过程。在竞聘演讲中，演讲者还有着另一个重要身份，那就是竞聘者。竞聘者进行演讲，绝不是"重在参与"这么简单，而是有着"志在取胜"的目的。作为演讲内容的传递者，演讲者本身就是听众关注的对象，再加上竞聘者的身份，便多了一层寻求关注与认可的需要。

竞聘者要想通过演讲取得竞聘的成功，首先要在自身条件上下功夫，保证具备竞聘上岗的条件和良好的整体印象。其次要在演讲的内容上花心思，灵活掌握出奇制胜、吸引听众的演讲技巧。同时还要充分考虑听众的意愿，把握听众的心理倾向，有针对性地选择演讲的题目和材料。

2. 听众是竞聘演讲的积极参与者

听众是竞聘者演讲的对象，但绝不是被动的接受者，反而是竞聘结果的决定者。在企事业单位领导岗位的竞聘演讲中，听众一般由单位领导、评审小组、职工代表组成。领导的态度、评审小组的评分以及职工代表的投票情况，直接影响着竞聘者的成败。正因为如此，听众的反应才备受竞聘者的关注，而听众的心理倾向也是竞聘者准备演讲材料的考虑因素之一。

此外，竞聘演讲的听众是招聘单位的代表，肩负着为单位招聘人才的使命。因此，竞聘者及其演讲内容是听众关注的焦点。听众需要通过竞聘者在演讲中的表现，对其工作能力、综合素质作出判断，判断其是否符合竞聘上岗的条件以及能否胜任这个岗位的工作。

3. 演讲词是竞聘演讲的灵魂

演讲词是演讲者用以展现工作能力与个人魅力进而实现成功竞聘的工具，是评审小组和听众判断竞聘者是否符合竞聘上岗的条件以及能否胜任岗位工作的主要依据。也就是说，演讲词是演讲者与听众共同关注的焦点，是竞聘演讲的灵魂。

一篇精彩的演讲词，对竞聘演讲的成败起着至关重要的作用。它包含了演讲者需要表达、听众需要了解的所有内容，是沟通演讲者与听众、使双方达成共识的桥梁。此外，精心设计的演讲词，应反映出演讲者严密的逻辑思维、清晰的分析思路以及巧妙的语言表达能力。如此才能给听众留下更深刻的印象，才更有可能帮助演讲者竞聘成功。

演讲者、听众和演讲词三者是相辅相成的，忽略了其中任何一点，其他两方面都会受到影响。尤其对演讲者而言，在关乎工作发展前途的竞聘演讲中，一定要对以上三个要素做到同时兼顾、各有侧重。

竞聘演讲的作用

竞聘演讲在现代社会高速发展的市场经济体制中占有举足轻重的地位，上至总统选举、下至平民谋职，竞聘演讲都发挥着极为重要的作用。

首先，竞聘演讲能够为竞聘者提供一个施展才华的平台，为刚刚起步的事业谋求进一步发展的先机。

竞聘演讲为竞聘者施展才华，表现个人素质、业务水平以及沟通交流能力，提供了一个平台，一个能够及时有效地反映竞聘者才能的平台。竞聘者通过演讲，能够以人类最简明易懂的口头语言和肢体语言，将自己出众的才华、不凡的气质以及志在必得的信念展现在招聘方面前，为自己赢得一份工作，同时也赢得一个事业腾飞的机会。

其次，竞聘演讲能够为竞聘者在激烈的职场竞争中奠定坚实的基础。

竞聘演讲既是一门语言艺术，也是一门沟通艺术。在竞聘演讲那短短的十来分钟里，竞聘者能否做到将自己最强大的优势准确无误而又精简凝练地传达给对方，并让对方认可乃至赞赏，决定竞聘者的前途与命运。可以说，竞聘演讲对竞聘者的沟通交流能力是一种极大的考验，也是一块助其攀上事业巅峰的垫脚石。经过竞聘演讲的遴选而胜出的竞聘者，在日后的职场升迁"战役"或业务"争夺战"中，当年那番意志与能力的挑战，将会成为战胜对手最强有力的武器。

最后，竞聘演讲能够为招聘方选拔更优秀、更合适的人才。

对于招聘方，竞聘演讲同样功不可没。它是选拔人才的有效机制之一，也是供求双方最近距离的面谈机会。人才是发展必不可少的推动力，如何选拔优秀并且合适的人才，关乎单位部门内部机制的完善与外部市场的拓展。而竞聘演讲能够更真实、更全面地反映竞聘者的个人素质与综合能力，从而使招聘方能够在众多的竞聘者中选拔出更优秀、更合适的人才。

竞聘演讲"五忌"

竞聘演讲作为一种直抒胸臆、发表观点的重要形式，已成为考察个体综合素质的有效途径，在岗位竞争和竞聘上被广泛应用。竞聘演讲虽然能够为竞聘者提供一个充分展示才华和能力的舞台，但并不意味着演讲者可以在这个舞台上"畅所欲言、为所欲为"。竞聘者要想使自己在竞聘演讲中的出色表现更深入人心，取得评委和听众的信任，就必须了解自己在竞聘演讲中不该做什么，不能做什么，也就是竞聘演讲的禁忌。一般而言，竞聘演讲的禁忌主要包括以下5个方面：

1. 忌"信口开河，杂乱无章"

"信口开河，杂乱无章"，是指竞聘者对自己要竞聘的岗位没有清晰的认识，在演讲过程中抓不住中心，理不清条理，没有前因后果地脱口而出。竞聘演讲是一种具有较强的针对性和时效性的表现方式，竞聘者必须在正式演讲开始前对自己将要争取的岗位作细致的调查研究，从而可以全面了解岗位特征及其要求的素质和能力。这样便可在竞聘演讲词上针对相关内容下功夫，做到"对症下药"，突出重点。有些竞聘演讲者对自己要竞争的岗位没有一个清楚的认识，对一些鸡毛蒜皮的小事翻来覆去地解释，对将要从事的工作却抓不住重点，给听众留下信口开河、杂乱无章的印象，必定导致竞聘的失败。

2. 忌"狂妄自大，目空一切"

骄傲自满、狂妄自大的人，哪怕他的工作能力再强，也难以给人留下好印象。竞聘者要想竞聘成功，就必须给听众留下谦虚的印象，如此才更容易使听众接受你的演讲。有才干者切忌狂妄自大、目空一切，否则，不仅容易引起他人的嫉妒，四面树敌，成为众矢之的，而且容易令听众觉得你不尊重他们，如果让你竞聘成功，那将来在工作中他们又该如何与你相处呢？因此，竞聘演讲者要注意自己的言行举止，展现自我时应拿捏好尺度。倘若一味地自认为条件优越，夸夸其谈，只会引起听众的反感，落得惨败收场。

3. 忌"吐字不清，含混模糊"

竞聘演讲一般要求演讲者在有限的时间内，言简意赅地把自己的基本情况、工作特点以及工作设想告知听众。在演讲过程中，切忌连珠炮式地进行演讲，应该注意把握语调的轻重缓急，在顺畅流利的前提下保证吐字清楚，让听众一听就明白你在说什么。尤其是带有方言口音的竞聘者，可适当放慢语速以保证所讲内容不因吐字不清而使听众对你的演讲不知所云。

4. 忌"妄自菲薄，过分谦虚"

竞聘演讲是一个充分展示才华和能力的舞台，它要求竞聘者在演讲中客观公正地评价自己的竞争优势，大胆发表行之有效的"施政纲领"。但有的竞聘演讲者过分谦虚，明明有能力却妄自菲薄。这不仅不能反映竞聘者自己真实的能力和水平，也不利于听众对竞聘者的表现作出正确的评价，甚至会给听众留下虚伪的印象。

5. 忌"服饰华丽，求新求异"

服饰是一个人精神气质和审美品位的自然流露。竞聘演讲是一项正规、严肃的活动，评委往往会以自己的或大众的审美观来对演讲者的穿着打扮作出评价。因此，竞聘者要注意自己的着装打扮，穿着应以庄重、朴素、大方为宜。女性可以稍微化点淡妆，切忌浓妆艳抹。有的竞聘者认为穿得与众不同就能以新奇取胜，而这样的"新奇"形象往往使自己的表现在评委心目中大打折扣。

正所谓"细节决定成败"。竞聘演讲是竞聘者寻求工作上进一步发展的好机会，千万不能因为演讲的细节问题而错失良机。竞聘者只有克服了演讲中的不良表现倾向，客观、公正地做好自我评价，科学合理、切合实际地阐明工作设想，向评委和听众展示一个真实的自我，才能更好地保证竞聘成功。

·第二章·

竞聘演讲的基本要求

竞聘演讲者的素质要求

素质是个体综合特质的一种表现，它包括政治素质、思想素质、道德素质、业务素质、身体素质、心理素质等。对于具备明确目标的演讲者而言，把握好素质这一关就意味着开启了通往成功的第一扇大门。竞聘者的素质是驱动竞聘者产生优秀工作绩效的各种个性特征的集合，是判断竞聘者能否胜任某个工作岗位的基本依据，是决定并区别绩效差异的个人特征。具体来讲，竞聘者要想在竞聘演讲中获得成功，就要格外注重以下几方面的素质要求。

1.崇高的理想和坚定的信念

崇高的理想、坚定的信念是竞聘者的灵魂。一切成功的竞聘演讲者，他们总是敢于同传统的观念决裂，敢于打破世俗的偏见，以崭新的思想、观点宣传、组织群众，坚信自己真理在握。

一位移动公司副总经理在竞聘时曾这样畅谈自己的工作计划：

一、实现"两个转变"

首先是实现自身角色的转变，即由财务部主任的具体项目管理工作向组织领导者角色转变。既要当好指挥员，又要当好战斗员，与全体移动员工思想上同心，目标上同向，行动上同步，事业上同干。发挥整体优势，创造一个良好的、积极的工作氛围。

其次是实现思维方式的转变。从做财务部主任时的"领导交办，办就办好"的思维方式向"怎样去办，怎样才能办好"的主动寻求开拓工作新局面的思维方式转变，围绕市场经营和网络建设、维护的中心工作，结合实际制订分管工作计划，有安排、有检查，保证各项工作落到实处，确保企业健康有序地发展。

二、抓好"三项工作"

首先是抓好员工的执行能力。工作是做出来的，而不是想出来的。再好的工作方案，如果不能够得到落实，就不会达到预期的效果。提高员工的执行能力，首先，要以身作则，将领导分配的工作首先细分，抓住重点，有计划、有步骤、有检查，面面俱到。其次，要充分调动员工的工作积极性，关怀员工，做好员工之间紧密团结和配合的示范员和检查员，随时掌握工作的进展，各个环节是否协调一致，对开展得力的工作经验及时总结与推广，对落后的工作表现要及时提出有效的改进措施，有奖有罚，充分调动员工的工作热情。

其次是抓好计划建设工作。根据××地形地貌的实际，要有计划，合理安排资源，把有限的建设资金用到最需要的地方，发挥其最有效的作用……

这么一段精心准备的策划演讲，顿时让人了解了这位副总经理在就职岗位上所具备的对工作的崇高理想和信念。一个个独到的见解将理想与现实结合，更把自己对竞聘岗位的执着与激情表达得淋漓尽致。

2. 高尚的品格

要想成功竞聘某个岗位，必须具备高尚的品格才能彻底征服听众并取得信任与赞赏。正所谓有才无德则难登大雅之堂。不注重自身品格修养的竞聘者，即使演讲极富文采，也难以打动听众、亲近听众。因此高尚的品格不仅是成功竞聘的必备条件，更是成功做人的先决条件。高尚的品格并不是一蹴而就的，而是在知识的积累和与人交往的实践中长期造就出来的。

3. 渊博的学识和过人的胆识

竞聘者的演讲才能和演讲水平，是建立在博学多才、有胆有识的基础上的。知识就是力量，一篇优秀的演讲词，不仅打上了竞聘者的人格印记，而且是竞聘者多种学问及技巧的综合运用。因此，要想在激烈的竞聘演讲中脱颖而出，竞聘者就要博览群书，具备多方面的知识，全方位地提高自己的岗位知识储备，以渊博的知识作为演讲论战的武器。哲学使人明智，诗歌使人巧慧，数学使人精细，博物使人深沉，伦理学使人庄重，逻辑与修辞使人善辩。如此通才虽如凤毛麟角，但竞聘者若能广泛涉猎，定能跻身前列，胜券在握。

当然，"知识""学识"应当包括两个方面：一是书本知识，二是实践知识。前者固然重要，后者也不可忽视，二者要结合起来，"知行合一"才能征服各位听众和评委。而首要的，就是不仅要有渊博的知识，还应有过人的胆识，敢于把独到的见解、精辟的分析和对未来周密的计划大胆地表达出来，如此才有可能将之付诸实际。否则，一切渊博的学识都只能成为脑海中的空想。

4.综合能力素质

综合能力素质即要求竞聘者具有较强的民心洞察能力、人际交往能力、调查研究能力、观察思考能力、分析综合能力、信息搜集能力、演讲创作能力、演讲表达能力、演讲吸引能力、演讲辩论能力等。综合能力素质是展示竞聘者对竞聘岗位能力的综合体现，是竞聘考核的关键。

清华大学管理专家就企业各层次人员能力结构，提出了一个"能力结构图"，直观地说明了对企业中不同层级的人员在能力素质上的要求。结构图说明：处于组织（企业）上层、中层、下层的不同职位，对人员能力素质的要求差别很大。领导层要求具备很强的决策能力和丰富的管理知识；管理层要求具备很强的管理能力和一定的决策能力；监督层要求具备较强的管理能力和丰富的操作知识；操作层要求具备很强的操作知识和能力。

因此，针对不同的竞聘岗位，竞聘者要对岗位工作的具体能力要求有所了解，才能有针对性地加强和完善自身的能力素质，才能更快地实现竞聘上岗的目标。

竞聘演讲者的语言要求

竞聘演讲已经成为目前各大企事业单位选拔、提升领导干部的长效机制之一。有的竞聘者的演讲让人记忆犹新，有的则早已被人遗忘。之所以会出现如此大的反差，很大一部分原因在于竞聘者对演讲语言的不同运用。

不同的竞聘者有着不同的演讲风格，在基本条件符合要求的情况下，对语言的选择、加工和提炼是必不可少的。竞聘者要想获得演讲成功，就必须符合竞聘演讲基本的语言要求。

1.要讲真情实话

讲真情实话，是竞聘演讲的基本要求。用事实说话是作为一名竞聘者有力量、有魄力的表现。列宁曾经说过，"吹牛撒谎是道义上的灭亡，它势必引向政治上的灭亡"。服人心者，乃是事实，而不是说大话和假话。大话和假话能骗人一时，却不能骗人一世。竞聘者的演讲更要注意演讲词的真实性，只有以事实说理，才能取得听众的信任与支持，才能达到竞聘成功的目的。

一位竞聘者在电信公司办公室主任的竞聘演讲中是这样介绍自己的：

> 我来自农村，纯朴自然、崇尚美德、爱好文学和富于创意是我的特点。我没有过人的聪明才智，也没有大起大落的坎坷经历，更没有轰轰烈烈的豪迈事迹。我有的只是一种坚忍不拔的精神和矢志不移的信念，以及对学习和工作的满腔热情。'以天下兴亡为己任'是孟子的思想，以电信兴亡为己任则是我的理想……

如此简单、精练、真实的语言，往往比华丽的辞藻更能打动评委和听众。

2. 要敢于触及热点

竞聘者的演讲，其目的性是很明确的，即成功竞聘上岗。因此，在竞聘演讲的过程中，不能漫无边际、毫无目的地瞎谈，要敢于触及听众最想听的热点问题。

一般来说，评委与听众最希望听到的是他们最关心的内容，即所谓的"热点"。这就要求竞聘者要尽可能领会对方的"意图"，试着从对方的角度去思考问题。比如说，就目前的情况，听众也许很希望能听到你对物价、房价改革发展趋势的分析；在座领导与评委也许希望听到你对公司或单位的经济、政治体制改革前景的展望，以及对社会风气的剖析等。因此，竞聘者在演讲时，必须时时注意与听众的共鸣，拉近彼此的心理距离，最大限度地引起听众的关注。

竞聘者敢于触及热点，也就是敢于正视现实，承认矛盾，解决难题。这是做群众思想政治工作的好机会，也是考验竞聘者能否全心全意为人民服务、为人民谋权益的好时机。但是有一点竞聘者要清楚地认识到，敢于触及热点，是为了做群众的思想工作，为了解决问题，而不是为了迎合某些社会心理和社会情绪，更不能对某些敏感问题起到"点火"和推波助澜的作用，否则便会适得其反、自食苦果。

3. 语言要富有知识性

竞聘者要想使自己的演讲令人心动、使人信服，就必须使自己的语言具有丰富的知识性。知识就是力量，它可以使演讲产生魅力，可以使演讲闪现光彩。

其一，竞聘演讲的语言要富含生活常识色彩。竞聘者要尽可能地掌握各种有用并且又非常普通的生活常识，如风土人情、乡土言谈、趣闻轶事以及谚语笑话等。各种知识在演讲中的恰当运用，常常可以取得很好的效果。

其二，竞聘演讲的语言要富含专业知识色彩。竞聘演讲不仅需要常识，而且更需要专业知识。常识能使演讲显得生动、活泼，而专业知识可以使演讲显得深刻、严密。竞聘者在竞选某个专业型岗位时，要在言语表达上尽量往专业化角度靠拢，阐释相关的专业知识、专业术语，要以一个专业人士的身份去说服评委，让他们明白你的能力和优势所在。

其三，竞聘演讲的语言要符合逻辑。逻辑是正确表达思想的首要条件。语言学家吕叔湘、朱德熙在《语法修辞讲话》中指出："要把我们的意思正确表达出来，第一件事情就是要讲逻辑，一般人所说的'这句话不通'，多半不是语法上有毛病，而是逻辑上有问题。"竞聘者要使自己的演讲概念准确，判断恰当，推论合理，论证有力，同样需要依靠逻辑，否则会出现前后表达不一致，目标和措施相脱离的情况。

4.语言要规范化、条理化

要想让竞聘演讲获得成功，演讲者必须具有一定的驾驭语言的能力。虽然每一位竞聘者的演讲风格因不同的性格特点、生活经历、立场观点、知识修养而有所不同，但也应该提倡在某一个具体岗位的竞聘演讲中将多种语言表现形式熔于一炉，使之规范化、条理化。因为规范化、条理化的语言，一方面有助于竞聘者表达顺畅；另一方面有助于听众对演讲内容有一个更清晰的了解。

竞聘演讲者的体态要求

体态，即用身体动作来表达人的思想情感、交流信息及说明意义的沟通手段。体态语亦称"态势语"或"身体语言"，其内容极其丰富，包括手势、面部表情、站姿、坐姿等非语言方式。它既可以起到强调、替代的作用，又可起到辅助、审美的作用。一般来说，在竞聘演讲中，竞聘者掌握好体态语的整体要求，协调运用好体态语，竞聘者的演讲会更具备感染力和号召力，更能增添"此时无声胜有声"的效果。

首先，竞聘演讲过程中体态语对面部表情的整体要求。面部表情是通过面部肌肉的变化来表达人的思想感情的行为过程，它是人类最常用的情感表达手段之一。不同的场所、不同的对象适用不同的表情。总的来说，竞聘演讲者在进行演说时，其面部表情不仅要自然、真诚、适当，也要庄重中略带微笑、紧张中不失柔和。

其次，竞聘演讲过程中体态语对目光的整体要求。俗话说，"看人先看眼睛"。在竞聘演讲中亦是如此，听众通过竞聘者的眼睛来与其进行交流。炯炯有神的双眼意味着竞聘演讲者心情愉快、充满自信；频繁眨眼则反映出竞聘演讲者内心紧张焦虑、缺乏自信。竞聘者在运用目光语传情达意时，要注意与听众"相视"的视角。一般情况下，竞聘者应正视听众，以显示其对听众的重视和尊重；应主动真诚，不能被动游离；应柔和实在，不能呆板、迟钝；应恰到好处，不能矫揉造作。

再次，竞聘演讲过程中体态语对手势的整体要求。手势语也是传情达意的有力手段之一。运用手势语时，不宜太过夸张，过频过滥，不要生搬硬套，尽量做到合理适度。自然、协调、简练的手势语才更能衬托出竞聘者的情感世界，才更能表现出竞聘者的演讲能力及个人修养。

最后，竞聘演讲过程中体态语对站姿的整体要求。竞聘演讲要站得"稳"才能说得"准"。演讲家曲啸曾说过："听众就是演讲者的镜子，而且是多棱镜，从各个角度来反映演讲者的形象。演讲者的体态、风貌、举止、表情都应该给听众以协调平衡以至美的感受。要想从语言、气质、神态、感情、意志、气魄等方面充分地表现出演讲者的特点，也只有在站立的情况下才有可能。"在台上演讲时，竞聘者要挺胸收腹，笔直站立，整体站姿要做到"松而不懈，挺而不僵"。

竞聘演讲者的风格追求

所谓演讲风格，就是演讲者在演讲中表现出来的风度和品格。演讲风格因人而异，与演讲者的自身修养和长期形成的语言习惯、行为习惯密切相关。如今是展现个性的时代，但强调个性的同时，还要考虑到共性的心理倾向。尤其在竞聘演讲中，竞聘演讲者应追求一种既突出个性、又符合听众审美倾向的演讲风格。

一般而言，在竞聘演讲中比较受听众欢迎的演讲方式有以下4种：

1. 庄重大方型

竞聘演讲者在具备知识丰富、学识渊博、社会地位较高的有利条件时，较适合展现庄重大方的演讲风格。庄重大方在竞聘演讲中具体表现为不卑不亢，落落大方；语言稳重缓慢，铿锵有力；手势动作适度，给听众一种值得信任的安全感。

2. 潇洒自如型

潇洒自如的演讲风格相对而言更适合男性竞聘演讲者，其主要表现为风度翩翩、着装大方、口齿伶俐，对于所讲内容十分熟悉，演讲起来从容不迫、侃侃而谈。如此，能给听众留下良好的第一印象，使演讲内容更容易为听众所接受。潇洒自如的前提是不怯场，这就需要竞聘演讲者具有一定的当众演讲的经验，以及公开面试的经历。

3. 缜密严谨型

竞聘演讲者可以通过对演讲内容的精心安排、巧妙布局，表现出一种缜密严谨的演讲风格。这就要求竞聘演讲者心思细密、条理分明，对所讲内容或阐释评述，或立论推理，都要做到思路清晰、逻辑严密。尤其是竞聘一些专业技术含量较高的岗位，竞聘者可着重追求缜密严谨的演讲风格，这样可以更好地取得听众的信任与支持。

4. 幽默诙谐型

幽默诙谐的演讲风格能够令紧张的竞聘演讲在一种较为轻松的环境中进行，相对减轻竞聘演讲者的压力。主要表现为演讲者思维敏捷，词汇丰富，口齿伶俐，掌握一定的语言表达技巧，能够将平淡无奇的事稍加组合与变换，使之成为一些新颖别致、超乎寻常而又能说明问题的道理，从而使演讲气氛轻松活跃，令人心情愉快。当然，适度的幽默诙谐，在竞聘演讲中可起到很好的调剂作用，但绝不能一味地搞笑，而忽略了竞聘岗位的基本要求。

· 第三章 ·

竞聘演讲的准备工作

准备工作的重要性

竞聘演讲的成败关乎竞聘者的工作前途，不能够有半点马虎和随意。竞聘者必须认真对待竞聘演讲，使之成为帮助自己在事业上取得成功的有力武器。对于竞聘演讲的细节之处，同样需要做充分的准备。

美国前总统理查德·尼克松的成功竞选，除了他过人的能力之外，演讲前的充分准备也是他获胜的原因之一。1964年竞选时，尼克松在辩论会中遇到了沃里斯这个辩论对手。尼克松在辩论前做了充分的准备，发现沃里斯曾得到过产联全国政治行动委员会的地方组织的赞助。尼克松以其特有的敏感抓住了沃里斯的这一弱点。

在第一次辩论时，尼克松掏出一张纸片，并大声念道："沃里斯得到产联全国政治行动委员会的赞助。"然后，又故意将纸片塞给沃里斯。尼克松利用这一举动使一部分人对沃里斯产生了不信任感，从而在战胜对手的道路上迈进了一大步。

由于准备充分，演讲生动，尼克松被称为"一名融保罗·里维尔和比利·森迪二人的演讲才能于一身的共和党党员"。

竞聘演讲前的准备工作，是整个演讲的基础。很多人可以在毫无准备的情况下即兴演讲，其中不乏出口成章、雄辩滔滔之辈。然而，这绝不是竞聘演讲所提倡的，更不是竞聘演讲所需要的。竞聘演讲是单位选拔人才的机制，是竞聘者寻求事业发展的机会，只有经过精心的准备，才能充分发挥竞聘演讲的作用。否则，竞聘演讲就可能成为少数天才作秀的舞台。

对于竞聘演讲者而言，准备工作的重要性是不言而喻的。充分的准备能够帮助竞聘演讲者对竞聘岗位、竞争对手、评委和听众有更全面的了解，能够使竞聘演讲者对论述的内容了然于胸，从而舒缓紧张的心情，增加取胜的信心，为最终竞聘成功奠定坚实的基础。

竞聘演讲的心理准备

初次演讲的人都会感到胆怯、紧张、缺乏自信，这是正常的心理反应。即使那些著名的演员、政治家、社会活动家也都有过在大庭广众下胆怯、害羞的经历。为了避免因过分紧张而影响到正常的表现，竞聘演讲者需要在开始演讲前作好心理准备。

1. 竞聘者应确立自信意识，这是竞聘者最基本的心理素质。竞聘者要对自己的实力充满信心，相信自己正是这个岗位最适合的人才，相信自己在演讲时能够将自己的才能充分地展现于听众面前，并能得到听众的认可与赞赏。同时，要相信竞聘的公平、公正、公开，为自己创造心理优势。当然，自信意识需要建立在较强的实力和充分准备的基础之上。

2. 竞聘者要使自己的精神处于最佳状态。竞聘者在演讲前要尽量放松，以一颗平常心去面对竞聘演讲。要做到精神饱满，充足的睡眠是必不可少的。临时抱佛脚的熬夜准备，是竞聘演讲的大忌，不仅不能帮助竞聘者更好地掌握演讲内容，反而容易使其脾气暴躁、面容憔悴，给听众的印象也会大打折扣。

3. 适当的假设。在大多数情况下，人们是在得到其他人的认可和赞赏之后，才相信自己有足够的能力胜任某项工作的。因此，在演讲前假设自己的表现足以令听众满意，能够给自己创造一定的心理安慰，缓解竞聘演讲带来的竞争压力。

4. 竞聘者作好心理准备的一个重要内容就是正确地看待失败。只有当竞聘演讲者清楚地认识到，竞聘失败并不意味着自己一无所有，并不代表着自己一无是处，反而是为日后的成功积累经验，为将来的工作奠定基础。只有这样，竞聘失败就不足以构成演讲者的心理负担，就不会严重影响竞聘演讲者在竞聘演讲中的表现。

竞聘演讲的方式选择

竞聘演讲方式的选择，是竞聘演讲前的重要准备工作之一。为了能够更好地进行演讲，竞聘演讲者需要根据个人的具体情况以及竞聘的岗位、演讲的主题和听众，选择既适合自己发挥实力，又符合招聘单位要求的演讲方式。合适的演讲方式能够帮助竞聘演讲者更好地抓住听众的注意力，使自己的演讲内容更容易为听众所接受。

以下介绍几种常用的演讲方式，它们各有优点与不足，竞聘演讲者在选择时要更为谨慎。

1. 读稿式演讲

读稿式演讲即演讲者拿着演讲稿，逐字逐句地将演讲内容念给听众听。由于演讲稿是事先写好的，语言经过反复推敲，结构经过精心安排，因此，采用这种方式进行演讲能够把演讲的内容准确无误地表述出来，对于现状的分析以及观点的论述，很少会出现逻辑思维混乱的情况。但是，读稿式演讲有着致命的缺点，那就是难以使演讲生动、活泼，缺乏与听众的情感交流，也不能根据听众的反应和情绪做出积极的调整。此外，读稿式演讲除了能够表述演讲的内容外，很难展现演讲者的个人魅力与风采。因此，竞聘演讲者除非能保证演讲内容本身对听众具有极高的吸引力和说服力，否则切忌选用这种方式进行演讲。

2. 背诵式演讲

背诵式演讲在准备充分的前提下，能够展现演讲者的演讲功底，以及对业务知识的熟练程度。它对演讲者的记忆能力有很高的要求，倘若演讲内容过于复杂而超出了演讲者的能力范畴，则会出现忘词、言语磕绊的情况。另外，竞聘演讲不仅注重竞聘者的记忆能力，更注重竞聘者的语言表达能力、分析推理能力、逻辑思维能力等，而背诵式演讲会让听众产生死记硬背的感觉，很难体现竞聘者的综合素质。

3. 提纲式演讲

提纲式演讲需要竞聘演讲者在演讲稿的基础上整理出演讲提纲，提炼出演讲的主要内容和层次结构，作为正式演讲时的依据。这种演讲方式是在读稿式和背诵式基础上的进一步提升，能够达到与听众进行眼神和情感的交流，根据听众的反应灵活调整演讲内容的效果。提纲式不仅有利于演讲者在演讲的基础上运用多种表达技巧使演讲内容更精彩，而且对演讲者自身熟悉演讲内容有很大的帮助。因此，竞聘演讲者在自身条件允许的情况下，可重点选用提纲式演讲。

4. 即兴演讲

所谓即兴演讲，就是事先毫无准备，兴致所至，临时决定进行的演讲。竞聘演讲者在竞聘演讲中选择即兴演讲，基本上等同于选择弃权。但是也有例外的情况，譬如招聘单位为了考验竞聘者的应变能力，临时更换了演讲主题。即兴演讲要求演讲者具有相当丰富的经验和娴熟的技巧，在德、才、学、识、胆各方面有很高的修养，具有很强的记忆力、丰富的想象力和联想力、敏捷的思维能力、大量的语言和材料储备。即便自身条件具备，还得考虑到现场听众的心理倾向和周围的环境因素。因此，即兴演讲用在气氛较为轻松的场合不失为情感调剂的好方法，但在竞聘演讲中，则是对竞聘演讲者的极大挑战。如无必要，竞聘演讲者切勿冒险，挑战自我极限。

竞聘演讲提前到场

提前访问陌生的演讲现场，是竞聘演讲准备工作中的重要环节。尤其是对竞聘演讲的场地、评委和听众并不熟悉的竞聘者，在时间允许的情况下，应提前一个小时到达演讲现场。即使是对演讲现场十分熟悉的竞聘者，也应该提前半个小时左右到场。

竞聘者提前访问演讲现场，主要进行以下几方面的准备：

1.适应环境

演讲现场的环境要素包括很多，诸如场地空间的大小、讲台与听众距离的远近、电子设备的摆放等。一些对气味、颜色敏感的竞聘者尤其需要提前较长时间到达现场，使自己的生理和心理机能对陌生的环境有足够的时间去适应与调整，从而保证以最佳的状态开始竞聘演讲。

2.察看即将使用到的公共设备

即将使用到的公共设备，包括你就座等候演讲的位置，演讲时使用的多媒体设备，以及离演讲现场最近的卫生间等。招聘单位可能会为每一位竞聘者安排好固定的位置，竞聘者找到位置后，确保座椅无损坏，并且需要计划好从自己的座位走上演讲台的路线和时间。多媒体设备是辅助演讲的主要设备，竞聘者务必在正式演讲前掌握好这台多媒体设备的操作方法，一旦发现问题立即与现场工作人员联系，确保自己演讲时不会因设备问题而受到不必要的影响。除了演讲现场内的公共设备外，离现场最近的卫生间的具体位置，也是竞聘者必须清楚的。如果等到准备上场前才急着去找，不仅时间上来不及，而且可能会使自己更紧张，从而影响竞聘演讲的表现。

3.获取最新的情报

在竞聘演讲当天，一些之前不曾透露的消息，诸如此次竞聘演讲的主考官是谁，评审小组的成员有几位，按照什么顺序进行演讲等，都有可能从现场工作人员的口中或来往的文件中得知。一种奇特的心理现象就是，比别人知道得多一些，自我感觉就更良好一些。因此，越早访问现场的竞聘者，就越有可能比别人掌握更多的新情报，就更有可能在竞聘中取胜。

总之，竞聘者提前访问演讲现场，做好一些细节的准备工作，一方面，使自己熟悉并适应现场环境，不至于在演讲一开始就出现各种细节上的失误而错失机会；另一方面，一定程度上可以减轻竞聘者对陌生环境的生疏感，进而有助于舒缓竞聘者的紧张情绪，使竞聘者在演讲中表现得更出色。

第四章

竞聘演讲的写作艺术

竞聘演讲稿的作用

演讲稿是演讲的重要依据，演讲的好坏，除了临场的发挥之外，很大程度上取决于演讲稿的好坏。竞聘演讲比一般的演讲更考验演讲者的个人综合能力，听众的反应对演讲者的影响也更大。因此，演讲稿在竞聘演讲中的作用也更突出，可以说是达到竞聘目的不可缺少的重要保证。

具体而言，竞聘演讲稿的作用主要有以下 4 点：

1.确定演讲思路，规范演讲内容

通过动笔写演讲稿，竞聘者可以整理出一条清晰的演讲思路。对于演讲的主题是什么，立论是什么，听众对此可能有什么想法，怎样针对这些想法表情达意，先讲什么，后讲什么，哪些详说，哪些略说等问题，既要有通盘考虑，也要有局部推敲，做到胸有成竹，才能运用自如。

2.组织演讲语言，琢磨演讲技巧

通过写演讲稿，竞聘者能够找到最恰当的语言，可以把词句推敲得更为准确、严密。如果不经过这一步，靠上台后的临场发挥、随机应变，就很可能把口语弊病带出来。此外，通过拟定演讲稿，还能更好地运用表达技巧。比如，如何在开篇更好地吸引听众，如何制造高潮给听众留下最深刻的印象，如何把握不同层面的内容之间的过渡，等等，这些都需要一番精心的琢磨，方能灵活运用，才能使自己的演讲锦上添花。

3.分析听众状况，做到有的放矢

成功的演讲者在演讲之前，总是要分析一下将要面对的听众的实际状况，而演讲稿就是一份很好的分析报告。对于在座听众中的上级领导、主考官、评审小组以及旁听代表，竞聘者对他们的年龄阶段、职位高低、知识水平、心理倾向、关注的焦点了解得越清楚，在演讲稿中分析得越透彻，演讲就越有针对性，就越有可能获得更大范围的支持，从而达到竞聘上岗的目的。

4. 舒缓紧张气氛，树立心理优势

有一份经过反复推敲、不断完善的演讲稿在手，演讲者在紧张的竞聘演讲中更容易表现出镇定自若的稳重形象。因为演讲者会在心里认为，自己已有了充分的准备，不会在众多听众面前怯场，不必担心会忘记重要的论点和例子。充分的准备是树立心理优势的最好方法，有了这层保障，紧张的竞聘气氛就会得以舒缓，演讲者在演讲时口齿就更流利，表情就更自然，动作就更和谐，演讲效果自然就更理想。

竞聘演讲稿的写作要求

竞聘演讲稿与一般演讲稿不同，在写作上有着其特殊的要求，主要包括以下4点：

1. 具有针对性

竞聘演讲主要是针对一个具体的岗位而发表的演讲，内容上是有一定限制的。竞聘者为了竞聘某个岗位而来，演讲的内容就要针对这个岗位的特殊性来展开论述。在展现自身优势的时候突出强调符合竞聘岗位需要的条件。只有针对竞聘的岗位来发表演讲，才能使你的竞聘演讲发挥出应有的作用，才能使听众觉得你最适合这个岗位。

2. 富有竞争力

这也是竞聘演讲的特征之一。竞聘演讲，为的就是在激烈的岗位竞争中争取听众的支持与认同，从而在事业上取得更进一步的发展。因此，要想达到目的，就必须使自己的演讲内容富有竞争力，才能够与众多对手相抗衡，才有可能在竞争中取得最终的胜利。

3. 逻辑思维的严密性

竞聘演讲稿的内容固然需要体现竞聘者过人的才干和丰富的经验，但这些内容对于听众而言，并不是你说什么就是什么，而是需要实践工作的检验才能使对方确信无疑。然而，竞聘者演讲内容本身所表现出来的逻辑思维能力，是听众在演讲的过程中就能有所了解的。无论在什么岗位上，安排工作、处理问题、总结

汇报等，都需要具有严密的逻辑思维能力才能高效地完成任务。因此，竞聘演讲稿务必在结构的组织、内容的安排、语言的运用等方面反复推敲，体现逻辑思维的严密性。

4. 围绕主题，适当展开

一般演讲稿，内容越丰富，越能激发听众的兴趣。然而竞聘演讲稿不同，必须在严格遵守对方规定的前提下进行写作设计。选择一个符合规定的主题，全篇内容就务必围绕这个主题，适当地展开论述。切忌长篇累牍，"无限"丰富。大多数竞聘演讲都是有时间限制的，一旦在某个部分过多赘述，则难以在有限的时间内完整地揭示主题。因此，围绕主题展开论述是必要的，但必须适当展开，适可而止。

竞聘演讲稿题目的确定

演讲题目是演讲内容和主旨的概括。题目是一场演讲的定音之弦和第一印象，它涉及演讲的整体布局，关系到是否能抓住听众的欣赏心理，吸引听众，并自然地引出下文。许多好的演讲题目以新奇取胜，以美妙夺人，流光溢彩，蔚为大观。

1. 审题与立意

（1）审题。对于竞聘者而言，竞聘演讲是通过向听众介绍自己的基本情况、展示自己的竞聘优势并按照要求表达对某事的意见、观点，从而达到竞聘上岗的目的。而招聘方则是为了通过该竞聘演讲达到招揽人才的目的。因此，竞聘演讲的题目会有一定的规定限制，要求围绕一定的中心，具有方向性、目的性。竞聘者在准备演讲稿时，必须进行认真研究，根据招聘方的要求与规定确定题目。

（2）立意。"以意为主""意犹帅也"，是古人提出的一个写作原则，而且随着历史的演进得到了后代作家们的丰富和发展，一直沿用至今。这就说明了"意"在一篇文章中的重要性，只有"工于炼意""巧于立意"，你才能写出一篇好的演讲稿，为演讲做更好的准备。

竞聘演讲具有很强的规定性。写竞聘演讲稿从某种意义上说是一种半命题式作文，要在一个大命题下，确定自己的题目，并使自己的演讲富有新意、引人注目，使听众产生共鸣，这不是一件简单的事情。那么，对竞聘演讲稿的立意有何要求呢？

首先，立意要符合要求。竞聘演讲必须符合招聘方对内容方面的要求。竞聘演讲具有很强的目的性，要达到这个目的，演讲的举办单位即招聘方，便会对演讲的内容做一定的要求。竞聘者在立意时必须严格遵守这个要求，只有这样才有机会去尝试，才有可能得到对方的认同和肯定。

其次，立意要单纯。古人说："意多乱文。"演讲也是如此，一次演讲最好选择一个主题来讲，而不要面面俱到，否则很难把问题讲清楚。在竞聘演讲中，如果主题太多，那么每个主题的观点只能是轻描淡写、一带而过，导致所有问题都不能讲透彻，结果便会给听众留下一片模糊、不知所云的印象，直接影响到评审组对竞聘者的评分和职工代表对竞聘者的印象，增加了竞聘失败的风险。因此，在目的性较强的竞聘演讲中，一定要注意立意的单纯性，把一个主题讲清楚、讲透彻，一以贯之。

最后，立意要新颖。在竞聘演讲中，往往有题目雷同、材料相似的情况，特别是在严格规定了命题范围的竞聘演讲中，最可怕的就是与其他竞聘者的演讲内容大同小异，从而失去了先声夺人、脱颖而出的最佳时机。因此，在写竞聘演讲稿时，既要考虑对内容的要求，又要有所创新，使演讲稿的立意新颖、别致，不蹈他人之覆辙。这一点对演讲者的要求很高，不仅要求演讲者有分析问题的能力，而且要求其对事物具有敏锐的观察能力、体验能力和概括能力。演讲者要在自己广博的人生阅历、知识积累的基础上，通过自己敏锐的观察和体验，创造性地提炼自己的观点，独辟蹊径地进行立意。也只有如此，你的演讲才能与众不同，才能备受欢迎。

2. 标题的形式

演讲标题的形式多种多样，以下介绍几种竞聘演讲中较常用的形式。

（1）提要式。此类标题能把演讲的内容主旨简明地显示出来，使听众一听标题就对演讲的内容、目的等了然于心。例如，《卫生部门人力资源管理方面存在的问题及改进的措施》《把青春献给国防事业》。

（2）比喻式。此类标题运用比喻或象征等修辞手法，把抽象的哲理或某种特殊的意义具体化、形象化，从而深入浅出地揭示题意。例如，《叶的事业》。竞聘教育部门领导岗位的演讲者把幼儿教育事业比作叶的事业，每一个幼儿教师，都像一片绿叶，在党的阳光下进行着光合作用，孕育着花，孕育着果，孕育着神州大地的万千桃李。这一比喻形象、生动，耐人寻味。

（3）设问式。此类标题通过设问形式，揭示演讲所涉及的思想内容，即演讲的思想内容就是对标题设问的回答。例如，《如何提升学校的核心竞争力》。

（4）警醒式。以只言片语惊人，以微事细物动人，从而激起他人警觉、猛醒。警醒标题常常带有明显的提醒、劝谏、鼓励等意味。例如，《更新我们的观念》《做改革大潮中的强者》等。

（5）并列式。这类标题的特征，就是把两个或两个以上具有相关或相对关系的词语相提并论，比照分析，从而找出其内在的联系，挖掘其深刻的内涵。例如，《科学调度，突破创新，规范管理，争创一流》。

（6）抒情式。"感人心者，莫先乎情"。抒情型标题，是演讲中常用的类型之一。抒情的方法主要有两种：一种直接抒情，即感情的直接倾诉。演讲者用带有鲜明感情色彩的感叹句，直接抒发浓烈的感情。二是间接抒情，即依附于事、依附于理、依附于景的抒情。

（7）引用式。借用成语、俗语、歌词、诗文名句等为题，亲切自然，又富有文采。如《学无常师》《强将手下无弱兵》《心底无私天地宽》等。

此外，还有拟人式、借仿式、别解式、对偶式、反复式、排比式、顶针式等。总而言之，演讲的标题既要激荡着诗的情感，又要闪烁着哲理的灵光。高调突出主题，低调显露才华，力争做到使听众入"耳"不忘，从而给其留下深刻印象。

竞聘演讲稿的内容结构

竞聘演讲的特殊性给演讲稿的准备提出了严格的要求。一篇理想的竞聘演讲稿，应该是完整的内容、严密的结构、凝练的语言的有机结合。而严密的结构和凝练的语言是建立在内容的完整性之上的。如果内容不完整，那么，再精彩的演讲稿，也难以帮助演讲者实现竞聘上岗的心愿。

关于竞聘演讲稿的内容，主要包括开头、主体和结尾 3 部分。

1.开头部分

（1）简洁的称呼。出于对评委和听众的尊重，在竞聘演讲稿的开头部分，应有一个简洁的称呼。例如："尊敬的各位领导，各位评委，各位同事"。由于竞聘演讲相对于一般演讲而言较为严肃，因此不适宜用"女士们、先生们"来称呼评委和听众。

（2）向在座的评委和听众问好，并表示感谢。见面问好是礼貌待人的表现，在任何场合都是必不可少的。真诚的感谢，能够给听众留下谦恭的印象，增加对竞聘者的好感，并达到拉近与听众之间的心理距离的效果。例如：

"尊敬的各位领导、各位评委，在座的各位同事，大家好！非常感谢各位给我提供了这样一个展示自己的机会。"

（3）可以用比较谦和的语气开头。在台下的评委和听众对竞聘者有一定程度了解的情况下，可以使用更为谦和的语气开始个人的演讲。例如：

"在座的很多人对我都比较熟悉了，但是今天，我想让大家对我有一个更好、更全面的认识。"

（4）可以根据具体的情况，针对不同的听众表达获得支持的希望。例如：

"希望各位领导、评委对我的演讲给予指教，更希望我今天的表现能够令在场的各位满意！"

（5）简要介绍自己的个人情况。即便台下的听众都认识你，简要地介绍姓名、年龄、职务以及主要的生活工作经历仍然是必不可少的。要取得对方的信任与认可，首先就要坦诚地将自己展现在对方面前，而大方地介绍自己的个人情况，就是坦诚的最好表现，同时也能给听众留下一个总体印象。当然，这并不是竞聘演讲的主要内容，不可面面俱到，简要介绍即可。

（6）说明竞聘的原因。一般而言，竞聘的原因涉及自身条件符合岗位要求、希望在工作上有进一步的发展等内容。在开头部分，竞聘者先用简练的语言说明自己为什么要参加竞聘，最好提出几个要点，点到即止，使听众有一个大概的了解。具体内容留待主体部分再详细说明。

（7）概括演讲的主题。概括主题，能够使听众对你接下来的演讲有一个初步的了解，更容易把握你的中心思想。同时，在开头部分对演讲主题作一个简要的概括，能够使你更自然地过渡到演讲的主体部分。

2. 主体部分

（1）介绍自己的竞聘条件。包括思想政治素质、业务能力、工作经验和态度等。实际上，这就是对开头部分中略微提及的竞聘原因展开比较详细的论述。注意详略得当，针对竞聘岗位的具体要求展开。重点突出自身的优势条件，但也不能夸大其词，必须客观真实。

（2）阐述主题。根据招聘单位的具体要求，选择主题并展开论述，重点阐述自己的理解和看法，并适当地进行分析。有自己的独到见解是好事，但必须客观地分析。倘若主观色彩太浓，则削弱了观点的说服力，增加了获得认同的难度。

（3）明确任职后的打算。根据工作岗位的具体情况，提出任职后的打算，应重点提及两方面内容。一方面，是切实解决久悬未决的问题，尤其是涉及与听众息息相关的职工福利的问题。另一方面，是针对当前存在的弊端进行改革，并提出明确的目标和可行的措施。

（4）简要介绍自身的不足之处。根据个人的具体情况，简要说明自身仍存在的一些缺点与不足，并表示一定会加以改正与克服。不足之处人皆有之，适当指出一些无关紧要的缺点，为的是向听众表达一种谦虚的态度，获得更多的支持。倘若真有什么严重不足，就要学会藏拙。如果能够将缺点与不足转化为另一种优势，则不失为克服缺点与不足的一剂良方。

3. 结尾部分

（1）表达自己对竞聘成功的信心，以及竞聘成功后必将把工作做好的决心。无论竞聘者的演讲是否尽如人意，无论竞聘者的表现是否体现出自己的真实水平，在演讲稿的结尾处，都要坚定地表示竞聘者对自己能力的肯定，对竞聘成功的信心，以及日后定能将本职工作做好的决心。如果连竞聘者自己都不相信自己，就更难令听众相信你，也就难以取得竞聘的成功。

（2）表明对待失败的态度以及之后的打算。职场竞聘犹如比赛，再出色的选手也有马失前蹄的时候。做好失败的准备，并不表示你自卑，反而是心思缜密、准备周详的表现，并且能起到减压和抗打击的作用。听众也许不能完全认同竞聘者的工作能力、处世作风，但对于坦然面对失败、胜不骄败不馁的竞聘者，反而会留下良好的印象，在投票中很可能会改变初衷。

（3）表达对听众的迫切希望，以及再次感谢。用诚挚的语言表达出竞聘者对获得听众支持的迫切希望，希望听众能投自己一票，并再次向听众致谢。

竞聘演讲稿的结构是安排内容和组织语言的纽带，其目的就是将全篇内容整合起来，构成一个有机整体，展现严密的逻辑性。在竞聘演讲稿的写作中，根据各个部分的具体内容，经常用到的结构形式主要有以下3种：

一是总分式结构。这种结构在演讲稿的写作中最常用。先总括要点，再分点展开论述，最后再进行总结。总分式结构能够使听众对演讲内容有一个总体的把握，印象更深刻。

二是并列式结构。尤其在就某一内容分点展开论述时，经常用到并列式结构。各点之间存在一种并列关系，从不同方面、不同角度阐述同一内容。运用并列式结构，能够使内容整齐，使论述显得更完整、更充分。

三是递进式结构。以逐步深入、层层递进的方式安排内容，便是递进式结构。递进式结构的最大好处是能够通过内容的安排反映出演讲者逻辑思维的渐进过程。采用递进式结构，能够使论述由浅入深、由表及里、层层递进、步步深入。在这个渐进的过程中，更容易增强论述的说服力，达到令听众信服的效果。

竞聘演讲稿的修改方法

初稿写成之后，必须反复修改。"玉不琢，不成器"，"文章不厌百回改"。好文章都是修改出来的，谁也不可能下笔即达胜境。因为人们对事物的认识以及对认识的表现都有一个过程，只有经过反复推敲，反复修改，才能使认识以及对认识的表现渐趋成熟和完善。

竞聘演讲关系到竞聘者的事业前途，演讲稿又是演讲成败的关键之一。因此，在竞聘演讲稿的写作中要仔细谨慎，写完之后的修改更是不可忽视的重要环节。竞聘演讲的目的性很强，其修改的指导思想是：使演讲稿最大限度地帮助你达到演讲的目的。修改的原则是：有针对性地、分门别类地修改。具体主要有以下5点：

1. 观点的修改。首先看全篇的观点是否正确，是否成熟，是否容易为听众理解和接受。如果有问题，或者欠成熟，就必须做进一步的思考，绝不能随便去糊弄听众。正如林肯所言，"你能在所有的时候欺瞒某些人，也能在某些时候欺瞒所有的人，但不可能在所有的时候欺瞒所有的人"。其次要看中心议题是否得当，是否得到了突出的表现。中心不突出，演讲的目的就难以达到。

2. 材料的修改。核实材料是否真实、具体、全面、充分，是否使用恰当，是否能够准确有力地说明问题和表达观点。少则增，多则删，不当则换，虚假的材料则要毫不犹豫地剔除。

3. 结构的修改。看看结构是否完整、紧凑且富于变化，如开场白是否"够味"，正文部分是否有令人振奋的高潮，高潮的位置是否恰当，结尾是否有魅力，段落的划分、层次的安排是否妥当、清楚，上下文之间的衔接、过渡是否自然，前后照应是否到位，全篇文脉是否贯通，等等。如果某方面安排不合理，比如结构太平直，就应立即进行调整和修改。

4. 语言的修改。口才是语言艺术，锤炼语言是口才的基本功。初稿写成后，首先，看句子是否通顺，文字是否简练，这是最基本的要求。写得不通就读不通、讲不通；文字不简练，演讲起来就显得啰唆。鲁迅说："写完后至少看两遍，竭力将可有可无的字、句、段删去，毫不可惜。"其次，看用词是否准确、生动、富有表现力。再次，看修辞是否贴切，是否恰到好处。有时候一心想表现幽默，结果反而弄巧成拙。最后，要试着朗读几遍，看看效果如何，比如念起来是否上口，语气是否适宜，感情是否饱满，音韵是否和谐，节奏是否铿锵有力。

5.篇幅的修改。面对听众的独白式发言，往往有一定的时间限制，修改时还须考虑篇幅的长短是否符合规定的时限。如果超过规定时限，应当压缩文字，删减篇幅。倘若不到规定的时限，有必要的话，可以再增加材料、扩充内容。最好是在保持内容完整的前提下，使内容具有一定的伸缩性。这样，临场时可以根据听众的反应随时作出调整，灵活机动地把握时间。

竞聘演讲稿的常见毛病

在竞聘演讲稿的写作中，存在一些常见病，常常被演讲者所忽视，以至于临场的发挥和正式演讲的效果都受到影响。因此，必须对这些常见病有足够的认识并避而远之，才能充分发挥演讲稿的辅助作用，帮助我们更出色地完成演讲，取得最终的成功。

竞聘演讲稿写作中的常见病主要表现在以下5个方面：

1.确立主题的随意性

与一般演讲相比，竞聘演讲的主题与听众有着更直接、更密切的联系。竞聘者的表现只有得到听众的认可，才能达到此次演讲的目的，即竞聘上岗。可以说，演讲者的生杀予夺之权力，都掌握在听众的手上。因此，竞聘演讲的主题，除了满足一般演讲需要遵循的"客观上有必要""主观上有见解"两条原则外，更要契合听众的接受心理。只有这样，演讲才能够扣住听众的心弦，引起理智上的认同和感情上的共鸣。

要想契合听众的接受心理，首先就必须清楚地了解听众的接受心理。一本书写出来什么人都可以看，而一次竞聘演讲面对的却是特定的听众。不同听众群的接受心理不同，这是由他们不同的年龄、职业、民族、性别、文化修养、宗教信仰、生活环境等因素决定的。因此，在演讲稿的写作中确立主题时，就必须充分考虑到这些特定因素的影响，并根据特定的需要选择主题。倘若仅凭自己的兴趣、感受和感情随意确立主题，往往难以成功。即使演讲的主题具有一定的范围限制，也必须根据听众的接受程度选择阐述主题的角度和方法，从而紧扣听众心扉。

2. 材料选择的高远性

初写演讲稿者往往认为，有关名人、伟人的材料更有分量，演讲中涉及名人伟人的材料越多，就越能打动听众，同时也显示自己的学识。然而，这种做法恰恰导致了竞聘演讲的失败。

一般文章写作选材的基本要求是：要能有力地支持主题，要真实、新颖、典型、生动。这些标准也同样适用于竞聘演讲稿的写作。但竞聘演讲成功的重要条件之一就是竞聘者的演讲首先要能使听众感到亲近，否则就难以跨越和消除竞聘者与听众之间的心理情感距离而为听众所认可。这一方面取决于演讲技巧，另一方面又取决于演讲内容本身。竞聘者的演讲最好能以听众身边发生的事来表达主题，以与听众同层次的人的事迹来打动他们，以自己的亲身经历和切身感受来说明问题，这样更能使听众感到亲近、口服心服。

3. 布局谋篇的平板性

"文似看山不喜平"，演讲稿也不例外。演讲稿在结构上的艺术包容量很大，一般文章的各种结构方式和手法在演讲稿写作中都可运用。古人对文章结构的要求有"凤头、猪肚、豹尾"之说，即文章的开头要漂亮俊秀，主体要饱满充实，结尾要飞扬有力。这个比喻对于演讲稿的写作来说最贴切不过了。

从演讲稿写作的一般情况看，人们都很注重使开场白具有强烈的吸引力，在结尾给人留下深刻的印象，而在主体部分却往往忽略了高潮的建构，整个演讲就缺乏一种激动人心的震撼力。

一些演讲稿虽设置了高潮，但讲起来却不能把听众带入高潮，这就说明了高潮的建构不当。演讲的开头不管多有吸引力，但演讲主题的揭示，听众感情的共鸣主要还是依靠强有力的高潮来完成，演讲的力度也靠高潮来体现。凡成功的演讲都有激动人心的高潮。

高潮并不是随便托出的，凡成功的高潮一定离不开适当的"火候"。这"火候"就是演讲者在对某个问题做了较为深刻、全面的分析阐释后，演讲者的思想感情逐渐明朗，听众也逐渐领会接受了演讲者的思想观点，情感有所带动，可能与演讲者的思想感情发生共鸣之时。只有到了这时，推出高潮才能收到预期的效果。

因此，在写作演讲稿时，不仅要注重建构高潮，而且要掌握铺垫蓄势的技巧。没有铺垫蓄势，就没有震撼人心的高潮。

4. 抒情达意的空洞性

演讲的落脚点是意在让人接受某个道理和观点，虽具有说理性质，但在表达上却是情理交融，而且以情为理之先声，以抒情为说理之手段。演讲稿的抒情方式很多，但也不是可以任意抒情或不讲究方法。许多演讲稿的抒情色彩不可谓不浓，所抒之情也不能说不真，但为何不能打动人呢？其根本原因就在于缺乏给听众提供必要的情感认识基础。这个任务是通过对人与事的叙述、描写来完成的。

情感是一种内在的东西，它必须借助于人物的外在神态和言行才能体现出来，才能传达给他人。所以，演讲要想以情动人，首先就必须通过对人和事作了较充分的叙述描写，给听众提供一个情感的认识基础，换句话说就是让听众明白你是因何而动情、为什么动情到如此程度、值不值得动情等。听众只有了解了这些之后才可能为你所表达的感情而心动。

所以，抒情作为一种表达方式，总是离不开叙述、描写、议论的配合。如果满篇皆是直抒胸臆式的抒情，而没有通过叙述描写提供情感认识基础，那所抒之情便没有依托、没有底蕴，更显空洞肤浅，缺乏感人至深的力量。

5. 语言表达的书面化

演讲稿虽以书面文字写成，但它毕竟是供演讲者演讲、供听众倾听的，而不是专门给人朗读的。因此，演讲稿的语言运用必须为它的实用性目的服务，必须转化为有声语言服务，体现出讲得上口、听得入耳的个性。

我们在生活中见到过许多这样的演讲：虽然演讲者没有拿讲稿，却可以明显感觉到他是在背诵，而不是真正的演讲。许多演讲者力求把演讲稿写得文采斐然，精雕细琢，看起来的确不错，但听起来、讲起来却不一定能收到最佳的效果，甚至还有咬文嚼字的"酸"味和故意卖弄之嫌。这实际上是忽视了演讲稿口语化的要求。

有人错误地认为，只有书面语才优美动人，而口头语则平淡无味。其实，演讲稿所要求的口语化是指用经过提炼的口语写作，剔除日常口语中的粗俗成分，而保留下生动新鲜的生活气息。竞聘演讲稿的语言不仅要求口语化，而且面对特定职业的听众最好能使用一些行业习惯用语，这对于沟通心灵和感情有着特别的作用。

· 第五章 ·

竞聘演讲的听众艺术

如何留下良好印象

竞聘演讲是竞聘者与招聘方之间面对面的交流，富有强烈的感染力。当竞聘者准备推门进场，演讲就算正式开始了。如何走出关键的第一步，说出得体的第一句，做出优雅的第一个动作，对演讲者塑造良好的个人形象，起着至关重要的作用。

首先要准备好自己的着装。心思缜密的演讲者会根据演讲的内容和环境来搭配着装，切忌太过花哨，搭配协调、自然体面是应聘着装的基本要求，能够从视觉上给观众留下良好的第一印象。

当工作人员通知你进场面试时，应从容地站起身，向工作人员微微额首，表示谢意。然后昂首挺胸、精神饱满地走进办公室，以自信而自谦的姿态出现在招聘方面前。当你走到适当的位置，应自然地向招聘方鞠躬，直起身后看着面试主考官的眼神，通过这扇心灵之窗与之交流。在得到招聘方的示意后，才开始演讲。

竞聘演讲的第一句话非常重要，它将影响着竞聘者在招聘方心目中的第一印象，更会直接影响竞聘者接下来的演讲状态。平稳的语速、轻快的语调能使招聘方更愿意听竞聘者把话说完，使竞聘者有足够的时间展现自己的才华。也许竞聘者的容貌不够出众，也许竞聘者演讲的内容不够新颖，但只要竞聘者能让对方耐心地听自己把话说完，就足以让竞聘者战胜一批挑战者。

在演讲的开始，最好不要有太多动作，等到紧张的心情平复，开始进入稳定状态后，再辅以肢体语言。必须注意的是，第一个动作切忌太急、太快，要将无意识的动作自然地融入最佳的有声语言之中，避免一切矫揉造作的多余动作，从而给招聘方留下深刻的第一印象。

除了外在的装扮、举止之外，竞聘者要想给对方留下良好的第一印象，还要注重自身素质。

1.要充满自信。面试时，自信是保证自己能够超常发挥的有力武器。时刻保持一种舍我其谁的取胜姿态，才能更好地将自我优势推荐给招聘方，才能给对方留下良好的第一印象，更好地使对方认定你就是竞聘这个岗位的最佳人选。

2.要充满热情。热情，彰显青春的活力，使人富有吸引力，在与他人的交往中更容易令人产生好感。个性开朗、热情大方的人，更容易在言谈之中给人留下良好的印象。

3.要机智老练。职场竞聘，到处是机关陷阱。要想在激烈的竞争中胜出，给招聘方留下深刻而良好的第一印象，并为日后的发展开路，应聘者就必须学会机智老练。机智老练是需要实践来磨炼的。在自己没有经验的情况下，就要学会去吸取他人的经验教训。事先准备好应对一些极可能令你当场愕然的提问，比如："你为何不继续上一份工作？""你凭什么认为你能胜任我们这份工作？""你对工资有什么期望？"很多时候，招聘方提出这些问题，重点并不是你的答案，而是你在回答中所表现出的机智与老练。

总而言之，整个演讲过程中，演讲者要时刻保持清醒的头脑以及良好的心态，措词谦虚而不失自信，态度谨慎而不失从容，展现业务水平的同时更要注意自身的综合素质，从而给招聘方留下良好的第一印象。

如何开篇吸引听众

演讲的开篇，是演讲者与听众沟通的第一座桥梁。虽然竞聘演讲不像其他演说那样需要精心设计一个文采与理念并重的开头，但它关系到招聘方对竞聘者的第一印象，因此，对竞聘演讲的开篇同样不能忽视。

好的开篇最关键的是引起听者的注意，因此必须言辞生动，形式新颖。可以是寓意深刻的名人名言，以理服人；也可以是气势磅礴的长串排比，以势立品。可以是感人至深的叙述；也可以是引人思考的设问。可以直接切入主题；也可以留下悬念。不过，开篇切忌长篇大论，否则会让听众失去耐心。以下列举5种常用的开篇方式：

1.开门见山式

开门见山，就是在一开始就用高度凝练的语言把演讲的基本目的和主题告诉听众，引发他们想听下文的欲望，接着在主体部分加以详细说明和阐述。这是一种直截了当的手段，立即进入正题，不迂回，不啰唆，不要任何多余的赘言和楔子。这种方式能紧紧抓住听众的心思和感情，是一种最常见的开篇方式，在演讲中被广泛应用。

2. 问题式

问题式开篇是指在演讲开始时采用提问、设问或反问的形式。在适当的情境下进行提问，通过引人思考的方式，可以缩短演讲者与听众之间的心理距离，营造轻松的气氛，能在最短的时间内引起听众的注意，通常能取得极佳的效果。问题式开篇可分为提问式、设问式和反问式，需要根据不同的情境加以把握。

3. 阐述式

在开篇就清楚地交代演讲的主要内容，让听众一听就知道竞聘者是否切中主题，是否符合他们的招聘要求。用这种形式开篇，自然而朴实，不会让人误会为标新立异而产生反感，是最好把握的一种形式，也是最适于演讲者与听众开展互动的形式。

4. 赞扬式

人们一般都有爱听赞扬性语言的心理，作为招聘人才的考官也不例外。适当的场合，适当的语气，几句赞美之词，不仅是尊重对方的表现，更能令对方感受到竞聘者的诚意与用心，尽快缩短双方之间的感情距离，给对方留下更为深刻的印象。当然，虚情假意的赞赏，只会是自取其辱。只有由衷的、发自肺腑的赞叹之词，才能为你的竞聘演讲锦上添花。

5. 典故式

在许多演讲中，演讲者为了使自己的演讲更能吸引他人，更具有内涵，往往采用典故式开场白。典故式开场白就是在演讲开头时，用一个故事或引用名言、格言等来开场。这种方式表意深刻，启迪性强。例如：故事式开场白就是在演讲开始时先讲一个与所讲内容有密切联系的故事，从而引出演讲主题的。

好的开篇虽然形式多样，但仍需遵循一定的原则。内容上，要力求有新意，能给人以耳目一新之感。形式上，力求做到巧趣、别致、新奇，要像磁铁般紧紧吸住听众的心。对于篇幅较长的演讲，应在开篇时列出一个简单的纲目，使听众对你的演讲思路与主旨大意了然于胸，从而给出符合你真实水平的评价。

如何抓住听众需求

竞聘者要想抓住听众最想听的，就应选择听众怀有浓厚兴趣的话题进行演讲。这就少不了演讲前的相关资料收集工作。大到招聘方整体的经营重点、发展方向，小到竞聘部门主考官的主要工作、生活习惯，任何与招聘方息息相关的资料，都是收集的重点，都要采用多种途径、多种手段高效率地进行。

掌握听者的思想水平、文化程度、职业状况、兴趣爱好等基本情况，能够更好地帮助你明确竞聘演讲的主题。演讲者对听众了解得越深刻，就越接近演讲成功的彼岸。但是，竞聘演讲的对象，绝大多数是演讲者第一次接触的陌生人，而且是部门的高层，对他个人的兴趣点很难把握。要想做到有的放矢，就必须从大处着眼。

对于一个公司而言，利益以及未来的发展前景，绝对是每一个招聘方喜闻乐见的，也是招聘人才最主要的目的。演讲者要牢牢把握这一中心命题，根据不同行业的具体情况，多谈切身的感受与深刻的认识，并就目前的形势加以分析，尝试提出大胆的假设与建议，不仅要让对方觉得自己是个人才，更要让对方把自己当作公司未来的希望！

除了从整体上把握招聘方的兴趣点，还要充分展现个人的语言表达能力、应变能力、业务水平、思想素质以及个人的优势，将个人优势转变为一种潜在的创造效益的力量，使之成为对方关注的焦点，让对方觉得自己所具备的优势是他人无可比拟的。在阐述优势时，要有所侧重，特别要注重和岗位特点有关的方面。

要在演讲中引起听众的注意，除了在演讲前做好充分的资料收集工作外，还有一项极为重要的技巧——景象描绘。景象描绘就是使用能造成图画般景象的字眼，让人听起来有轻松愉快之感。卡耐基在总结他的成功之道时说："景象！景象！景象！它们如同呼吸空气一般，是免费的。把它们撒在演讲里，你就更能欢娱别人，也会更具影响力。"竞聘演讲关乎个人职业生涯的前途，紧张的气氛是不可避免的。灵活把握景象描绘的技巧，既能够缓和因压力而愈发强烈的紧张感，又能吸引听者的注意，给听者留下深刻的印象，可谓一举两得。

如何取得听众信任

应聘者能否成功地说服招聘方聘用自己，很大程度上取决于对方是否认为竞聘者是可信的信息来源。即，对方是否认为竞聘者值得信赖。

　　扎实的基础知识和专业技能是说服招聘方最有力的理由，因为这是他们在挑选人才时必须关注的因素。然而，光是具备才能是远远不够的，关键是能否将这些信息准确无误地传递给对方，并且使对方相信当前的竞聘者就是他们需要的人才。因此，必须要想办法在演讲中建立自己的可信性。

　　竞聘者要想让对方相信自己，第一印象是至关重要的。信任是在与人交往的过程中逐渐建立的，当竞聘者没有太多的时间与考官沟通交流时，就只能从第一印象入手，让他从见到竞聘者的那一刻起，就觉得竞聘者淡定而谦虚，自信而稳重，绝不是狡诈诡辩之人。一般而言，着装朴实无华、言谈谨慎、举止稳重大方的人，较之打扮入时、口若悬河、不拘小节的人，更容易在短时间内取得对方的信任。

　　演讲过程是取得对方信任最重要的环节。虽然竞聘者的言语未必足以令对方信服，但热情洋溢、诚恳友善的个性以及认真关注对方、时刻保持情感交流的眼神，足以让对方感受到竞聘者的魅力所在。听众对竞聘者个性的反应，对决定竞聘者在对方心目中的可信性起着至关重要的作用。毕竟一旦通过招聘，竞聘者将会成为他的下属或同事，如果个性冷傲、难以捉摸，何谈进一步的沟通交流、合作发展？

　　此外，要获得对方的信任，还需要依靠自己的经验。经验是演讲者在亲身经历的真实生活中日积月累而来的，有着一种真诚的力量和可靠的特质。对于听众而言，经验的说服力更胜于书中的经典论断。尤其在实际工作中，丰富的经验更为重要。因此，在竞聘演讲中，以自身的经验之谈对观点展开论述，更容易取得听众的信任。

　　最关键的一点，便是通过实实在在的演讲内容取得听众的信任。竞聘演讲虽然能够锻炼竞聘者的表现能力和抗压能力，但它最主要的目的还是为竞聘者取得一份理想的工作，为招聘方筛选一批合适的人才。因此，竞聘者要想在演讲内容上取得对方的信任，就必须在相关问题的回答中让对方感到这份工作非自己不可。

　　首先，关于为什么要应聘这份工作。很多人在回答这个问题时，只会将对方夸得天上有地上无，却忽略了这份工作对他自己而言的真正意义，而这，才是最能说明问题的答案。大胆而诚恳地表明这份工作对自己意味着什么，不仅不是个人功利主义的表现，反而更能体现为人的直率与坦诚，更能取得对方的欣赏与信任。

　　其次，关于竞聘者对这份工作能作出什么贡献。对于这个问题，夸夸其谈固然不可取，但舍我其谁的自信必须在此时淋漓尽致地展现出来。勇敢地说出以自己的才干能在这个工作岗位上发挥怎样的作用，不仅给了对方最迫切需要知道的答案，更给了对方不得不信服的理由。

最后，关于工作前景的展望。竞聘者要想让对方相信自己能够胜任这份工作，不仅要对现在的工作情况有一个清楚的认识，更要对工作的前景做进一步的思考。思考的结果没有完全的对与错，只要立足于客观事实，遵循发展规律，具有切实的可行性，那么，你展现出的就不只是你对工作前景的展望，更是你对这份工作的热忱与追求。

如何引起听众共鸣

当众竞聘演讲时，听众的反应是衡量讲话是否成功的标准。因此，选择话题首先要考虑听众是否能产生共鸣。听众能接受并产生共鸣，才能成功。如果听众对此不感兴趣，即使竞聘者讲得津津有味、口干舌燥，也无济于事，没人爱听，白白浪费唇舌。那么，怎么样才能让听众接受并引起听众的共鸣呢？

竞聘者要尽量选择那些与听众关系密切、能给人以启发的内容作为话题。竞聘者在讲述时必须考虑听众所处的场合、背景，应做到"具体听众具体分析"，依据不同性质、不同层次的听众选择不同的表达方式，从而实现竞聘者与听众之间的心理共鸣。

共鸣源自彼此共同相信的事实。在各种争议中，不论分歧多大、多尖锐，总是会有某一点是竞聘者能让对方产生心灵共鸣的。不论一个人多坚决地想和竞聘者意见相左，但这样的言论，也会使他确信竞聘者公正坦诚的心意。

竞聘者要想引起听众的共鸣，还要建立与听众的情感交流，让听众不止在心理上、思想上，更要在情感上参与到你的演讲之中。圣弗朗西斯科的喜剧教练约翰·坎图建议，通过唤起听众情感上的共鸣，让他们参与到演讲中来。"有一些特殊事件对人有很多特别意义，要设法将这些事件引入到你的演讲中去。"约翰解释说，"他们会强烈地融入你的演讲。"

要想尽快引起听众的共鸣，竞聘者必须注意题目的时代性。成长、生活于不同时代的听众，对属于他们的时代记忆特别的情有独钟，尤其是意气风发的青年时代，那时的事，可能会给他们留下一生难忘的回忆。如此，能够让听众产生"身临其境"之感，并建立与听众开展互动的桥梁。

美国西北大学前校长华特·狄尔·史柯特曾说："凡进入脑子的意见、概念或结论，都会被认为是真实的，除非受阻于相反的意念，就另当别论了。"心理的形态在这方面表现得更为明显。因此，一开始我们能诱发愈多的"是"，便愈有可能成功地抓住听众的注意力，使听众保持对自己的赞同，从而引起共鸣，为我们最终的建议铺路。

如何尊重关爱听众

尊重听众既是一个态度问题，也是一个技巧问题。它不仅是与人交往的基础，更是职场竞聘中征服听众的有力武器。在竞聘演讲的考官面前，无论你自恃才高八斗而生性傲慢，还是身份尊贵而忘乎所以，不学会尊重对方，必然一败涂地。而真心地关爱听众，更能为走上领导岗位并且更好地开展工作，奠定坚实的群众基础。

1. 尊重听众

首先，必须是发自内心的情感，才能由内而外地表现出来。尤其当你面对着台下众多陌生的面孔，紧张而激动地进行你的竞聘演讲时，你就像商场橱窗中的陈列品，一览无余地暴露在听众面前，言谈举止间，流露出的是内心对外界的真实反应。

其次，必须学会谦虚。谦虚是一种美德，是让对方放下成见接受自己最好的方法。哪怕竞聘者果真学富五车，才智过人，也切忌妄自尊大。以谦虚的态度与人交往，才能换来展现才华、发挥一技之长的机会。否则，等待竞聘者的便是"天妒英才"的悲剧。

最后，要努力做到语言凝练。简洁精练的语言既是认识能力和思维能力高超的表现又是性格果敢决断的表现。而在生活节奏快、时间观念强的现代社会，简洁精练的话语更是尊重听众的表现。尤其在竞聘演讲中，以高度凝练的语言表达完整而深刻的含义，既展现了个人的才华，又节约了听众的时间，为听众在最短的时间内创造了最大的价值——找到适合的人才，是尊重听众最实际的表现。

2. 关爱听众

关爱听众最直接、最富成效的方法，便是通过运用人称代词以及提出修辞性疑问句（不需要听众回答的问题）等技巧来与听众建立共同基础。比如，可以这样开始演讲："我确信，我们都曾有过这样的经历……"或者："你记得当你……的时候，你的心情是怎么样的吗？"随着技巧的增加，竞聘者就会发现，在通过多种方式表达信息的同时，可以使听众知道演讲者在演讲时想着他们，从而拉近了演讲者与听众之间的距离。

尊重听众、关爱听众，都是一种发自内心的情感外化的表现。要充分地利用稳重的举止、注视的眼神以及凝练的语言等外在条件，来展现你内心对听众的尊重与关爱，为成功开路。

如何寻找支持者

作为演讲者，在演讲过程中，尤其是极需要对方认可的竞聘演讲中，当竞聘者看到对方脸上流露出怀疑的表情抑或消极的反应时，顿时会感到焦急与不安。要知道，那意味着对方开始对竞聘者产生不满、不耐烦甚至反对的情绪。

要想在听众中寻找支持者，就必须做到善于观察，观察听众的面部表情、体态动作等。

1.善意的微笑

虽然不苟言笑未必是对竞聘者不满，但总不及面带微笑让人心情舒畅。微笑是人类友好情感的最直接表达，愿意对竞聘者的表现给予微笑的人，在很大程度上是对竞聘者表示认可的，起码他乐意听竞聘者把话说完，并友善地对待竞聘者的演讲。

2.点头

当演讲者发表了某种观点或是回答了某个问题之后，如果得到了听众的认可，那他们自然而然的反应便是点头。世界上绝大多数的语言，都将"是"的含义蕴含在了点头的动作当中。愿意为竞聘者的演讲做出点头动作的听众，即便他在深思熟虑之后不一定完全接受竞聘者的看法，但在点头的那一刹那，便是他表示认可的条件反射的结果。

3.上身微微前倾

坐姿固然与一个人的修养有着密切的联系，但在一定程度上也表现出了他对外界的反应。在倾听演讲时，上身微微前倾的听众，很可能就是认为演讲内容符合心意，愿意留心倾听的听众。

在演讲过程中，寻找支持者将会对竞聘者的演讲产生很大的帮助。当竞聘者将注意力锁定在竞聘者的支持者身上，竞聘者将看到善意的微笑，甚至一些志同道合者会向竞聘者频频点头示意，表示对竞聘者的认同与赞赏。他们对竞聘者充满好奇并愿意积极配合他的演讲，不仅渴望从竞聘者的演讲中获取信息，也愿意给予他更进一步的鼓励。

·第六章·

竞聘演讲的内容艺术

如何让演讲主题脱颖而出

主题是演讲的灵魂。竞聘演讲的主题，是竞聘者通过现场演讲的形式表达出来的基本观点、中心思想，它贯穿于整个演讲过程，是组织全篇演讲的主线，起着提纲挈领的重要作用。

竞聘演讲的主题是否新颖，对演讲的成败起着关键性的作用。只有标新立异的主题才能让人为之倾心。在演讲中，创新已经成为一种时尚的追求。创新主题的途径，主要有以下 3 种：

1.钩沉发微法

竞聘演讲中常会用到贴近日常生活的事物作为材料，钩沉发微法就是指针对某一事物现象，发现其向来不被人注意的本质意义，从而确定更新颖的主题。某些常见的事情，并不符合实际，却往往被当作正确的东西长期相传，浮在面前，人们也并不认真加以追究，而对那些事理的正确认识，却沉到了生活的最底层。如果把它们钩出来，确定为主题，自然能够突破习见或传统看法，使听众耳目一新。

2.角度变换法

艺术摄影不仅可以从正面平视的角度拍摄，镜头可侧、可背、可仰、可俯；可以逆光，亦可以顺光。只有这样才能拍摄出不同特点的照片。从同一则材料中发现不同的主题，也需要这种艺术，这就是角度变换法。苏轼的名句"横看成岭侧成峰，远近高低各不同"，非常形象地说明了这种方法的奇特作用。任何事物的内部结构都比较复杂，外部情况也是多种多样的，因而同一事物除了具有正面基本意义之外，还具有许多旁引乃至反面的意义。因此，在构思过程中可以从多角度引出众多主题进行充分选择，避开俗题。

3. 知识杂交法

所谓知识杂交，就是把自己熟练掌握的不同学科中相对独立的知识或问题结合起来，使之构成一个新的题目进行研究，从而引出全新的观点。这也是学术研究选题创新的重要方法之一。在竞聘演讲中，针对那些比较客观的材料和标题，构思时应将这些感情的东西渗入到个人的生活经历或经验以及自己的文化知识中。如此一来，竞聘者便赋予了这个题材新的内涵。于是，这个主题便在无形中产生了新意。

光是主题新颖还远远不够，还要给新选出的主题冠以一个响亮而又能准确概括它的名字，也就是题目。题目的拟定务必要做到简洁、新奇、意远，让听众"一听便知，过耳不忘"。

此外，确立竞聘演讲的主题还需要注意以下几个问题。

1. 主题要具有时代性。竞聘演讲本身就是现代社会高速发展、变革的产物，置身于这样的时代，要想在职场生涯中略胜一筹，就必须具有一种时代精神，同时将之付于竞聘演讲的实践当中。具体而言，就是要在演讲中反映出"体制革新""市场经济""人才优势""资源规划"等体现时代精神的内容。

2. 主题要科学、合理。演讲的主题必须符合客观实际，符合最基本的法律法规、道德规范的要求，更要充分考虑到竞聘岗位的特殊性和自身条件的局限性，选择科学的、合理的演讲主题。

3. 主题要唯一。主题唯一能够增强表现力，更能聚焦听众的目光于一点，使竞聘者有足够的时间和空间将其深刻的内涵发挥得淋漓尽致，给听众留下深刻印象的同时，又能充分展现竞聘者的个人能力。过多的主题则容易出现主体内容混乱以及中心思想不明确等问题，在增加演讲难度和竞聘者自身压力的同时，更有可能使听众将多个主题混淆。

总之，竞聘者要学会借助于丰富的材料、环环相扣的严密逻辑和由表及里的解剖功夫，层层深入，步步递进，犹如剥笋一般，始露其表，逐层及里；初剔外围，渐触内核，及至最后豁然显示出主题的光辉。

如何选择竞聘演讲的材料

竞聘演讲虽是演讲的主要形式之一，但也具有不同于其他公开性演讲的特殊性。在内容上，竞聘演讲主要包括两部分，一是竞聘者自身的业务水平和综合素质，二是上岗之后的施政纲领或工作计划。

针对以上内容，选择竞聘演讲的材料，应遵循一定的原则：

1. 必须保证材料的真实、可靠。真实、可靠的材料是指符合客观实际、准确无误的材料。只有保证材料的真实、可靠，才能在立论说理的过程中站稳脚跟，言之凿凿，使演讲观点更具说服力。同时，这也是竞聘者实事求是的精神品质和工作作风的表现，对树立竞聘者的诚信形象有很大帮助。

2. 必须围绕演讲的主题选材。材料最大的作用就是对主题或者中心思想的辅助，是为了让听众更好地理解竞聘者的演讲内容。脱离主题的材料，即使再炫目、再振奋人心，也不过是白费力气。

3. 扬长避短。竞聘演讲是帮助竞聘者在岗位竞争中取胜的手段，必须充分展现竞聘者的优势方能达到目的。因此，选择竞聘演讲的材料，务必做到扬长避短，充分发挥优势的同时，还要学会藏拙。

4. 选择有表现力的材料。要使演讲内容更吸引人，就必须选择并熟练地运用形象化材料。形象化材料主要包括比喻性材料和比拟性材料。一般来说，形象离不开比喻，比喻是为了形象。而比拟的修辞手法，则更利于增强语言的力度。

5. 选择富有新意的材料。新颖的材料能够满足听众的审美活动和求异思维的需要，使听众视野开阔，更乐意给予竞聘者充分的时间，听竞聘者把话说完。

6. 选择亲近听众的材料。演讲成功的重要条件之一，首先就是演讲能使听众感到亲近，否则就难以跨越和消除演讲者与听众之间的心理距离而为听众所认可。这一方面取决于演讲技巧，另一方面则取决于演讲内容本身。选用名人、伟人的材料是种好方法，但是必须用得适度，如果通篇都如此，必然缺乏亲近感，使听众感到可望而不可即，也就不能唤起听众仿效靠近的心理效应。所以，明智的竞聘者总是很注重材料与听众的"接近性"。

在遵循以上原则的前提下，还需要掌握选材的具体方法：

1. 寻找材料的来源。首先要有丰富的材料来源，才能从中筛选出适合某次演讲之用的材料。这就要通过广泛的调查，扩大选题范围，充实选材的内容。比如，从有关的书刊、资料中搜集材料，到有关现场去调查材料，访问有关人士去征集材料，与有关听众作广泛的接触等等。当然，自身的阅历在其中发挥着重要作用，因此，对于成长、生活过程中的点滴精彩，同样不可错过。

2. 对材料进行分析。丰富的材料之中蕴含着深刻的内容，能够满足演讲的立论需要，但很多情况下需要竞聘演讲者去发掘，去分析材料的多样性，并且在客观性的前提下，分析材料的主观含义，为材料的甄别作好准备。

3. 在分析的基础上加以甄别。根据以上原则，以及不同情境的需要，竞聘演讲者对材料进行最后的选择，取其精华、去其糟粕。

如何设置演讲过程的悬念

所谓悬念，是人们急切期待明白某种事物发生、发展、结局的心理状态。演讲时巧设悬念，可以勾起听众的迫切期望和悬念意识，使听众产生浓厚的探究心理和倾听兴趣。

设置悬念的位置，可以在开头，在转折处，也可以多层设置，一悬到底。开头设置悬念，为的是引起听众最初的倾听兴趣。在演讲转折处设置悬念，能够吸引听众产生新的倾听兴趣。而多层次地设置悬念，则能吸引听众一猜再猜，甚至一猜到底，使听众保持对全篇演讲的倾听兴趣。

竞聘演讲中，一般在开篇设置悬念。如此能够引起听众的好奇心，使听众的心情犹如悬在半空中一样，并能激发听众的兴趣。很少有人能不被好奇心所影响，如果开口的第一句话就能引起听众的好奇，竞聘者就已经掌握住了听众的兴趣和注意力，并为自己争取到了更多的时间和机会。

在篇幅较长的竞聘演讲中，偶尔设置悬念，能够为平铺直叙的演讲增添亮点，从而舒缓严肃紧张的气氛，调整听众的情绪，使听众在接下来的演讲中同样保持愿意倾听的心态和乐意接受的心理。

构成悬念的因素有很多：

1. 突兀的提问构成悬念。问题，总是听众所关注的，特别是那些与听众的工作、生活密切相关的问题，而问题仅仅是个"？"号，还需要有下文。所以，问题本身就是悬念。问题提得越突兀，悬念的吸引力就越强。

2. 以新鲜、奇异的事物构成悬念。新鲜、奇异的事物后面，隐藏着新事为什么新、奇事为什么奇的悬念。精心选择、运用新奇的事实材料，可使悬念高高吊起听众的倾听"胃口"。

3. 以鲜明的对比差异构成悬念。对比差异就是矛盾。越是鲜明的对比，越是悬殊的差异，就越引人注目，就越能强烈地吸引听众去探究原因，推动听众去了解矛盾的发生、发展和最后的结局。

4. 以越轨、反常行为构成悬念。正常的事人们不足为奇，超越常规，一反常理、常态的行为，人们就倍感好奇。巧妙借助越轨、反常的事实材料，可收到出人意料、引人入胜的效果。

5. 以惊人的结论构成悬念。以倒叙方式布局的演讲，常采用这种思路设置悬念。听众被惊人的结论所吸引，就会进一步去研究这个结论是凭什么得出来的。所谓惊人的结论，不外乎言别人所不能言、不敢言，说别人欲说但尚未说，讲别人心中所有而言中所无的肯定或判断之语。

设置悬念的方法很多。可以运用与内容相联系的实物；可以运用突然发出、与主题反差较大的情感；可以运用听众一时难以回答上来的串词；可以运用带有夸张色彩的动作；可以运用录音、幻灯、录像设备；等等。此外，悬念的设置还要注意新奇，产生出人意料的效果；形象，在听众的情理之中；到位，表达圆满自然。

悬念的产生，得益于一些事实存在的不合理性。突然将一些令人莫名其妙、迷惑不解的事情推到人的眼前，悬念随即产生了。但是，制造悬念不是故弄玄虚，既不能频频使用，也不能悬而不解。在适当的时候应解开悬念，使听众的好奇心得到满足，而且也使前后内容互相照应，结构浑然一体。

如何选择演讲内容的事例

演讲中涉及具体的事例是不可避免的，而选择事例则最好考虑发生在自己身边和听众身边的事。尤其在目的明确的竞聘演讲中，竞聘者更需要以身边发生的事来充实演讲内容，引起听众的关注与重视，才能更好地实现竞聘上岗的目标。

对于竞聘演讲者而言，发生在自己身边的事，印象最深，感触最大，由此而引发的思考也最具说服力。尤其是亲身经历的事，首先在细节描述上就足以做到淋漓尽致，在此基础上更能够准确把握立论说理的尺度，远比历史的传说、伟人的事迹来得真实，来得生动。一旦运用在竞聘演讲中，则更能显示一种真诚的力量，更容易取得听众的信任。

竞聘演讲的听众的反应决定着竞聘者事业的前途。要想前程一片坦途，除了在演讲中展示个人踏实的作风和过人的才干外，还需要在听众身上多下功夫。而选择发生在听众身边的、与他们息息相关的事来充实演讲的内容，则不失为上上之策。

讲述发生在听众身边的事，能够使听众不由自主地投入到演讲之中。听演讲虽然不同于听故事，但二者有一点是相通的，那就是自己熟悉的、可能发生在自己周围的事，最能引起倾听的兴趣。因为发生在身边，所以它更生动、更直观，也更值得关注。而最关键的是，一旦竞聘者所讲的内容引起了听众的关注，那么作为讲述的主体，竞聘者自然也就了关注的对象。对于竞聘者而言，得到的关注越多，就意味着你胜出的概率就越大。

反观众多人人皆知的名人轶事，不可否认，的确有一定的力度，可以发挥"名人效应"的作用。但千篇一律，听来令人索然无味。并且，名人的知名度虽高，其事虽然充斥在听众耳畔，其人却不在听众身边，时间悠久、地域遥远，在实际的工作中更是"八竿子打不着"的局外人，令听众产生"可望而不可即"之感，容易产生逆反心理。

因此，在竞聘演讲中，最好列举发生在听众身边的事例，它们具体、生动、实在，让人感到亲切可信，说服力强，能够在整个演讲的过程中引起听众的关注，牢牢抓住听众的心。换句话说，就是"下里巴人"更易走入"寻常百姓家"。倘若所讲的内容与听众离得太远甚至毫无关联，那演讲对于听众来说，就犹如空中楼阁、雾里看花。而竞聘者在事业上的成就，恐怕也就难以更进一步了。

如何不断制造演讲的高潮

众所周知，演讲高潮既是演讲者思想最深刻、感情最激昂的时刻，又是听者情绪最激动、精神最振奋的瞬间。有了高潮，演讲方可最充分地表现其审美价值，进而产生最大的感染力和说服力。尤其在竞聘演讲中，更需要制造高潮，以激情感染听众，给听众留下深刻印象。

面向群众的竞聘演讲，更需要在演讲中高潮迭起。制造高潮首先靠思想，有思想，闪耀着真理的光辉，甚至说出来的是至理名言，听众自然信服。其次，制造高潮更需要技巧，比如铺垫蓄势、衬托对比、强调突出、设网解扣、当头棒喝等，都可以酝酿和制造出高潮。而高潮的语言应当如警语般，含义深远、言辞新奇、语句简练。

在竞聘演讲中，制造高潮的方法主要有以下3种：

1. 运用排比

连用两个或两个以上结构形式相同的句子，多角度地表达演讲者的思想感情，这就是排比修辞。使用排比句的地方，未必一定是演讲高潮的地方，但演讲高潮的地方却往往离不开排比句。排比句或由近及远、由小及大，或由此及彼、由次及主，好似管弦齐奏，能够将演讲推向高潮。

2. 运用设问

设问就是自问自答。它之所以被广泛应用于演讲之中，是因为它能够调节演讲时的气氛，唤起听众倾听的兴趣和热情，达到提醒和强调的目的，引导听众共同思考问题，从而使竞聘演讲者牢牢掌握住演讲的主动权。设问最大的好处，就是在步步上升和层层推进的过程中，演讲者的思想表达得以越来越鲜明、越来越深刻，其感情也随之越来越强烈。若在结尾部分巧妙地运用设问，则能全盘托出自己的观点主张，从而可以酣畅淋漓地抒发自己的情感情绪，使演讲达到最大的高潮。

3. 运用反问

与设问不同，反问是问而不答，是用疑问句的形式来表达肯定的内容。这种句式感情色彩浓重，有很强的感染力和说服力，因而同样有助于制造演讲的高潮，特别是在说理性、论辩性和鼓动性很强的演讲中，其作用显得尤为突出。

如何使演讲观点自然过渡

竞聘演讲虽然围绕一个主题展开，但具体的表述则是多角度、全方位的。尤其在个人基本情况、工作表现与能力、决心与期望等不同层面的内容之间，需要一种自然而然的过渡。所谓过渡，是指把演讲中不同层面的内容联结起来，从而使演讲内容流畅、连贯。同时，过渡也是对演讲结构松紧疏密的弥补，能够使内容之间的变换更为巧妙和自然，并且具有浑然一体的整体感，有助于演讲主题深入人心。

要使不同层面的内容衔接自然，就需要用到一些连接词或过渡句，篇幅较长时可加入过渡段。无论采用哪种过渡形式，都起到承上启下的作用，既有利于演讲者完整而流畅地表述，也能够使听众更好地把握演讲的要点，从而对竞聘演讲者的表现作出更为客观的评价。

连接词是使不同层面的内容互相连接在一起的关键，能够指明连接在一起的内容之间的相互关系。有效地利用连接词，能够使演讲内容更统一，更连贯。较常用的连接词有"由于……因此……""除了……也……""此外……"，等等。这些连接词能够让听众注意到，上一层内容已经结束，并引出了下一层内容。

除了连接词之外，也可以使用总结性的句子或段落来进行内容的过渡。用一句话或一段话将之前所讲的内容作一个概括，并说明接下来的内容与之有什么关系，或"因此而认为""由此而得知"，或"不敢苟同""另当别论"。如此一来，能够使演讲的思路更清晰，有助于听众跟上竞聘演讲者的思维进度。需要注意的是，用于过渡的句子和段落，篇幅不宜过长，概括必须是高度凝练的，点明后者与前者的连接关系才是关键，而重点则是过渡之后的演讲内容。

流畅的过渡使竞聘演讲一气呵成，不仅体现出竞聘演讲者的精心安排，更是严密的逻辑思维和连贯的表达能力的体现，给听众留下良好的整体印象。

如何实现演讲的巧妙结尾

结尾和开头同样重要，同样关系到演讲的成败。有了好的开头，却没有响亮的结尾，往往收效甚微。结尾是对整个演讲的总结，它承担着收拢全篇的任务。好的结尾如晨钟暮鼓，让人感到清音有余，引起思索和回味。既有文采又坚定有力，既概括全篇又耐人寻味的结尾，更能够使全篇演讲得以升华，达到最佳的效果。

如前文所述，竞聘演讲的结尾主要包括演讲者看待成败的态度、竞聘上岗的信心以及对评委的感谢三部分内容。然而，光是将内容完整地表述出来，还远远不够。要想使演讲的结尾无懈可击，从而在竞聘的激烈竞争中赢得最后的胜利，还需要在技巧上多下功夫。

1. 进行高度概括

精彩的演讲固然使人留下深刻印象，但内容之丰富，论证之充分，也容易使听众忘记原来的主题。一些演讲者往往忽略了这一点，自以为精妙绝伦，殊不知那些经过深思熟虑、反复酝酿出来的经典论述，一时间纷至沓来，广大听众无暇理清头绪。因此，在演讲结束时，要把自己论述的要点进行高度概括、总结，让听众对你的演讲要点有一个更清晰的认识。

2. 果断地结束演讲

竞聘演讲切忌冗长赘述，当听众对竞聘者的个人情况、业务能力、处世作风以及对相关事件的分析评述基本掌握之后，就必须果断地"收口"。"收口"是从视觉上、听觉上给听众留下最后印象，其好坏直接决定了听众对整个演讲的印象。果断地结束演讲，能使精彩的瞬间定格，弥补之前的不足，强化听众的总体印象。要做到果断，就必须在言语措辞上做到言简意赅，切忌松散、拖沓，避免人云亦云的客套话。如此才能余音绕梁，耐人寻味。

3. 达到与听众感情上的交融

竞聘演讲的结尾往往是全篇演讲的高潮部分，也是听众决定演讲者去留的最后依据。在听众作出决定之前，演讲者必须尽可能达到与听众感情上的交融，在把握好分寸的前提下，满怀激情地提出希望和建议，干净利索、凝练有力地结束演讲。

总而言之，竞聘演讲的结尾，贵在巧妙。既要精练简洁、掷地有声，又要激情迸发，给听众留下最深刻、最完美的印象。

·第七章·

竞聘演讲的语言艺术

怎样确定语言表达基调

演讲的基调是语言表达的基础。只有首先确定演讲的基调，才能准确地运用语言表达技巧，使演讲内容更形象生动。

竞聘演讲相对于一般演讲而言，由于明确的目的性与强烈的竞争性，竞聘演讲者不能太多地表现慷慨激昂的号召、激昂澎湃的颂扬以及义愤填膺的批判。更多情况下，竞聘演讲要求竞聘演讲者做到强而有力的说明和精确严谨的分析。那么，如何确定竞聘演讲的语言表达基调呢？

一般而言，语言表达的基调在演讲开篇就需要确定。基调确定不好，就会影响全篇演讲的语言表达，影响竞聘者在演讲时的整体表现。

具体来说，竞聘演讲者可以利用语言的变化技巧确定演讲的基调。例如，语气的轻重、语速的快慢、语调的升降以及词句之间的停顿等。同时还需要考虑到演讲内容的需要。竞聘演讲的开篇一般是对自我情况的简要介绍，因此要做到平缓、沉稳，切忌激昂澎湃、感慨万千。当然，也不能太过低沉、压抑，否则显得现场气氛过于凝重，不合时宜。主体部分围绕某个主题展开论述，则应该有所起伏、适当调整、张弛有度。演讲接近尾声，回复平稳状态，客观冷静地表明对竞聘成功信心以及竞聘失败后的打算，切忌激动处一发不可收拾，务必做到首尾呼应。

演讲基调的确定，离不开一个至关重要的因素，那就是竞聘演讲者自身的性格特点。性格外向、活泼开朗的竞聘者更适合轻快的语速、洪亮的声调，而略显内向、沉默寡言的竞聘者，则不要过多地强求自己去迎合他人，慢声细语、缓缓道来更能使自己的演讲表现出色。除了性格之外，个人的声音特点、语速习惯以

及性别等，都对演讲基调的确定有一定的影响。

总而言之，在竞聘演讲中确定语言表达的基调，既要把握语言变化的技巧，又要考虑到演讲的具体内容，以及作为演讲主体的竞聘者自身的特点，做到扬长避短、突出优势。

如何通过语调表达情感

语调是指说话时声音的高低、轻重、快慢、停顿的变化。语调的变化可以在一定程度上表达竞聘演讲者的主观情感。如高兴、豪迈、悲愤、愁苦、轻松、坚定、犹豫等复杂的情感，都能通过语调的变化表现出来。

在竞聘演讲中，竞聘者与听众之间有着更为紧密的联系，竞聘者能否竞聘成功，决定权掌握在听众手中。因此，竞聘演讲者比一般演讲者更迫切地需要与听众进行心灵的沟通，更需要将主观情感通过语调的变化传递给听众，从而寻求认可与支持。

竞聘演讲中借助语调的变化来表达情感，需要掌握以下4个方面的技巧：

1. 语调的轻重变化

语调起伏跌宕的轻重变化，能够有效地表达演讲者的情感。尤其针对竞聘演讲中的关键词、中心句和重点段落，以重音强调，能够表达竞聘演讲者需要听众关注的迫切希望，同时达到加深听众印象的效果。

2. 语速的快慢变化

演讲语速的快慢变化，也是为了满足表达情感的需要。在陈述一般内容时，应当保持语速适中，既不能太快，也不能太慢。当竞聘演讲者需要表达热烈、激动、兴奋、愤怒等情感时，则要加快语速，以一种势不可当的状态推进演讲的内容。若要表达庄重、怀念、失望等情感，便可放慢语速，缓缓道来。

3. 音调的高低变化

一般来说，语调的高低变化能够突出疑问、质疑的情感。疑问句一般是调值由低到高，在句尾达到调值最高。而陈述、感叹等，则句子调值由高到低，至句尾发音最低。在竞聘演讲中，语调的高低变化能够更有效地表达情感。倘若一味地高调演讲，则令人有撕心裂肺之感，而一味地低调，则显得有气无力，难以显示自信，更难使评委相信竞聘者的业务水平和工作能力。因此，竞聘者务必在演讲中把握好音调的高低变化，实现与听众的情感交流。

4.语句的停顿变化

语句间的停顿，不仅仅是满足换气的生理需要，更是竞聘演讲者表达情感的有效途径。演讲中的停顿主要有3种。一是词句间的自然停顿，二是段落、整句之后较长的文法停顿，三是出于某种修辞效果的需要而作的修辞停顿。在竞聘演讲中，综合运用以上3种停顿，能够有效地表达情感。如对工作中长期存在的弊端进行详细分析后，果断的停顿能够表达竞聘者欲除之而后快的决心，同时引起听众的关注与反思。

以上4个方面的语调变化，并不是相互独立的。竞聘者应根据演讲内容和情感表达的需要，灵活变化语调，使情感的表达更自然，更能打动听众的心。

怎样控制演讲表达语速

演讲速度过快是初次上场的竞聘演讲者最容易犯的错误之一。竞聘演讲的竞争性本就使演讲者处于一种紧张的状态之中，倘若语速过快，则会加重竞聘演讲者自身的心理负担，频频出错。语速太慢同样不行，难以体现竞聘者的竞争力。因此，在竞聘演讲中，竞聘者必须把握适当的语速进行演讲，才能表现得更出色。

适当的语速是需要根据内容和情感的表达、听众的需求以及演讲者的语言习惯而变化的。

就演讲的内容和情感的表达而言，当竞聘者表达一些带有激动、兴奋、愤怒等情感的内容时，就需要加快语速来反映其炽热与真挚的程度，强烈地打动听众的心；对于一些平静、客观、需要谨慎对待、严肃处理的内容，一些特别需要听众留意细节的内容，以及一些希望引起反思的内容，可适当放慢语速，这样不但显示一种稳重的作风，而且也容易引起听众的注意，给听众留下思考的空间。

就听众来说，若在座的领导、评委之中有年纪稍大的，演讲者则应适当放慢语速，不仅是为了体现对领导和评委的体谅与尊敬，更是为了使自己的表现更好地为对方所接受。此外，当提到与听众息息相关的内容，如员工的福利、奖惩制度等受到广大职工代表关注的内容，就应以较慢的速度进行演讲，保证自己独到的见解与精辟的分析能够为大多数人所了解，才能获得进一步的认可与支持。

就个人的语言习惯来看，竞聘者平时说话的语速对演讲时的语速会有很大的影响，尤其在高度紧张的状态下，习惯的力量是非常强大的。因此，平时说话语速过快或过慢的竞聘者，需要在竞聘演讲前进行一段时间的语速调整训练，在不影响思维活跃程度的前提下，适当地改变语言习惯。

总而言之，演讲的速度要快慢适中，同时要根据内容和情感的表达、听众的需求以及竞聘演讲者的语言习惯而作出相应的调整。

如何使演讲更加口语化

竞聘演讲虽有其特殊性，但也同一般演讲一样，是一门口语表达艺术，口语化是展现其魅力的重要诀窍。竞聘者如果只注重字斟句酌的文字功夫而不顾演讲中口语表达的实际需要，就容易陷入咬文嚼字、辞藻堆砌的泥潭，令听众索然无味，意兴阑珊。

要在竞聘演讲中做到口语化，应注意以下3方面的内容：

1.注意选择有利于口语表达的词汇

在现代汉语词汇中，双音节或多音节词的使用更普遍，更符合现代汉语的表达方式，更适应口语表达"口传""耳收"的特点。因此，竞聘者在演讲中应多用双音节或多音节词。例如，"对此，确有必要严惩"一句，在书面表达中既简洁又有力，符合领导公文的写作规范。然而在竞聘演讲中，如此表达则显得官威太重，与民疏远，容易使演讲气氛过于严肃。若改为"对于这个问题，确实有必要加以严惩"，则既便于演讲者口述，又容易让听众接受。

此外，在竞聘演讲中谈到自己的经历或一些较为轻松的话题时，不妨适当使用常挂在人们嘴边的俗语、歇后语，从而达到形象生动的效果。例如，"对于用什么作为职工的奖励，那真是萝卜青菜，各有所爱！必须进行广泛的了解，才不会陷入费力不讨好的尴尬境地。"

2.注意使用易于口语表达的语句

就句型而言，单句自然比复句更易说出口，但出于内容表达的需要，仍少不了使用复句。这种情况下，修饰成分和连带成分较少的短句比长句更适合口语表达。

例如："我们的工作需要创新精神。它伴随着人类发现了一束又一束真理的光芒，伴随着人类一步又一步地从愚昧的沼泽走向了文明的净土，伴随着人类步履艰难地从黑暗的蒙昧时代步入光明的理性时代……"这段文字，可谓文采出众，妙笔生花。然而用在竞聘演讲中，则既难记更难说，甚至会让听众觉得太过啰唆而产生烦躁之感。

3.注意演讲口气的口语化

竞聘者演讲的口气及其表达方式是将书面语转变为口头语的重要条件。如果竞聘者在演讲中的口气平易近人，选择谈心而非说教的表达方式，那么，同样严肃的内容，就会显得更自然，更容易使听众接受。

如何巧妙朗诵诗文

中国是一个诗文的国度，古典诗文经历几千年岁月的洗礼，积淀了中华先民的价值观念、人格精神和审美意识，构成我国民族文化的精髓。诵读诗文既是吸收丰富民族文化素养的重要表现，也是精神接受熏陶、感染的有利途径。诗文内涵丰富，具有很高的审美价值和很强的艺术感染力。竞聘演讲时，竞聘者若能巧妙朗诵诗文，则不但能丰富演讲内容、润色语言形式，而且还能在听众心中留下"高品位、好修养"的正面印象。既然诗文朗诵具备如此的作用，那么在竞聘演讲时，竞聘者如何才能巧妙地运用朗诵诗文呢？

1. 理解诗文。竞聘演讲中的朗诵，仅仅建立在记忆基础上是不够的，竞聘演讲者还要理解这些诗歌。理解基础上的朗诵，使竞聘演讲者更能牢记，朗诵时也更有韵味。

2. 讲究朗诵语调和朗诵节奏的抑扬顿挫。朗诵诗文并非是硬邦邦地对诗文朗读和背诵，而是有语调、有节奏地朗诵。诗文的诵读节奏划分通常有两种依据，一种是按音节划分，另外一种是按语意划分。在朗读时，停顿的单位可以是一个相对完整的音节或意义。竞聘者只有有语调、有节奏地朗诵诗文，才能将听众一步步带入诗文所描绘的境界，整个竞聘的演讲会场才会更有气氛，更具渲染力。

3. 要注意感情基调。"有感而发"的诗文朗诵才能更具感染力，才能更好地吸引听众的兴趣和注意力。表达竞聘者不同思想的诗文要运用不同的感情基调，尽量做到情感适当，声情并茂。

4. 在竞聘演讲时，竞聘者要用标准的普通话朗诵，声音要宏大响亮，音色要动听，音韵要准确。尤其在朗诵古诗文时，竞聘者特别要注意一些字或词的古音读法。这是由于一些字或词的现代读音和古代读音是有区别的，在古诗文中是另外一种读音的字或词，竞聘者要注意切勿用现代的语音来诵读，以免破坏诗歌韵律或影响听众对诗歌意义的理解，造成不必要的尴尬，进而影响竞聘者情感的传达。此外，朗诵诗文还需注意面部表情和手势动作等态势语的完美配合，从而使之在竞聘讲演者与听众之间架起一座沟通情感的桥梁，给听众奉上完美的视听盛宴。

如何增强情感表现力

情感是人适应生存的心理工具，是人类交流沟通的手段之一。竞聘演讲作为一种自我展现的竞聘形式，竞聘者在演讲过程中理所当然会融入自己的情感。竞聘者情感的融入一定程度上可以增强演讲的感染力，有助于竞聘者真挚、生动、形象地诠释对工作的执着与热情。那么，怎样才能在竞聘演讲中增强情感的表现力度呢？

一般来说，竞聘者可以从语言表达和行为举止这两方面来增强情感的表现力度。

1.语言表达上，竞聘者可以在演讲词中加入适量的反问句、排比句、双重否定句、设问句等。反问句有助于加强语势，强化竞聘的中心主题；有助于鼓动人心，易与听众产生共鸣，从而增强演讲的感染力。一问一答的设问句和三句以上的排比句能增强演讲的气势，一步步地将情感推向高潮。此外，巧妙地运用双重否定也能起到增强情感表现力度的效果。但是，在运用双重否定时，必须注意否定词的合理使用，最好使用简单通俗的否定词，切勿因为否定之否定而将自己绕进去，使表达的内容出现混乱。

在竞聘演讲中，上述句式可以单独使用，也可以同时使用、相互融合，使竞聘演讲的情感更加真挚、强烈，气势更加宏大、壮观。

2.竞聘者可以通过一些行为举止来增强情感的表现力度。在竞聘演讲中，稍微加入一些手势或表情动作，可以达到进一步增强演讲气势，渲染情感力度的效果。尤其是"言行相合"的时候，更能增强演讲的鼓动性和情感的真挚程度。竞聘演讲者可以在演讲进行到高潮或结尾时适当添加一些动作，也可以配合着反问句、排比句、设问句和双重否定句使用一些动作。需要注意的是，动作不能太夸张，否则可能会导致听众对演讲内容的真实性产生怀疑，进而影响竞聘演讲的整体效果。

如何使语言环境生动逼真

语言环境，即人在说话时所处的状况和状态。要营造生动逼真的语言环境，竞聘者要具备"讲"和"演"的能力，即要有口才。口才是一种口语表达的能力，它具有传情、达意、交际、传递美感等功能，优秀的口才可以使竞聘者的演讲顺畅地向观众传情达意，取得演讲的预期效果。口才好比一片海洋，表达是浪花，内涵是海水。在演讲时，竞聘者要如何运用口才才能营造生动逼真的语言环境呢？

要营造生动逼真的语言环境，竞聘者要在有声言语的运用上不断完善，使之发挥沟通交流、营造气氛的作用。

1. 要把握竞聘演讲语言的特点。竞聘演讲语言是为竞聘演讲词这个文体和口头传播方式所规定而形成的一种语言。竞聘演讲语言具有综合性、声动感和口语化等特点。综合性是指竞聘演讲语言以叙述表现手法为主，综合运用其他各种语言表现手法；声动感是指竞聘演讲语言能给听众一种声音感和动作感；口语化是竞聘者经过成熟地思考和匠心独运地改造，将严肃的语体日常化、轻松化，而不是简单运用普通概念上的口语。把握好竞聘演讲语言的这些特点，才能在语言运用上更突出竞聘演讲词生动、形象、准确、含蓄等特征。

2. 巧用修辞手法。在竞聘演讲中，巧用修辞手法能起到强调、修饰的作用，从整体上增强竞聘演讲的说服力。竞聘演讲的修辞作为一种艺术工具，它能使听众的情感随着竞聘演讲的语言起伏跌宕，严肃或轻松只在演讲者的只言片语间，同时它也给听众一种艺术的享受。因此，要营造生动逼真的语言环境，竞聘演讲者需要对通篇的竞聘演讲词进行精雕细琢，巧用比喻、反问、排比、设问、引用、反衬等修辞手法，使竞聘演讲成为一种美的艺术。

3. 巧用竞聘演讲语言。这一点强调有声语言和态势语的协调运用，强调"三分演"和"七分讲"的配合恰当，以进一步增强现场的感染力，使竞聘演讲达到声情并茂、鲜明生动，从而让竞聘演讲的主题、观点，竞聘者的思想情感等深深印入听众的脑海。

一般来说，生动逼真的语言环境的营造应该是竞聘演讲者"情真"、言语举止"切境"和"得体"的结合，从这三点的实际出发，竞聘演讲将会使听众收获生动逼真的艺术美感。

如何进行有针对性的语言表达

演讲的语言表达针对性越强，就越能突出重点、发挥优势，帮助竞聘演讲者竞聘成功。在竞聘演讲中，语言表达的针对性主要体现在以下几方面：

1. 针对自我优势

竞聘演讲者是通过自信地展示个人优势来达到竞聘成功的目的的，所以突出优势是竞聘成功的重要基础。中国历史上就有著名的"毛遂自荐"，随着社会竞争的日益激烈，尤其在领导岗位的竞争中，更要敢于表现自我。由于竞聘演讲的时间限制和激烈的竞争性，竞聘演讲者需要有针对性地表现自己，即突显自我优势。

所谓优势，就是竞聘者能够压倒对手的有利形势。一般的工作能力和素质修养是每个竞聘者都必须具备的，要想在众多竞争对手中脱颖而出，就必须针对自己比对手更胜一筹的方面重点介绍。"人无我有，人有我优"，才能让听众相信你是最适合这个岗位的人才。

2. 针对岗位特点

竞聘者表现自我优势固然重要，但必须注意针对竞聘岗位的特点。不同的工作岗位有着不同的工作特点和业务要求，竞聘者既是为了竞聘上岗而来演讲，就要使自己的语言表达符合岗位的具体要求。例如竞聘公共关系部门的岗位，竞聘演讲者就要充分展现能言善辩、妙语连珠的一面；而对于会计、核算等工作，竞聘者则要表现出严谨、细致的一面。

3. 针对现场听众

竞聘演讲的听众掌握着最后的决定权，是竞聘者努力争取支持的对象。因此，在竞聘演讲中，竞聘者需要针对现场听众的心理倾向来组织语言，做到语言真实质朴、感情真挚深切。真实质朴的话语能够使听众对你倍加信任，而倾注于语言之中的真挚感情，更能使听众感受到你对工作的诚意与热情。

如何做到演讲时科学运气

竞聘演讲虽然重在演讲，然而志在竞聘，具有强烈的竞争性。这就决定了大多数演讲者在竞聘演讲中难免心情紧张，甚至因紧张而呼吸急促，气息不匀又导致吐字不清，继而影响竞聘者在演讲中的表现。因此，科学的运气方式，是竞聘演讲者取得竞聘成功的重要保证。

科学运气有一个重要前提，那就是选择好一个有助于呼吸的姿势。事实证明，腰杆挺直、抬头挺胸、两肩微张、目光直视前方的姿势最适宜吸气与呼气的顺利进行。当然，要尽量保证身体适度放松，既不能过于僵硬，也不能松松垮垮。在竞聘演讲中，抬头挺胸的站姿不仅是科学运气的前提，更是展现演讲者精神风貌的需要。

科学运气包括吸气和呼气两部分，较为科学的呼吸方法是腹式呼吸法。所谓腹式呼吸法，是指吸气的时候两肋扩展，向上、向外提起，腹部逐渐凸起，有腰带渐紧、腰部撑开的感觉；呼气时则相反，控制两肋，压缩腹部将气息均匀地往外呼出。不少人在平时无意识的呼吸过程中，往往是吸气时收腹，绝大多数人在测量腰围时更是深吸一口气，达到使腰围缩小的目的。呼气与吸气的方式是否科学，并不会给人们的生存造成多大的影响，然而对于身处紧张气氛中的竞聘演讲者而言，则至关重要。竞聘演讲者采用腹式呼吸法，能够取得进气快、到位深、运气长的效果，有利于对气息和声音的控制。

在竞聘演讲中，科学运气有 3 点需要竞聘者特别注意。

1. 深呼吸虽然能在一定程度上帮助竞聘演讲者舒缓紧张的情绪，但呼气过深会导致胸部和腹部僵硬，影响声音的灵活性和音调的准确性。

2. 吸气最好不要发出声响，否则不仅影响气息对言语的支持，而且会影响发声的效果。

3. 腹式呼吸法对于一部分人而言，并不是一下就能适应的，只有在日常生活中逐渐养成吸气凸腹、呼气收腹的习惯，才能更好地掌握科学运气的方法，才能在竞聘演讲中有更好的表现。

男性如何把控演讲风格

竞聘演讲者的演讲风格有许多讲究，性别相异是演讲风格产生差异的因素之一。男性一般是刚强、勇敢的代名词。在我国，根深蒂固的传统性别文化理念塑造出男性所应有的形象，所应具备的风采，所特有的气质。因此，男性竞聘演讲者在演讲中应追求一种更适合男性的演讲风格。

一般来说，每个人都有自己独特的风格和个性追求，并不局限于既定的范围。就性别区分来看，男性竞聘演讲者应有男子汉的气质和内涵。在演讲过程中，要保持态度的坚定，沉着冷静，切勿因细节出错而乱了演讲的条理和思路。言语上要"先声夺人"，精神面貌上容光焕发，风采气质上精神抖擞，行为举止上风度翩翩、潇洒大方，从而达到内在修养和外在气质相融合的境界。

具体来说，男性竞聘者要想在众多竞争对手中脱颖而出，尤其是战胜女性竞争对手，要在演讲风格上注意以下几点：

1.男性竞聘者要充分利用自身的声音优势。男性和女性的声带是有差异的，男性声带相对于女性而言偏宽、厚、长。因此，男性的音色会比较浑厚有力，发出的声音更洪亮、更有磁性、更富感染力。要做到声音洪亮，男性竞聘者就要学会控制自己的气息，确保发出清晰、明亮的声音。发音时要抓住自己声音的特色，注意吐字清晰，尽量避免方言腔调的干扰。此外，男性竞聘者在利用自身声线优势的同时，还可以灵活运用自己的口腔、鼻腔、胸腔，让这些"共鸣器"相互协作，发出厚实有力、磁性洪亮的声音。

2.男性竞聘者更要注重理性思维的运用。男性的理性思维相对于女性而言较活跃，在理性的分析中更能做到高瞻远瞩、旗帜鲜明。因此，男性竞聘者在演讲过程中，要将自己的理性思维通过言语和举止表现出来。尤其对于一些议论性的内容，如对社会现象的分析、对未来的规划等，男性竞聘者要充分展现自己活跃的理性思维，追求一种理性的风格。

3.男性竞聘者要注意演讲感情的真挚和真诚。"男儿有泪不轻弹"，这是中国传统文化中男性特征的塑造。的确，男性在某些时候比女性更能控制自己的情绪。但是，在演讲过程中，对感情的控制要适可而止，适当的时候要流露出真情实感，富有感情地表达自己对工作岗位的执着和热爱。在情感的渲染力度上，也许男性竞聘者拿捏得不是那么准确，但同样可以将真挚的感情投入到每一个演讲环节之中，使理性的表达得到感性的升华。

4.男性竞聘者要在行为举止上彰显男性特有的豁达与大气。豁达开朗、潇洒大气的男性形象更能得到听众的欣赏与支持。男性竞聘者要使演讲中每一个细微的动作、每一个高雅的神情，都展现出男性的潇洒和稳重。豁达开朗、潇洒大气的演讲风格，对男性竞聘者而言，更能加强表达的感染力，使自己的演讲更深入人心。

女性如何把控演讲风格

在我国传统文化中，"男主外、女主内"的社会分工形态已经随着社会现代化的发展进程不断发生着改变。如今，越来越多的女性走进职场，走上领导岗位，为社会的发展进步作出了极大的贡献。

女性竞聘者会因为男性竞聘者潇洒大气的演讲风格而感到自己处于劣势。事实上，与男性竞聘者一样，女性竞聘者在演讲风格上同样具有自己的优势。在竞聘演讲中，女性演讲者更适合以清脆甜美的声音、端庄优雅的装扮、真挚细腻的情感、斯文娴静的气质来塑造自己在评委和听众心目中的形象。就演讲风格而言，女性竞聘演讲者可以着重把握以下几方面：

1. 充分发挥情感细腻、耐心细致的优势。一般而言，女性的情感要比男性更细腻、更丰富。在演讲内容的准备上，女性会投入更多的心思仔细加工、琢磨、推敲和演练，她们更追求以最佳的状态全方位地表现自我、展现自我。在整个演讲过程中，女性更易发挥自己的情感优势和调节自己的语速、语调，并融入每一个演讲的环节，使演讲此起彼伏，时而缓和时而激烈。正因如此，抒情式的演讲更适合女性使用。加上多种女性肢体语言的配合，如迷人的微笑、富含情感表现力的眼神等，为女性竞聘者塑造了亲切、温和的演讲氛围，从而引起评委和听众的关注。

2. 女性可以在着装打扮上为自己的演讲增添光彩。女性内在美和外在美的结合是女性形象的评价指标。爱美是女性的天性，日常生活中女性着装打扮上的选择比男性更多。因此，女性要突出自己的演讲风格，可以在着装打扮上做些准备，比如化一个淡妆、梳一个干练的发型，选择一些饰品搭配等。一方面，适当的着装打扮可以塑造女性的美好形象，使女性竞聘者更加自信；另一方面，这也是对评委和听众的尊重，让评委和听众感受到你对这次竞聘的重视程度。

3. 女性竞聘者的演讲要注意含蓄表达。相比于男性，女性在竞聘演讲中要更多地注意自己的动作幅度，不能过于夸张，真情流露的同时又不失高雅。一些内容的表达要含蓄、精巧，切忌毫无限度的大大咧咧、直言不讳。

以上是女性竞聘演讲者在追求适合自己的演讲风格时需要特别注意的一些方面。当然，根据个人的实际情况，可以稍做调整。

·第八章·

竞聘演讲的口才艺术

竞聘演讲的"生命力"艺术

从古希腊时代的雄辩术研究和实践，到今日各行各业的演说，演讲盛行于古今中外。无论是教师课堂上的传道解惑，还是政治家的任职演说，争取群众，都充分显示了演讲的生命力所在。生命力是各类演讲的精髓，具备生命力的演讲才会有吸引力和启发力，才具备说服力和号召力。那么在竞聘演讲时，竞聘者该怎样做才会使其竞聘演讲具备生命力呢？

1. 竞聘者的观点表述要新颖、独特。在竞聘演讲时，观点新颖独特是演讲生命力的源泉。只有创新、独特的观点才具备生命力，才能"绿树常青"，立于不败之地。新颖、独特的观点，并非一定要创造出一些"新潮"的"玩意儿"，竞聘者可以通过"以老说新""由此及彼""以表及里"等方式表述已有概念，同样可以做到"绿树常青"。

2. 竞聘演讲的内容要具备联想和想象空间。有生命力的竞聘演讲要求一定的思维能力，包括以概念为元素的逻辑思维、以表象为元素的形象思维等。想象和联想是人类最基本的思维能力，在竞聘演讲中，运用好联想和想象能提高演讲的生命力，从而增强演讲的感染力。做到这一点，需要竞聘者自觉培养、认真锻炼自身的各种思维能力，使竞聘演讲的口语表达更具条理性、敏捷性。

归根结底，竞聘演讲是一种独特的语言表达形式，竞聘演讲"生命力"艺术的塑造最终还是决定于竞聘者自身。竞聘者自身具备的能力、水平、修养是演讲"生命力"艺术的一方面，而其良好的心理素质、较高的演说能力、随机应变的技巧运用则是其另外一方面。因此，既有一定的思想内容，又能引人入胜、活跃气氛的演讲，才是有生命力的竞聘演讲。

竞聘演讲的"感情"艺术

竞聘演讲，作为一种口语表达的社会实践活动，它不仅能以深刻的议论给听众以启发和教益，还能以真挚的情感抒发给听众以感染和激励。整个竞聘演讲过程都充满着演讲者对听众的情感传导。这种传导是竞聘演讲者有声语言和态势语言输载的情感信息，通过听众的感知、联想进而引发共鸣实现的。

感情是竞聘演讲者和听众之间心与心的相互沟通，情与情的彼此交融。它是强化演讲效果的一条重要心理途径。竞聘者要想赢得听众的信任和支持，就应该打开感情阀门直抒胸臆，诚恳面对听众，对于敏感话题应阐明自己的态度和观点，而不是含糊其词。竞聘演讲的成功经验表明，情感的传导不可忽视，以下是情感传导的一些基本方式：

1. 呼召式传导，即在竞聘演讲激动之处，使用热烈的呼语直接感召听众。这种呼召式的情感传导方式，可以集中听众的情感指向，强烈刺激听众的心理情绪，从而达到情感传导的目的。

2. 变称式传导，即指在竞聘演讲需要之时，竞聘者要学会变更称呼方式，灵活运用各种人称代词，以鼓舞、激发听众的情感。这种"传情"方式，可以调整听众的情感意向，迅速缩小与听众的心理距离，从而增强情感传导的效果。

3. 激问式传导，即在竞聘演讲过程中，运用激烈的反问方式，直接触动在场听众的内心情感。这样可以强化情感导向，不断启动听众的情感思维，进而获取情感传导的效果。

4. 祝愿式传导，即在演讲活动中，采取真诚的祝愿方式，直接感染听众的内心深处。该方式既可以明确竞聘者演讲的情感方向，又可以自然地引发听众的情绪感应，从而深刻地打动听众，在听众心中留下竞聘者的良好印象。

直抒胸臆的演讲是竞聘者表述自我、展现才能的最佳方式。通过不同的"表情"方式，竞聘者才能更好地进入听众的内心世界。在竞聘演讲时，竞聘者应该是"乐在其中"地展开"以情动人"的讲演，而不应"被动式"地机械传输情感与思想。此外，竞聘者还要注意演讲内容的真实可信、演讲态度的真诚自然、演讲语势的深沉质朴，从而能更好地亲近听众，消除与听众之间的隔阂感，提高竞聘演讲的效果和成功率。

竞聘演讲的"友善"艺术

竞聘演讲是竞聘者与听众交流的一种社交方式，是听众在短时间内迅速地认识竞聘者、了解竞聘者的一个平台。听众的反应和回馈，最终决定了竞聘演讲的成败。把听众当成上帝，真诚地为他们服务，全身心地融入与听众的情感交流当中，时刻注意观察他们的反应，那么，竞聘者便能打开听众的心扉。竞聘者要想获得听众的支持，首要条件是给对方留下友善的第一印象。

建立在友善基础之上的人与人之间的交往是一种融洽相处的方式。同样的，竞聘者的演讲在友善的前提下进行，才有可能得到听众友善的反馈。用友善的态度开始竞聘演讲，能够营造亲切的现场气氛，能够使听众感受到那份真挚柔和之美，从而进一步向听众展示竞聘者完美的一面。

竞聘者以友善的态度开始演讲，能够使听众更容易接受自己的演讲。友善是攻破听众心理防线最有力的武器，只有让听众感受到竞聘者的友善，才能削弱他们心中下意识的抵触心理，才能避免相反或对立的意念在他们的脑海中滋生，从而使听众觉得竞聘者的观点和建议与他们已经定位的某些事情的标准很相近，进而在毫无抗拒意识的情况下接受并支持竞聘者。

然而，很多竞聘者往往忽略了这种友善的作用，错失了与听众携手攻破信仰堡垒的最佳时机。一些人错误地认为，要攻夺堡垒，就必须采取强攻，借正面攻击，把它夷为平地。结果却异常惨烈。敌意一旦产生，吊桥即被收起，大门紧闭上闩，身披盔甲的弓箭手拉开长弓——一场口舌之争开始上演。如此逞勇斗狠，竞聘者非但不能说服听众，反而在毫无结果的辩论中错失了攻破听众信仰堡垒的最佳时机。结果，哪怕竞聘者言之凿凿，也难化解听众心中早已定型的敌意，更难给听众留下良好的印象，更遑论取得听众的支持。

因此，竞聘者必须以友善的态度对待在场的每一位听众，不可因为自身条件优越、地位高人一等就骄傲自大。要时刻以一颗友善之心与听众沟通，尊重听众提出的意见与建议，切忌逞一时口舌之快，明争暗讽。

竞聘者要想在竞聘演讲中做到友善待人，还要注意提高自己的素质和修养，即便听出了听众言语之中的侧面攻击与讥讽之意，也要保持冷静，沉着机智地应对。

总而言之，"友善"作为一门心灵沟通的艺术，竞聘演讲者应好好加以运用，搭建与听众心灵沟通的桥梁，而不是装点门面，博取听众一时的好感。友善必须发自内心，实实在在地融入竞聘演讲的全过程之中，融入竞聘演讲者的行为举止、语言表达之中。如此，才能在竞聘演讲中充分发挥"友善"的力量，帮助竞聘演讲者征服在场的听众，取得竞聘的成功。

竞聘演讲的"幽默"艺术

幽默，是人们通过语言、表情、动作表现出有趣、搞笑且意味深长的一面。莎士比亚曾经说过："幽默和风趣是智慧的闪现。"通过影射、讽喻、双关等修辞手法，幽默能调节人的心情，揭示生活的哲理，让人们在快乐的笑声中得到启发。

在竞聘演讲中，为了能够更好地吸引听众的注意，竞聘演讲者可根据演讲主题的需要，运用幽默风趣、意味深长的语言来活跃气氛、融洽情感。竞聘演讲中"幽默"艺术的运用，一方面，有助于调节现场气氛，吸引听众的注意，减轻听众的听觉疲劳，从而增强演讲的效果；另一方面，有助于快速、敏捷地达到沟通情感的效果，提高竞聘者的演讲水平，以轻松的方式化解尴尬，从而塑造竞聘者良好的形象。

那么，竞聘者怎样才能运用好"幽默"艺术呢？

1. 要从现场的实际情况出发，寻找幽默来源。幽默的特点是要有一个主题，有重点，有故事，还要有适当的夸张行为。要合理运用幽默，竞聘者应从现场的实际情况出发，从演讲的内容或在座听众的反应寻找幽默来源，从而达到增强演讲效果的作用。

2. 要切题发挥，恰如其分。追求快乐是人的天性，竞聘演讲者也应当像优秀的喜剧演员、相声演员以及节目主持人那样，以幽默的言语让听众在开怀一笑中汲取深刻的内涵。需要注意的是，幽默不是借题发挥，而是切题发挥。竞聘演讲者要把幽默带给听众，必须与演讲的意图和内容相配合，并使幽默的愉悦融入演讲内容以及与现场听众的交流之中，绝不应为了制造搞笑气氛而随意讲述一些与演讲内容无关的笑料趣事。

3. 在巧问妙答中体现幽默感。竞聘演讲中的幽默艺术，不仅能够使演讲内容更具感染力，还能帮助竞聘演讲者巧妙地化解尴尬。当竞聘演讲者面临严肃的难题，例如"假如不被录用，你会怎么办"，此时，幽默、豁达的表现能够为竞聘演讲者化解尴尬，并且展现出竞聘演讲者从容不迫、积极向上的成败观。竞聘演讲中，竞聘者在回答听众提问时不可避免地会出现意想不到的梗阻，而幽默风趣的言语往往能起到妙语解颐、别开生面的作用，使演讲能够顺利进行。

4. 注意在表达幽默时的语调、表情、手势和身体姿态。幽默的言语配上恰当的语调、表情，加上适度夸张的手势和身体姿态，能够更好地发挥幽默的效果，增强幽默语言的感染力，使听众无从抗拒地融入你的幽默，不自觉地增强对竞聘者的好感。

5. 尽量避免因自身的失误而导致幽默失败。最致命的便是竞聘演讲者在讲述之前或刚讲完时，听众还没有反应过来，自己却先大笑起来。言语的幽默之处往往需要听众自己发觉才能引发爆笑，倘若竞聘演讲者先于听众发笑，则使听众失去了挖掘幽默之处的动力，破坏了幽默艺术的感染力。

总的来说，在竞聘演讲中，竞聘演讲者对"幽默"艺术的运用要取舍适当，注意场合和内容。合理地运用"幽默"艺术，需要竞聘演讲者时刻保持坦然平稳的心态，并善于结合自己的肢体语言和声音变化，充分发挥幽默的感染力。

竞聘演讲的"煽情"艺术

古人言，"感人心者，莫先乎情"。一次成功的竞聘演讲，定是能够以情动人，同听众进行心灵交流的过程。因此，竞聘演讲要想赢得听众的好感，首先就得触动听众的思想，掀动听众的情感，所谓"通情才能达理"正是如此。当竞聘者怀着强烈的、带爆发性的真情实感进行演讲时，作为听众便会被其所制造的氛围感染，心中的天平自然会向着演讲者倾斜。为了增强演讲的感染力，竞聘演讲者要充分运用"煽情"艺术，用"煽情"来传达自己充沛的情感。

1. 通过语意来传情。竞聘演讲中传情达意，必须以意义要素为内容，没有内容，就失去了演讲的思想和感情，就好似掉光叶子的树木，显得枯燥乏味，而"煽情"最为重要的便是能把情感藏于有韵味的演讲内容之中。无论是演讲的主题、演讲的观点，或是演讲的叙述、演讲的议论，竞聘者都应选择直接或间接的方式，时刻在演讲中融入自己的感情。竞聘演讲是一个较为严肃的场合，若再以平板而模式化的语言作为与听众沟通的媒介，那么，竞聘演讲者所要传达的信息就难以被听众准确地接收。因此，只有时刻在机械的言语中融入真情，让人听着顺耳，听众才可能被感动。

2.通过语音来传情。演讲的语言是以人的声音为载体的，没有声音，就无所谓演讲；有了声音，但没有感情变化，也不能准确地表达思想内容，同样称不上是演讲。为了感染听众，达到竞聘演讲的目的，竞聘演讲者可以通过语调流露真情。坚定、犹豫、高兴、哀痛、期待、失望、昂扬、颓废等感情，通过语音、语调的高低快慢、抑扬顿挫表现出来，能够激起听众心中的涟漪，使得听众亦心有感悟。

竞聘演讲中的情感抒发固然重要，但情感的抒发是受演讲主题所限制的，因此需要注意适当"煽情"，谨记过犹不及。这就要求竞聘演讲者要时刻牢记演讲主题，围绕中心进行演讲，时刻把守住情感的阀门，控制好情感的流量，根据演讲的需要和自身的情况抒发感情。当演讲需要尽情表达时，竞聘演讲者方可大开情感阀门，让感情如潮水般倾泻而出；当情感高潮过后，竞聘演讲者还要学会自我控制和调节，绝不可以一发不可收拾地放纵情感，信马由缰。否则，台上时而感伤、时而高兴的竞聘者，会让听众摸不着头脑，跟不上他的情感节奏，无法理解他的情感，何谈与他进行情感的对话，产生感情的共鸣？

可见，在竞聘演讲中灵活、适当地运用"煽情"艺术，能使竞聘演讲者更好地打动听众，赢得竞聘的最终胜利。

竞聘演讲的"感染力"艺术

是否富于感染力，往往是评价一次竞聘演讲成功与否的标准之一。通常情况下，动之以情通常比晓之以理所获得的效果要大，所以，当竞聘者带着颇具感染力的热情来表达自己的想法时，听众往往能与其形成互动、产生共鸣，甚至能将一切相反的意念摒弃于一边。因此，竞聘者要想成为听众的"意中人"，就必须使自己成为一个具有感染力的人，带动在座的每一位听众。

要想使得听众被感染，竞聘者首先应该给听众留下深刻的印象。美妙的声音、优雅的手势、完美的体态、精妙的词句、强有力的例证也许都能够给听众带来印象，但是竞聘者倘若不能真诚地陈述自己的观点，这些就只能是耀眼的装饰罢了。只有当竞聘者的精神因为自己的双眼而容光焕发，因为自己的声音而辐射四方，因为自己的态度而自信满怀时，听众才能与竞聘者产生共鸣，被竞聘者所感染。

竞聘演讲时，竞聘者的一举一动、一颦一笑都会影响听众的态度。热情似火、活力四射的竞聘者总能引发听众的兴趣，即使他并不是最优秀的，但是这份感染力会为他增添不少色彩。竞聘者在展开富有感染力的演讲时，可以从下面几点做起：

1. 以自信心感染听众。竞聘者可能会在竞争上岗时碰到聘任的标准和自己的条件不符的情况，这时就极易陷入不安与不自信当中，听众也会从竞聘者的这些表现中感觉出他确实"条件不够"。不管是出于哪方面的环境扰乱，都要谨记自信是通往成功的关键筹码，是感染听众的重要因素。因为演讲台上的自信，是一种从容不迫的姿态，是一种胸有成竹的内蕴，是一种游刃有余的境界。失掉了这份自己对自己的肯定，又怎能得到他人的认可呢？

2. 以"情"感染听众。情感是连接竞聘者与听众之间的纽带和桥梁，竞争激烈的竞聘演讲并不是靠耍嘴皮、套近乎、夸夸其谈来赢得成功的，听众掂量的是竞聘者的话语是否真诚，是否有意义。竞聘者只有用真情才能使听众动情，使听众产生感情上的共鸣，从而达到竞聘上岗的目的。

3. 以"优雅的态势语言和动听的有声语言"来感染听众。虽然说态势和声音只是外在的装饰，但是在具备前面的条件下借助动听的有声语言和优雅的态势表达竞聘者的思想情感，那将会是如虎添翼，不仅能够增强现场渲染力，也是竞聘者内在美和外在美、能力与水平并驾齐驱的体现。这就使得竞聘者能留给听众更深的印象，进而感染在场每一位听众，使听众相信他、支持他。

4. 富于感染力的竞聘演讲要适时、适地地变化讲演的主题和内容，而不是墨守成规地进行死板的演说，竞聘者只有站在自己被真正"感染"的基础上，才能更好地去感染听众。

·第九章·

竞聘演讲的态势艺术

竞聘演讲如何把握态势语

在竞聘演讲中，光让听众听到是远远不够的，还要让他们通过竞聘者的态势语看到竞聘者要表达的内容和情感。在演讲台上，竞聘者的一颦一笑、一举一动，都会展现在听众面前。一次成功的竞聘演讲，不仅源于精妙的有声语言，还应该伴随着优雅、自然、得体的态势语。作为"无声语言"的态势语，它能对有声语言起到强调、修饰的作用，既能提高竞聘者的演讲内容的感染力，也是引导听众接收信息的重要手段。

在竞聘演讲中，竞聘演讲者要想恰到好处地灵活运用态势语，就要对其有一个整体的把握。尤其需要注意以下几方面内容：

1. 态势语的运用要符合演讲内容的需要。"无声语言"是"有声语言"的辅助工具，因此，"无声语言"的运用必须伴随着"有声语言"的需要而产生。二者的适当结合才能使演讲内容更加生动形象，给听众留下更深刻的印象。

2. 态势语的运用要符合演讲对象、演讲场合的需要。竞聘演讲的对象是领导、评委和员工代表，竞聘者需要通过取得演讲对象的信任与支持，从而达到竞聘成功的目的。因此，在竞聘演讲中，竞聘者态势语的运用要考虑到听众的心理倾向，切勿过度夸张地使用态势语。

3. 态势语的运用要伴随情感的变化而变化。态势语的运用，要结合竞聘者的情感表达，是情之所至的自然流露，切勿做作地搔首弄姿，否则会适得其反、前功尽废。

4. 在运用态势语与听众进行交流的时候，要做到自然朴实，反映竞聘演讲者的真情实感；精练准确，充分发挥表情达意的辅助作用；坚持个性化，突显竞聘演讲者自身的风采与人格魅力。

眼神在竞聘演讲时的作用

眼睛是"心灵的窗户",人们内心深处的思绪和情感可以通过这扇"窗户"反映出来,眼神的奇妙变化倾诉着一个人微妙的内心世界。用"眼"说话,是竞聘演讲者与听众进行心灵沟通的重要手段。但是,"眉目传情"并非随意的"挤眉弄眼",尤其在竞聘演讲中,要想用眼睛"说话",需要注意以下几点:

1.竞聘者应以友善而坚定的眼神,向听众展示自己的坦诚与自信,给听众留下良好的第一印象。这就需要竞聘者对自己目光的焦点有一个清楚的计划,是集中于一点还是分散全场,是由近及远还是由左至右,都要在心里有所准备。否则,会使眼神飘忽不定,难以展示坦诚、自信的一面,更无法及时留意到听众的反应。

2.用眼神的变化表达内心的丰富情感。当演讲到高潮部分时,竞聘者可以将眼睛微微睁大,让炯炯有神的双眼表现出自己激动的心情。而谈到对未来的设想与期望,竞聘者就要以坚定的目光表示出信心与决心。总之,恰到好处地运用眼睛形态和神态的变化,能够使情感的表达更丰富,更深入人心。

3.三种视线交替使用,以增强竞聘演讲的感染力。三种视线是指环顾的、专注的和模糊的视线。环顾的视线,即竞聘者尽可能地关注在场的每一位听众,用视线环顾全场,表示出对每一位听众的在意与尊重。专注的视线,就如同进行"典型调查",拿捏准听众的心理倾向,进而用专注的眼神来启发、引导他们,从而增强语言的感染力和说服力,使听众对你倍加关注与信任。模糊不清的视线,可以反映出竞聘者在演讲过程中的思考倾向,使演讲的内容更令人信服,同时也可以借此视线变化的过渡,稳定自己激动的情绪,调整自己的状态,向听众展示出竞聘者较好的个人修养。

怎样调整目光为竞聘加分

竞聘者要想在竞聘演讲中脱颖而出,除了知识、思维、举止和表达之外,目光亦是吸引听众、增强演讲效果的重要手段。

有些竞聘者可能由于羞涩,或是准备不足等原因,不敢直视听众而仰视天棚、俯视地板、左顾右盼、东张西望等，给人一种不庄重、有失礼仪的印象，不仅无法和听众进行心灵的沟通，甚至还会引起听众的反感。反之，竞聘者自信、有神的目光具有感染力，能使听众备受鼓舞；柔和、关切的目光具备说服力，能让听众深感亲切；兴奋、激动的眼光则能传达喜悦感，促使听众舒适畅快。那么，在竞聘演讲中，竞聘者究竟应该如何调整目光视点呢？

在演讲时，竞聘者要特别注意将目光注视方向的同一性和观察方位的多样性结合起来。所谓方向的同一性，并不是说要死死盯住听众，而是指在演讲中，竞聘者应该始终保持视线的目标在正前方，炯炯有神地目视着听众，这样听众会有受到被关注感觉，即"他是在向我进行演讲"，从而吸引听众的注意力和使其产生共鸣，同时，竞聘者自己也可以通过正视不断地观察听众的反应和情绪。观察方位的多样性是指在竞聘演讲过程中，竞聘者要时刻注意全方位地观察听众，以增强自己与所有听众的情感交流。而这种交流可以通过以下几种常用的方法来达到效果：

1. 环视法。这是用眼睛环视全场听众的做法，即让目光像探照灯环射夜空一样，有节奏地、周期性地环视整个会场。这种方法讲究统观全局、照顾全场，目的是要从整体性的角度去观察和发现会场听众的动态，时刻注意听众的反馈信息与情感交流。听众如果感受到竞聘演讲者在关注自己，亲近感便会油然而生，就更易全神贯注地倾听竞聘者的演讲。但要注意的是，使用环视法时千万不要忽略角落里的听众，被忽略的听众会有被遗忘或轻视的感觉，其情感容易受到伤害。此外，竞聘者的头部摆动幅度也不要太大，眼珠不要不停地乱动，否则会使听众感到茫然和不知所措。

2. 点视法。这是把视线集中到某一听众或某一局部的听众的做法。在演讲中，对于专心致志听演讲的听众，竞聘者投以赞许和感谢的目光，会拉近其与听众的距离；对于那些面露疑色的听众，竞聘者投以启发引导性的目光，使其神态趋于安定；而对于那些搞小动作、频频躁动的"不安静区"，竞聘者给予一点制止性的专注目光，使听众领悟其意并"回神转意"。使用目光点视法要注意避免和听众目光长时间直接接触，那不仅会使被点视的听众感到局促不安，而且也会使其他听众有被忽视和冷落的感觉。

3. 虚视法。这是用眼睛似看非看的做法，即"眼中无听众，心中有听众"，竞聘者的眼睛好像盯住某些听众，其实不然，但就听众而言，会感觉到竞聘演讲者在注视着他们。使用虚视法，一方面显示出竞聘者端庄大方的神态，另一方面便于竞聘者控制整个会场，能够减轻因紧张而产生的心理压力。同时，竞聘者在叙述和设想某种情况时，虚视法能够引导听众进入到其所描述的意境中去，进而关注竞聘者演讲的内容。运用虚视法时，竞聘者不宜长时间地频繁使用，否则容易留给听众傲慢的印象。

在调整目光视点时，竞聘者还需注意要灵活地把目光和脸部表情、体态动作等协调起来，目光的反应也要灵敏、自然，不可随意扭捏做作。

竞聘演讲时如何调整脸部表情

俗话说得好，"看人先看脸"，脸是人的外在美最直观的体现，而脸部表情则是人们交流情感、传递信息较常用的手段之一。脸部表情作为一种无声语言，通过眼部肌肉、颜面肌肉和口部肌肉的变化来反映内心的各种情绪。

在竞聘演讲中，用好脸部表情，对竞聘成功有着至关重要的作用。竞聘者尚未开始演讲，在场的听众就可以从他的脸部表情获得信息，就能对他的情绪、气质、态度和精神风貌作出判断。因此，竞聘者要想在演讲中给听众留下良好的第一印象，用好脸部表情是非常重要的。

竞聘演讲者的脸部表情主要受两方面因素的制约，一是对听众的态度；二是演讲的内容。在竞聘演讲时，普遍受到听众认可的脸部表情是庄重中略带微笑、紧张中不失柔和。要达到这种效果，竞聘者要注意以下几点：

1. 要以友善的表情与听众交流。人类最友善的脸部表情莫过于真诚的微笑，竞聘演讲者以发自内心的微笑向听众致意，一方面可以减轻自身的紧张感，另一方面可以拉近与听众之间的情感距离，从而使接下来的演讲得以在较为轻松的气氛中进行。

2. 脸部表情要坦诚、自然。坦诚、自然的脸部表情往往源于内心的真实反应，它能实实在在地反映出竞聘者内心的情感。而装模作样、矫揉造作的脸部表情，既掩饰不住内心的虚伪，又会令听众产生反感，即使再精彩的演讲内容，也会因虚伪的表情而令人难以接受。

3. 脸部表情要善于变化。一成不变的表情坚持久了就会变得僵硬，失去了发自内心的真实感。在竞聘演讲的过程中，竞聘者很可能会遇到一些意料之外的事故，比如多媒体设备出现故障、评委突然提出刁钻问题等，此时，保持镇定是必需的，但脸部表情可以适当地发生变化，也许"抿嘴一笑"可以为一种尴尬场面带来转机。

脸部表情的变化要特别注意两点，那就是变化的灵敏性和鲜明程度。其一，脸部表情应与有声语言所表达的情感同步进行，无论二者谁超前谁滞后，都会令听众感到别扭，甚至令人啼笑皆非。因此，脸部表情应当根据有声语言情感表达的变化而做到迅速、敏捷的反应。其二，脸部表情的变化不仅要灵敏，而且要鲜明。竞聘者要使脸部表情的每一点细微变化都能让听众觉察到，喜就是喜，怒就是怒。一定要避免那些似是而非、模棱两可的表情，否则会让听众捉摸不透，不知所云。

总之，人类的脸部表情及其变化异常丰富多彩，难以用语言将之准确地描述。也正因为这样，竞聘演讲中恰当地运用脸部表情，能够在演讲者难以"言传"时达到使听众"意会"的神奇效果。

竞聘演讲时如何适时微笑

微笑是人的面部表情因双唇、牙齿、眉梢、脸部肌肉的结合而产生的一种良性效果，它是一种略带笑容、不显著、不出声的笑。微笑，它表现在人的脸部，起源于人的内心，它受人的内心情感的支配。微笑是人类独有的一种微妙表情，是人类的体态语言，是一种无声的感召，就像散发一朵淡淡清香的小花，一片飘忽不定淡淡的云朵。真诚的微笑、自信的微笑、友善的微笑、喜悦的微笑、职业的微笑等都是微笑大家族的主要成员。

古往今来，微笑的魅力一直是人们赞扬和歌颂的话题。得体的微笑更是展示个性特征和魅力的标志之一。在竞聘演讲中，得体的微笑是竞聘者的一个"必备品"，它不仅是推销自我的一种自然神情，也是保护自我、完善自我的一种有效工具。此外，竞聘者对群众和评委展开得体的微笑，也可以拉近与评委和群众的距离，增加彼此信任感，增强演讲的渲染力。那么，竞聘者在演讲时，怎样才能做到得体的微笑呢？

1.微笑方式得体。即要真诚、自信、发自内心地微笑。在竞聘演讲中，竞聘者发自内心真诚和自信的微笑，能给在场的群众和评委传达竞聘者自然、稳重的气质美，同时也传达出竞聘者对竞聘职位的信心和执着。

2.微笑场合得体。即在合适的场合、恰当的环节中，竞聘者要得体地微笑，而并非是从头到尾、搞不清状况一味地微笑。当竞聘者的表达涉及对人物或事例的赞扬、歌颂等内容之时，微笑可以体现他的情感；当竞聘者在向评委和群众介绍自己的基本情况、工作经验、工作设想时，微笑可以强化他的信息；当竞聘者遇到尴尬境况时，微笑可以化解他的紧张。

总之，微笑是世界上最美的无声语言，它的普遍性、时效性、示意性、感召性、美感性无不牵动着人们的内心世界！"淡淡地出现，悄悄地消失"是得体微笑的真实体现。在竞聘演讲中，要是能够适时露出得体的微笑，那么演讲的效果会更加富于感染力。

参加竞聘演讲时如何打扮

打扮是人们出席重要场合必不可少的准备。不同的人在出席不同的场合时，会对自己进行不同的打扮。竞聘演讲是一个正式、严肃的场合，竞聘演讲者的衣着、仪表打扮是其给听众直观印象的重要因素之一，所以精心的打扮是非常必要的。

竞聘演讲者在演讲前进行适当的打扮，是由竞聘演讲的目的性决定的。竞聘演讲者要想取得竞聘成功，就必须获得听众更多的拥护和支持，使听众接受自己的立场和观点，从而达到竞聘成功的目的。竞聘者的衣着、仪表打扮，是给听众的"第一印象"的主要部分，对于获得听众的好感、尊重和爱戴是至关重要的。此外，讲究的打扮能更好地表现竞聘演讲者对听众的尊重。

具体而言，在竞聘演讲中，演讲者打扮的总体要求有以下 3 点：

1. 竞聘演讲者的打扮应与其情感及演讲内容的基调保持一致。竞聘演讲是竞聘者各方面素质、能力的综合体现，演讲内容注重理性分析多于情感表达。因此，竞聘演讲者的打扮应大方得体、正式端庄。男性最好西装革履，注意头发和胡须的修整；女性应着正装，切忌亮丽轻佻的装扮。

2. 竞聘者的打扮应与自身条件相匹配。比如年纪较大的演讲者适宜颜色素雅的服装，皮肤黝黑者着颜色鲜亮的服装为宜，而体型较胖的演讲者，尤其是女性演讲者，则应尽量避免浅色或带有横条装饰的服装。只有穿着与自身条件相匹配的服装，才能更好地展现个人魅力，令听众赏心悦目。

3. 竞聘者的打扮要搭配协调。在着装方面，无论款式、颜色以及装饰品的选择，都要穿出和谐统一的美感。女性更看重的面部妆容，也要与整体穿着搭配协调。这样才能使自己的打扮在竞聘演讲中获得听众赞许的目光，给听众留下深刻的印象。

竞聘演讲如何适当运用手势

如果把竞聘演讲时的手势运用比作绿叶，把一篇精彩的竞聘演讲稿比作红花，那么红花再好，也是需要绿叶来配的。手势的运用是竞聘演讲中态势语的核心，其使用的频率最高，作用也最明显。有学者曾说过："手势语本身就像文字一样地富有表现力，特别是在言语少于思想、三两句话中蕴藏着通篇哲理的时候，尤其是这样。"由此可见，手势的运用在竞聘演讲中的作用是不可小觑的。

竞聘者在演讲时，使用的手势是千差万别的。有的是为了强调他所表达的某一工作思想的重要性；有的是为了使听众能直观地了解他的工作设想；有的是为了更加深入地揭示其工作设想的实际内容；也有的是为了指明隐藏在话语背后的真实含义。尽管竞聘演讲者在运用每一个手势时目的各异，但其最终的目的都是为了强调或突出竞聘者所要阐述的内容和思想。

在诸多竞聘演讲的手势运用中，上举、下压和平移等这几种手势使用频率为最高。手势语可分为双手、单手两种种类，种类之下又可分为拳式、掌式、屈肘翻腕式，等等。一般而言，依据不同的功能还可以将手势语分为：指示性手势、达情式手势、达形性手势、比拟性手势。

为了使竞聘者的手势在竞聘演讲的过程中运用得自然得体，应该遵循以下的原则：

1. 手势语不可滥用。在竞聘演讲中，手势的运用只是作为竞聘演讲的一种辅助手段，是绝不能喧宾夺主的。面对各种各样的手势，竞聘者应该做到运用得"少而精"，也就是说用最少的手势赢得最多的掌声。竞聘演讲的过程中无目的重复使用同一手势语，会使听众失去对手势的兴趣，甚至产生厌烦感。而杂乱无章的手势运用，则会使听众眼花缭乱，影响竞聘演讲的效果。

2. 手势语使用必须要审慎。在竞争激烈的竞聘演讲中，为了使得自己独具特色，同别人有所区别，竞聘者在面对众多而又有限的手势动作进行选择时，一定要审慎，根据自己的讲话习惯，竞聘岗位的要求等特性选择恰当的手势语，避免同别人重复，或生搬硬套而失去本身的光彩。

3. 手势语使用必须合情合理。竞聘演讲中的手势不是随意发出的，更不是由于竞聘演讲者的紧张，在一种神经质状态下的"乱动"。它是竞聘者内心状态的外在表现，是他在熟悉其所讲主题和内容的基础上配合着所要阐述的思想和所要表达的情感自然而发的。因此，手势语必须要合乎竞聘者的情感表达和竞聘的主题。

4. 手势语不宜从肘部做起。一般来说，最合适的手势动作是从肩部做起，这样在竞聘演讲中会给听众留下有力、大方、顺眼的好印象。手势语若从肘部做起，则会显示出竞聘者的局促感、不自然以及不大方的状态。

此外，竞聘者还需谨记在演讲的时候任何手势都要结合着话语共同完成。如果手势过快或过慢，都会阻碍竞聘者思想和情感的表达，甚至会混淆听众，使他们将别的内容当作竞聘者强调的重点，进而会大大降低竞聘演讲的感染力。

·第十章·

竞聘演讲的应变艺术

如何应对怯场

怯场是人在某种场合下因紧张、害怕而表现出的不自然状态。由于面对众多的听众，身处特殊的环境之中，演讲者会产生一种胆怯害怕的心理，以致失去自控能力。对于竞聘演讲者，尤其是初次登台者，最大的敌人就是"怯场"。怯场使竞聘演讲者的精心准备前功尽弃，使演讲者以最尴尬、笨拙、可怜的形象暴露在评委面前，印象分大打折扣。

克服怯场可以将听众想成自己的朋友。一般情况下，绝大多数人与朋友说话都不会怯场，而对于初次见面的陌生人，则会显得拘束。因此，竞聘演讲者可以将在场的每一位陌生人想成自己的朋友，以与朋友交谈的方式进行演讲，既拉近了与听众的心理距离，又有效地克服了怯场。此外，竞聘者还可运用以下方法来克服怯场。

1.多想成功的经历。有的人一想起自己过去的失败经历，脑子里便闪现出"这次又要失败了""手抖个不停""声音打战"，严重者甚至突然间说不出话来。此时，竞聘演讲者可以多想想自己往昔侃侃而谈的经历，想想自己在听众面前指点江山的潇洒英姿。多想自己的成功经历，心中就会点燃"定能获得成功"的希望，促使自己产生继续演讲的意愿，并付诸实践。若能在竞聘演讲之前想象听众对自己鼓掌喝彩的情景，则使演讲者自信倍增，极有可能超水平发挥。

2.对自己进行强烈的、积极的心理暗示。诸如"我是最受听众欢迎的""我的才干是不容置疑的"等心理暗示，都可作为竞聘演讲者鼓励自己、克服怯场的手段。自我暗示并不难，关键是要运用得当才能产生克服怯场的效果。如果不把握好心理暗示的尺度，则会使积极的鼓励作用演变为消极的狂妄表现，不仅无法克服怯场，还破坏了竞聘者在听众心目中的形象。

总而言之，怯场是竞聘演讲中难以避免的，但可以根据个人的具体情况，通过许多有效的途径加以克服。怯场并不可怕，可怕的是因怯场而引起的慌乱。因此，竞聘演讲者需要不断提高自己对陌生环境的适应能力，时刻保持冷静的头脑、清醒的意识，争取达到处变不惊的境界。这不仅是竞聘演讲的需要，更是竞聘上岗后处理问题、解决困难的需要。

如何应对冷场

在演讲时，竞聘者要想取得良好的演说效果，在竞聘演讲的会场上就得学会察言观色，时刻把握住听众的心理变化和兴趣需求，并以此来及时修正补充其演说内容。但是并非每一位竞聘演讲者都能做到这一点，因此，在演讲时，竞聘者难免会遇到冷场的情况。

据相关研究表明，竞聘演讲的过程中冷场 15 秒以上，听众席中就会出现零星的笑声；冷场 30 秒以上，听众的笑声会增多；冷场时间再长一点，听众便会显得不耐烦，容易引起竞聘会场的躁动。

通常，竞聘演讲中出现的冷场现象可分为两种：一种是"单向"冷场，即竞聘演讲仅仅是竞聘者一个人的演说，台下的听众对演讲内容不感兴趣，注意力不集中，甚至低头干其他的事情等，没有和竞聘者达成互动；另外一种是"双向"冷场，这种冷场主要表现为听众心不在焉，即便是注视着竞聘者，但是却没有同竞聘者进行实际的互动，或者只是随口地对竞聘者进行敷衍应付性的点评。不管是以上哪种冷场类型，竞聘者都应该从自身的角度寻找冷场的原因，究竟是演讲的内容不新颖还是演讲的方式缺乏吸引力？遇到这种状况时，竞聘者该如何巧妙应对呢？

1. 竞聘者在演讲时要力求做到言语的简短扼要。不管是在介绍竞聘者本身，还是陈述相关工作经验，或是畅谈工作设想时，竞聘者都要以简短、明确的语言进行阐述，切忌在一个问题上反复啰唆，以免让听众感觉到厌烦，从而失去对竞聘演讲的兴趣。

2. 竞聘者要学会适时变化话题。如果遭遇到冷场时，竞聘者应该要适时地变换话题，如可以通过穿插一些听众感兴趣的话题等进行临场的发挥来消除现场尴尬的气氛，重新激起听众的兴趣，使得听众的注意力回到演讲中来，赢取转机。

3. 竞聘者可以恰当地制造悬念。悬念是吸引听众注意力的有效方法之一，竞聘者可以通过制造两个适当的悬念，引发听众的思考，吸引听众的注意力，为竞聘演讲取得"峰回路转"的效果。但是竞聘者需要注意的是，其所制造的悬念必须是真实的，不能胡编乱造，同时还需具有新颖性，不要重复别人说过的或是陈旧、老套的东西，那就无法吸引听众。

总之，竞聘演讲的过程中遇到冷场的状况时，竞聘者应灵活地沉着应对，积极地调节现场的氛围，而不是心急如焚、手忙脚乱，最终导致竞聘的失败。

不受听众欢迎该怎么办

当竞聘者站在台上进行演讲时，很有可能会由于个人立场、地位、思维方式的差异等方面的原因导致听众对其观点和演讲内容不感兴趣，不认同，甚至是反对。这种状况在竞聘演讲的过程中是时有发生的，因此，当竞聘者的演讲遭遇到不受听众欢迎的情况时，要谨记不必大惊小怪，应冷静思考，沉着面对。

在面对竞聘单位的上级领导、竞聘评审组、主考官等听众时，竞聘演讲者可能会感到紧张和害羞，不敢在听众面前大胆地发言，讲话停停顿顿、支支吾吾、语无伦次、不断重复的言语不仅阻碍了竞聘者的表达，还使得演讲不受听众的欢迎。此种情况下，竞聘者应该立即调整心态，把注意力从内心的焦虑转移到演讲的内容上来，控制好紧张的情绪，把其化为内心的积极动力。而在这之前，竞聘者最为重要的是必须做好准备工作，熟悉竞聘场所、熟悉听众、熟悉竞聘演讲稿等。

竞聘演讲不受听众欢迎的原因是多种多样的，可能是竞聘者在演讲时的观点确实有漏洞，或是有错误。此时，竞聘演讲者就该虚心接受，诚恳改正，还应对提出异议的听众表示感谢；还可能是听众的模糊认识使其对竞聘演讲内容不理解。异议提出后，在能够立即回答的情况下，竞聘者应心平气和、轻声细语地予以解答，以消除听众的不满；如果对听众提出的问题不能立即给以答复，就应该实事求是地说明自己在某一方面的不足，并表示日后会不断加强学习和实践，而不是三言两语、文不对题地敷衍听众；如果竞聘者对听众所提出的问题已作出较圆满的回答，听众仍然不能心悦诚服的时候，就不必强求，应允许听众保留意见；如果听众与自己所说的观点只是思路不同，而结论相似，竞聘者应控制好自己的情绪，虚心听取他们的意见及观点，以补充和完善竞聘演讲的内容。

当竞聘者站在竞聘的演讲台上时，他是以一个陌生人的身份出现在听众面前的，这就难免在开始时会给听众带来隔膜感。因此，在演讲开始时竞聘者不要直奔主题，不妨先"推销"一下自己，使得听众有一个接受的过程。同时，竞聘者还可以试着用换位思考的方式从听众的角度来控制其情绪和状态。

消除听众反感的方法不止一两种，但其中最行之有效的还是取决于竞聘者的态度及应变能力。竞聘演讲者最好是采取低姿态进行演讲，假若目空一切、自以为是，则很容易让听众反感，甚至引起敌意。放低姿态，以谦虚、真诚的态度展示在听众面前，能够拉近和听众的距离，为竞聘者赢得好感。

除了以上的一些措施之外，当竞聘演讲不受听众欢迎时，竞聘者可以尝试多用"我"字来拉近同听众的距离；还可以用轻松一笑的方式缓和现场紧张的气氛。

没把握好时间该怎么办

竞聘演讲的时间规定对竞聘者演讲的内容和演讲的展开影响很大，竞聘者一定要学会把握时间，判断在一定的耗时内适合讲多大的话题。竞聘者要控制好演讲时间，必然涉及演讲内容的精练，二者是相辅相成的。一般来说，演讲要简短、精辟，太长容易让听众失去耐心。

在正式的竞聘演讲之前，进行预先排练十分必要。竞聘演讲者常常根据预演的情况来调整演讲内容的多少，使其在完整的前提下具有一定的伸缩性，从而实现演讲时长一定程度上的可控性。

但即使这样，竞聘演讲会场的种种特征或情况仍是竞聘者无法完全掌控的。在演讲时，竞聘者有可能会遇到这样或那样的突发状况，导致预先排练好的演讲稿可能无法按照先前的时间秩序进行。未能把握好、掌控好演讲时间，这时候竞聘演讲者应该注意怎样应变呢？

1.竞聘者切勿慌张，应保持冷静，坦然微笑应对。很多竞聘者在面对各种突发状况时往往会惊慌失措，这是最忌讳的，冷静、沉着才是最正确的选择。虽然遇到突发状况紧张是人之常情，但竞聘者需要注意的是，此时面对紧张更要学会"自我隐藏"，而不是表露"人之常情"。毕竟，在竞聘岗位时，需要突出的是"与众不同"的特质，而非"泯然如众人"的平庸。因此，当竞聘者没有把握好演讲时间时，切勿紧张，应保持清醒的头脑，学会随机应变。只有当竞聘者自己沉着面对突发状况，把场面掌控好，听众才会从心底佩服他、相信他。

2. 竞聘者要大胆删减竞聘演讲稿中次要的内容，着重突出主题观点。这时，舍弃很可能并不意味着失去，而是另一种收获。在时间没把握好的状况下，竞聘者要冷静应变，要适时删除那些与主题无关、次要的内容，着重突出中心主题，这样才有可能让竞聘演讲有所收获。比如，在时间限制内，竞聘者如果在前大半部分时间一直在陈述自己的成长经历或受教育程度等，而在准备进行工作经历、工作计划或工作安排的描述时，时间已经所剩无几，这时候竞聘者就该马上停止自我介绍，以最快速度切入演讲的重点，即工作经历、工作设想等。

3. 尝试征求听众给予时间上的宽限。这是在演讲时间已到，而竞聘者却没把演讲的重点突出的情况下所实施的"下下策"。值得注意的是，竞聘者只能是尝试征求听众的意见，在听众允许的情况下竞聘者才能继续进行演讲，但这种"加时"演讲方式的"加时"时间最好不要超于听众给出的"加时"时限，一般是五分钟左右，超时就可能引起听众的厌烦感，也可能意味着竞聘者被淘汰出局的可能性更大。

·第十一章·

竞聘演讲的排练艺术

如何朗读竞聘演讲词

朗读，本质上是一种"念读"的方式。完成竞聘演讲稿的构拟之后，竞聘者要想在演讲时"畅通无阻"地展现自我，那么在演讲前，竞聘者应该投入一定的时间和精力到演讲的排练中，提前把演讲词顺一顺。首先要做的就是从头到尾朗诵竞聘演讲词。

那么，竞聘者该如何朗读竞聘演讲词呢？

1. 朗读的准备

在朗读竞聘演讲词前，竞聘者要先深入了解演讲词，清晰掌握演讲词的整体构架。

竞聘者在构拟竞聘演讲词时，其实已经了解了竞聘演讲词的通篇结构，因此竞聘者可以尝试口述竞聘演讲词。而如果竞聘演讲词并非出自竞聘者之手，竞聘者则可尝试对全文进行一次快速浏览。不管是浏览演讲词还是口述演讲词，目的都是使竞聘演讲者更好地掌握段落的结构及其中心思想，抓住文章或段落中关键的词语和句子。

在深入了解竞聘演讲词之后，接下来竞聘者应该开始尝试放声朗读。朗读并非泛泛而读，而是要融入感情、有节奏地读，放慢速度去读，在重点、难点或者停顿之处要做好标记。此外，竞聘者可以在重点、难点之处使用一些特殊技巧进行朗读，如气音、颤音、模拟等；这样一方面可以对竞聘演讲词起到润色、修饰的作用，另一方面也有助于竞聘者更加牢记竞聘演讲词。

2. 朗读的具体要求

（1）读音要准确。竞聘者要使用普通话进行朗读，要注意声调、韵味使用的准确无误。

（2）轻重音要分明。这一点强调对轻重音的确定和发音时的准确把握，竞聘者在朗读重点词语、句子时尤其要注意。

（3）适当停顿。这里强调在句与句之间、段落与段落之间停顿的差异性和适当性。一般来说，停顿包括感情停顿、句法停顿、逻辑停顿、生理停顿等。适当的停顿一方面可以强化表达的内容和情感，另一方面也可以给竞聘演讲者停顿歇息的机会。

（4）句调自然。竞聘者的朗读语调和舒缓度要自然得体。句调通常包括高声调、降抑调、平直调、弯曲调等几种类型。自然协调既是演讲词内在节奏的一种体现，也是竞聘者轻松、自信心理状态的外在体现。

如何背诵竞聘演讲词

背诵，是强调脱离文稿的记忆方式。朗读竞聘演讲稿之后，摆在竞聘者眼前的就是如何将其背下来的问题。

严格说来，照稿宣读并不是真正意义上的竞聘演讲。竞聘演讲的"讲"不是"读"，因为在"讲"的过程中还伴随有"演"的成分。宣读式的竞聘演讲，竞聘者的注意力集中在稿纸上，只顾"读"而顾不上"演"，缺乏表情与动作的配合，不能充分表达讲稿中蕴含的感情色彩和竞聘者自己的实际感受，使竞聘演讲这门生动的艺术变成了枯燥、生硬、呆板的叙述。竞聘者对竞聘演讲稿的依赖程度，往往决定了其与听众思想情感的交流程度以及听众依赖的程度。

一般来说，竞聘演讲大多数都采取脱稿演讲的方式。要脱稿演讲，就必须要将竞聘演讲的内容"烂熟于胸"。有人曾归纳出竞聘演讲者情绪紧张的十种原因：缺乏自信、怕忘讲稿、感到孤独、害怕强手、准备不足、听众干扰、中途忘词、要求过高、外部影响、场面重大。仔细分析，最主要的问题还是"竞聘演讲词是否记熟了"。因为在众目睽睽之下，唯一能使竞聘者感到轻松的是清楚地知道自己要讲什么，如果不能做到这点，那就会产生紧张和恐惧的心理。那么，竞聘者如何背好、背熟竞聘演讲词呢？

背诵竞聘演讲稿的目的就是要把演讲的内容铭记在自己心中。当然，这里所说的背诵并非意味着一字不落地背诵，而是要有重点、分主次地背诵。就竞聘演讲的演练和现场竞聘演讲的实际情况来看，竞聘演讲的内容和方式也许都会发生不同程度的变化。因此，在竞聘演讲排练时，对于"不变"的演讲内容、态势语等就要下功夫背诵，达到"滚瓜烂熟"的境界；对"变化"的内容、态势语等可作一般性背诵准备，主要以理解为主。这样才能保证竞聘演讲的严肃性和灵活性的统一。

一般来说，竞聘演讲需要背诵的内容主要包括竞聘演讲的主题中心、总体脉络、重要观点、关键词句、层次转接的过渡语、基本数字等。这些内容在背诵时绝不能含糊，要牢记在心。对于具体工作经历、经验和工作情景的描述等，可作一般性地背诵。

如何记忆竞聘演讲词

俄国伟大的生理学家谢切若夫曾说过："一切的智慧根源在于记忆。"古希腊演说家西摩尼德斯认为："记忆是演讲家素养的本质部分。"

记忆是人脑的一种重要功能。要想获得竞聘演讲的成功，竞聘者就要具备十足的自信，而十足的自信来源于充分的准备，充分的准备主要是指对竞聘演讲词的熟悉，这也就涉及如何记忆的问题。记忆竞聘演讲词，不仅要牢记竞聘演讲的内容，还要记住竞聘者精心设计的演讲程序等内容。竞聘者必须善于掌握和利用演讲心理过程的基本规律，不断提高演讲的记忆水平，才能保证竞聘演讲活动顺利进行，从而获取最佳现场表现效果。

对于竞聘演讲而言，记忆作为竞聘者智力构成的基本因素之一，它主要包括演讲活动的识记、保持、回忆再认等过程。

1. 识记

即识别并记住演讲词的主要内容，从而积累知识经验的过程。识记按有无预定目的可分为有意识记和无意识记，竞聘演讲词的记忆属于有意识记；识记按是否在理解的基础上进行可分为机械识记和意义识记，对竞聘演讲词的识记主要采取意义识记，这样既可避免"背书式"的危险，又可使竞聘者牢记于心。

2. 保持

即巩固已获得知识经验的过程。在这一阶段，竞聘者要保持并巩固"识记"阶段熟记下的内容，沉淀下熟记的内容。

3. 回忆和再认

即恢复"识记"和"保持"阶段知识经验的过程。

初次看演讲词，包括实际的构拟，对竞聘者而言其实就是一个识记过程；具体背诵或复习就是保持过程；复述演讲词就是一个回忆的过程。从信息论的角度来看，记忆的基本过程相当于对输入的信息进行编码，即识记；接着是对信息的贮存，即保持；最后是信息的提取，即回忆和再认。

在这一整个记忆的过程中，前两个环节是最重要的，它们直接决定后一个环节的效率。识记是保持的必要前提，保持是记忆的中心环节，而记忆的水平则主要体现在回忆和再认的程度上。通过这 3 个程序，竞聘者能更好地熟记竞聘演讲词，进而达到对竞聘演讲词"铭记于心""烂熟于胸"的效果。

如何用好辅助工具

演讲的 3 个基本要素包括演讲者、听众以及环境。一般而言，在演讲中，视觉效果是不容忽视的。成功的竞聘演讲不仅需要生动形象的有声语言和无声语言相结合，还要求采用新颖、独特的演讲方式，并借助一定的辅助工具给听众一种良好的视觉享受。

竞聘演讲的辅助工具多种多样，可以是传统的如实物、模型、图片、表格等的展示，也可以是多媒体的幻灯片、录影带等的放映，甚至竞聘演讲者自身也可以成为辅助工具。

在竞聘演讲的准备和排练阶段，应根据听众的需求、环境的布局及演讲内容等具体情况来选择辅助工具。具体来说，竞聘者在这一阶段需要注意以下几点要求：

1. 辅助工具的选择要有助于突出主题。辅助工具的主要作用是传达竞聘演讲者的信息，而信息的传达要始终服从于主题、围绕着中心思想才能收到良好的效果。

2. 辅助工具的选择要简单好用。简单好用的辅助工具一方面有助于竞聘者携带，另一方面有助于较长时间地吸引听众。对于复杂烦琐的辅助工具，听众有可能没有耐性一一辨别，从而影响理解。因此，辅助工具选择得越简洁，听众听明白的可能性就越大。

3. 有字体、有颜色的辅助工具的选择要清晰明朗。在字体上，要注意字体的清晰明辨，切勿选择广告装饰性的字体，以免使听众看得费力，听得分神。同时，辅助工具的颜色选择上应遵循自然、简单、明朗的格调，不应选择花花绿绿、多重色彩的辅助工具。

　　使用好辅助工具，除了在准备阶段的注意点之外，在现场竞聘演讲时，还须熟悉辅助工具的特点，并掌握操作这些工具的技巧：用黑板充当辅助工具时要慎重，因为这样可能会把竞聘演讲的最佳时间白白浪费掉；辅助工具要放在听众看得到的地方，切勿挡住听众的视线范围；辅助工具尽量避免在听众中相互传看，这样容易转移听众的兴趣点，容易忽略竞聘者的竞聘演讲内容，需要展示的图片或者表格应在讨论或提问的环节再展示。

中篇
情景案例篇

第一部分

机关、事业
单位系统

·第一章·

党政工作岗位

党政工作理论知识

党政工作的概念

党政机关是中国共产党的各级组织、部门、机关和各级人民政府所属的部门、机关以及其他民主党派、社会团体、部分被授有一定行政权力的事业单位的总称。党政工作就是指在党政机关内所进行的工作。

党政机关是党和政府的办事机构，担负着管理党和国家事务的重要职责，对推动我国社会、经济、政治和文化的发展起着重要的领导作用。

1.党：国家、省、自治区、直辖市、县级市、县级区、县、乡级区、乡的中国共产党委员会（如省委、市委、县委、乡委）。

2.政：国家、省、自治区、直辖市、县级市、县级区、县、乡级区、乡的人民政府（如国务院、省政府、市政府、县政府、乡政府）。

3.机关：国家权力组织机构的各部委、司、省厅、市、区、县、乡的局（如教育部、省公安厅、市卫生局等）。

党员的义务与权利

根据 2007 年 10 月 21 日通过的《中国共产党章程》规定如下：

第一条　年满十八岁的中国工人、农民、军人、知识分子和其他社会阶层的先进分子，承认党的纲领和章程，愿意参加党的一个组织并在其中积极工作、执行党的决议和按期交纳党费的，可以申请加入中国共产党。

第二条　中国共产党党员是中国工人阶级的有共产主义觉悟的先锋战士。

中国共产党党员必须全心全意为人民服务，不惜牺牲个人的一切，为实现共产主义奋斗终生。

中国共产党党员永远是劳动人民的普通一员。除了法律和政策规定范围内的个人利益和工作职权以外，所有共产党员都不得谋求任何私利和特权。

第三条　党员必须履行下列义务：

（一）认真学习马克思列宁主义、毛泽东思想、邓小平理论和"三个代表"重要思想，学习科学发展观，学习党的路线、方针、政策和决议，学习党的基本知识，学习科学、文化、法律和业务知识，努力提高为人民服务的本领。

（二）贯彻执行党的基本路线和各项方针、政策，带头参加改革开放和社会主义现代化建设，带动群众为经济发展和社会进步艰苦奋斗，在生产、工作、学习和社会生活中起先锋模范作用。

（三）坚持党和人民的利益高于一切，个人利益服从党和人民的利益，吃苦在前，享受在后，克己奉公，多做贡献。

（四）自觉遵守党的纪律，模范遵守国家的法律法规，严格保守党和国家的秘密，执行党的决定，服从组织分配，积极完成党的任务。

（五）维护党的团结和统一，对党忠诚老实，言行一致，坚决反对一切派别组织和小集团活动，反对阳奉阴违的两面派行为和一切阴谋诡计。

（六）切实开展批评和自我批评，勇于揭露和纠正工作中的缺点、错误，坚决同消极腐败现象作斗争。

（七）密切联系群众，向群众宣传党的主张，遇事同群众商量，及时向党反映群众的意见和要求，维护群众的正当利益。

（八）发扬社会主义新风尚，带头实践社会主义荣辱观，提倡共产主义道德，为了保护国家和人民的利益，在一切困难和危险的时刻挺身而出，英勇斗争，不怕牺牲。

第四条　党员享有下列权利：

（一）参加党的有关会议，阅读党的有关文件，接受党的教育和培训。

（二）在党的会议上和党报党刊上，参加关于党的政策问题的讨论。

（三）对党的工作提出建议和倡议。

（四）在党的会议上有根据地批评党的任何组织和任何党员，向党负责地揭发、检举党的任何组织和任何党员违法乱纪的事实，要求处分违法乱纪的党员，要求罢免或撤换不称职的干部。

（五）行使表决权、选举权，有被选举权。

（六）在党组织讨论决定对党员的党纪处分或作出鉴定时，本人有权参加和进行申辩，其他党员可以为他作证和辩护。

（七）对党的决议和政策如有不同意见，在坚决执行的前提下，可以声明保留，并且可以把自己的意见向党的上级组织直至中央提出。

（八）向党的上级组织直至中央提出请求、申诉和控告，并要求有关组织给以负责的答复。

党的任何一级组织直至中央都无权剥夺党员的上述权利。

第五条　发展党员，必须经过党的支部，坚持个别吸收的原则。

申请入党的人，要填写入党志愿书，要有两名正式党员作介绍人，要经过支部大会通过和上级党组织批准，并且经过预备期的考察，才能成为正式党员。

介绍人要认真了解申请人的思想、品质、经历和工作表现，向他解释党的纲领和党的章程，说明党员的条件、义务和权利，并向党组织作出负责的报告。

党的支部委员会对申请入党的人，要注意征求党内外有关群众的意见，进行严格的审查，认为合格后再提交支部大会讨论。

上级党组织在批准申请人入党以前，要派人同他谈话，作进一步的了解，并帮助他提高对党的认识。

在特殊情况下，党的中央和省、自治区、直辖市委员会可以直接接收党员。

第六条　预备党员必须面向党旗进行入党宣誓。誓词如下：我志愿加入中国共产党，拥护党的纲领，遵守党的章程，履行党员义务，执行党的决定，严守党的纪律，保守党的秘密，对党忠诚，积极工作，为共产主义奋斗终生，随时准备为党和人民牺牲一切，永不叛党。

第七条　预备党员的预备期为一年。党组织对预备党员应当认真教育和考察。

预备党员的义务同正式党员一样。预备党员的权利，除了没有表决权、选举权和被选举权以外，也同正式党员一样。

预备党员预备期满，党的支部应当及时讨论他能否转为正式党员。认真履行党员义务，具备党员条件的，应当按期转为正式党员；需要继续考察和教育的，可以延长预备期，但不能超过一年；不履行党员义务，不具备党员条件的，应当取消预备党员资格。预备党员转为正式党员，或延长预备期，或取消预备党员资格，都应当经支部大会讨论通过和上级党组织批准。

预备党员的预备期，从支部大会通过他为预备党员之日算起。党员的党龄，

从预备期满转为正式党员之日算起。

第八条 每个党员，不论职务高低，都必须编入党的一个支部、小组或其他特定组织，参加党的组织生活，接受党内外群众的监督。党员领导干部还必须参加党委、党组的民主生活会。不允许有任何不参加党的组织生活、不接受党内外群众监督的特殊党员。

第九条 党员有退党的自由。党员要求退党，应当经支部大会讨论后宣布除名，并报上级党组织备案。

党员缺乏革命意志，不履行党员义务，不符合党员条件，党的支部应当对他进行教育，要求他限期改正；经教育仍无转变的，应当劝他退党。劝党员退党，应当经支部大会讨论决定，并报上级党组织批准。如被劝告退党的党员坚持不退，应当提交支部大会讨论，决定把他除名，并报上级党组织批准。

党员如果没有正当理由，连续六个月不参加党的组织生活，或不交纳党费，或不做党所分配的工作，就被认为是自行脱党。支部大会应当决定把这样的党员除名，并报上级党组织批准。

党的组织制度

根据 2007 年 10 月 21 日通过的《中国共产党章程》规定如下：

第十条 党是根据自己的纲领和章程，按照民主集中制组织起来的统一整体。党的民主集中制的基本原则是：

（一）党员个人服从党的组织，少数服从多数，下级组织服从上级组织，全党各个组织和全体党员服从党的全国代表大会和中央委员会。

（二）党的各级领导机关，除它们派出的代表机关和在非党组织中的党组外，都由选举产生。

（三）党的最高领导机关，是党的全国代表大会和它所产生的中央委员会。党的地方各级领导机关，是党的地方各级代表大会和它们所产生的委员会。党的各级委员会向同级的代表大会负责并报告工作。

（四）党的上级组织要经常听取下级组织和党员群众的意见，及时解决他们提出的问题。党的下级组织既要向上级组织请示和报告工作，又要独立负责地解决自己职责范围内的问题。上下级组织之间要互通情报、互相支持和互相监督。党的各级组织要按规定实行党务公开，使党员对党内事务有更多的了解和参与。

（五）党的各级委员会实行集体领导和个人分工负责相结合的制度。凡属重大问题都要按照集体领导、民主集中、个别酝酿、会议决定的原则，由党的委员会集体讨论，作出决定；委员会成员要根据集体的决定和分工，切实履行自己的职责。

（六）党禁止任何形式的个人崇拜。要保证党的领导人的活动处于党和人民的监督之下，同时维护一切代表党和人民利益的领导人的威信。

第十一条　党的各级代表大会的代表和委员会的产生，要体现选举人的意志。选举采用无记名投票的方式。候选人名单要由党组织和选举人充分酝酿讨论。可以直接采用候选人数多于应选人数的差额选举办法进行正式选举。也可以先采用差额选举办法进行预选，产生候选人名单，然后进行正式选举。选举人有了解候选人情况、要求改变候选人、不选任何一个候选人和另选他人的权利。任何组织和个人不得以任何方式强迫选举人选举或不选举某个人。

党的地方各级代表大会和基层代表大会的选举，如果发生违反党章的情况，上一级党的委员会在调查核实后，应作出选举无效和采取相应措施的决定，并报再上一级党的委员会审查批准，正式宣布执行。

党的各级代表大会代表实行任期制。

第十二条　党的中央和地方各级委员会在必要时召集代表会议，讨论和决定需要及时解决的重大问题。代表会议代表的名额和产生办法，由召集代表会议的委员会决定。

第十三条　凡是成立党的新组织，或是撤销党的原有组织，必须由上级党组织决定。

在党的地方各级代表大会和基层代表大会闭会期间，上级党的组织认为有必要时，可以调动或者指派下级党组织的负责人。

党的中央和地方各级委员会可以派出代表机关。

党的中央和省、自治区、直辖市委员会实行巡视制度。

第十四条　党的各级领导机关，对同下级组织有关的重要问题作出决定时，在通常情况下，要征求下级组织的意见。要保证下级组织能够正常行使他们的职权。凡属应由下级组织处理的问题，如无特殊情况，上级领导机关不要干预。

第十五条　有关全国性的重大政策问题，只有党中央有权作出决定，各部门、各地方的党组织可以向中央提出建议，但不得擅自作出决定和对外发表主张。

党的下级组织必须坚决执行上级组织的决定。下级组织如果认为上级组织的决定不符合本地区、本部门的实际情况，可以请求改变；如果上级组织坚持原决定，下级组织必须执行，并不得公开发表不同意见，但有权向再上一级组织报告。

党的各级组织的报刊和其他宣传工具，必须宣传党的路线、方针、政策和决议。

第十六条　党组织讨论决定问题，必须执行少数服从多数的原则。决定重要问题，要进行表决。对于少数人的不同意见，应当认真考虑。如对重要问题发生争论，双方人数接近，除了在紧急情况下必须按多数意见执行外，应当暂缓作出决定，进一步调查研究，交换意见，下次再表决；在特殊情况下，也可将争论情况向上级组织报告，请求裁决。

党员个人代表党组织发表重要主张，如果超出党组织已有决定的范围，必须提交所在的党组织讨论决定，或向上级党组织请示。任何党员不论职务高低，都不能个人决定重大问题；如遇紧急情况，必须由个人作出决定时，事后要迅速向党组织报告。不允许任何领导人实行个人专断和把个人凌驾于组织之上。

第十七条　党的中央、地方和基层组织，都必须重视党的建设，经常讨论和检查党的宣传工作、教育工作、组织工作、纪律检查工作、群众工作、统一战线工作等，注意研究党内外的思想政治状况。

党的中央组织

根据 2007 年 10 月 21 日通过的《中国共产党章程》规定如下：

第十八条　党的全国代表大会每五年举行一次，由中央委员会召集。中央委员会认为有必要，或者有三分之一以上的省一级组织提出要求，全国代表大会可以提前举行；如无非常情况，不得延期举行。

全国代表大会代表的名额和选举办法，由中央委员会决定。

第十九条　党的全国代表大会的职权是：

（一）听取和审查中央委员会的报告；

（二）听取和审查中央纪律检查委员会的报告；

（三）讨论并决定党的重大问题；

（四）修改党的章程；

（五）选举中央委员会；

（六）选举中央纪律检查委员会。

第二十条　党的全国代表会议的职权是：讨论和决定重大问题；调整和增选中央委员会、中央纪律检查委员会的部分成员。调整和增选中央委员及候补中央委员的数额，不得超过党的全国代表大会选出的中央委员及候补中央委员各自总数的五分之一。

第二十一条　党的中央委员会每届任期五年。全国代表大会如提前或延期举行，它的任期相应地改变。中央委员会委员和候补委员必须有五年以上的党龄。中央委员会委员和候补委员的名额，由全国代表大会决定。中央委员会委员出缺，由中央委员会候补委员按照得票多少依次递补。

中央委员会全体会议由中央政治局召集，每年至少举行一次。中央政治局向中央委员会全体会议报告工作，接受监督。

在全国代表大会闭会期间，中央委员会执行全国代表大会的决议，领导党的全部工作，对外代表中国共产党。

第二十二条　党的中央政治局、中央政治局常务委员会和中央委员会总书记，由中央委员会全体会议选举。中央委员会总书记必须从中央政治局常务委员会委员中产生。

中央政治局和它的常务委员会在中央委员会全体会议闭会期间，行使中央委员会的职权。

中央书记处是中央政治局和它的常务委员会的办事机构；成员由中央政治局常务委员会提名，中央委员会全体会议通过。

中央委员会总书记负责召集中央政治局会议和中央政治局常务委员会会议，并主持中央书记处的工作。

党的中央军事委员会组成人员由中央委员会决定。

每届中央委员会产生的中央领导机构和中央领导人，在下届全国代表大会开会期间，继续主持党的经常工作，直到下届中央委员会产生新的中央领导机构和中央领导人为止。

第二十三条　中国人民解放军的党组织，根据中央委员会的指示进行工作。中央军事委员会的政治工作机关是中国人民解放军总政治部，总政治部负责管理军队中党的工作和政治工作。军队中党的组织体制和机构，由中央军事委员会做出规定。

党的地方组织

根据 2007 年 10 月 21 日通过的《中国共产党章程》规定如下：

第二十四条　党的省、自治区、直辖市的代表大会，设区的市和自治州的代表大会，县（旗）、自治县、不设区的市和市辖区的代表大会，每五年举行一次。

党的地方各级代表大会由同级党的委员会召集。在特殊情况下，经上一级委员会批准，可以提前或延期举行。

党的地方各级代表大会代表的名额和选举办法，由同级党的委员会决定，并报上一级党的委员会批准。

第二十五条　党的地方各级代表大会的职权是：

（一）听取和审查同级委员会的报告；

（二）听取和审查同级纪律检查委员会的报告；

（三）讨论本地区范围内的重大问题并做出决议；

（四）选举同级党的委员会，选举同级党的纪律检查委员会。

第二十六条　党的省、自治区、直辖市、设区的市和自治州的委员会，每届任期五年。这些委员会的委员和候补委员必须有五年以上的党龄。

党的县（旗）、自治县、不设区的市和市辖区的委员会，每届任期五年。这些委员会的委员和候补委员必须有三年以上的党龄。

党的地方各级代表大会如提前或延期举行，由它选举的委员会的任期相应地改变。

党的地方各级委员会的委员和候补委员的名额，分别由上一级委员会决定。党的地方各级委员会委员出缺，由候补委员按照得票多少依次递补。

党的地方各级委员会全体会议，每年至少召开两次。

党的地方各级委员会在代表大会闭会期间，执行上级党组织的指示和同级党代表大会的决议，领导本地方的工作，定期向上级党的委员会报告工作。

第二十七条　党的地方各级委员会全体会议，选举常务委员会和书记、副书记，并报上级党的委员会批准。党的地方各级委员会的常务委员会，在委员会全体会议闭会期间，行使委员会职权；在下届代表大会开会期间，继续主持经常工作，直到新的常务委员会产生为止。

党的地方各级委员会的常务委员会定期向委员会全体会议报告工作，接受监督。

第二十八条 党的地区委员会和相当于地区委员会的组织，是党的省、自治区委员会在几个县、自治县、市范围内派出的代表机关。它根据省、自治区委员会的授权，领导本地区的工作。

党的基层组织

根据 2007 年 10 月 21 日通过的《中国共产党章程》规定如下：

第二十九条 企业、农村、机关、学校、科研院所、街道社区、社会组织、人民解放军连队和其他基层单位，凡是有正式党员三人以上的，都应当成立党的基层组织。

党的基层组织，根据工作需要和党员人数，经上级党组织批准，分别设立党的基层委员会、总支部委员会、支部委员会。基层委员会由党员大会或代表大会选举产生，总支部委员会和支部委员会由党员大会选举产生，提出委员候选人要广泛征求党员和群众的意见。

第三十条 党的基层委员会每届任期三年至五年，总支部委员会、支部委员会每届任期两年或三年。基层委员会、总支部委员会、支部委员会的书记、副书记选举产生后，应报上级党组织批准。

第三十一条 党的基层组织是党在社会基层组织中的战斗堡垒，是党的全部工作和战斗力的基础。它的基本任务是：

（一）宣传和执行党的路线、方针、政策，宣传和执行党中央、上级组织和本组织的决议，充分发挥党员的先锋模范作用，团结、组织党内外的干部和群众，努力完成本单位所担负的任务。

（二）组织党员认真学习马克思列宁主义、毛泽东思想、邓小平理论和"三个代表"重要思想，学习科学发展观，学习党的路线、方针、政策和决议，学习党的基本知识，学习科学、文化、法律和业务知识。

（三）对党员进行教育、管理、监督和服务，提高党员素质，增强党性，严格党的组织生活，开展批评和自我批评，维护和执行党的纪律，监督党员切实履行义务，保障党员的权利不受侵犯。加强和改进流动党员管理。

（四）密切联系群众，经常了解群众对党员、党的工作的批评和意见，维护群众的正当权利和利益，做好群众的思想政治工作。

（五）充分发挥党员和群众的积极性创造性，发现、培养和推荐他们中间的优秀人才，鼓励和支持他们在改革开放和社会主义现代化建设中贡献自己的聪明才智。

（六）对要求入党的积极分子进行教育和培养，做好经常性的发展党员工作，重视在生产、工作第一线和青年中发展党员。

（七）监督党员干部和其他任何工作人员严格遵守国法政纪，严格遵守国家的财政经济法规和人事制度，不得侵占国家、集体和群众的利益。

（八）教育党员和群众自觉抵制不良倾向，坚决同各种违法犯罪行为作斗争。

第三十二条　街道、乡、镇党的基层委员会和村、社区党组织，领导本地区的工作，支持和保证行政组织、经济组织和群众自治组织充分行使职权。

国有企业和集体企业中党的基层组织，发挥政治核心作用，围绕企业生产经营开展工作。保证监督党和国家的方针、政策在本企业的贯彻执行；支持股东会、董事会、监事会和经理（厂长）依法行使职权；全心全意依靠职工群众，支持职工代表大会开展工作；参与企业重大问题的决策；加强党组织的自身建设，领导思想政治工作、精神文明建设和工会、共青团等群众组织。

非公有制经济组织中党的基层组织，贯彻党的方针政策，引导和监督企业遵守国家的法律法规，领导工会、共青团等群众组织，团结凝聚职工群众，维护各方的合法权益，促进企业健康发展。

实行行政领导人负责制的事业单位中党的基层组织，发挥政治核心作用。实行党委领导下的行政领导人负责制的事业单位中党的基层组织，对重大问题进行讨论和作出决定，同时保证行政领导人充分行使自己的职权。

各级党和国家机关中党的基层组织，协助行政负责人完成任务，改进工作，对包括行政负责人在内的每个党员进行监督，不领导本单位的业务工作。

党的干部

根据 2007 年 10 月 21 日通过的《中国共产党章程》规定如下：

第三十三条　党的干部是党的事业的骨干，是人民的公仆。党按照德才兼备的原则选拔干部，坚持任人唯贤，反对任人唯亲，努力实现干部队伍的革命化、年轻化、知识化、专业化。

党重视教育、培训、选拔和考核干部，特别是培养、选拔优秀年轻干部。积极推进干部制度改革。

党重视培养、选拔女干部和少数民族干部。

第三十四条 党的各级领导干部必须模范地履行本章程第三条所规定的党员的各项义务，并且必须具备以下的基本条件：

（一）具有履行职责所需要的马克思列宁主义、毛泽东思想、邓小平理论的水平，认真实践"三个代表"重要思想，带头贯彻落实科学发展观，努力用马克思主义的立场、观点、方法分析和解决实际问题，坚持讲学习、讲政治、讲正气，经得起各种风浪的考验。

（二）具有共产主义远大理想和中国特色社会主义坚定信念，坚决执行党的基本路线和各项方针、政策，立志改革开放，献身现代化事业，在社会主义建设中艰苦创业，树立正确政绩观，做出经得起实践、人民、历史检验的实绩。

（三）坚持解放思想，实事求是，与时俱进，开拓创新，认真调查研究，能够把党的方针、政策同本地区、本部门的实际相结合，卓有成效地开展工作，讲实话，办实事，求实效，反对形式主义。

（四）有强烈的革命事业心和政治责任感，有实践经验，有胜任领导工作的组织能力、文化水平和专业知识。

（五）正确行使人民赋予的权力，依法办事，清正廉洁，勤政为民，以身作则，艰苦朴素，密切联系群众，坚持党的群众路线，自觉地接受党和群众的批评和监督，加强道德修养，做到自重、自省、自警、自励，反对官僚主义，反对任何滥用职权、谋求私利的不正之风。

（六）坚持和维护党的民主集中制，有民主作风，有全局观念，善于团结同志，包括团结同自己有不同意见的同志一道工作。

第三十五条 党员干部要善于同党外干部合作共事，尊重他们，虚心学习他们的长处。

党的各级组织要善于发现和推荐有真才实学的党外干部担任领导工作，保证他们有职有权，充分发挥他们的作用。

第三十六条 党的各级领导干部，无论是由民主选举产生的，或是由领导机关任命的，他们的职务都不是终身的，都可以变动或解除。

年龄和健康状况不适宜于继续担任工作的干部，应当按照国家的规定退、离休。

政府的职能

政府的职能包括对内和对外两个方面。对内，指挥国家机器，维持统治秩序和社会秩序，调整各种社会关系，管理公共服务事业，发展社会福利等。对外，则发展与其他国家的政治、经济、文化交流，保卫本国领土完整和主权不受侵犯，维护国家的独立等。政府的职能随着社会的发展在不断扩大。

政府职能的主要内容包括以下几个方面：

1. 政治职能

政治职能，亦称统治职能，政治职能是指政府为维护国家统治阶级的利益，对外保护国家安全，对内维持社会秩序的职能。我国政府主要有四大政治职能：①军事保卫职能；②外交职能；③治安职能；④民主政治建设职能。

2. 经济职能

经济职能是指政府为国家经济的发展，对社会经济生活进行管理的职能。随着我国计划经济体制向社会主义市场经济体制的转变，我国政府主要有四大经济职能：①宏观调控职能；②提供公共产品与服务职能；③市场监管职能。

3. 文化职能

文化职能是指政府为满足人民日益增长的文化生活的需要，依法对文化事业所实施的管理。它是加强社会主义精神文明，促进经济与社会协调发展的重要保证。我国政府的文化职能主要是：①发展科学技术的职能；②发展教育的职能；③发展文化事业的职能；④发展卫生体育职能。

4. 社会公共服务职能

社会公共服务职能，即国家提供公共服务，完善社会管理的职能。这类事务一般具有社会公共性，无法完全由市场解决，应当由政府从全社会的角度加以引导、调节和管理。目前，政府的社会职能主要有：①调节社会分配和组织社会保障的职能；②保护生态环境和自然资源的职能；③促进社会化服务体系建立的职能；④提高人口质量，实行计划生育的职能。

党政工作竞聘演讲词案例

竞聘省委办公厅机关党委副书记

各位领导、各位评委：

我是今年7月进入办公厅工作的军队转业干部。首先，向给予我这次机会的各位领导和评委们表示衷心的感谢！

我竞选的是机关党委专职副书记职位。我竞选的目的是重在参与，并以此表达我本人对竞争上岗这一干部人事制度改革的坚决支持和衷心拥护。无论竞选结果如何，我都将把这次机会作为自己人生旅途的一次新的起点和加油站，更加努力地去工作。

下面，向各位领导和同志们汇报一下我个人的基本情况。

回顾当兵以来的经历，我认为自己之所以能够长期在部队组织部门工作主要有6个方面的优势：

1. 政治立场坚定，思想品质优秀，为人诚实正直，理解政策和把握全局的能力比较强。

2. 文字功底比较厚实，能熟练起草各种报告、工作计划、工作总结、典型事迹、情况反映及领导讲话稿等材料，先后在刊物上发表论文30余篇。

3. 对党务工作比较熟悉，不论是对党委建设，还是团委的工作，重点抓什么、怎么抓，具体有哪些制度，如何落实都能做到心中有数。

4. 有较强的组织协调能力，多次组织协调党代表大会、党委全会、总结表彰大会等各类会议和各类庆祝联欢活动。

5. 敬业、吃苦。我始终认为，只有热爱工作的人，才能热爱社会、热爱生活、热爱家庭。我工作的信条是：不怕工作忙，就怕没事干；不怕加班加点，就怕无所事事。

6. 学习涉猎知识的范围比较广。平时喜欢看一些历史、法律、人物传记等方面的书籍，也喜欢对时事热点、难点问题进行理性的分析、思考和总结。

常言说，人品是为官的基础，官品来源于人品。假如我能有幸担任机关党委专职副书记，我决心在机关党委的领导下，从以下4个方面来提高自己：

1. 自觉抓学习。学习是提高一个人自身素质的基本途径。当前，当务之急是要带头学习十八大报告，努力实现中华民族的伟大复兴，学习党的路线方针政策，吃透省委的工作部署，抓好业务培训，为全面展开工作，始终保持政治上的清醒，提供可靠保证。

2. 真诚讲团结。同事之间，支持、谅解和友谊比什么都重要。在团结方面，一定要摆正位置，正确认识和看待自己，在工作上和生活上一定要平易近人，努力做到说真话、办实事、求实效。尤其注意那些与自己有不同看法的同志，团结他们一道工作。

3. 廉洁树形象。作为党委的一员，自己的一言一行，都直接影响着党委的形象，影响着办公厅的形象，影响着共产党员的形象。因此，在工作上和生活上一定要时刻注意自己的言行。在使用权力上，坚持原则，秉公办事，绝不搞交易；在执行规定上，不管别人做得怎么样，自己首先执行，绝不搞双重标准；在生活待遇上，与大家一视同仁，绝不搞特殊；在生活作风上，遵守道德规范，绝不低级趣味。

4. 勤奋干工作。一是要保持昂扬的精神状态；二是要保持严格的工作标准；三是要保持务实的工作作风；四是要保持勤于思考的工作习惯。

尊敬的领导和同志们，如果我有幸竞选成功，一定要坚持高标准，尽全力抓好党委的工作；如果没有竞选上，我将一如既往地勤奋工作，依靠组织、依靠领导、依靠群众，坚持干中学、学中干，积极进取，勇于开拓，做一名让领导放心、群众满意的公务员。

我的汇报完了，有不妥或不对的地方，请领导和评委批评指正。

谢谢大家！

本文作者有深厚的语言功底，措词准确简洁，表述平实，没有丝毫赘述。尤其在阐述从4个方面提高自己时，概括了4个要点："自觉抓学习""真诚讲团结""廉洁树形象""勤奋干工作"，层次清晰、对仗工整，使人一目了然，过目难忘。这与作者曾经当过兵的经历显然是分不开的。在高度概括之下，作者还有具体分析，在对自我分析的部分，作者从政治立场、领导能力、专业素质等方面进行了客观中肯的分析，使听者能够迅速了解到他的特点。

竞聘省委机关 × 处处长

尊敬的各位领导：

你们好！

我报名参加竞选的职位是 × 处处长。在省委办公厅竞争上岗这个庄严、神圣的讲坛上，首先请允许我认真、诚恳地向各位汇报本人的基本情况，以便加深大家对我的了解。我叫×××，今年40岁，中国共产党党员，大学本科学历。参加工作20多年来，我在多个重要部门经历过锻炼：县教育局、县委组织部、县团委、省委接待办、机关团委、省委办公厅综合调研室；我也曾在多个重要岗位上作出过突出贡献：团委书记、政工干部、文秘、组织宣传、处级研究员、副主任、主任等。在上述工作期间，尤其令我难忘的是，我曾参加省直机关赴 × 县扶贫工作队。在那里，我没有像样的办公室、没有助力，甚至没有一个正式的头衔，但是在 × 县的工作经历却是最令我难忘的。为最需要我们的老百姓直接办事办实事，从老百姓的生活智慧中学习和成长，是我 20 多年工作生涯中最宝贵的经历和财富。

今天，作为综合调研室主任的我，来参加处长的竞选也是有备而来、信心十足的。

1. 在思想政治方面，我是经历丰富、素质过硬的老党员。

省委办公厅的工作，需要的首先就是过硬的政治素质。工作这些年来，在省委办公厅的学习和实践工作也在无形中提高了我的思想政治水平。大家知道，由于我的工作性质，我经常会被安排去查阅文件，参加省委常委会议服务工作以及省委、厅里其他的一些重要政治活动的服务工作，还经常会跟随省委领导和厅领导下基层去参加调研活动。

经过这些年学习和研究党的方针、政策，学习和感悟我处领导们身上集中体现的宝贵政治知识、政治经验和决策水平，通过信息调研为上级领导科学决策服务，我的政治立场更加坚定不移，我的政治洞察力和政治感受力更加敏锐了。令我至今难忘的一件事是，1992 年开始，我省一些地方出现自办开发区热，我及时注意到了经济发展背后的种种不正常现象，经过调查研究，撰写了《我省部分地区开发区过热的现象值得重视》的调研报告。该报告具有一定的前瞻性和参谋性。在当时的经济热潮中，这样进行"冷"思考的信息并不多。其后不久，党中央、国务院就出台了加强宏观调控的文件，及时制止了开发区过热的不正常现象。事实证明了我的政治预见性和敏锐的洞察力，并且因为这篇调研报告，我得到了上级领导的点名表扬。同时，我严格遵守政治纪律，在日常生活和工作中处处严格要求自己，不但带头遵守上级党组织有关廉政建设的规定，从没违反过党规党纪，而且时刻保持作为共产党员和机关干部的良好形象，身先士卒，为人榜样。

当然，作为一个领导，还应讲求领导艺术，对待部属，我一贯保持与人为善，诚恳待人，谦虚稳重的做人与工作态度，在工作中得到了部属的一致拥护。

2. 作为机关工作人员，我具有过硬的专业素质。

（1）我的写作功底过硬。写作是我从小培养的爱好，师大中文系四年的系统学习给我打下了坚实深厚的语言、文字基础；参加工作后，我一直从事文字工作，写作水平不断提高。近十年来，先后百余次在中央办公厅的内部刊物、《参考消息》《党的生活》《党史研究》《齐鲁晚报》《京华时报》等刊物上发表文章。2009 年，省新闻办采用了我处的 7 篇调研报告，其中 3 篇是我单独或参与起草的，这在全国同类机关中是名列第一的。同时我还领衔起草了全国著名经济学家××主编的《××××》一书中的第三章，并且该书已用中、英两种文字在国内外出版发行。作为综合调研室主任，我日常的一件重要工作是为省委领导起草讲话稿。这是一个看似容易实则需要下大功夫、字斟句酌的工作。例如 2009 年，我有幸参加中国共产党××省第七次党代会报告起草，在这个具有历史性意义的重要会议的服务工作中，我赢得了一次宝贵的学习机会，积累了重要的工作经验，也在我个人的工作史上留下了浓墨重彩的一笔。又如 2000 年省委领导"在奥运健儿庆功大会上的讲话"，也是我根据领导的思路写的初稿，其较深的思想深度和浓郁的感情色彩，受到了厅领导的好评。

（2）我有丰富的管理经验。担任综调室主任，写文章是日常工作，抓管更是领导职责。我的管理之道有两个：其一是用制度管人，按制度办事。我对本处规范、科学、严格的管理使得我处在去年取得了突出的成绩。1999 年，我省新闻和调查研究工作成果受到了省里的表扬，同时我领导的综合调研室也获得了同类处室评比的全省第一名，并且我室干部高昂的精神状态、高效的工作效率都成为全省新闻调研同仁的学习楷模。我的管理之道其二是推行"柔性"管理，以柔克刚。我具体的工作方法是多表扬鼓励，少批评指责，同时，自己做不到的事情绝不要求下属去做，要求部属达到的工作业绩自己一定身先士卒，做出榜样。当然，这并不意味着我作为领导事事都同大家一起干，事必躬亲是做不好领导的。

在大事上，我把握原则，指引方向；在小事上，我尽量分权授权，放心让下属去做，这样不仅能够让我集中精力办大事，而且能够调动部属的积极性，两全其美。在部属遇到工作和生活上的困难时，我都会以朋友和同事的角度能帮就帮，能多帮就多帮。我曾为了我处的同事跑过腿，去医院陪过床，在工作之余大家都叫我"活雷锋"。在我最难忘的××县扶贫工作期间，我策划、撰稿并组织拍摄的电视专题片《走进新时代》在省电视台播放引起了不错的反响。

（3）我的工作态度是处里乃至省里都交口称赞和被树为典型的。敬业爱岗是做好工作的重要前提，我的座右铭是以读书为乐，以工作为乐，以事业为乐。多年来，我就是用这个座右铭时刻勉励着自己不断前行，对工作始终兢兢业业，一丝不苟。还记得2000年，省委七届九次全会期间，我带领综合调研室的5名骨干组成了全会特别报道小组。白天全程服务全会，晚上加班加点编写会议简报，第一时间发送给全省各机关单位。共50万字的25期简报，没有出现一个错别字，简报初稿的速度之快、质量之高，是历届全会新闻报道工作里最值得骄傲的。说到加班加点，在我这里就是工作的常态。由于综合调研室的工作性质，要常常起草领导的发言稿，如果会议召开得非常紧急，那么我加班加点撰写讲话稿就是非常必要的了。同时我们还负责重要会议的服务工作，不但会议持续多长时间我们就要工作多长时间，而且会议前期的准备工作和会议后期的报道和会议精神的传递工作都是我们的责任，连续十二天服务一个会议的经历也是有过的。同时，对于一些突发状况的信息处理工作也是我常常突击加班的原因，包括全省范围内的下岗工人集体上访、农民群体性事件，以及重大抢劫、杀人、爆炸、洪涝灾害等重大事件我都要参与信息处理。在综合调研室当主任的这两年时间里，我累计加班240天，虽然有时家人不理解自己，也受了很多的苦和累，但我认为这是值得的，是无怨无悔的，这个岗位是我仍然愿意为之奋斗的！

金无足赤，人无完人。我清楚地知道在以上两个利于我竞选处长的优势之外，我还存在这样那样的缺点和不足。我希望并且恳请在座的领导和同志们仍然能像以往那样，无私地关心和帮助我去克服和改正它们。

回首过去，感慨万千。千言万语也表达不尽我的感激之情。我要感谢领导对我的谆谆教诲和辛勤培养，感谢同事们对我工作的支持和帮助，感谢机关上下相关部门对我们工作的理解和高度配合，感谢我的引路人——已经退休了今天不在竞聘现场的老前辈们教育我怎样做人做事，感谢家人永远做我拼搏的坚强后盾。你们的关心和帮助是我前行路上最大的动力，是我人生经历中最宝贵的财富，是我取之不尽用之不竭的精神源泉。

展望未来，踌躇满志。我来竞选处长，不仅仅是为了这个具有极大吸引力的职位，更是想要扛起这份沉甸甸的责任，来带领我处为省直机关作出更多更大的贡献。如果我有幸当选处长，我一定会开拓创新、不辱使命，带领大家百尺竿头，更进一步。我已经做好了我处下一步工作的具体计划：

1. 在队伍建设上，一如既往地尊重人、关心人，带好班子，带好队伍，致力于提高干部素质，致力于干部成长、进步。尽管一个处长的权限有限，但我一定竭尽全力，作出积极的努力。

2. 在业务素质上，展开业务比赛，根据比赛结果，将各有所长各具特色的同志放在合适的位置上，能者上、庸者下，在全处形成团结、紧张、积极、进取的氛围，从而大幅度提高全处的业务素质。并且拨出一部分专项资金，奖励那些在省级以上刊物上发表与业务相关文章的同志，对于那些能够写出实情、写出新意、写出深度、写出特色的精品之作要着力进行表彰。号召全处同志努力学习，共同提高业务素质。

3. 在关心同志上，适当提高福利。由于我处工作性质的特殊性，同志们比其他处室的同事更加辛苦、付出了更多的精力和时间。为了使大家能够安心工作、更加积极地工作，我会在政策法规和相关经费允许的情况之下，适当提高干部的生活福利水平。我认为这也是响应中央领导提出的"党政机关要用事业留人，用感情留人，也要用适当的待遇留人"。

在我的竞选演说即将结束的时候，请各位领导和同事们接受我最诚挚的祝福，祝大家在新的一年里工作顺利、家庭和睦！请您给我一个机会，我一定会还您一个惊喜！

谢谢大家！

 点评

本文最大的特点是条理清晰，感情充沛。在阐述自己的竞选优势时，用了"两个"优势，有理有据，有数字、有评价，点面结合，令人信服。在阐述自己今后的工作设想时，又用了"三个计划"，计划周详，全面深入，不仅站在领导的角度狠抓政治、业务和队伍；而且替部属考虑，提高福利，达到了领导认可、群众拥护的效果。这是一篇值得借鉴的演讲词。

竞聘省委××处副处长职位

尊敬的各位领导、各位同志：

首先，衷心感谢各位领导和同志们为我提供这次难得的竞争上岗的机会，同时，也感谢在座的各位同事听我的演讲汇报。

对于这次竞争上岗，我的态度是：坚决拥护、认真对待、积极参与、虚心学习。我叫×××，今年38岁。我竞争的职位是干部综合调配处副处长或干部三处副处长，主要竞争调配处副处长职位。

我选择这一职位，原因有三点：

1. 我的经历和性格特点，适合做这项工作。

我于1979年考入云南工学院，在校期间，先后担任过副班长、团支部书记，1983年作为优秀学生干部分配到部队。在部队期间，历任排长、指导员、教员、组织干事、干部干事等职，1998年转业到部里在调配处工作至今。在我17年的工作经历中，有12年从事干部业务工作。先后在团、师、军和省级干部部门从事任免、调配、转业安置和科技干部管理等工作。回顾走过的路，我认为自己在学生时代受到了良好的教育，在部队院校接受了严格的训练，在部队基层经历了艰苦的磨炼，在机关工作得到了全面的锻炼。组织的关心帮助和同志们的言传身教，一是培养了我坚定的共产主义信念；二是培养了我较强的敬业精神；三是让我养成了令行禁止、雷厉风行的工作作风；四是使我具有良好的组织纪律观念。从我的性格来看，一是为人诚实、正直，能与同志和睦相处；二是做事认真、严谨，遵循原则，讲求方法。

2. 我热爱这项工作。

对于从事干部工作，我曾经"三出三进"，这既体现了组织上对我的信任，同时也说明我自己对从事干部工作的炽热之情。调配处的业务涉及干部工作的方方面面，综合性很强，很锻炼人，这将鞭策我不断加强自身素质，提高政策水平，增强综合协调处理各种复杂问题的能力，同时也对我个人的成长有很大的好处。

3. 我个人以为，我能担当起这一岗位的责任。

（1）我很熟悉调配处工作业务，有从事这一业务工作的基础。干部综合调配处是组织部干部工作的综合职能部门：从业务性质看，主要从事的是基础性的、全局性的、服务性的窗口工作，政策性强，涉及面广，时间紧、任务重、要求高，容不得出半点差错。我长期从事干部工作，有多项干部业务工作经历，积累了丰富的干部工作经验，特别是自 1998 年到部里工作以后，得到了同志们的传、帮、带，在较短的时间内，较快地熟悉了调配处的业务，在处里我主要承担干部交流、干部任免、干部培训以及师职转业干部的安置等具体工作。

（2）我具有一定的文字综合能力。到部里工作以后，在处领导的指导下，先后起草了《××与××互派干部挂职交流规划》《××干部交流合作的"九五"回顾和"十五"规划的思路与项目》和为"西部大开发提供组织人事保证工作座谈会"会前会后的汇报材料，撰写了 1998 年、1999 年度师职转业干部安置的工作总结（报中共中央组织部），完成了今年的"××省省级党政机关机构改革各部委办厅局领导干部配置方案"等各种文字综合材料约 15 万字。此外，还参与处内日常文稿的起草、修订和整理工作。

（3）有一定的组织协调能力。参加工作以来，在部队基层先后担任过排长、指导员，在不同的政治机关从事过干部工作，尽管岗位多次变换，但都是从事具体的计划、组织和管理工作。1998 年到部里工作以后，主要负责联系我省与中央 17 个部委和京津沪等地干部交流的组织协调工作，先后组织 23 批共 212 名县、乡党政主要领导赴省外培训。此外，还协助部处领导圆满完成了十几批中共中央组织部及上海、北京等地的调研组和考察团赴滇调研考察的接待工作。在完成这些工作的同时，我的组织协调能力得到了进一步提高。

（4）有做好副职的思想素质和个人品质。作为一名副职，最重要的是摆正自己的位置，支持、协助正职做好工作。我曾是一名军人，服从命令是我的天职；我是一名中国共产党党员，听从组织安排是我的职责。当然，摆正位置，不等于被动地服从和执行，而是在处长的带领下，在创新上思考，在务实上着力，卓有成效地开展工作。

一位哲学家说过，"倘若船帆遇不到风，充其量只是一块普通的帆布"。正是人事制度改革的春风，使我鼓起勇气站在今天的演讲台上，接受组织和同志们的挑选。

假若我能竞选上这一职位，主要围绕以下几个方面去努力：一是要讲学习，强化旗帜意识；二是讲政治，进一步强化大局意识；三是讲正气，不断强化廉洁意识。

各位领导、同志们，在组织部我是一名新兵，论资历、论学识、论水平比我好的、比我强的还有许多，我虽然经过多个岗位的锻炼，但大多从事一些具体的事务性工作，缺乏领导经验和领导艺术，我深知从助理调研员到副处长，虽然只是岗位的变动，却意味着更大的责任和义务，因此，我要求自己政治上更加成熟，理想信念更加坚定，作风更加端正，工作更加勤奋，更加自觉地向实践学习、向老同志和身边的同志学习，尽快适应岗位和职责的要求，做好服务工作。

"雄关漫道真如铁，而今迈步从头越。"以上是我向各位领导和同志们汇报的简要情况，能否胜任这一职位，我真诚地接受大家的评判，听从组织的安排。

谢谢大家！

本文作者在演讲词中多次引用名言警句，不但显示了作者深厚的文字功底，而且能够言简意赅地表达出作者的中心思想。例如作者用"倘若船帆遇不到风，充其量只是一块普通的帆布"来表达自己希望被伯乐赏识，做出一番不平凡的业绩的渴望；用"雄关漫道真如铁，而今迈步从头越"来说明作者清楚地认识到成绩都是从前的，在新的工作岗位上仍然有许多新的挑战在等着他，表明作者对新的工作岗位充满信心，踌躇满志想要做出一番事业。这样的表达方式，自然会赢得听众手中的选票。

竞聘镇党委书记

尊敬的各位领导、各位代表：

大家好！

今天，我很荣幸参与竞选××镇党委书记，在此感谢组织给我一个展示才华、实现人生价值的机会，同时也真诚地感谢各位领导和同志们对我的信任、支持和鼓励。

首先我向大家介绍一下我的基本情况：我叫×××，现年43岁，中国共产党党员，大专学历，1980年参加工作，历任××乡党委书记、乡长职务，我之所以有足够的信心参与××镇党委书记的竞选，主要是因为我有以下4个方面的优势：

1.我出生在农村，成长在农村，农村的山水造就了我宽容坦荡的胸怀和敢为人先、不怕苦、不怕累的坚强个性。我从基层一步步干起，当过水产技术员、党政主要领导职务，经过不同岗位的锻炼，积累了丰富的基层工作经验，掌握了一定的工作方法和领导艺术。

2. 我具有较高的政治素质和理论基础。多年党组织的教育培养，使我纯正了思想，净化了心灵，陶冶了情操，使我的人生观、世界观、价值观、权力观更加明确，始终牢记为人民服务的宗旨和坚定正确的政治方向，思想体系日趋完善。同时，通过党校的大专及现在的本科学习，掌握了关于"三农"工作的路线、方针和政策，并在农村实践中得到了应用和巩固，尤其是去年保先教育活动的开展，使我对永葆共产党员先进性有了较深刻的理解和领会，为开展农村工作奠定了坚定的政治、政策和理论基础。

3. 我具有较强的事业心和敬业精神。在多年的农村工作中，我爱岗敬业，坚持深入村社第一线；身体力行，靠前指挥各项工作，在工作实践中积累了丰富的知识和经验；注重自身修养，把工作放在第一位，以把人民群众利益维护好、发展好、实现好为己任，注重谦虚、立德、敬业、奉献。一言一行能与上级党委保持高度一致，无任何违法违规行为，同时，我具有健康的体魄，能全身心投入到工作中去。

4. 我具有较硬的创新和协调能力。我一直在 ×× 路主干线工作，和上级领导、部门的接触、交流的机会较多，增强了对彼此的了解、认识，在他们的帮助下，我的科学决策能力、协调能力、分析解决问题能力及领导艺术有了较大的提高，并能把他们的关怀更好地带到 ×× 的事业中来。

各位领导、各位代表，如果我能当选 ×× 镇党委书记，我将立足 ×× 实际，从以下 3 个方面进一步做好工作：

1. 明晰思路，用心想事。作为一名党委书记，我将坚持以早日实现中国梦为指导，坚定不移地贯彻执行党在农村中的各项路线、方针、政策；坚持党委集体领导，把强化党的建设作为抓好农村工作的基础工程，着力加强基层党组织建设和干部队伍建设；坚持以人为本，树立科学的发展观和正确的政绩观，进一步理清思路，开拓创新，带领全镇人民同心同德，群策群力，努力实现 ×× 建设"四个跨越"：招商引资从滞后型向先进型跨越；农民生活水平从温饱型向小康型跨越；基础设施建设从巩固型向发展型跨越；城镇建设实现从扩大规模到提升品位上跨越，最终实现 ×× 经济和社会发展大跨越。

2. 率先垂范，用心说话。古语说得好："欲影正者先其表，欲下廉者先其身。"

作为党委书记，我会始终坚持带头执行党纪党规和机关规章制度，以身作则，起好模范带头作用。同时，我在工作中将进一步深入到农村基层第一线，了解实情，解决人民群众的热、难点问题，做老百姓所期盼的事。一定不说假话、大话、空话，走群众路线，一定不干人民群众不愿做的事，坚持以人为本，不搞形式主义、政绩工程，把自己的力量和热情熔化在××经济和社会事业发展中去，在改革中创新，在创新中发展，在发展中前进。

3.牢记宗旨，用心做事。全面建设新农村和小康社会，使千家万户走上富裕之路是我工作的出发点和落脚点。我将牢记全心全意为人民服务的宗旨，以致富一方为己任，尽力抓好农村，全力建设城镇，抓住千载难逢的历史机遇，内引外联，多渠道争取项目、争取资金，增加投入，团结和带领一班人，千方百计实现农民和居民增收，为全镇实现小康生活而努力工作。

成功伴随艰辛，跨越需要奋斗。各位领导，各位代表，在××近几天的工作中，我深刻地感受到××人民的朴实、勤劳和善良。各级领导干部和广大党员、人民群众对我的关心、支持和帮助，给了我自信和力量，我坚信一定能够用实际行动回报××人民，为建设美好和谐新××、实现××新的跨越作出自己更大的贡献！

从这篇演讲词的内容，读者可以一目了然地看到一位身在党委、心系百姓的党的好干部形象。虽然竞选的是镇党委书记，而不是业务部门的领导，但是作者对于基层的情况却了如指掌，如数家珍。从招商引资工作到农民温饱问题，从基础设施建设到提升城镇品位，这个党的干部没有坐在办公室里指导工作，而是深入基层做过实地调查研究，从而制定出关系到全乡民生发展问题的方针政策。这样朴实无华、埋头苦干的党的干部，是必然会受到听众拥护的。

竞聘乡党委书记

尊敬的各位领导、各位同志：

大家好！

今天，我有幸参加××乡党委书记的公推直选，心情无比激动，借此机会向各位领导和各位同志表示深深的感谢，并致以崇高的敬意。

1. 基本情况及竞选优势：

我叫××，现年37岁，中国共产党党员，大专学历，1985年10月参加工作，现任××乡党委副书记、乡长。我的竞选优势有如下几个方面：

我在部队服役六年，磨炼出了立说立干的作风。1985年10月我应征入伍，1986年3月在×××中，曾立一等功，受到军委嘉奖。血与火的洗礼，塑造了我胸怀坦荡、敢为人先和不怕苦、不怕累的坚强个性。

我从基层一步步干起，积累了丰富的工作经验。1991年转业回地方工作，先后担任过村党支部书记、副乡长、副书记等职务。经过不同岗位的锻炼，我积累了丰富的基层工作经验，在担任××乡乡长期间，财税工作、计生工作连年名列全县第一名，个人多次受县委县政府表彰。

我善于沟通协调，能迅速打开良好的工作局面。无论在哪个工作岗位上，我都始终坚持以渴望发展的热情、以一心为民的真情去推动工作，与各界人士建立了密切的感情，善于利用一切社会资源为所在乡发展作贡献。

2. 指导思想及奋斗目标：

加快发展，是时代主题，是群众心愿。我将坚持以十六届五中全会精神为指导，团结带领全乡人民，紧紧围绕县十次党代会提出的"六个县"的奋斗目标和"五句话"的发展思路，突出一大主题，化解两大难点，做强三大产业，抓住四个关键，促进××乡经济发展和社会进步。

我将与大家齐心协力，共谋发展。在任期内，把××乡建成全县蚕茧生产第一乡、优质肉猪生产基地乡、劳务开发大乡，年人均纯收入达到4000元，实现村村通四级泥碎公路、有线电视、有线电话的"三通"目标，每个村建起标准的党员活动室1个，建立文明新村3个，实现人民安居乐业，树立"××南大门"新形象。

3. 工作思路及措施办法：

（1）突出一大主题，加强基层党组织建设。毛泽东同志曾说过，"政治路线确定之后，干部就是决定的因素。"加快发展，需要坚强的党组织作保障，需要一支勤政务实的干部队伍作支撑。为此，我将不断努力，把基层党组织建设成服务群众的"主心骨"。一是加强基层党组织建设。按照"举旗帜、抓班子、带队伍、促发展"的要求，围绕"五个好"和"五型领导班子"的目标，加强乡党委建设，坚持党委中心学习组织学习制度，完善民主议事、群众监督、社会评价的相关制度，推行党内"三联"制度，深入开展"党员真情为民三个一"活动，力争一年内把乡党委建成"红旗乡乡党委"。按照"六个好"的标准强化农村党支部建设，让群众选好配强村级班子，把村党支部建设成"群众依靠、群众信任、群众拥护"的"战斗堡垒"。二是加强党员干部队伍建设。结合保持共产党员先进性教育活动，加强对党员干部进行形势教育和廉政教育，增强党员干部抢抓机遇抓发展的责任心，将心思用在发展上；增强党员干部常修从政之德的自觉性，将心思用在为群众谋利益上。三是推行党务公开。凡是与群众利益有关的，诸如领导干部职责与分工、办事程序与收费标准、乡村财务收支、支农项目资金安排与使用等情况，一律实行公开化，接受群众监督，赢得群众支持。

（2）化解两大热点，加快化解村级债务村道公路建设。通过走访座谈，我了解到乡村两级债务、村道公路建设是群众十分关心的热点问题，如果处理不好，势必影响发展。在化解乡村级债务方面，首先要锁定债务不新增，明晰借贷关系，将村级债务转到乡上统一管理，减轻村社债务压力；其次是大力压缩乡村两级非生产性开支，积极向上争取转移支付，分期化解债务。在村道公路建设方面，按"争取项目要一点、财政转移补一点、招商引资找一点、发动乡友捐一点、一事一议筹一点"的办法筹集资金，由群众做主，管钱管物，三年内完成××路、××路、××路、××路等4条村道公路建设，并达到四级泥碎路标准，确保晴雨通车，方便群众出行和农用物资的运输。

（3）做强三大产业，加快群众增收致富。确保农民不断增收是"三农"问题的核心，打造农民增收的长效产业是破解"三农"问题的关键。为此，我将立足经济发展实际，围绕增收兴产业，做大做强蚕桑、生猪、劳务三大产业。

①加强服务，做大做强蚕桑产业。根据乡机构改革和产业发展实际，进一步探索现代农业服务机制，引导建立市场化的技术服务体系，加快引进、推广蚕桑生产新技术，优化品种结构，扩大发展规模，每年新栽良桑100万株，每年建立一个"先锋模式"的蚕业合作社，力争2006年养蚕6000张，产茧15万公斤。

②创新机制，加快发展以DLY（即三杂肉猪），是原产于美国和猪种杜洛克，简称"D"、丹麦种猪长白，简称"L"及英国种约克夏，简称"Y"三个优良猪种经过科学杂交组合的后代用于育肥的肉猪。优质肉猪为重点的生猪产业。坚持"市场带动、政府推动、企业拉动"的原则，引导养殖户与巨龙实业、四川七环等生猪产业龙头企业建立协作生产关系，采取"企业托养""龙头企业（加工企业）养殖大户""龙头企业基地村养殖大户"等利益联结模式，充分依托龙头

企业的猪源优势、技术优势和加工优势，建立一批规模发展DLY（三杂肉猪）优质肉猪3000头以上的示范小区和专业生产合作社，重点发展一批优质肉猪养殖大户，以此带动全乡生猪产业的快速发展。

③加强引导，做大做强劳务产业。安排一定资金，加大农民工培训，提高农民工的综合素质；与各地的用工企业、劳务中介建立劳务开发合作关系，成建制输出劳务；加强与农民工的联系，保护他们的合法权益不受侵害，并鼓励一批有资金、有技术、有项目的务工人员回家乡投资创业。

通过以上三种措施，力争每年实现劳务收入2228万元，回引兴办项目5个以上。

（4）抓住四个关键，打造一流的发展环境。按照县委"三深入三落实"的要求，我将深入到群众积怨较深的地方，深入到群众意见较大的地方，深入到发展较慢的地方，摸实情，抓发展，解疾苦，努力打造和谐共进的发展环境。

①加快基础设施建设，切实改善群众生产生活条件。按照"环境优美、功能配套、经济繁荣"的要求，建立投资主体多元化、项目运作市场化、场乡建设规模化的机制，加快××乡经济建设发展进程，新建一条长500米的街道，并做好场乡保洁和绿化、亮化、美化等工作，吸引更多的农民进小城乡定居。按照"产业配套、村貌美观、文明和谐"的要求，集中资金，加大帮扶，把××村、××村、××村建成文明新村。

②解决群众疾苦，用真情帮助特困群众。深入学习××村抓难治难和××街社区抓难治穷的经验，深入推进"五民示范""三满意"和"三深入三落实"活动，广泛走访群众，体察民情，掌握群众在生产、生活中遇到的困难，并千方百计解决特困群众吃饭难、住房难、就医难、子女入学难等实际问题。

③抓好安全稳定，用真心维护群众利益。建立严格的责任追究制，带头深入一线排查整治安全隐患，带头深入一线调查化解不稳定因素，确保不发生重大的安全生产事故，一般事故比例在上一年基础上下降10%，各类伤亡人数不突破县政府下达的控制指标，确保不发生群体性上访和非正常上访事件。

④加强服务，促进社会事业大发展。抓好计生工作，落实好计生奖扶政策，保证计生工作质量；抓好广播电视通村工程，满足人民群众日益丰富的物质文化生活需要，每年新增有线电视用户500户以上；抓好民主与法制建设，为群众营造安定、团结的生产生活环境。

成功伴随艰辛，跨越需要奋斗。各位领导、各位父老乡亲，如果我的工作思路及措施大家满意，请投我一票，你的信任和支持，是对我最大的关怀和鼓励，我愿与大家一道，同甘共苦，同舟共济，不断推进经济社会的快速发展！

　　谢谢大家！

　　本篇演讲词充分体现了竞选人较高的政治理论素养和综合领导能力。作者竞选乡党委书记的一大优势就是对于党的路线方针政策了如指掌，对于本乡的发展现状和发展目标了然于胸。作者对于"六个县"的发展目标、"五句话"的发展思路、"四个关键""三大产业"如数家珍，给读者塑造了一个时刻牵挂乡里发展，时刻把百姓福祉放在心上的党委书记形象。这样的演讲词在赢得民心方面就已经占了优势。

竞聘社区党支部书记

尊敬的各位领导、各位党员及居民代表：

　　上午好！

　　今天，我的心情既高兴，又格外激动。高兴是因为今天我们社区要选出一位能够真正代表社区党员和居民利益的当家人；激动是因为我有幸参加支部书记竞聘候选人的竞聘。我叫××，大专学历，中国共产党党员，1949年出生，原××供销社党支部副书记、兼办公室主任，2000年底企业改制下岗。在供销社21年里，我从一名普通营业员，一步一个脚印地做起，当过营业员，干过采购员，做过办公室秘书，当过支部副书记。这期间，在组织的培养和自己的努力下，我积累了较为深厚的理论知识和丰富的工作经验，也拥有了较强的组织能力。可是，我知道我还有很多需要加强和改善的地方。

　　站在大家面前的我，满怀自信而又谦虚谨慎，性情稳重而不呆板，充满激情不事张扬，待人热情并不乏主见，坚持原则而不乏灵活。多年的工作经验，使我学会了尊重领导、团结同志，养成了良好的职业道德，具备了较强的工作能力。多年的工作经验，使我相信我能够胜任街道办事处的工作岗位。

　　以往的工作经历培养了我在工作中克难攻坚、争强抢先的敬业精神。我是一个××场镇的孩子，"宝剑锋从磨砺出，梅花香自苦寒来"的格言伴随了我三十多个春秋，踏实肯干是我一直恪守的工作品格。在工作中，我爱岗敬业、勤政廉政、兢兢业业、一丝不苟、任劳任怨，干一行、爱一行，逢一必争、逢冠必夺，努力把工作做得最好。

多年寒窗生涯培养了我虚心好学、开拓进取的创新意识。知识经济的到来使学习成为一个人的终生需要，在平时的工作中，不论忙闲，我总能不间断地学习，提高自己的理论素质，提高自己的业务能力，提高自己的政治素质，掌握了计算机、经济等与时代发展相适应的新知识；同时，能够虚心地向老同志求教，学习他们的实际工作经验和工作方法，为己所用。不间断地学习使我从书本和老同志那里汲取了丰富的营养，为工作提供新动力、为解决问题提供新思路、为开创性地进行工作打开新局面，在工作中既能立足于现实，又能勇于实践、开拓创新。

20多年的工作经历，40多年的人生阅历，坚定了我严于律己、善待他人的人格品质。"勿以善小而不为，勿以恶小而为之"是父母自儿时教给我的为人处世准则。多年以来，在组织的培养下，在领导同志和朋友的激励下，我牢记"全心全意为人民服务"的宗旨，我信奉诚实待人、严于律己的处世之道，时时处处严格要求自己，尊重领导、团结同志、廉洁自律、勤政廉政，不断加强党性锻炼和提升个人修养，努力改造自己的世界观、人生观、价值观，老老实实做人、勤勤恳恳做事、清清白白从政，把一个廉洁、务实、高效的社区干部形象展现在领导和同志们的面前。

我其实知道，社区居委会的工作不能简单地理解成婆婆妈妈，它粗中有细、细中见粗。我其实更知道，单凭一个人的能力是成就不了事业的，独木不成林。但我同样也知道，你和我时刻同在，随处同心，组织在我身边，党在心中，理论在我手上，我就没有理由不能实现我的梦想——我们共同的理想。

静下来好好想想，其实我走过的人生路跟祖国前进的步伐同步。在国家果断进行经济变革的时期我勇敢地下岗了，在国家提倡建立社区文明的时候我大胆地站出来了。我有一颗心，这颗心包容着责任和爱意。我相信你会选择我，就像你相信我会做得更好一样。最后，面对大家真诚注视的目光，我想真诚地说一句：

"请给我一次机会，我会为你做得更好；请给我一个支点，我能撬起整个地球！"

居委会工作直接联系千家万户，是党和政府联系群众的"第一线"，党和政府的政策、措施、最后都要靠居委会干部去落实，用老百姓的话说就是："千条线都要过一个针眼。"居委会工作的好坏、细致与否，直接关系到千家万户。而居委会主任这个岗位，于我就是一个更高层次的舞台和空间，我可以更多地奉献自己的才能和热情，更好地去为每一位居民办实事，谋实惠。

　　本文按照一般竞选演讲词的写作方法，先介绍自己的基本情况，再介绍工作经历和胜任本岗位的优势。作者用较大的篇幅来阐述对社区党支部工作的热爱和对社区工作的深厚情感，感情真挚，也透露出竞选的信心。这样的演讲词一方面可以以情动人，打动人心，另一方面也有不足。由于缺乏更加具体细致的施政方针和工作计划，容易给人以空洞之感，纸上谈兵，不具有说服力。所以在撰写演讲词时，要注意抽象和具体相结合，摆事实结合讲道理，增加文章的含金量。

竞聘医院党委书记

同志们：

　　感谢局党委和同志们给了我以这种方式同大家会面并将一块儿共事的机会。市场经济兴做广告，请允许我先为自己做个广告吧。

　　先谈谈我的优点。我这个人对工作比较投入，对同志比较诚恳，透明度比较高，包容性比较强。

　　再谈谈我的特点。我这个人最崇敬善待同志的人，最厌恶口是心非的人，最感谢能当面指出我毛病的人，最瞧不起视职业为儿戏的人。

　　我特别请大家注意一下的是我的弱点，我这个人除了有将近两年在基层接受"再教育"的经历外，其余有28年时间都是在机关工作。其中，8年是在处机关工作，20年是在局机关工作，而且做的都是人事宣传工作。换言之，我没有在基层带队伍的经验。在工作能力方面，我是严重的残缺不全，是弱点太弱，短处太短。

　　因此，在组织上通知我到专业性很强的总医院工作时，起先感到很恐慌，担心有负重托。但是，经过领导和同志们的一再开导，加之一段时间的思考，我终于在局党委的领导下，在院党委一班人的支持下，在全院广大职工的帮助下，树立了做好工作的信心。因为我发现，医院工作与宣传工作虽然职业反差很大，但是依然有着明显的共同点，即两者都是治病救人实行革命的人道主义。医生是给人治疗生理疾病的人，其最大的愿望是给人一个健康的生理；宣传干部是给人治疗心理疾病的人，其最大的愿望是给人一个健康的心理。

当然，我也清楚地知道，在我的前任书记主持医院党委工作期间，医院成绩斐然，无论是党的建设，人才培养，医德、医风建设，还是硬件建设，都在局内外享有很高的声誉。面对这样高的工作起点，要做到局党委要求的，"起码保持原有水平不掉下来，并争取再上一个新台阶"，是有很大难度的。我热切地期盼同志们能早一点认识我，特别是能对我的弱点和毛病保持足够的清醒和必要的耐心，进而帮助我，鞭策我，接纳我。也希望多给我提供一些尽快结识大家、熟悉情况、开展工作的机会。最后，我还要特别恳请我的前任书记，在保重身体的前提下，能把他多年积累的宝贵工作经验和体会毫无保留地传授给我们；其他院领导能一如既往地放开手脚抓工作；在座的骨干力量能保持传统、发扬成绩、忠于职守、开拓进取，并积极为院里的发展出谋献策。

谢谢大家！

 点评

本文作者是一位在机关工作了28年的老党员和老干部，措词口语化和生活化反映了作者平易近人、深入群众的风格。"市场经济兴做广告，请允许我先为自己做个广告吧。"这样口语化的演讲词对于缓和竞争现场的紧张气氛是十分有益的。在演讲开篇，作者连用了两个"我这个人……"完成了自我介绍的部分，亲切之感油然而生。在平实的语言下，阐述的是切实可行的医院建设计划和个人提高计划。作为老党员，作者最后仍不忘请同志们"帮助我，鞭策我，接纳我"，这种亲民的风格在竞争性演讲中值得提倡和借鉴。

竞聘法学系党总支副书记

尊敬的各位评委、领导、老师们：

大家好！

时值我校全面提升内涵、加快发展的战略部署之际，站在竞选讲台上，首先，我庆幸学校给了我这样一个挑战自我、展示自我的机会；其次，我要衷心感谢在座的各位领导和老师多年来对我的教育和培养，感谢与我同舟共济的同事们对我的帮助和支持。

我叫×××，1978年生，中国共产党党员，讲师。2000年从我校水利系毕业并留校任教，现任新校区团工委书记。

今天我竞聘的职位是法学系党总支副书记，下面我向大家汇报一下我竞聘这个职位的优势：

1. 岗位经历优势。我曾担任水利系2000级学生政治辅导员、学生党支部书记、团总支书记，随后担任校团委宣传部部长、评建办专职人员、新校区团工委书记。近6年时间中，多层次、多岗位的锻炼使我积累了丰富的学生工作经验。

2. 工作实绩优势。2003年来我校团学工作在校外媒体报道80余次，成功策划"新闻联播"节目播出我校大学生社会实践活动；在××市高校中首创大学生社团联合会，校团委被评为省优秀社团管理单位，×××学习研究会获得全国优秀学生社团称号；在全省高校首先提出社会实践活动基地化建设概念，已建基地28个。

3. 工作能力优势。我曾主持、策划、参与我校多项重大团学活动，先后被评为校思想政治先进工作者、××市优秀团员，每年都获得省、市大学生暑期社会实践先进个人荣誉称号，2005年度考核成绩优秀。评建工作使我增强了组织、协调和指挥能力，深入了解了学校整体状况。

4. 工作理念优势。善于总结创新。我曾参与省社科联4项团学工作研究课题，其中一项为项目主持人，一项已获二等奖。学习评估知识使我服务学生成长成才的意识进一步增强。

5. 工作作风优势。"踏实肯干，勤奋务实，团结同事，任劳任怨"是我一贯的工作作风。暑假带领学生开展社会实践，寒假陪伴留校学生过春节，节假日加班也是经常的事。

6. 教学科研工作优势。主讲课程1门，指导毕业设计4届，公开发表论文5篇，其中发表于核心期刊1篇；参编教材7万字；专业教改课题获得学校教学成果奖。

以上优势使我对胜任该职务工作充满信心！如果有幸担任该职务，我将从"认真、推动、创新、深入"4个方面来开展工作：

一个认真。认真做好班长助手，以学生就业为导向，全面提高学生综合素质。

两项推动。一是推动校系二级学生管理机制的确立，二是发挥法学系"两课"教师优势，推动学生活动指导教师队伍建设。

三个创新。载体创新，积极开展以学术科技类社团为载体的校园文化和思想政治教育活动。方法创新，根据文科生思维活跃的特点积极开展网络教育，形成网上网下思想政治教育合力。内容创新，通过建立水法宣传网站，到水政部门挂职锻炼等第二课堂引导学生树立水法意识、增强实践能力。

四个深入。按照"深入实际、深入生活、深入学习、深入学生"的需求，坚持以人为本原则，探索教育、管理与服务三者的和谐统一。我将在到岗1月内走遍现有30多个学生宿舍，认识所有学生；关注弱势群体，关注水法与水政管理发展动向，及时反馈到学生学习中，指导学生有针对性地提高综合实力，做好职业导航。

这次换届竞选是党委的英明决策，我抱着重在参与的态度来参加，成不骄，败不馁。

无论我在哪一个岗位上，我都会一如既往、全心全力地开展工作，无怨无悔地奉献我的青春、热血和激情，奉献给我深爱着的老师、学生和××学院！

点评

本文作者竞聘的职位是学校的法学系党总支副书记，所以比起政府机关的党委干部，需要更多地阐述学术科研成果。作者在阐述自己的施政计划之前，先阐述了自己的优势：工作经验丰富、科研成果突出。接下来在阐述开展工作计划时，用数字进行了简明扼要的概括。但是本文的一个不足之处是内容不够丰满，对于每一个演讲要点没有进行展开阐述，略显单薄。

·第二章·

办公室、秘书工作岗位

办公室工作理论知识

办公室工作的概念

办公室是各级党政机关的综合办事机构，承担党政事务、人事、信息、外事、宣传、档案、财务、办公资产等各项管理工作，是人事处、组织部、宣传部、财务处、档案馆等部门工作职能的延伸部门。

办公室具有承上启下、协调左右、联系内外的纽带作用；办公室对传递信息、研究政策、辅助领导决策具有参谋的作用。

此外，办公室工作具有以下三方面的特征：

1. 窗口性：办公室是本级部门与上级部门、兄弟机关、下属单位接触最频繁的科室之一，是展现机关形象的重要窗口。

2. 服务性：办公室工作服务于领导，服务于全体机关人员。

3. 综合性：办公室的具体工作除了服务全局机关外，还负责行政执法、应急管理、综合治理等工作。

办公室工作的职责

办公室工作的职责主要包括两个大项：一为办事，二为参谋。

办公室工作的具体职责包含：

1. 围绕本级单位的中心工作；检查下一层级各工作部门对上级决策的执行情况；督促其议定事项的落实并及时反馈情况。

2. 拟制、分解、调整下一层级各工作部门年度工作目标；报审、制作和签订年度目标责任书；草拟目标管理考核实施意见。

3. 检查督促上级党委、政府、人大要求本级单位办理的各类事项；专项督查涉及本级单位范围的重要工作或重大事项。

4. 定期向上级报送目标计划和本级目标管理执行情况；办理并回复上级督查部门转来的各项督办件。

5. 督查各目标责任单位目标任务执行情况；每半年和年终对各目标责任单位目标执行情况进行集中检查、考核；提出目标管理奖惩意见。

6. 调查研究社会发展动态，收集整理相关社会信息，为领导提供决策依据。

7. 负责单位会议的准备工作，协助领导组织实施会议决定的事项。

8. 负责总值班室工作，指导部门值班工作。

9. 组织、协调和管理单位举办的各项活动。

10. 推进、指导、协调、监督单位信息公开工作。

11. 承办领导交办的其他事项。

怎样做好办公室工作

要做好办公室工作，需要具备一些"硬性条件"，即熟悉办公室各项职责工作，掌握正确处理各项事务的技巧，具体包括以下各项：

1. 公文撰写：总体上要把握其科学性、准确性、政策性、条理性、严肃性、保密性、时间性、简明性等。起草之前先了解领导意图，弄清需写的公文的性质、目的、任务和范围等，起草时标题与结尾须简明扼要，主体层次分明，遵守行文、格式规范，文稿写出后进行仔细复查。

2. 公文审核：从版头、文号、称谓、发放范围、版记等进行检查校对，按照底稿逐项进行检查，来避免在印制过程中可能出现的差错。

3. 公文登记：从文件核稿编号开始登记，项目包括成文日期、受文范围、文别、文号、密级、文件标题、份数、附件、发出日期等。

4. 公文管理：对能够给领导人提供系统的材料、为写作公文积累材料、为各种会议提供有用材料等各种公文进行统一管理，做到科学化、规范化。

5. 公文收发：对各方面来的文字材料——文件、总结、计划、信函、内部刊物、合同和信息资料等进行签收，其中对机要、挂号及各种函件要注意外查、验户、清点；按照文件内容，拟出分发意见，对不同文件的不同要求分送来文；在将请示、报告送给领导批示之前，办公室负责同志要对请示报告中提出的问题拿出初步意见供领导参考。

6.文件传阅：办公室中传阅组织人员必须精心筛选传阅文件，从数量、质量上把关；细致分组传阅卷，可按照传阅对象、文件类目等进行分卷；巧妙使用各种传阅方法以轮辐式、直送式、横传式和阅文式等方式进行传阅，达到迅速、安全、保密的目的；妥善处理在传阅中遇到的问题，对领导签批意见中的临时承办事项进行妥善处理等。

7.会议安排：根据不同的会议性质、内容、规模、时长等进行不同的服务工作。较大型的代表大会，办公室相关人员需要提前进行议题安排，然后发出会议通知，安排会场，组织会议，结束后将议定事项进行催办和反馈，并对会议文件进行管理存档。日常工作会议，要提前几天通知将参加会议的人员，提前印好会议所需材料并安排好会议议程，对一些特殊安排也要提前准备好。

8.领导活动安排：按每日、每周、每月安排领导人所需参加的外事接见、洽谈和宴请，内事性的庆典、与会、陪客及下基层视察等公务活动。

9.接待安排：要具有基本的礼节，遵循接待程序。接待前做好充分准备，了解客人身份、人数、停留时间等基本情况；接待中根据情况安排工作行程、宴请、游览等活动；结束后结算接待经费，作出接待工作小结。

10.礼仪活动安排：遵循基本程序，如宴请活动，首先应适时发送内容信息准确的请柬，安排宴会席位，安排好餐厅的各项服务工作。

11.信息安排：对社会、工作中发生的新情况、新问题、新经验、新变化等信息进行多种形式的采集、传送、综合处理，然后准确、及时、全面地向领导反馈，可建立专门的信息网络。

12.协调工作：以从实际出发、实事求是，用全局观念，按职责、政策办事为原则，采用程序法、会议法、磋商法等，来协调上下、左右、局部与整体、工农、城乡、军政、领导人之间、公务等关系。

13.文印工作：熟练掌握 Office 中的 Excel、Word 等软件，清楚打印和复印操作，知道怎样备份和转移文件，简单的系统维护，包括软件和硬件，如杀毒、安装系统补丁等。准确、及时、保质、保量地完成打字、校对、印刷、装订等文书处理工作。

14.保密工作：对文件、会议、新闻报道、科技、涉外、经济情报、电讯设备及通讯等信息和物品进行严格保密，经常进行保密教育，建立健全保密制度，

加强文件、会议、通信的管理。

15.行政工作：以实事求是，为机关工作、生活服务，民主管理，分工协作等为原则，进行统筹管理，建立健全管理制度。如车辆管理制度：用车范围、审批手续、派车程序、司机出车守则制度、用油管理制度、车辆维修制度等。财务管理制度：财会室统一管理各项经费，严格财经纪律，严格按规定开支，严格现金管理等制度。

此外，要做好办公室工作，必须具备过硬的专业知识、较高的政治水平、良好的道德修养等，具体包括以下各项：

1.扎实的基本功：丰富的社会知识、坚实的文化基础和语文知识，丰富的写作经验和流畅的文笔，精明干练的办事才能。

2.较高的政治水平。

3.良好的作风：准确细致、勤奋好学、公道正派。

4.高尚的职业道德：热爱自己的事业，有自我奉献精神；遵守纪律；严守机密；配合、协调其他部门；禁止私自挪用办公室物品；上班不迟到、不早退，因病因事不能上班，应先请假等。

5.良好的道德修养：办公室着装大方整洁得体；不在办公室大声喧哗、打闹，说粗话、脏话；爱护公共设施，保持办公室干净、整洁；不得利用办公室会客、聚会，不得在办公室吃饭、吸烟等。

怎样做好办公室主任工作

1.严肃认真地贯彻、实施领导的决策，承办各职责部门乃至下级机关、基层群众转办的事项，不可敷衍塞责，草率从事。

2.辅助领导的决策工作。依据党和国家政策，围绕本地区、本部门、本单位的工作目标和主要任务以及需要领导决策的重大问题，积极主动地组织和参与各种调查研究，收集、筛选、传递各项信息，综合分析在调查中获得的大量第一手资料，去粗取精，从而提出完成各项工作任务和进行决策的有利因素和不利因素，及时向领导反馈，协助领导实施科学的宏观决策和有效的指挥，保证各项工作目标和任务的圆满完成。

秘书工作理论知识

秘书工作的概念

秘书的狭义定义：专门从事办公室程序性工作、协助领导处理政务及日常事务并为领导决策及其实施服务的人员。

秘书的广义定义：在领导机构中枢或领导人身边，从事办公室事务，办理文书，联系各方，保证领导工作正常运转，直接为领导工作服务并协助领导处理各方面事务与信息的人员。

秘书工作是党政机关工作的重要组成部分，关系到党的路线、方针和政策的贯彻执行。秘书工作人员是领导的工作助手和参谋，他们直接关系到领导机关工作质量的优劣和工作效率的高低。

秘书工作人员与办公室工作人员是有区别的。秘书是在综合办事机构中，专门、直接、紧紧围绕领导工作运转的人员。而办公室人员除了秘书外，还包括综合办事机构中另一部分人不专门、不直接为领导工作服务，而主要从事机关里其他业务工作的人员。

秘书工作的特点

1. 辅助性：给予决策主体知识、能力、经验和精力等方面的帮助和支持，帮助决策主体开展工作。

2. 中介性：对整体工作起到"纽带"和"桥梁"的作用。

3. 直接性：体现在行政组织、岗位设置和工作程序等方面。

4. 全面性：体现在职能辅助和过程辅助的全面性上。

5. 服务性：为部门机构提供工作上的服务。

秘书工作的职责

秘书工作的总体职责包括以下几方面的内容：

1. 辅助决策：协助领导确定目标、协助领导设计方案、协助领导评优选优、协助领导实施反馈。

2. 协调关系：摸清情况、找出症结、恰当协调、督促落实、检查反馈。调整各类组织、各项工作、各个人员之间的关系，实现组织目标。

3. 处理信息：收集、加工、传递、反馈、储存各种信息。

4. 办理事务：处理一切同领导工作有关的日常具体工作。

秘书工作的具体职责体现在以下几个方面：

1. 日常事务管理：办公室管理、通信管理、值班事务、日程管理、印章管理等。

2. 接待事务：来访接待、安排服务等。

3. 会议事务：会议安排、会场布置、会议服务、会议文件的处理等。

4. 信访事务：处理群众的来信来访等。

5. 调查研究事务：搜集信息，提供可行性方案供领导选择。

6. 文书档案事务：撰写、制作文书，管理档案。

7. 写作事务：各种文体的写作。

8. 协调工作：对政策、工作、地区、部门、人际关系等进行协调。

9. 督察工作：督促、检查领导交办批办工作的落实情况。

怎样做好党政机关秘书工作

要做好党政机关秘书工作，必须遵循以下几方面的原则：

1. 坚持正确的政治方向，思想、政治上与党中央保持高度一致。努力学习马克思主义的基本原理，学习党的路线、方针、政策，提高思想政治水平，用正确的立场、观点、方法，研究和处理在工作中出现的新情况、新问题，当好领导机关和领导同志的参谋和助手。

2. 遵守工作纪律，全心全意为人民服务。要有强烈的革命事业心和政治责任感，认真完成党交给的各项任务；做到行为端正、廉洁奉公；在自己的职责范围内，及时地、实事求是地向领导提供情况和建议；准确、及时地传达领导的意见。

3. 树立谦虚谨慎的优良作风。严格要求自己，待人接物要和蔼谦虚，态度诚恳；坚持原则、耐心细致地处理问题。

4. 学习思考、实践调研。坚持学习，刻苦钻研，联系实际，要学以致用，要善于思考，善于琢磨，提高业务能力。

5. 严守党和国家的机密。认真登记，严格保管，不得私自带出办公室或擅自复印、摘抄机要文件；不向家属、亲友以及其他无关人员泄露机密文件和内部机密情况。

6. 建立、健全岗位责任制，实行科学管理，严格按照规章制度办事。

7. 与领导坦诚相待，要为领导着想，同时在领导面前也要展现自我，敢于表达自己的想法和看法。

办公室、秘书工作竞聘演讲词案例

竞聘省委组织部办公室文秘副主任

尊敬的各位评委、领导、同志们：

登上这个讲台，1999 年竞聘上岗的一幕又闪现在我的眼前。同志们对我的大力支持、热情鼓励，激励我这两年来不断努力。今天借此机会，对大家表示衷心感谢！君子坦荡荡，告诉大家：这次我想竞选办公室文秘副主任！请大家一如既往地鼓励和支持我！

我为什么要竞选办公室文秘副主任呢？首先是办公室需要配备一名文秘副主任，其次是我初步具备了文秘副主任的基本条件。我以为自己具有以下 4 个方面特点和优势：

1. 从基层干起，经受了多个岗位的锻炼。我今年 37 岁，大学本科文凭，出身贫苦农家，共有 7 个兄妹。1983 年参加工作，在高中任教，1985 年加入中国共产党。工作 18 年来因表现出色而变换了 5 个工作单位：××县四中、××县三中、××市委组织部、××地委组织部、省委组织部，先后担任过××市委组织部党建组秘书、××地委组织部研究室主任，还兼任过××地委领导的秘书，现担任副处级督察员。我是从基层一步一个脚印走来的，既有基层经历，又有机关经验，经受了多个岗位的锻炼。

2. 对党忠诚，政治过硬。我是沐浴着党的改革开放春风成长起来的。没有干部人事制度的改革，我到不了组织部门；没有组织部门选贤任能的氛围，我到不了省委组织部。因此，我真心拥护十一届三中全会以来党的路线、方针和政策，对我们党，对关心培养我的组织有着深厚的感情。办公室文秘副主任直接参与政务，党性要求高，政治上不能出任何问题。我任何时候都可以向党保证：对党忠诚，立场坚定，旗帜鲜明地跟党走。

3.热爱文字工作，具有一定的文秘工作经验。我平常爱好学习，勤于动脑，喜欢思考党的建设和组织工作的一些深层次问题。在组织部门工作12年，很多精力用在文字工作方面。在基层组织部的6年，写了大量调查研究材料和组工实用文稿，先后在《党建研究》《中国人才》《领导工作研究》等几十种报刊杂志上发表文章60多篇，其中有8篇被国家部门、省委组织部评为优稿。到省委组织部后的6年，我具体从事文秘、信息、督查工作，参与了部里大多数重要会议和中心工作，每年都要起草或参与起草一批重要文稿。我热爱文字工作，虽然经常加班加点，甚至通宵达旦，但无怨无悔、苦中有乐。我这次搬家作过一首自勉诗，就是这种心境的表达："我本洞庭田舍郎，今登华堂习文章。稼穑艰难政事苦，乐作黄牛永拓荒。"

4.干事不偷懒，办事严谨认真。我事业心、责任感比较强，比较勤奋，工作态度积极。说实话，每当我想偷懒时，就想起我60多岁的老父老母至今还在面朝黄土背朝天地劳作；每当我萌发享受的念头时，就想起小时候连学费都凑不起的艰难。因而对工作认真对待，倍加珍惜。在××师专读书时，总分一直是班上第一名或第二名；当教师时，曾被评为××县的优秀教师；在××市时，信息调研工作处在全省领先位置；在省委组织部办公室这些年，承蒙大家关照，也几次被评为先进。在办公室同志的共同努力下，信息、督查工作处于全国领先位置。

领导、同志们，这些年来，在你们的教育帮助下，我取得了一些成绩和进步，但还有许多不足和差距。我的世界观还有待进一步改造，由于长期埋头文字接触社会还不广，对干部工作还不太熟悉。今后，在座的各位始终都是我的老师，今天我在这里拜师了！

领导、同志们，我如果有幸走上办公室副主任这个岗位，我将堂堂正正做人、扎扎实实工作，以做好人、干好工作来报答党组织和同志们的信任与厚爱。初步思考，主要从以下几方面努力：

1.做一个政治上可靠的人。在参与政务和办理具体事务上，做到党性坚强、立场坚定，坚决与党中央及省委保持一致，严格执行部务会决定，努力拟出较高质量的文稿，提高参与政务的水平。

2.做一个踏踏实实干事的人。在其位就谋其政，并谋好政，不做平庸官。文秘、信息、督查工作现在基础较好，我们要力求新发展，再创新成绩。

3. 做一个容易合作共事的人。站好位置，当好处室一把手的参谋和助手，尊重一把手，支持一把手。对同事，互相帮助，互相信任，互相支持，努力创造一个虽苦虽累但气氛和谐的工作环境。我为人的准则是：多帮人多抬举人，不害人不贬损人。我相信今后会跟同志们合作愉快！

4. 做一个廉政建设过硬的人。淡泊名利，当好无名英雄。耐住寂寞，守住清贫，抵住诱惑，决不做有损组织部门形象的事。

尊敬的评委、领导、同志们，马克思有句名言："一步实际行动比一打纲领更重要。"今天我在这里作出了郑重承诺，今后将不遗余力去兑现。请大家看我的行动吧！谢谢大家！

在整个演讲过程中，作者始终用亲切的甚至是拉家常的口吻阐述竞聘办公室文秘副主任的愿望。比如作者用设问句"我为什么要竞选办公室文秘副主任呢？"引出自己的竞聘优势；用"想起我60多岁的老父老母至今还在面朝黄土背朝天地劳作"来表达自己的事业心和责任感的真实来源。亲民的风格和朴实无华的表达方式为本文增色不少。

竞聘省林业厅机关办公室主任

尊敬的各位领导、同志们：

推行领导干部竞聘上岗，是建立能上能下、能进能出、公开、公平、公正、客观选拔领导干部的有效途径，我衷心拥护厅党组的这一决定。同时，感谢厅领导和同志们给了我这次难得的机会。我叫×××，现任厅办公室副主任，我竞聘的是厅办公室主任这一职位。下面，我就个人基本情况和对办公室工作的认识向各位作一个简要的汇报。

1. 我竞聘的条件：

我今年40岁，大学本科学历。1984年3月加入中国共产党，1997年3月担任林业厅办公室副主任。按照公布的厅办公室主任任职资格条件，我认为，自己具备以下条件：

（1）政治坚定。衷心拥护党中央，在政治上、思想上、行动上与党中央保持高度一致，做到旗帜鲜明，立场坚定。

（2）对林业工作有深厚的感情。20多年来，我非常热爱所从事的林业工作，能做到干一行、爱一行、钻一行。

（3）奉献无悔。在厅办公室工作，经常加班加点，但从未向领导诉苦，也从没有开口向领导要过补偿，力求按照"视名利淡如水，看事业重于山"的原则来做人做事。

（4）刻苦学习不懈怠。始终坚持不懈地学习政治理论及工作所需的专业知识。认真向厅办及其他处室的同志学习、请教，对机关工作程序从不熟悉到熟悉，逐步适应了本职工作的要求。

（5）具备一定的工作经验。1977年参加工作后，在林业调查规划设计院工作，先后搞过林业调查技术工作，担任过团委副书记、党办秘书、组织部副部长、党政办公室主任等职，对林业调查规划设计、森林资源管理，特别是对办公室所涉及的各项工作比较熟悉。具有档案管理中级职称，是省首批事业单位高级政工师。

（6）办事谨慎、细致。处理问题小心谨慎、周到细致，具有一定的综合协调能力；工作中注意把握政策的原则性与策略性，能妥善处理一些棘手的事情。

（7）遵纪保密。多年来，能够自觉地遵守组织纪律，切实做到"铁嘴一张"，不该说的不说，不该问的不问，不该看的不看，"不利于团结的事不做，不利于团结的话不说"。

（8）有分析综合能力和文字表述能力。工作中，能够按照领导的意图，运用马克思主义的立场、观点、方法和所学林业知识，对问题进行分析、归纳、综合和运用文字进行表述。能较好地完成领导交办的各项工作。

2. 谈谈对厅办公室工作的认识：

根据省政府对厅内设置机构方案的批复，我认为厅办公室工作有以下鲜明的特点：

（1）政治性。办公室天天要处理党政文件，接近和了解党和国家秘密的机会较多，有些事常常事关重大，稍有差错就可能造成重大影响。

（2）辅助性。办公室的所有工作对厅领导的工作起辅助作用。

（3）综合性。办公室工作涉及面广、量大、内容繁杂，还要完成领导交办的许多具体事务，工作必须做到忙而不乱、细致周到。

（4）被动性。办公室工作是根据机关和厅领导的要求来完成工作，并且要经常做一些计划外的工作，伸缩性比较大，无论何时，都得时刻坚守岗位。

办公室主任是办公室工作人员中的"领头人"，带头做好参与政务、处理事务的工作，起着承上启下、沟通信息的枢纽作用，是厅领导工作的参谋和助手。

3. 今后工作打算：

如果我竞聘该岗位成功，会努力做到以下几点：

（1）更加注重对马列主义、毛泽东思想和邓小平理论的学习，切实加强对有关林业法律、法规的学习，提高政策理论水平。努力做到掌握内容，熟练运用。

（2）按照省委提出的"领导当楷模，机关做表率，基层树形象"的要求，努力实践全心全意为人民服务的根本宗旨。

（3）完善厅机关的各项规章制度，严格按照"四个服从"的组织原则，尽心尽力完成领导交办的各项工作。

（4）做好协调。以尊重其他部门为前提，以协调的方式和其他部门一起努力完成厅党组交办的各项工作。

（5）加强办公室"一班人"的建设。我将和"班子"其他成员一道，努力提高政治素质、业务水平和工作能力，求大同存小异，努力做到成员之间建立思想上的共同关系、组织上的集合关系、工作上的协同关系、感情上的交流关系。

（6）突出重点，抓好大事，兼顾一般。注意处理好全局与局部的关系，重点与一般的关系，在做好办公室全面工作的同时，将主要精力放在信息调研、督促检查和日常运转等重点工作上。

（7）建立岗位责任制。人员进行分工，确定岗位责任，制定工作制度，做到"千斤重担人人挑，人人肩上有目标"。

（8）搞好内部团结。团结全处室共同当好厅领导的参谋和助手。

（9）加强机关内部事务管理。做好后勤服务中心等部门的内部管理工作。

各位领导、同志们，尽管我具备了一定的条件，但我深知，自己还有许多不足之处，因此，我是"一颗红心、两手准备"。若成功，我将恪尽职守，尽快进入角色；若失败，我也决不会气馁，继续老老实实地做人，踏踏实实地做事。最后，再次衷心感谢厅领导及在座的同志们听我的汇报。

谢谢大家！

点评

　　本文作者对自己的认识清晰客观，能够在多个方面作自我剖析；在阐述自己的工作计划时也尽量全方位、立体式地从各个方面设想了工作可能遇到的困难和工作方法，由此可见作者确实对所竞争的工作十分热爱、特别了解。但是，这样布局容易给听众造成形散神也散的印象，抓不住演讲者的重点。作者将一个主题分成了过多的小点，导致每一个小点没有足够多的内容来支撑。其实作者完全可以进行结构重组和内容合并，这样在传递中心思想方面会更加有利一些。

竞聘省人大秘书处处长

尊敬的各位领导、同志们：

　　大家好！

　　我参与竞聘的岗位是秘书处处长职位。在此，我感谢组织提供给我这个让大家认识我、了解我的机会！同时，也感谢组织提供这个让我认识大家、展示自己的机会！几十年一贯制的人事制度，是该改了。"公开、平等、竞争、择优"，这是历史的必然，也是时代发展的要求。中华民族的伟大复兴，人才是关键！经济发展、社会进步，靠的是人才！因此，我今天站在这里，接受组织和同志们的挑选，不管大家对我作出怎样的评价，不管竞争上岗领导小组最终对我作出怎样的结论，我都将坦然面对。

　　我叫×××，1964年出生于一个偏僻的山村。在山村的小镇上读完小学后，在县中学念完了高中，1980年考入中央民族大学，就读于政治系哲学专业，获哲学学士学位；大学毕业后，被分配到××州政府办公室从事秘书工作，4年之后，调××县××区（镇）担任副区（镇）长；1990年上调省人大，在人大从事4年的秘书工作之后，到民族委员会办公室工作，1995年担任该办公室副主任至今。

　　作为一名少数民族干部，站在这庄严的演讲台上，向大家讲述自己的经历，此时此刻，我百感交集！由于我从小生活在偏僻的山村，直到14岁上中学时我才学会讲汉语。记得我学的第一句汉语是老师在课堂上教的"我爱北京天安门！"今天，当我带着妻子和孩子回老家，看到久别的父老乡亲，依然过着"日出而作，日落而息"的生活，连吃水都十分困难时，我的心久久难以平静！孩提时代挑着木桶去箐谷取水的场景，又重新浮现在眼前。还好，经过多方奔走，最近，家乡人民终于喝上了清纯的山泉水，我心中的一块石头也终于落了地……就是这样的经历、这样的感受、这样的无奈让我经过16年的工作、学习和磨炼，确立了为国家富强、民族振兴而奋斗的政治理想，也使我真正领悟了国家、民族的深刻含义。个人的命运离不开国家和民族的命运，伟人的生平告诉我们，我们能够也应该高尚地活着，我们能够把自己的足迹印在时间的沙滩上，给航行在生命海洋上的兄弟以安慰、激励和启发。这就是我——一个少数民族干部，一个共产党员的庄严承诺！

为了履行这一承诺，我努力去培养和造就脚踏实地、求真务实、勇于开拓的工作作风，同时，也努力去提高作为一名国家机关工作人员应该具备的政治素质和业务素质。

勤学上进、勤于笔耕是我的优点。目前，我正在大学攻读经济法专业，正积极准备申请法学硕士学位；外语，是当今国家公务员必备的一种工具，我正准备参加全国学位外语统考；办公电脑，也是国家机关公务员的必备素质，我已做到熟练操作运用；写作，是机关工作人员的基本技能，经过多年的文字秘书工作实践，我已具备了扎实的功底；依法行政，是人大机关工作人员，尤其是各专门委员会工作人员的必备素质，经过多年的学习实践，我对民族立法和整个地方立法能做到心中有数，对尚不成熟的条例、法规决不提交审议。担任办公室副主任5年多的经历也锻炼了我的组织、协调和管理能力。

当然，除了前面这些素质和优点外，我也有许多缺点和不足：一是用马克思主义的立场、观点分析和解决问题的能力有待提高；二是党性修养有待加强；三是组织、协调和管理能力尚待在实践中进一步磨砺，围绕调动同志们的积极性上也还需要下功夫，要努力向周围的同志学习，齐心协力做好工作。

俗语说，自己的眼睛是看不到自己的脊背的。我可能还有许多自己没有意识到的缺点和盲点，恳请领导和同志们帮助！

秘书处，是上情下达，下情上达的"枢纽站"，除做好文字工作以外，重要的是协调和服务。作为秘书处处长，肩负着繁重而艰巨的任务，不但要腿勤、手快，而且应当勤于动脑，要以改革的精神，当好领导的参谋助手，提出各种合理化建议，尽可能地减少会议和文件，使领导乃至机关从"文山会海"中解脱出来，腾出时间和精力围绕人民群众关心的热点和难点问题搞好调查研究。

以上是我向各位领导和同志们汇报的简要情况，不管此次竞争的结果如何，我都将自强不息，努力工作，虚心向老同志学习，向周围的同志学习，在工作实践中进一步磨炼自己，从而使自己政治上更加成熟，理想信念更加坚定。请组织信任我的适应能力和可塑性，不管做什么，我都将竭尽全力。

最后，我用几句话结束我的演讲：

如果你不能做山顶的一棵松，

就做河谷间的一片葱绿；

如果你做不了太阳，

就做黑夜中的一颗星星；

不可能所有的人都当船长，

那就努力当好一名水手。

不管做什么，只要你做了，

——你就是最好的！

谢谢！

本文即使不作为一篇演讲词，作为一篇普通文章来读依然令人动情。原因在于作者摒弃了通常演讲词振臂高呼的写作方法，采取了讲述亲身经历的形式，故事真实，感人至深。在竞选各种岗位的候选人当中，有着苦难过去的应该不止作者一人，但是像作者这样能够推心置腹地与听众交流的例子并不多见。这种交流在感情上为作者赢得了不少分数。在文章的最后，同样能够感受到作者是一个性情中人，他用一首诗来作为结尾，虽然没有通常大家追求的气势，但是从作者将自己比作山顶之松、黑夜之星来看，作者已经非常清晰地表达了自己的生活态度和工作态度，给了听众一个完整的交代。

竞聘省委办公厅机要局副局长

尊敬的各位领导、同志们：

大家好！

我叫×××，1984年毕业于××大学××系，获得理学学士学位。毕业后被择优分配到机要局工作。在办公厅工作十几年来，我深深地感受到我们办公厅领导和同志们较高的思想理论水平，积极进取的精神，艰苦奋斗的工作作风，这些都是值得我好好学习的。今天，我在领导和同志们的鼓励下，参加这次竞聘演说，我竞争的岗位是机要局副局长。

我参与竞争的优势，归纳起来，主要有以下3点：

1.我对机要工作非常热爱和熟悉。俗话说："只有在喜爱的前提下，工艺才做得精巧。"不论是做什么事，"喜欢它"，永远是把事情做成功的最重要前提。不喜欢它，就不会努力，就不可能成功。机要工作责任大，权力小，一般人对机要局是"无事不登三宝殿"，我们机要干部做了多少事情，付出了多少，除了自己知道只有党知道，但我却一直乐在其中。我觉得，能为党的机要事业奉献青春，自己的生命也会因此而更加精彩。如果没有对党的机要事业的崇高的责任感、使命感和"对党忠诚，无私奉献"的精神，是做不好这项工作的。

2.我具备担任副局长这个职务所应有的基本素质、学识水平和工作能力。参加工作十几年来，由于党的培养、教育和我本人的努力，在从事机要技术工作和技术管理工作的过程中，我坚定了信念，增长了才干，提高了水平。因此，我有明确的政治方向，踏实奉献的敬业精神，扎实的业务知识，良好的工作能力，较好的人际亲和力以及团结的合作意识。

我于1989年担任机要局技术室副主任，1992年通过英语考试和技术成果评定，获得计算机通信工程师的任职资格，1995年担任机要局技术室主任，1996年任助理调研员，1998年担任机要局总工程师。从一个20岁的大学生，到担任总工程师的职务，我是一步一个脚印，踏踏实实地干出来的。从24小时昼夜值班、维修密码设备等最基础的工作干起，到成为技术行家进行全省机要系统的技术工作指导，再到后来负起一定的领导责任，代表机要局带队到各市州委办公室进行机要技术工作检查，起草《××省党政系统密码设备管理规定》《××省党政机要信息网络总体设计方案》等文件，不管是专业性的技术工作，还是领导管理工作，我都能很好地胜任并能独当一面。我在1997年起草的《××省党政机要信息保密网络总体设计方案》后来以两办的名义下发，成为目前全省机要部门正在进行的计算机网络建设、机要通信专网建设的一个重要的指导性文件。我们机要系统的纵向联系是很密切的，和兄弟省市的联系也比较多，我的工作能力、工作水平在全国党政机要系统从事技术工作的同志中也算小有名气，并得到了中央办公厅（简称"中办"）要局领导的肯定。1996年中办机要局开始规划全国党政机要信息网络，为此召开计算机网络建设会议，点名邀请部分省市的技术骨干

参加，我也在被邀请之列，而且是唯一的女同志。

我办任何事情都喜欢讲究方法、追求效益，努力做到"事半功倍"。我认真听取大家的意见，善于协调关系，刚柔并济，充分调动工作伙伴的积极性，发挥每一个人的特长，营造一个融洽的工作环境，带领大家一起工作。我当机要局技术室主任有 4 年时间，手下五六个人，清一色的男同志，名牌大学毕业生，有些年龄也和我差不多，但我们能团结一致，齐心协力，把技术室的工作干得有声有色，就是因为有良好的工作氛围，心情舒畅，辛苦一点大家也心甘情愿。

3. 我是一个虚心学习、不断进取的人。我喜欢带挑战性、开拓性的工作。我一直注意不断更新知识，开阔视野，拓宽思路，提高自己的理论水平和总揽全局的能力，在政治上、业务技术上不断追求进步。积极参与竞争上岗，对我来说是一次很好的学习、锻炼的机会，不管结果如何，我都会以一颗平常心去对待。如果能当选，那是领导和同志们对我的鼓励，也是对我的一个挑战。我相信，我正值年富力强之时，完全可以成为新的工作岗位上恪尽职守的一员，也会是这个岗位上最好的领导成员之一。

下面，我想谈谈任职后的一些设想。机要工作是党和国家的咽喉和命脉，是秘密信息传输的主要手段，是一项政治性很强的技术工作。现时我国的机要工作有其特定的含义，是指应用先进的密码思想、密码技术和现代通信手段相结合来传递各级党政机关的机密信息的工作。在通信技术飞跃发展的今天，计算机技术应用于通信领域之后，密码通信向网络化、现代化发展是大势所趋。要跟上科技日新月异发展的步伐，机要部门拥有一支较强的技术队伍，机要部门各级领导不断更新知识是实现中央提出的机要工作现代化的重要保证。因此，我建议：

1. 建立健全对全省各级机要部门领导班子成员的轮训制度，重点学习密码理论知识、密码通信技术知识、密码工作管理知识和领导科学知识，提高科学决策和管理能力。

2. 在非密码网络飞速发展的今天，设法拓宽机要工作的范围，多了解年轻同志的思想状况，防止人才流失。用各种方法鼓励年轻的机要干部钻研技术、精通业务，保证党的密码事业健康发展。

我的演说到此结束，希望领导和同志们支持我！谢谢大家！

机要局是传输秘密信息的工作部门，它的工作要求工作人员耐心细致，严守秘密，遵守纪律，只有这样的人才能够胜任机要局副局长的岗位。所以作者在演讲词中，重点阐述了自己这方面的特质。"热爱机要工作、政治路线坚定、工作经验丰富"，这些都是从事机要工作所具备的优先条件。作者在阐述工作建议时，能够密切联系机要工作实际，提出的建议领导轮训制度和防止人才流失的想法都是切实可行的。难能可贵的是，作者能够与时俱进，提倡结合先进科技手段加强机要管理工作，是新时期领导干部的高素质候选人。

竞聘市工商局办公室主任

尊敬的各位领导、同志们：

大家好！

首先感谢大家给我这次机会，使我能以一名竞争者的身份在这里发表演讲，也感谢各位领导和同志们多年来对办公室工作的关心、支持、爱护和帮助。

今天我竞争的岗位是市局机关办公室主任。我相信这一目标是比较切合实际的。为什么呢？其一，市局有一个坚强务实的领导班子。其二，市局有一支素质高，能力强，作风硬的工商行政队伍。其三，本人有七年如一日的勤奋踏实的工商工作基础。其四，本人有 6 个春秋的市局机关办公室管理经验，同时，更是因为本人有同在座的每一位在监管社会主义大市场这个舞台上建立起来的同甘苦、共命运、同喜、同乐、同忧、同舟共济的深厚的手足情谊。办公室主任这个岗位，对我来说既熟悉又陌生，熟悉的是自己曾经在这个岗位上战斗过，直至今日。陌生的是随着工商行政管理工作的不断发展，办公室主任肩上的担子更加重了。这表面上是一个困难，但实际上是一个优势。正因为这样，才容易明白自己的责任，自己才得以明确前进的方向。

干好办公室工作，我自信是有充分条件的，至少有下列几方面优势：

1.求实意识强。我×××年参加工作，毕业于××学院中文系，至×××年在教育战线从事中学语文工作，×××年加入工商行政管理队伍，不论何时何地本人不尚空谈、扎扎实实不搞花架子，不做表面文章，从实际出发，说老实话，办老实事，做老实人，从思想深处树立起"宁可自己吃亏，不让工作受损"的工作作风。

2. 创新意识强。办公室不是"收发室"，不是"转运站"，不能简单照抄照转上级指示；也不是"消防队"，等到下面出了问题再去抓；办公室工作人员更不是"勤杂工"，只停留在完成一般日常事务性的工作上。而应注意研究新情况，产生新思想，解决新问题，不断有所发现、有所创造、有所前进。如果年复一年，"涛声依旧"，一切都按部就班，没有创新，形成不了自己的特点，办公室就失去了生机和活力，就会在思想、观念和行动上滞后，跟不上大好形势的发展和需要。近几年来，本人与办公室的全体同志共同努力，创造性地开展工作，把领导和上级的指导与任务具体化，既从本局实际出发，又正确地体现并落实上级的指示和任务。针对办公室存在的普遍性、倾向性的问题，提出新的有效的解决办法；针对办公室某一个局部可能出现的问题进行预测，提出有预见性的工作对策。从实际出发，抓好有自己鲜明特色的工作，使工作不断出现新局面。2000年至2001年办公室参加各类比赛荣获4个第一，多次荣获第二名。2001年信息管理工作中，全局在地区级以上刊物刊用信息350余篇，其中国家级2篇，一篇获国家级优秀论文奖，开了市局办公室信息管理之先河，居全地区工商系统之榜首。去年的信息督查工作，其中棉花加工一事，曾受自治区主席的表扬。这些成绩都是实实在在的，不是虚无缥缈的。当然这些成绩的取得是与领导的重视分不开的，是与同志们的努力分不开的。

3. 中心意识强。不论何时，紧紧围绕本局的中心和党政领导的意图来开展工作。在掌握上情和下情的基础上搞好结合，强化中心意识，善于站在全局的高度思考问题，把精力放在想工作、议工作、抓工作上，在实际工作中，摆正位置，自觉主动地处理好科室所工作与中心工作的关系，克服本位主义思想，主动服从中心工作，消除彼此争时间、争空间、争地位、争荣誉的现象，在大局下开展工作。

4. 重点意识强。重点工作是中心工作的重点，强化重点意识，是办公室工作的关键。在特定的环境下，做到通力协作、主动配合，给重点工作让路，突出重点、兼顾一般，防止平均使劲，事无巨细眉毛胡子一把抓。

5. 超前意识强。努力当好参谋、助手。办公室工作是全局工作的前沿，做到不仅对当前工作了如指掌，而且对未来的工作做到心中有数。

6. 质量意识强。把质量建设作为一项重点工作来抓，做到高标准、高质量、高效率地完成任务。不满足于一般化，过得去。呈文、办事严谨细致，努力不出差错或少出差错。

7.服务意识强。始终把办公室的工作放在服务之中。不论是前来办事的群众，还是本局工作人员，对与办公室有关的事，服务周到，提供方便，热情接待。坚决杜绝"门难进、脸难看、人难见、话难听、事难办"的现象，杜绝那种居高临下、指手画脚、只说不干、办事拖拉的现象。

8.有协调意识。把协调作为一种统一步调，形成合力的调节器，加强各科室所协会的沟通，把握横向和纵向协调力度，避免"各自为政""单打一"等业务观点的出现。

9.有自律意识。以身作则，严格自律。不断增强自我管理、自我约束力，要求工作人员做到的自己首先做到。把自己的一举一动与维护办公室形象结合起来。

10.有法规意识。这里的法规不是法律法规，法是指按照党的路线、方针、政策办事，规是指按规矩办事，也就是说按领导的意图加强请示、加强报告，防止因乱了规矩而造成不应有的尴尬、被动局面。

本人从严抓好办公室工作的总体思想是"严管理、重实效、识大局、顾大体、用创新、促发展"。做一个合格办公室主任是我的口号，促进市局整体工作发展是我的最终目的。本人决不信奉"无过即是功"，但"无功即是过"是我行动的指南。抓好办公室工作，因素是方方面面的，从办公室主任自身角度讲，具体工作中还要做到"5个转变"：

1.在工作指导上，要从做出具体事物转变为既要做好具体工作，又要想办法参与了解全局工作。只有了解全局工作，才能发挥助手作用。

2.在处理业务中，要从简单的承上启下，传达文件，转变为注重信息的综合处理，以提高工作实效。

3.在工作方式上，要从被动服务转变为主动抓问题。不仅要为领导服务，而且更要为基层服务，围绕"疑点""热点""难点"做文章，提出合理建议。

4.在工作作风上，要从坐在办公室转变为深入基层，了解实情。在科学安排，提高工作效率的基础上，调研好第一手材料，以解决实际问题。

5.在关系协调上，从当一般的"传声筒"转变为善于协调、科学协调，避免"命令式"。特别对问题比较大，领导意图比较明显但没有明确表态的问题的协调上，要站在全局，采取位移法，主动替对方想一想，耐心细致，心平气和地做说服解释工作，直至问题解决。

6.学习上要用马列主义毛泽东思想和邓小平理论武装自己的头脑，不断更新自我。一名合格的党的干部，要以全心全意为人民服务为己任，从我做起，树立起工商干部的良好形象，不徇私情，模范地执行党的政策。

总之，这次竞争上岗，是对我的一次考验，我定会做到兢兢业业抓管理，尽职尽责为工作。在调动工作人员积极性上，注重整体性；在发挥干部专长上，力求做到协调性。点上的工作有重心，面上的工作有重点，既辩证，又统一，做到瞻前顾后，未雨绸缪。我了解办公室工作，熟悉办公室工作，愿意为市局办公室的工作发展做点贡献。力争在全地区工商系统中再上台阶、再创佳绩、再拿第一。

谢谢大家！

 点评

作者竞聘的是办公室主任，但作者不像多数办公室工作人员一样开口文绉绉、闭口讲术语。本文作者运用了大量的口语化表达和群众日常耳熟能详的缩略词，令群众倍感亲切。比如用办公室不是"收发室"，不是"转运站"，也不是"消防队"，办公室工作人员更不是"勤杂工"，来使大家正视办公室的定位；用"门难进、脸难看、人难见、话难听、事难办""各自为政""单打一"来形容办公室工作的不良现象，说出了大家心里的真实感受。这样的演讲词能够在第一时间吸引听众的注意力，给枯燥的演讲过程带来亮点。

竞聘县委组织部办公室主任

各位领导、各位评委、各位同事：

大家好！根据县机构改革的有关精神，今天，我本着进一步锻炼自己，更好地为大家服务的宗旨站在这里，参加部门中层干部竞聘演讲。我竞选的是办公室主任一职，希望能得到大家的支持。

我自1994年7月××师专××系毕业参加工作以来，先后任过××镇党委宣传委员，××报社编辑、记者，县委组织部办公室副主任、党支部宣传委员，曾四次在公务员年度考核中被评为"优秀"。自2001年2月通过竞争上岗就任组织部办公室主任以来，在部领导的关心支持和各科室的大力配合下，我把参与政务、管理事务和搞好服务三大办公室主要职能有机结合起来，主要在四个方面苦下功夫，一是献计献策，当好领导的"咨询员"；二是立足本职，当好大家的"服务员"；三是加强管理，当好部门的"管理员"；四是搞好关系，当好内外的"协调员"。

通过近两年的办公室主任岗位的锻炼，由于我坚持原则，敢说实话，能办实事，无论对领导还是同事都一视同仁，得到了大家的理解和认可，办公室工作也能较好地开展，个人能力特别是写作能力有了较大提高。去年我竞选办公室主任的演讲稿被全国应用写作核心期刊《应用写作》采用，并由资深编辑在"佳作评析"栏做了详细点评。另外，由于近年来我在《××日报》《领导科学报》《支部生活》《农村农业农民》《应用写作》《秘书理论与实践》等省内外报刊发表了上百篇公文，今年被中国公文写作研究会吸收为会员。在这里，我要衷心感谢部领导，是你们苦口婆心的教诲，使我学会了不少工作的方式方法和为人处世的道理，真正懂得了"严是一种真爱"的丰富内涵。同时，我要感谢各位同事，是你们的大力支持和默契配合，共同营造了良好的工作氛围，推进了办公室工作乃至部门全面工作的有效开展。说实话，对于从事组织部办公室工作四年多的我来说，参加竞选办公室主任固然有轻车熟路的优势，但由于形成了固有的思维模式，容易按部就班，缺乏创新精神。特别由于工作阅历和自身个性的局限，有时在工作上偶有顾此失彼的现象，工作的超前性和预见性还有待加强，对原则性下处理事情的灵活性把握得不够好。针对这些情况，今后我将在求真务实中清醒认识自己，在积极进取中不断开拓创新，在拼搏奉献中逐步完善自我，目的在于多方面获取实践经验，进一步提高自身综合素质，力争把工作做得更好。

接下来一步，对于组织部办公室来说，我认为主要应在深刻领会十六大精神的基础上，坚持与时俱进的精神，一切从部门工作实际出发，自觉地把思想认识从那些不合时宜的观念、做法中解放出来，努力推进学习创新、制度创新、调研创新和服务创新，不断改进工作方式方法，在搞好常规工作的同时，侧重抓好以下4项工作：

1.搞好理论学习，提高工作水平。歌德曾经说过，"人不光是靠他生来就拥有的一切，而是靠他从学习中所得到的一切来造就自己"。要高效推进部门的各项工作，一个很重要的前提就是要切实强化学习，不断拓宽视野。作为党支部宣传委员，我将努力促进办公室和党支部的密切配合，有针对性地抓好部门干部的政治理论和业务知识学习，在部门树立"学习就是工作，认真学习是一种觉悟、一种责任、一种境界、一种能力"的思想。要通过学习，增强部门干部的政治素质和业务素质，促使部门干部逐渐形成自我加压找着学、支部要求促着学、同志之间帮着学、科室之间比着学、经常检查逼着学的良好氛围。

2.强化制度督查，防止工作"反弹"。凡事预则立，不预则废。一个单位没有制度和纪律作保证，是什么也干不好的。实践证明，只有通过建立健全规章制度并狠抓落实，努力造就一支"政治强、作风正、业务精、纪律严"的组工干部队伍，才能保证组织部门各项工作的顺利推进。今年5月以来，在部领导的关心支持下，办公室根据工作需要对部门制度进行了全面修订和完善，并将全年工作要点进行了量化分解，具体落实到科室、到个人，从而将各项工作纳入了制度化、规范化管理的轨道，有力地促进了部门各项工作的开展，部门管理逐渐由"人管人"向"制度管人"有序迈进。但是，有些制度时间执行一长就容易出现"反弹"，这就需要办公室加大督查督办力度。明年，办公室主要是要随时加强立项督查和各项工作情况的督查督办，保证事事有着落，件件有回音，将工作做实做细，切实处理好有些制度因时间执行较长而出现的工作"反弹"现象。

3.抓好调查研究，当好参谋助手。没有调查，就没有发言权。随着组织工作中心的转移，办公室的工作重心从办文、办会、办事逐渐向调研、信息、督查转移，从为领导做好助手转向当好参谋。办公室要当好领导的参谋就必须知情，要知情就必须深入基层调查研究。明年办公室将积极协助各科室搞好调研选题，开展好调研活动，督促各科室写出1～2篇有一定价值的调研报告，另一方面可作为成果上报，一方面用于指导工作实践，力争在调研工作上有新的起色。

4.搞好主动服务，树立良好形象。组织部办公室作为综合部门，头绪繁多，涉及面广，综合性强。服务工作作为办公室一项比较烦琐、杂碎的经常性工作，搞好了能树立起一个好的部门形象，搞差了则会影响一个部门的声誉。当前，面临着时代发展加快、工作手段变新的新形势，办公室所处的地位，决定了其工作被动性强的特点。怎样在被动中发挥主观能动性，做好主动服务，这是办公室人员必须思考的问题。对于我们组织部办公室来讲，主要是把上为部领导分忧，下为各科室、各基层有关单位服务有机结合起来，努力在办文、办会、办事上坚持原则性下的灵活性，头脑要清、手脚要勤、待人要诚、心胸要宽、办事要公、言行要慎，要以自己的实际行动切实克服"门难进、脸难看、话难听、事难办"的机关不良作风，力争不让领导布置的事情在办公室延误，不让传递的批件在办公室积压，不让各种差错在办公室发生，不让前来办事的同志在办公室受到冷落，不让部门的形象在办公室受到影响，努力发挥好组织部办公室作为党员之家、干部之家和知识分子之家的窗口作用。

最后，我想用3句话来结束我的演讲：我对领导说，你们的严格要求是我努力工作的目标和动力。我对同志们说，你们的信任和支持是我最坚强的后盾，"三人行必有我师"，处处留心皆学问。我对自己，也对同台参加竞职演讲的同事们说，保持一颗平常心扎实工作，只要有耕耘就会有收获！

谢谢大家！

办公室工作要求具有深厚的语言文字功底，竞聘演说本身就是一个很好的展示这项才华的机会。所以作者在演讲词第一部分列举了大量的这方面的成绩：在多家刊物发表文章，出色地完成办公室日常工作，充分展示了自己对于办公室这一岗位的胜任能力，摆事实起到了令人信服的效果。在接下来的工作计划中，作者没有泛泛而谈，而是抓住了"四个重点"：搞好理论学习、强化制度督查、抓好调查研究、搞好主动服务。这4点不仅切合办公室工作实际，而且再一次显示了演讲者的高度概括、精辟总结的才能。

竞聘区政府办公室主任

各位评委、各位同事：

大家好！

我首先感谢领导、同志们的信任和支持，给了我这个参加竞职演讲的机会。

本人现年××岁，中国共产党党员，大专学历，助理经济师。××××年参加工作，在过去18年的人生历程中，经历了工、农、兵、学、商各种岗位和环境的磨炼。

1989年至今在××区××工作。历任打字员、现金会计、办公室秘书、团委书记、办公室主任、保卫股股长、政策法规股股长。其间，1989年至1992年在××教育学院中文系学习；1998年至1999年下派至第一食品公司工作，任经理、书记兼市区肉食批发配送中心经理。先后七次被评为先进工作者，两次被评为优秀共产党员。

多年来我注重政治思想修养。工作中形成了强烈的事业心、责任感和政治觉悟，执着地追求工作的高水平、高效率和高质量。

多年来我注重道德品格修养。坚持以身作则，严于律己，宽以待人；坚持做老实人、说老实话、办老实事；坚持宽怀大度，坦坦荡荡；坚持服从大局、听从分配、尊重领导、团结同志。

多年来我注重提高文化、专业知识修养。1989 年至 1992 年在 ×× 教育学院中文系学习并以优秀成绩毕业；1991 年参加会计学习培训，通过考试取得了会计员证书和珠算等级证书；1995 年参加全国专业技术学习、考试取得商业经济中级职称；1997 年参加组织部举办的青年干部业余读书班；2001 年参加了组织部举办的春季青干班，比较系统地学习了政治、经济、科技、法律等方面的有关知识；1998 年、1999 年先后参加了省政府法制局、商务厅举办的行政执法培训，取得了生猪定点屠宰管理、化学危险物品管理资格证书、执法证书、监督证书；同时自学了金融、法律、管理、市场经济、计算机应用等方面的相关知识。通过坚持自学与培训相结合的方式，我自身的文化、专业知识得到了不断提高和更新，为更好地完成各项工作奠定了良好的基础。

多年来我注重在工作中锻炼、提高自己的实际能力。工作中自觉加强自身执行、协调、决断、应变、表达、调查研究和组织管理等多方面能力的锻炼。

在多年的机关工作中，我一直坚持"嘴严、手勤、腿快"的原则，不折不扣地完成组织分配的各项任务。任打字员时能高质量地按时完成每项任务；任现金会计时能严格执行财务制度；做秘书工作时，从不计较分内分外，注意深入基层进行学习、调查、分析、研究，大量接收、储存、组织、加工各种信息，形成大量的调查报告、工作意见、情况分析、简报、通报以及各种会议材料。同时，为企业起草各种可行性报告、协议、合同等。一方面在充分调查研究的基础上，为领导决策提供了准确真实的依据，为企业提供了力所能及的服务；另一方面也为更好地完成本职工作提供了保证。任团委书记时能在市场经济形势下创造性地完成上级布置的各项工作；任办公室主任时能较好地把"参与政务""管理事务""搞好服务"三者统筹兼顾，合理安排，做到调研围绕中心转，协调围绕领导转，服务围绕大家转，信息围绕决策转，较好地把握领导意图；在第一食品公司任职时，在较短时间内学习掌握了生猪生产经营收、杀、调等方面的业务，并运用所学的知识加强和改进经营管理，针对各基层站的具体情况进行分类指导，很快成为行家里手；任保卫股长能严格执行安全生产目标责任制，贯彻党委部署，落实各项安全措施，商务系统安全保卫工作 1999 年至 2001 年连续三年被政府授予"安全生产责任制"先进单位；任政策法规股长期间能在党委的领导下，围绕职能转变，按照行政执法责任制的总体要求，加强生猪定点屠宰管理和化学危险物品经营许可证的管理工作，在着力提高商务执法水平、执法能力和执法队伍的整体素质方面尽职尽责地工作。

如果说我在过去的工作、学习中取得了一点进步和成绩，首先得益于组织的培养、领导的关怀和同志们的支持、帮助，其次是长期工作、学习中形成的一些特点：

1. 我的敬业精神比较强，尤其是军旅生活经历，培养了我严明的组织纪律性、吃苦耐劳的品质、雷厉风行的工作作风，这是干好一切工作的基础。

2. 我思维比较活跃，对新事物的接受比较迅速，工作中注意发挥主观能动性，这有利于开拓工作新局面。

3. 我办事比较稳重，处世比较严谨，在廉洁自律上要求严格，这是做好一切工作的保证。

4. 我诚实稳重、为人正派，善于团结同事，协调能力比较强。

今年我们商务局改为商业协会，在发展的进程中再次到了重要关头，新的领导班子审时度势，采取了一系列务实的改革措施，我们每个同志也都应该承担起应尽的责任。在过去十多年里，领导和同志们对我的进步给予得太多，现在我理应义不容辞地支持、参与到改革中去，站出来接受组织的考验和同志们的考察。从工作出发，考虑自身的实际和特长，今天我选择的竞聘岗位是办公室主任和人事股长。

办公室、人事股是一个单位的信息、参谋、服务中心，是联系上下的纽带，是沟通内外的桥梁。办公室、人事股作为一个单位的参谋机构和执行助手，应做好参与政务、管理事务、搞好服务工作中的助手、信息、协调作用，提高工作效率，实现管理和服务的创新，开创工作的新局面。

如果竞聘成功，我的工作思路是：以"三个服从"要求自己，以"三个一点"找准工作切入点，以"三个适度"为原则与人相处。

"三个服从"是个性服从党性，感情服从原则，主观服从客观。做到服务不欠位，主动不越位，服从不偏位，融洽不空位。

"三个一点"是当上级要求与我会实际工作不相符时，我会尽最大努力去找结合点；当科室之间发生冲突时，我会从政策法规与工作职责上去找平衡点；当领导之间意见不一致时，我会从领导所处的角度和所表达意图上去领悟相同点。

"三个适度"是冷热适度，对人不搞拉拉扯扯、吹吹拍拍；刚柔适度，对事当断则断，不优柔寡断；粗细适度，大事不糊涂，小事不计较。做到对同事多理解，少埋怨，多尊重，少指责，多情义，少冷漠。刺耳的话冷静听，奉承的话警惕听，反对的话分析听，批评的话虚心听，在服务中显示实力，在工作中表现动力，在创新中增强压力，在与人交往中凝聚合力。

如果竞聘成功，我的工作原则和风格是：努力做到严格要求，严守纪律，勤学习，勤调查，勤督办。以共同的目标团结人，以有效的管理激励人，以自身的行动带动人。努力做到讲原则，讲风格，讲团结，讲效率。

如果竞聘成功，我的工作目标是："以为争位，以位促为"。争取协会领导对办公室、人事股工作的进一步重视和支持，尽快实现办公自动化、管理制度化、服务优质化、参谋有效化。

如果竞聘成功，我将处理好以下4种关系：

1. 摆正位置，处理好与协会领导班子的关系。做到工作既要积极主动，又要始终与协会领导班子保持一致，做到思想同心，工作同步，目标同向，上知方向、下知实情，远知信息、近知意图，紧紧围绕工作中心认真履行好工作职责；加强请示汇报，并及时提出处理问题的见解，避免"先斩后奏"。在办文、办会、办事的过程中，做到迅速、准确、及时、周到、细致、保密，并抓好落实，做到事事有结果、有回音。

2. 着眼大局，处理好与各个科室及所属企业之间的关系。坚持从整体、全局利益出发，协调好与各企业、与单位内部各个科室的关系，勤思考、抓规律，积极、大胆、主动地开展工作。在工作中，做到就事论事，讲道理、讲原则，要谦虚谨慎，彼此尊重，互谅互让，加强沟通，化解矛盾，排忧解难，力求取得思想上的共识，使整体工作顺畅运行。

3. 以诚相待，处理好与外部社会环境的关系。在与有关部门的相互协调、交往过程中，"以诚相待""广交朋友"，处理好各种各样的关系。

4. 主次分明，处理好重点工作与一般工作的关系。在工作中做到分清主次，抓住重点，统筹考虑，兼顾一般，将工作的着眼点始终放在对全局有决定影响的关键工作上。

5. 规范管理，处理好计划与落实的关系。注重用科学的制度和目标来规范各项工作，使各项工作有章可循，有计划可依，科学分工，责任明确，落实到位。办公室、人事股的工作既是一门科学，又是一门艺术，工作的性质和职能决定了其工作的繁重，我已经作好了充分的思想准备。如果竞聘成功，我将在工作中坚定不移地贯彻党的思想路线，从实际出发，勇于探索，大胆实践，勤于总结，不断改进工作，做好"三个服务"，即为领导服务、为群众服务、为来协会办事的人员服务，做好领导的参谋、做好大家的勤务员。我愿与大家共创美好的未来，迎接协会辉煌灿烂的明天。

古人说："不可以一时之得意，而自夸其能；亦不可以一时之失意，而自坠其志。"我将以这句话自勉。如果组织需要我在原岗位继续工作，我会服从分配，一如既往地勤奋学习、努力工作。

希望领导和同志们支持我！谢谢大家！

本文作者是一位老干部，在机关工作了多年，演讲词中处处显示出作者的工作老练、经验丰富。作者担任过打字员、现金会计、办公室秘书、团委书记、办公室主任、保卫股股长、政策法规股股长；取得过生猪定点屠宰管理、化学危险物品管理资格证书、执法证书、监督证书；同时自学了金融、法律、管理、市场经济、计算机应用等方面的相关知识。单单是这些丰富的经历就足以让听众相信他有能力胜任办公室主任一职。在对接下来工作的展望中，作者依然显示了办公室工作的总结概括能力：以"三个服从"要求自己，以"三个一点"找准工作切入点，以"三个适度"为原则与人相处，在工作中处理好4种关系等，都足以令听众信服。

· 第三章 ·

组织、人事工作岗位

组织工作理论知识

组织工作的概念

组织工作是指一个团体在确立了某一个目标以后，把促进该目标的实现所必需的各项业务活动加以分类组合，根据管理宽度原则，划分出不同的管理层次和部门，将监督各活动所必需的职权授予各层次、各部门的主管人员，然后规定出这些层次和部门间的相互配合关系。在建立了这个有利于组织成员协作、发挥各自才能的工作环境后，尽可能地避免因工作而引起的各种矛盾，从而提高组织成员的工作效率，加快实现目标的进程。

党的组织工作是指按照党的建设的总体要求，以领导班子建设、干部队伍建设、人才队伍建设、党的基层组织建设和党员队伍建设为主要内容的全部实践活动，是党的建设的重要组成部分。

党的组织工作是实现党的领导的重要途径，是党的执政能力建设和先进性建设的重要组成部分，也是党全部工作的基础。党的组织工作既和党的组织建设直接相关，又和党的思想建设、作风建设、制度建设有着不可分割的联系。

党的组织部门设置：中共中央组织部、地方党委组织部和党的各级基层委员会组织部门。

组工干部的概念

组工干部是对国家、政府各级组织部门从事组织工作的干部的简称，是从事党的组织工作的主体。

组工干部的职责是贯彻执行党的政治路线,抓好党的各级组织的建立健全和党员队伍建设、干部队伍建设、各级领导班子建设。

组工干部的工作任务是:

1. 认真为党的政治路线、党委、广大干部、党员服务。

2. 按照党在各个不同时期、不同阶段的政治路线和组织路线的要求,及时向党委提出调整所属领导班子、加强党组织建设的建议,提出加强干部队伍建设的规划,培养、使用干部的措施和方案等。

3. 认真、坚决执行经党委讨论决定后的关于党的建设和干部工作的重大问题。

4. 根据党中央和本级党委的指示与意图,加强对党的组织成分、组织形式、组织制度的管理。

5. 指导对所属单位的党组织建设,及其整个干部工作的计划与指导。

党组织工作的职责

党的组织工作主要包括干部工作和党的组织建设工作。

干部工作包括领导班子建设和干部的教育培养、选拔任用、监督管理、考察考核、调配任免以及老干部工作等。

党的组织建设工作包括发展党员、党员教育培训、党的基层组织建设和各级组织建设、党风党纪、党的民主集中制以及党在新的历史时期的思想工作、干部工作的各种问题和情况的研究解决。

党的组织工作主要包括以下内容:

1. 根据党的路线、方针、政策和党委的批示、决议,调查研究有关党的组织工作方面的方针和政策,并结合本地区、本单位、本部门的实际,提出党的组织路线的具体措施,经党委审查批准后,并认真贯彻执行。

2. 考察了解本级党委管理的领导班子和领导干部,提出调整配备的意见和建议;开展领导班子的思想作风建设工作,并做好干部的培训工作,提高干部队伍的素质;负责办理本级党委向本级人大、政协推荐干部的工作;办理本级党委管理干部的任免、审批手续;承办干部调配、交流及安置事宜。

3. 检查督促下级党组织贯彻执行民主集中制组织原则、坚持集体领导和组织生活的情况,总结介绍工作经验并提出改进意见和措施,向上级党委作出报告。

按照革命化、年轻化、知识化和专业化的要求，调整、配备建设各级领导班子。制定干部队伍发展规划，建设后备干部队伍，选拔、培养、指导和管理年轻干部。

4.根据中央的有关规定积极协同有关部门做好离退休干部的管理、安置和照顾的工作，充分发挥他们的积极作用。

5.落实干部政策和知识分子政策，开展干部的审查工作。

6.负责干部和党员统计，管理干部和文书档案。

7.受理党员干部的来信来访。

8.配合党的纪委检察机关，搞好端正党风的工作。

党组织工作的作用

1.指导作用：党的组织工作对下级党委、基层党组织贯彻执行党的基本路线、上级党委的指示和决议、民主集中制方面；对广大党员在思想、组织、作风建设方面；对所属组织部门在履行组织工作职责、提高组织干部的素质方面；对国家机关、群众团体的工作方面，都具有指导作用。

2.保证作用：党的组织工作必须贯彻党的政治路线并确保党的政治任务的完成。在有了一条正确的政治路线，并且确定了相应的组织路线以后，党的组织工作发挥着关键性的保证作用。

3.管理作用：组织工作根据党的政治路线和政治任务，依据党的章程和管理原则、制度、体制、形式等，通过管理活动，把党组织建设成为坚强的领导核心。因此，党的组织工作对党组织、群众组织和政治工作机构等具有重要的管理作用。

4.监督作用：既包括对党的工作和自身建设的监督，也包括对国家政府机关、企事业单位坚持四项基本原则和正确的政治方向，认真贯彻执行党的路线方针政策和国家法律法令的监督。

5.调控作用：党的组织工作对组织内外交流、联系、传递信息以及各种人员、各个部门、各种组织环节进行科学调控，以充分发挥整体效能，实现组织目标的作用。

6.凝聚作用：党的组织工作按照一定宗旨、原则和形式，把无产阶级先进分子组织起来，形成革命的中坚，团结、组织和率领群众为实现党的总路线和总任务而奋斗。

7.决策作用：党的组织工作的重要职责之一，保证党组织决策的正确性，因此党的组织工作对党领导的工作有决策作用。

怎样做好组织工作

1.在新的社会历史条件下，深入贯彻落实科学发展观，充分理解其科学内涵、精神实质和基本要求。坚持以科学发展观为党的组织工作的重要指导方针，深刻认识组织工作中心任务的客观性和阶段性。并按照科学发展观的要求来审视组织工作，转变对组织工作的科学发展有影响和制约的思想观念，解决组织工作中存在着的不适应、不符合科学发展的各类问题，探索建立一个更有活力和效率，同时更有利于科学发展的组织工作体制机制。

2.以党的路线、方针、政策和党委的批示、决议为依据，调查研究有关党的组织工作方面的方针和政策，并且结合本地区、本单位、本部门的实际情况，提出具体措施，经党委审查批准后，加以认真地贯彻和执行。

3.健全领导体制，改善领导方式和执政方式，改进领导班子的思想作风，提高领导干部执政能力和素质。把学习实践活动与对领导班子和干部队伍的思想政治建设相结合，在学习实践活动中培养、锻炼和考察领导干部。可以组织和安排年轻干部下基层、到生产一线去经受锻炼，引导和组织高校毕业生到农村、企业、社区去接受锻炼，加强从基层和生产一线选拔优秀干部充实各级党政机关的工作。以革命化、年轻化、知识化和专业化为要求，调整、配备各级领导班子。

4.认真贯彻执行党的干部路线和政策，深化改革干部制度，严格搞好干部管理，坚持党管干部原则。

5.加强干部的考察了解，坚持德才兼备、以德为先的标准，坚持民主、公开、竞争、择优，形成科学的干部选拔任用机制，对其合理调配和使用。完善公开选拔、竞争上岗、差额选举办法，规范干部任用提名制度，完善干部考核评价体系，坚持和完善领导干部问责制，促使干部认真负责、正确履行职责、公正运用权力。

6.加强对干部的培训工作，提高各级领导干部的马克思主义理论素质和现代科学文化知识水平，增强他们统筹国内国际两个大局，推动科学发展、促进社会和谐，总揽全局、应对复杂局面的能力和治党管党、解决自身问题的能力。

7.加强党内民主建设，回应党员、干部和人民群众的新期待，提高人民群众对组织工作的满意度，扩大干部工作的民主，增强民主推荐、测评的科学性和真实性。并积极探索扩大干部工作民主的新途径和形式。以扩大党内民主带动人民民主，以增进党内和谐促进社会和谐。

8. 协同有关部门做好离退休干部的管理、安置和照顾工作，继续充分发挥他们的积极作用。建立健全党内激励、关怀、帮扶机制，关心和爱护基层干部、老党员、生活困难党员。注重解决基层组织的经费保障和活动场所建设等问题。

9. 自觉接受人民群众的监督，建立健全组织工作群众满意度定期调查制度，使组织工作更加开放、透明。

10. 将改革创新组织工作的着力点放在群众关注的热点、难点问题上，大胆探索、攻坚克难。

11. 提高基层党组织的战斗力。特别加强以国有企业和农村为重点的党的基层组织建设。

人事工作理论知识

人事工作的概念

人事工作是指对人力资源的开发及对各项具体人事项目的管理。规定机关单位各部门机构人员的职责、任务和方向，并采用先进的思想观念指示机关员工怎样做好各项工作。

在机关单位中，人事工作起到非常重要的作用：

助手和参谋作用。在人事政策，人事关系等问题上，为领导提供建议，成为领导的好助手和好帮手。

服务者和监督者。为机关和企事业单位发展以及职工生活等提供服务；对各部门的劳动与人事工作进行检查，并对违反者进行相应的处罚。

自律者和示范者。该部门和人员是管理制度的制定者和执行者，因此要严于律己。

人事工作的职责

1. 负责机关系统的人事和机构编制管理工作。

2. 负责领导班子的组织、思想作风建设，负责领导班子的考察、任免和后备干部队伍建设。

3. 负责机关单位的人事管理工作。

4. 负责机关单位人员的考核工作。

5. 负责机关单位干部职工的工资福利工作。

6. 负责机关单位党支部的党建工作。

7. 负责机关单位人员的奖惩工作。

8. 负责机关单位人员退休手续的审核审批工作。

9. 负责机关单位人员的年度考核、养老保险、医疗保险等工作。

10. 负责机关单位人事档案的管理工作。

11. 完成局领导交办的其他工作和教育系统中心工作。

怎样做好人事工作

1. 全面贯彻实施公务员法，加强公务员队伍建设：强化年度考核，抓作风建设；严格按照"公平、公正、公开"的原则，严把公务员入口关；认真组织开展每年公务员公开考试录用工作；强化综合管理，做好人事调配。

2. 综合管理，建设专业技术人才队伍。

3. 严格执行政策，落实对工作人员的各项待遇。

4. 完善人事争议仲裁，加强人才市场建设。

5. 转变干部工作作风，加强自身及队伍建设。

组织、人事工作竞聘演讲词案例

竞聘省政府老干部办公室主任

各位领导、同志们：

大家好！

首先感谢各级领导及考评小组给我这次答辩竞争机会。参与竞争老干办主任，这是我有生以来的第一次。这种机会带给我的是一种使命、一种责任、一种压力，不管我竞争能否成功，它都是我人生中一次最好的学习机会，将给我留下永远的记忆。

1.我为什么报名竞争该职位,有什么优势和不足。

(1)按政策,我可以提前退休,而我今天为什么要竞争这个职位呢?我绝不是为了升级而升级,也不是看中这个职位本身的价值,而是看中这份崇高的事业。因为中国的老龄时代已经到来,我热爱老龄事业,对老干部工作情有独钟,能为老年人做点贡献,是我一生中的最大愿望。我有做好老干部办公室工作的决心和信心,我会把需要别人给我的那份关爱献给老龄事业。

(2)我的人生经历和我多年工作的实践经验,使我积累了一种社会责任感,造就了尊老爱幼、尊老敬贤、敬重长辈、吃苦耐劳、乐于奉献、勇于拼搏的进取精神。

(3)我虽然没有做过专职老干部工作,但由于我对老干部工作的一种追求和向往,加之我多年分管工作的性质与老干部工作的一致,自然对老干部工作有所关注和接触,因此,我对老干部工作的有关政策、待遇规定有一定的了解,而凭我多年实践工作经验的总结,我具备一定的组织协调能力,能在较短的时间内适应、熟悉、胜任老干部工作。

我的优势有:

(1)我符合此次党组要求的所有竞争条件。

(2)我任副处职务18年,具有多年的实践工作经验,具备一定的组织、管理、协调能力。

(3)我本人一贯能吃苦耐劳、身先士卒,既能组织指挥,又能身体力行,工作作风扎实,讲求办事效率,善于做人的工作,善于团结同志,谦虚谨慎,对工作干一行、爱一行、专一行,所以,我认为我适合这个岗位,能够胜任这份工作。

我的弱点是:个性较强,性格刚直,原则性强,灵活性差。这些弱点和缺点是我在今后工作中必须要认真克服和解决的,也希望领导和同志们经常给予教育和帮助。

2.怎样才能当好该处(室)领导。

(1)当好老干部办公室主任,我认为首先要做好老干部办公室全体人员的团结工作,形成一盘棋,拧成一股绳,做到心往一处想,劲往一处使,从团结的愿望出发,弘扬正气,打击邪气,做到大事讲原则,小事讲风格,容人之短,用人之长。充分发挥各自的主观能动性和想象力,关心他们的成长、进步。要求别人不做的,自己首先不做,要求别人做的,自己首先做到。团结出凝聚力,团结出干劲，团结出效率。只要本室的团结工作做好了，就能把全部身心和精力投入到为老干部的服务之中。

（2）做好组织协调工作，加强纵向、横向联系。纵向主要是与省委老干局保持密切联系，多请示汇报，及时将上级对老干部工作的有关方针、政策进行传达贯彻，认真落实，上情下达，下情上报，及时沟通。横向主要是与各委、办厅（局）取得联系，交流经验，增进友谊，取长补短，改进工作，提高服务质量，同时还要争取本局领导及各处室对老干部工作的支持，达成共识。

（3）做耐心细致的思想政治工作，把问题解决在萌芽状态之中。作为主任不仅要做好本室人员的思想工作，经常交心谈心，沟通思想，及时掌握每个同志的思想状况，定期或不定期地召开室务会，讲评工作，通报情况，提出各个时期阶段的中心工作及要求。而且还要经常深入老干部家中，了解思想反映、健康情况、生活需求、意见或建议等。只有亲近他们，才能了解他们，只有了解他们，才能对症下药，为老干部排忧解难，做到事事有回音，件件有着落，急老干部所急，想老干部所想，帮老干部所需。

（4）加强学习，掌握政策，提高自身的政治素质和文化修养。首先自己必须善于学习，除了认真学习马列主义、毛泽东思想、邓小平理论外，还应认真学习江总书记对老干部工作的重要指示，认真学习党和国家对老干部工作的方针、政策，学习老年工作先进经验及相关知识，提高老龄工作水平，提高自身的业务素质。老龄工作政策性强，把握好执行老干部政策的尺度，直接关系到老干部的切身利益。因此，处室领导"讲学习"应该是第一位的，掌握好政策是关系到为老干部服务好坏的关键。其次就是培养本室工作人员爱岗敬业、乐于奉献的精神，以强烈的事业心、责任感去实现自己的工作目标，虚心学习，耐心服务，爱心奉献做到对老同志生活上关心，感情上体贴，行动上敬仰。

做到了以上各点，我坚信一定能够带领全处人员把老干部工作做好。除此，我还要做到以下几点：

1. 整个老干部工作的管理过程就是一个"服务"的过程，因此，树立"服务第一"的思想、提高服务质量是搞好老干部工作的根本，所以，我要在老干部的服务上具体化，体现一个"实"字和一个"细"字。"实"就是办实事，办好事；"细"就是细心、周到，结合老年人年龄层次想法不一样、健康不一样、家庭不一样的特点，开展上门服务，电话服务，优先服务，使服务质量在原有基础上上一个新台阶。

2.还要建章立制，区分责任，实行双层管理。按照各级党委、政府有关离退休工作的方针、政策，并依据离退休干部统一管理、待遇分开的原则，结合粮食局实际制定具体的实施管理办法，建立和完善各项政策制度，明确任务，区分责任。按老干部住区地点多、分散、年龄层次差异大、健康情况不同等具体情况，合并区分同类项，分片、分点、分层次、分单位包干重点负责，重点走访，并建立个人家庭、健康档案，对老干部的情况做到了如指掌，并把对老干部的家访、慰问、住院看望、丧事、后事处理形成制度，实行跟踪服务。我要视老年人为父母，视老干部为亲人，把老干部办公室建成真正的老年人之家，把老干部办公室每一位公务员培养成老干部的贴心人，并通过我们的努力把各级领导、组织对老干部的关怀、温暖送给每一个家庭、每一位老同志。

3.开展好老年人的文化生活娱乐活动，丰富老年人的精神文化生活。根据老年人的健康状况、精神需求，组织好老年人的健身活动和娱乐活动，在原有基础上完善老年人活动室，逐步以室为点，以点带面，把活动室扩大为活动之家或活动中心，增扩活动场所，增加健身活动设施，组织好各种参赛比赛，让老年人真正体会到"老有所养、老有所乐"，安度晚年。

我再次感谢各级领导、组织给我的竞争机会，通过今天的考评，如果我能实现我的愿望，我将尽我所能，不负众望，有所作为，不辱使命，有所创新，以科学的态度、求实的精神开拓进取，把我有限的精力投入到无限的为老干部的服务之中。

如果竞争不成功，我也绝不会背包袱，而做到心平气顺，正确对待，轻装前进。

点评

这篇演讲词没有通常竞聘演讲所体现出的那种紧张气氛和竞争意识，而是通篇展现了演讲者对于老干部工作的热爱和自己为老龄事业继续奉献的决心。因为作者是"按政策，可以提前退休"的老干部，作者在阐述自身优点时只用了较短的篇幅，并且毫不避讳谈自己的缺点和不足，使听众能够全方位地了解候选人。接下来，作者用较大的篇幅来阐述自己对于老干部办公室的工作设想和对于服务意识的强调，从宏观到微观，从思想政治学习到对老干部生活的照顾，充分体现了演讲者对这份没有刻意竞争却足够胜任的工作的热爱。

竞聘省广播电视局人事处处长职位

各位领导、各位同事：

大家好！

根据局机关竞争上岗、双向选择实施办法的规定，我符合竞争处级领导职位的条件。经过认真思考，我决定参加局人事处处长职位的竞争。我主要从以下 3 方面向各位汇报。

1. 工作经历：

我叫 ×××，1963 年 8 月参加工作，1968 年 3 月加入中国共产党，1969 年 3 月从部队退役安排到本局工作，先后在一分台、机关党委、纪检组、人事处等部门工作。其中，在人事处工作时间较长，1988 年 8 月调入人事处，自 1993 年 2 月担任副处长至今。我没有诱人的经历，也没有辉煌的业绩，作为一名普通的人事干部，12 年来，在人事工作这块园地里默默地耕耘，尽了自己应尽的义务，做了自己应做的工作。

2. 我竞职的条件：

（1）比较熟悉组织人事工作。我参加工作 30 多年，大部分时间都是在广电系统度过的，对局里的情况比较熟悉，有十几年组织人事工作的实践。具体分管人事调配、机构编制、职工教育等工作。熟知人事工作方面的方针、政策、法规、办事程序和方法。与上下业务部门建立了良好的工作关系，工作条件比较有利。

（2）自觉坚持学习，严格要求自己。人事工作政策性强，涉及面广，各项工作与广大干部职工切身利益息息相关，做好这项工作必须不断提高自己的政治素质和业务素质。我在十几年的人事工作中，坚持学习，钻研业务，深刻理解党在干部人事工作方面的方针、政策。避免工作上的失误，减少工作中的偏差。工作中严格要求自己，自觉遵守各项人事政策，坚持原则，处世公正，不徇私情，不谋私利。从我任调配干事到副处长，经我办理和参与研究的人事调动、复退军人安置、大中专毕业生分配达数百人，从未利用工作之便为自己及亲友走过后门，谋过私利。

（3）尊重领导，团结同志。我在尊重领导、团结同志方面做得比较好。不仅尊重局、处领导，也尊重上级业务部门的领导和局属各单位的领导。对领导交办的工作，不论分内分外都能愉快接受，认真负责地去完成。在团结同志方面，更

多地表现在与分管工作对口的上下级部门之间，工作上互相理解，互相支持，互相帮助，商量办事，从不闹无原则纠纷。

（4）有一定的组织能力和文字能力。在文字工作方面，这些年在领导和同志们的帮助下，有了较大提高。1994年以来曾先后代局党组、局领导起草过一些重要文稿，如：《××省广播电视厅职能配置、内设机构和人员编制方案》《××省广播电视厅关于推行公务员制度实施意见》，今年又主持制定了《××省广播电视局职能配置、内设机构和人员编制规定》等。

在日常工作中，协助处长制定并组织实施有关人事调配、机构编制、干部培训的规划和方案。比如，在干部培训方面制定了《"九五"期间全省广播电视系统干部培训规划》，并先后组织举办了六期全省广电系统管理干部培训班，培训人数322人，七期全省广电系统播音员、主持人普通话水平培训测试班，培训测试502人。

3. 工作打算和设想：

根据人事工作的特点，做到"四个坚持"，抓好"三项工作"。

做到"四个坚持"：

（1）坚持党性原则。在工作中自觉坚持以马克思主义、毛泽东思想和邓小平理论为指导，坚持四项基本原则，在思想上、政治上同党中央保持高度一致，为广播电视改革和发展服务，为基层和群众排忧解难。

（2）坚持高尚的职业道德。在工作中虚心接受领导和干部、职工的监督，切实做到公道正派，诚恳待人，尊重知识、尊重人才，做广大干部、职工的贴心人。

（3）坚持改革创新。在工作中自觉坚持实事求是的思想路线，解放思想、更新观念，按照实际情况确定工作思路，制订工作方案，创造性地开展工作。

（4）坚持不断提高自身的综合素质。在"讲学习、讲政治、讲正气"中，不断提高自己的思想政治素质和业务素质。严格按照新时期用人标准，选人用人。努力做到"知人善用、人尽其才、才尽其用"，为广播电视的改革和发展提供组织的人才保证。

抓好"三项工作"：

（1）按照"改革、发展、稳定"的要求，转变机关职能，简政放权，提高效率。机构改革后，人事处人员少、任务重的矛盾必然突出，这就要求我们必须转变职能、转变工作方式、转变工作作风，把人事工作的重点转移到从宏观上规划、指导、协调、监督和服务上来。加强内部管理，建立健全工作制度，对人员进行优化组合，合理分工，严格制定岗位职责，使每个同志都明确自己的工作任务和目标，各司其职、各尽其责，以充分调动每个同志的积极性。

（2）努力做好人事服务工作。人事部门如何为广播电视改革和发展服务，我认为关键是选好人、用好人的问题。今后广播电视行业将被列为第三产业加快发展的重点行业之一。面对新情况，广播电视工作既要按照市场经济规律运行，又要坚持做党和政府的喉舌，坚持社会主义精神文明建设阵地的性质。根据这一特点，在各级领导班子建设上，就要选拔既懂宣传、又懂经济的同志走上领导岗位，只有这样才能保证广播电视在将来的社会发展和行业竞争中赢得主动。在日常工作中，牢固树立为基层服务的思想，例如，在人才流动、干部人事调配、职称评聘、专业技术人员管理等方面的政策制定都要体现为基层服务的思想，从有利于基层的改革和发展来考虑问题，真正为基层排忧解难。

（3）为干部职工多干实事、多办好事。比如，群众反映较多的子女就业问题，局党组、局领导对此非常重视，人事部门也尽了很大努力，每年都尽力安排一些子女到局里就业。但毕竟我局能力有限，还远不能满足群众的要求。为解决这些问题，下一步有两点考虑：

①有可能时，把要求到局工作的职工子女集中起来进行培训，然后根据工作需要，择优向局属单位推荐。

②更多的是，积极主动地与省、市劳动就业部门、人才交流部门加强联系，为职工子女提供就业信息、创造就业机会，帮助他们找到适合自己发挥的事业空间。

回顾这些年的工作，我认为自己身上还存在着不少弱点和不足。比如，工作中有时显得谨小慎微，放不开手脚，不同程度存在着按条文、规定办事，创新精神不够，离新形势的要求还有不小差距，今后还希望得到各位领导和同志的指导、帮助。

我的演说完了。谢谢大家！

点评

人事处的岗位就是为机关单位人事工作服务的岗位，岗位最突出的特征是组织和服务。本文作者在演讲词中没有过多渲染自己的业绩和优势，而是着重强调了"服务"的职能："努力做好人事服务工作"，"为干部职工多干实事、多办好事"。具体阐述为"把要求到局工作的职工子女集中起来进行培训""为职工

子女提供就业信息、建筑就业机会"，对干部职工这样细致入微的人事服务政策必然会赢得听众手中的一票。由此可见，在演讲词中，慷慨激昂并不是唯一的表达方式，务实求真才是制胜法宝。

竞聘省委组织部干部综合调配处副处长

各位领导、同志们：

大家好！

今天，能参加综合调配处副处长岗位的竞争，我的心情十分激动，首先，感谢组织的关心和爱护。

几天来，我一直在衡量着自己，回顾和审视自己的经历和能力，思考着一旦走上讲台，如果能得到组织的信任，将如何履行好职责。在我的人生经历中，军旅生活占了近三分之二，我1979年入伍，从战士、学员到技术员，后来调到部队政治机关，从事军队理论教育和干部文化教育工作，由于工作成绩显著荣获过军区干部文化教育先进工作者称号，荣立过三等功一次。

1992年转业地方时，被安排在省委组织部工作，虽然我在部队从事的也是政治工作，但在组织工作战线上，自己却是一名"新兵"，如何尽快成长为一名合格的组织工作者，是摆在我面前的一个重要课题。因此，我努力学习组织工作的有关方针、政策、基本理论和基本知识。几年来，在领导和同志们的关心、支持和帮助下，通过学习，使我清醒地认识到，要确保党的基本路线、基本纲领的全面贯彻，确保改革开放和现代化建设的顺利进行，确保跨世纪发展目标的实现和国家的长治久安，必须坚持以马列主义、毛泽东思想、邓小平理论，以早日实现中国梦为指导，努力加强党的思想、组织和作风建设，不断提高党的凝聚力和战斗力。从事组织工作的同志肩负着光荣而艰巨的使命，作为个人，只有融入这一光荣的事业中，才能有所作为，为此，自己注意虚心地向同志们学习，在同志们的成功经验中汲取营养，努力工作和实践。几年中，先后参加了市第七次党代表大会的筹备和会议期间的工作以及1993年、1998年县（市）区党代表大会的审批、指导工作，较好地完成了所承担的任务。在日常工作中，较好地完成了各类文件、调研报告及其他材料的起草、修改等文字工作，同时，在工作中注意总结，逐步完善，使自己较全面地熟悉了组织工作的有关政策、程序，在同志们的帮助下，业务能力、工作水平有了较大的提高。近年来，我多次到基层开展工作，1995 年参加企业调研，担任油漆总厂调研小组长，1998 年到 ×× 开展"支教扶贫"工作。在工作中能够贯彻党的路线、方针、政策，能够把所学到的知识和经验运用到实践中，按上级的指示精神，认真履行好职责。尤其是 1998 年到 ×× 开展"支教扶贫"工作，在县支教办担负支教扶贫工作的综合协调和管理，与支教办的同志一道深入调查研究，在总结以往支教工作的经验基础上，提出了"把握一个中心，着力于三个提高"的工作思路，收到了较好的效果。为了充分宣传支教工作，还组织拍摄了电视专题片《深山中的支教者》，多次在省台二套节目中播出。通过基层工作的实践，自己在宏观思维、综合协调、组织领导等方面得到了很大的锻炼和提高。

今天，我走上讲台接受组织的挑选和考察，如承蒙组织和同志们的信任，我决不辜负同志们的期望。我将在部委的统一领导下，积极协助处长，完成部委交办的各项任务和处室的工作目标，认真履行好职责；坚持"讲学习、讲政治、讲正气"，不断提高思想政治素质和理论水平；努力学习马列主义、毛泽东思想和邓小平理论，努力实践中华民族的伟大复兴；坚定理想、信念，自觉贯彻党的基本理论、基本路线和基本方针，做到廉洁自律，公道正派，严格遵守干部人事工作纪律，自觉接受群众的监督。

干部综合调配处的工作专业性及政策性强，具备专门的业务知识和较高的政策水平，是搞好这项工作的前提和基础。在今后工作中我将进一步加强干部工作业务的学习，虚心向同志们请教，努力实践，全面掌握干部工作的业务知识，努力做到"三个熟悉"，即熟悉全面工作、熟悉各项政策的具体规定和各种程序、熟悉干部的情况，努力提高正确执行党的干部路线、方针、政策的能力。在今后的工作中，我将严格做到以下几点：

1. 摆正位置，当好处长的助手。按照"政治坚强，作风正派，业务精通，工作出色"的要求，协助处长加强处内建设，全方位搞好服务。

2. 协助和配合处长做好各项工作，以心齐、气顺、劲足为宗旨，与同志们携手共创一个团结、和谐的工作环境。

3. 牢固树立为基层服务的思想，全心全意为人民服务。树立服务意识，提高服务本领、讲究工作质量和效率，树立良好的窗口形象，让基层、让干部、让群众满意。

4. 充分发挥主观能动性，以求实创新的精神完成好部委和处长交办的各项任务。严格按政策、规定、程序和时限搞好有关干部工资上报、工资变动审批；完善审批程序，以手续从简、方便基层为原则，做好政审工作；按照中央和省市委有关精神做好县以上非领导职务的设置工作；按机构改革的总体部署，做好党群系统科以下干部职务序列的审批；在"推公"、参照管理办公室的工作中，按照建立一支优化、精干、高效、廉洁的机关干部队伍的目标，加强完善干部考核，在推行竞争上岗、建立能上能下、能进能出的机制方面调查研究，并借鉴外地的先进经验，加强工作指导；在军队团以上转业干部、随调随迁家属的安置上，按照有关政策，坚持公平、公开、公正的原则，做好安置工作；加强全市干部档案的宏观管理、市管干部档案的管理以及全市干部综合统计、组织人事信息工作，充分发挥作用，为组织、干部工作服务。

如果我在这次竞争上岗中落选，说明自己离组织的要求和同志们的期望还有一定的距离，我将努力学习、勤奋工作、加强锻炼，一如既往地履行好自己的职责。

 点评

由于作者在所竞争的组织工作战线上还是一名"新兵"，所以这篇竞争演讲词写的中规中矩，措词严谨。由于作者新人的背景，所以如果想让听众信服，必须一方面谦虚谨慎、善于学习，另一方面尽力展示自己在以往与人事工作相关的工作经历中，为人事工作打下了一定的基础，具有相关的工作经验。在努力学习、充实自己方面，作者汇报了自己学习政治理论思想的情况，在工作经验方面，作者列举了在市第七次党代表大会的筹备和会议期间的工作以及县（市）区党代表大会的审批、指导工作，借以表明自己具备做好人事工作的潜质，给一名初涉人事工作的公务员增分不少。

竞聘市人事局公务员管理科科长

尊敬的各位领导、各位评委、同事们：

大家好！

我们正生活在一个技术、资本、商品和人员越来越自由流动的世界，加入世贸组织，标志着我国真正融入无国界的经济世界，人才竞争必将越来越激烈。如何面对和利用入世带来的机遇和挑战，这是摆在我们每位人事工作者面前的一项重大课题。古人云：凡事预则立，不预则废。作为一名人事工作者，应该走在时代的前列，主动迎接时代的挑战，立足本职，奋发有为，努力实现自己的人生价值。

光阴似箭，一晃我到了而立之年与不惑之年之间。回首我从事干部人事工作的十余年，艰苦的军旅生涯，是我进入干部人事工作的第一站，是部队这所大熔炉让我磨炼了意志、锤炼了品性、培养了作风、提高了素质、熟悉了干部人事业务。我曾先后两次荣立个人三等功，获得 8 次嘉奖，6 次被评为优秀共产党员。

由于业务对口，我很荣幸地转业到市人事局工作。我十分珍惜这个工作，始终坚持在实践中成长，在实践中成熟，在实践中提高，不断地丰富和完善自我。在法规科工作期间，因工作要求必须了解和掌握全面的人事工作，这样，我向各位领导和同志们请教学习的机会就较多，在各位的言传身教、耐心帮助和工作压力下，我很快就进入了角色，融入人事局这个大集体之中，我的人事政策业务水平因此也有了加速的提高。我曾先后撰写了《谱写人事管理新篇章》《加大整体性人才资源开发，迎接知识经济时代的到来》等理论文章，分别在书报上刊登。

负责公务员考试管理工作以来，在有关领导的重视和指导下，以及有关科室的大力支持下，不墨守成规，勇于创新，动脑筋，想办法，不等不靠，主动工作，克服各种困难，健全制度，规范管理，建起了市直机关公务员考试数据库，下发了 9 个公务员考试管理文件，受到了省厅的肯定和好评，并在全省公务员考试管理工作会议上交流了做法。这次机构改革，我又有幸参与了一系列政策文件的拟定全过程，这是对我人事政策法规的运用能力的一次全面锻炼和提高，特别是公务员考试数据库快捷测算分析人员年龄、学历、任职时间、工作年限，为领导科学决策提供了准确可靠的依据。

生长与变化是一切生命的法则，昨日的答案不适用于今日的问题——正如今天的方法不能解决明天的需求一样。

今天我竞争的是科长职位，职位意味着责任和义务。由于我现在从事的是公务员考试管理工作，所以假若我是公务员考试管理科科长，我的工作目标是：按照建设高素质专业化公务员考试队伍的总要求和这次机构改革后政府职能是服务的定位，着力在竞争激励上下功夫，在高素质专业化方面做文章，在管理服务上求实效，努力建设一支人民满意的精干、廉洁、高效的公务员考试队伍，更好地为我市经济论文建设和社会发展服务。

为实现这一工作目标，我的主要工作思路是"2323"，就是创新两个办法，强化三个机制，完善两个监督，凝聚三方面力量。

1. 创新两个办法。就是创新公务员考试管理办法，着力在公务员考试管理规范化、科学化、制度化上有新的突破。也就是在现有的公务员考试管理基础上，采用先进的管理手段，建起公务员考试微机管理系统和档案管理系统，使我市公务员考试进、管、出三个环节的管理更加有序、科学规范。

2. 强化三个机制。就是强化公务员考试竞争激励机制、新陈代谢机制和廉政约束机制，着力在公务员考试能上能下、能进能出方面有新的进展。一是在抓好考录、考核、奖惩等制度的基础上，大力推行竞争上岗，使竞争上岗成为公务员考试职务晋升的主要形式；二是在抓好执行辞职辞退等制度外，积极推行末位警示制、末位淘汰制，积极探索部分职位的聘用制；三是在抓好公务员考试义务与权利、惩戒、轮岗、回避、申诉控告等制度的同时，重点抓好公务员考试队伍纪律行为规范的实施，从政治立场、勤政廉政、职业道德和依法行政等方面规范公务员考试的行为，树立我市公务员考试的新形象。

3. 完善两个监督。就是完善公务员考试管理内外监督，着力在民主监督方面取得新的起色。一是扩大公务员考试管理的公开性、透明性，做到制度公开、程序与条件公开、结果公开，把管理工作置于广大公务员考试和社会各界的公开监督之下，提高公务员考试管理的民主程度和公正性。二是建立执法检查制度，定期不定期地对各行政机关公务员考试制度运行情况进行监督检查，发现问题，及时督促改进，坚决维护公务员考试法规的严肃性。

4. 凝聚三方面力量。就是凝聚与领导、与相关科室、与同事的力量，着力在发挥最佳工作效能上有新的提高。一是在工作思路上要与领导搞好应接，发挥助手作用。做到组织上服从而不盲从，奉命而不唯命，善上而不唯上；工作上主动而不盲动，当助手而不甩手，融合而不迎合；思想上尊重领导，帮助领导排忧解难。二是在整体联动上要与相关科室搞好对接，树立整体分合观念。做到科室职责上分，思想上合；制度上分，关系上合；工作上分，目标上合，互相替补，平等相处，全局一盘棋，达到整体联动的效果。三是在实际工作中要与同事搞好连接，营造良好氛围。做到率先垂范，严于律己，处世公道，诚恳待人，多一分理解，多一分谅解，多一分宽容，多一分信任；尊重同事，关心同事，设身处地为同事着想，和大家一起愉快工作。

各位领导、各位评委、各位同仁，我深知，人事部门科长职位担子的沉重，特别是公务员考试管理科科长职位，责任更大、要求更高。但是，我坚信，只要心里始终装着事业，有公仆观念、群众观点，全力尽为民之责，就一定会使我市公务员考试管理工作上台阶、上水平、上档次。如果我这次竞岗成功，这是大家的厚爱和鼓励，我一定以踏实的工作作风、求实的工作态度、进取的工作精神，恪尽职守，履行职责，以实际行动履行自己的诺言。如果我竞岗落选，说明我还有差距，但我决不气馁。因为从事何种工作岗位并不重要，重要的是如何对待工作，如何在岗位上发掘美的闪光点。我将一如既往，在局党组的领导下，与各位同仁一道，同心同德，努力拼搏，共同谱写 ×× 人事事业新篇章。

　　作者是军人出身，所以具有宏观看世界的眼光。开篇没有急于介绍自己、感谢大家，而是似乎说了一个不相关的话题："我们正生活在一个技术、资本、商品和人员越来越自由流动的世界。"这样胸怀天下、着眼大局的干部立刻赢得大家的信任感。作者具有感性看世界的眼光："生长与变化是一切生命的法则，昨日的答案不适用于今日的问题——正如今天的方法不能解决明天的需求一样"；同时在对未来的计划中又不缺乏理性规划，提出了"2323"的工作思路：创新两个办法，强化三个机制，完善两个监督，凝聚三方面力量。这样具备全方位、综合素质的干部正是群众所需要的。

竞聘县国有资产监督委员会（简称"国资委"）组织人事科科长

各位领导，各位同事：

　　大家好！

　　我县委这次科室正职竞岗，是优化干部队伍结构，合理配置人才资源，增强机关活力，提高行政效能的一项重要举措。非常感谢国资委党委和委领导给予我们参与竞争、施展才能的机会。对我来说，参加这次竞争上岗，既是机遇，也是挑战。通过这次竞岗，使大家对我的能力和表现有个全面的了解，并在此接受领导和同志们的挑选，也请大家多多指点和批评。

　　在汇报之前，我首先向大家简单介绍一下自己的主要经历和工作情况。我1968 年 1 月出生，瑶族，大学本科学历，中国共产党党员。1989 年从 ×× 农学院植保专业毕业分配到 ×× 县农业局工作，×××× 年 × 月在农业部进修 3 个月。1994 年 3 月调入县委组织部工作至今年 4 月，在这 11 年里，在干部室工作

5年，组织室工作5年，机关工委工作1年。在加入我们这个大家庭之前，我的职务是××市直机关工委书记，兼组织部组织室主任。

今天，我竞争的岗位是组织人事科科长。

1. 我想谈谈对该职位的认识：

（1）必须充分认识该职位的工作职责和任务。组织人事科对内是负责机关干部的调整配备、年度考核、奖惩晋升、机构编制、劳动工资、教育培训、人事档案、出国政审、社会保险等工作；负责党风廉政和机关党务等工作；负责离退休老干部的管理和其政治、生活待遇落实等工作；以及县委领导交办的其他工作。对外，就是做好分局领导班子建设和分局党的建设工作。具体来说，就是认真贯彻执行党的干部路线和干部政策，坚持"党管干部、党管人才"的原则，加强分局经营管理人才队伍建设，做好监管分局领导干部的选拔、考察、任免、交流、奖惩工作，加强对监管分局其他干部的宏观管理和指导及监督检查工作；加强分局领导班子和领导干部思想政治建设。在纪委领导下，检查督促分局党员和干部特别是领导干部搞好党风廉政建设；抓好分局干部教育培训工作，切实提高分局干部的思想政治素质和业务素质；抓好分局党的基层组织建设，指导分局党组织做好入党积极分子的培养和党员发展工作，加强党员的教育管理和党员电化教育工作；协同有关部门搞好分局群团组织的建设工作；承办分局人员因公、因私出国、出境人员政审；负责干部和党员、党组织的年度统计工作，收缴和管理党费，规范管理好分局干部档案；搞好分局后备干部的选拔、培养、调整及机关干部下派锻炼等工作；加强调查研究，注意探讨组织人事工作的新情况、新问题，及时总结新经验；做好派出监事会的相关工作；等等。

（2）必须具有无私奉献的精神品质和淡泊名利的道德情操。组织人事工作既辛苦又默默无闻，没有可以示人的研究成果，也没有额外的经济收入，工作烦琐而责任重大，所面对的情况又是比较复杂。因此，在这个岗位上工作，要做到"四要"：一要耐得住寂寞，以党和人民的事业为重，做好力所能及的服务工作，甘当人梯，不为名、不图利、不揽功，淡泊名利，宁静致远；二要守得住清贫，敢于吃苦，不贪不占不攀比，树立一身正气；三要挡得住诱惑，不为名所累，不为利所移，不为钱所动，不为色所迷；四要抵得住压力，不畏权势、不徇私情，坚持原则，秉公办事。

（3）必须具有较强的调查研究能力和文字综合能力。要想把组织人事这一块的工作搞好，业务进一步熟悉，就必须多深入基层开展广泛的调查研究，掌握大量的第一手资料，这样，工作才有发言权和主动权。同时，组织人事工作还牵涉许多材料和文件的起草，这些材料和文件不仅时限性强，质量要求高，而且责任重大，半点马虎不得。因此必须具备较强的政策水平、扎实的文字基础和出众的写作能力，才能保证工作的正常开展和任务的及时完成。

（4）必须具有较强的全局意识和组织协调能力。干部工作也好，党建工作也好，还是具体业务工作，在整个国资委系统来讲，都必须站在全局的高度，通盘考虑，认真贯彻领会国资委领导班子集体的决策精神，准确把握各项具体工作的运行状态，妥善协调好各项工作和各科室之间的关系，这样才能进一步提高工作效能。

（5）必须恪守清正廉洁和公道正派这一组织人事干部最基本的职业规范。公道正派是一种政治品质、一种思想作风、一种人格力量，是我们党对组织人事工作的一贯要求，也是组织人事干部必须恪守的政治标准和职业规范。组织人事干部既要他律，接受组织上的教育和管理，但更需要自律，要自重、自省、自警、自励。要端正动机，把从事组织人事工作看作是锻炼自己、提高自己，更好地为党和人民的事业奉献出力的机会；要从细小之事做起，做到防微杜渐、居安思危，切记"千里之堤毁于蚁穴"的古训；还要做到加强学习，警钟长鸣，既要自觉向孔繁森、郑培民、牛玉儒、任长霞等先进模范人物学习，用他们执政为民、清正廉洁的浩然正气来激励和鞭策自己，又要吸取×××、×××等反面典型的深刻教训，时刻警醒和告诫自己，引以为戒。

2.我竞争该职位具有以下优势：

（1）业务比较熟悉。参加工作16年多来，有11年是在组织部度过的，换句话说，就是我有11年的组织人事工作经历，先后从事过知识分子、干部信息统计、干教、干审、干部调配、党员教育管理、基层班子建设、分局党建、发展党员、机关党务等工作。能刻苦学习组织工作业务，深入基层调查研究，撰写了很多调研文章和组工信息，其中有5篇调研文章和50余篇组工信息被省、市级内外刊采用。熟悉组织人事工作业务，是我竞争这一职位的最大优势。

（2）组织协调能力、行政管理能力较强，能独当一面开展工作。在组织部工作后，从一般科员、副科级组织员，到组织室主任，再到机关工委书记，随着身上担子的加重，我的组织协调能力和行政管理能力也得到了进一步的锻炼和提高：牵头组织了市党代会的筹备和召开、全市七一纪念表彰大会和全市组织工作会议的召开，组织开展了多项全市性的党建主题活动，负责的各项工作均得到了领导和同志们的认可。

（3）工作责任心强，有一定的实际工作能力和开拓进取精神，能创造性开展工作，成效比较明显。2006年，针对基层党建工作面临淡化的状况，我向部务会提出建议，开展全市性的党建调研活动刻不容缓，该项建议得到了市委的批准，抽调了近50余人，安排了专门经费。通过调研，我针对性地提出了四条建议：①将分局下岗职工党员和离退休党员的组织关系按属地管理原则，应及时转入其长期居住地党组织的建议；②开展发展青年农民入党和乡镇党代会常任制试点的建议；③大力推广以××橘桔销售协会为龙头的农村党员经济发展协作会的建议；④在××镇开展社区党建工作试点的建议。这四条建议均被采纳和落实，经过3年的实践，大多已形成经验在××日报、××日报及××××等党报党刊予以推介。

（4）做事比较沉着冷静，工作思路比较清晰，讲究工作方法。特别是在我任组织室主任和工委书记之后，我更加深刻地认识到讲究工作方法的重要性，岗位的变换也促使我不断去探索获得良好的工作方法。在16年的工作实践中，由于工作方法的不妥当，免不了出过差错，闹过笑话，挨过批评，但总言之，自己还是在不断进步之中。这一点，我相信在今后的工作中会逐步得到检验。

（5）服从安排，工作责任心和原则性较强。对交办的工作任务能尽心尽力完成，事事有回应，不讲价钱，不拖拉，不推诿。办事讲原则，不以权谋私，事事出于公心。

（6）注重团结，能与同志们和睦相处。大家能够走到一起，本身就是一种缘分。因此，在工作和生活中我都非常珍惜"团结"二字，待人接物做到以诚相待，为开展好工作营造出团结和谐的氛围，使大家都有一个好的心情，齐心协力搞工作。

3.竞岗后的几点想法：

假如我这次竞岗成功，在这里我简要谈谈大体的工作打算，将重点从以下五个方面努力：

（1）理顺思路，明确工作目标。人事科的工作相对来说比较繁杂，要做的事情很多，那么就需要把这些工作分门别类，分出轻重缓急。我考虑了一下，把手头的工作按四个等级来划分：①很重要，很紧急；②很重要，不紧急；③不重要，很紧急；④不重要，不紧急。然后按这个先后顺序来实际操作。

（2）加强学习，不断提高自己。努力学习业务，特别是国资监管业务知识的学习和各地国资委的先进经验和做法。在工作实践中辩证地看待自己的长处和短处，扬长避短，不断充实和完善自己。

（3）增强工作的主动性和超前性，特别是要注意围绕下一步开展工作做好相关准备。从多方面了解和掌握分局的基本情况，包括干部情况、党建情况、生产经营情况、职工情况等，对分局形成大致的、初步的印象。加强干部人事工作信息化建设，实现干部档案资料的计算机化管理。

（4）加强协作，搞好各科室之间的工作协调，努力做到心往一处想，劲往一处使。

（5）坚持原则，服从领导安排，严格按程序办事。以"扎实工作、锐意进取"的精神，当好领导的参谋。在工作中既要发扬以往埋头苦干、扎实工作的好作风、好传统，又要注重在实践中摸索经验、探索路子，多请示汇报，多交心通气，当好干部与领导之间沟通的桥梁。

最后，我想引用一句话作为我演讲的结束："得一职不荣，失一职不辱。"重要的是把自己的工作做好。

谢谢大家。

本文遵循了一般演讲词的写作模式：对岗位的认识——对自己的认识——对工作的计划。原本这样的模式是比较稳妥和安全的，但是作者在前两部分着墨过多，以至于第三部分略显单薄，主次有些颠倒。当然，这篇演讲词仍有许多可取之处，值得我们学习。在作者详细介绍自己的竞争优势之前，先谈了所竞争的这个岗位对候选人的要求，下面紧接着介绍了自己的特点，与岗位要求一一对应，间接向听众表明了自己对这个岗位的胜任能力，比直接表扬自己效果更好。

竞聘县委组织部干部科科长

各位领导、各位同事：

大家好！

很高兴参加这次竞争上岗。我是×××，1976年12月出生于××省××市，1998年毕业于××大学历史系，毕业后在××镇人民政府工作。在××

的 4 年里，先后担任镇政府办公室科员、镇团委书记。在那里，我由一名团员成长为一名党员，从一个普通的大学毕业生转变为一名国家公务人员，由一个毛头小伙子成为一个丈夫和一个父亲，××镇因此成为我人生"梦开始的地方"，给我留下了无数美好的回忆。两年前的 8 月，我通过参加县委组织部招调干部考试，迎来了人生的第一个转折点，由××镇调入县委组织部，成为一名光荣的组工干部。在至今两年多的时间里，我先后在办公室和干部科工作。

今天，我又一次站在同一个演讲台上，竞争干部科科长之职，我越来越深切地感受到，能有机会在组织部工作是我人生的一大幸事。这不仅是因为在组织部工作带给我的荣誉感和自豪感，更多的是因为在组织部这个大家庭和大熔炉里，我自身的素质得到了不断的提高。我深知个人的点滴进步都离不开各位领导长期以来的关心和培养，离不开各位同事的爱护和帮助。在此，我谨向大家表达最诚挚的谢意。

这次部机关实行竞争上岗，我是坚决的拥护者。因为达尔文的进化论告诉我们，"物竞天择、适者生存"是一条自然法则。只有竞争，才有活力；只有竞争，个人才会不断进步，社会才会不断发展。实行竞争上岗，不仅可以通过公开、平等、竞争、择优的方式使优秀的干部脱颖而出，还可以提供一个舞台，让年轻干部充分展现自己的才华，促进相互间的交流与友谊。作为市委分管干部工作的部门，组织部理所应当成为全市推行竞争上岗的表率。

对于竞争成功与否，我没有过多考虑，不论是"去"还是"留"，都是我乐意接受的结果。今天我之所以选择竞争干部科科长的职务，主要是觉得我自己比较适合从事干部科工作。这是因为：

1.我具有做好干部科工作的满腔热情。干部科是组织部的重要科室之一，业务主要包括人才工作、干部教育培训和干部管理三个方面。我们常说"干部就是决定因素""人才资源是第一资源"，能否配齐、配优、配强各级党政领导干部班子、能否建设一支适应新形势新任务需要的人才队伍、能否通过有效的培训手段大幅度地提高干部和人才的素质，直接关系到组织部能否为我县的经济建设大局提供坚强的组织保证和智力支持。因此，我认为干部科的工作今后将处于越来越重要的地位。在干部股工作，将大有作为。我愿意为干部科工作贡献自己微薄的力量。

2.我具备做好干部科工作的实践基础。我在组织部一直从事干部工作，经历过县乡两级换届，参与过大量的干部考察和调整，对干部工作的基本程序比较了解，对全市干部也比较熟悉。同时，通过参与评选表彰新一批县乡级两类人才和开展"1122"工程建设，我对人才工作也积累了一定的经验。另外，我还按照大规模培训干部的要求，配合科长较好地完成了各项干部教育培训任务。因此总的来说，我对干部科的业务还是比较熟悉的。

3. 我拥有做好干部科工作的坚定信心。我的信心来自我对干部科工作的热爱和熟悉，虽然我在组织部的时间还不是很长，工作能力也有待于进一步提高，但"世上无难事，只怕有心人"。我相信在各位领导和同事的关心和帮助下，通过不断努力，我一定可以克服自身存在的不足，做好干部科工作。

在人才工作方面，重点抓好即将下发的我县人才工作意见的贯彻落实。进一步明确各单位年度人才工作具体目标任务，促使各单位真正将人才工作纳入议事日程。加强人才工作与招商引资、干部教育培训等工作的联系，力求在充分发挥现有人才作用方面有所突破。同时，建立健全人才工作机制，发挥人才作用，提高人才的利用率；在知识分子工作方面，要出台有关知识分子工作的意见和措施，切实加强对知识分子工作的指导。

在干部培训工作方面，以提高干部教育培训效果为重点，创新干部培训形式，拓宽育才阵地；切实增强干部培训工作的针对性和实用性。在继续办好重点班的同时，将县直机关一般干部的素质教育作为亮点来抓。在今年进行计算机应用和文秘培训的基础上，逐步开展英语、写作等方面的培训，争取利用 3 至 5 年的时间，全面提升全县干部队伍的整体素质。

在干部工作方面，重点加强《党政领导干部工作任用选拔条例》的宣传教育和贯彻落实。并以此为契机，加大各单位中层岗位干部的使用和管理力度，加强我县后备干部队伍建设，为县委选拔任用科级干部奠定良好的基础。同时，积极进行干部人事制度改革探索，力求在疏通干部"下"的渠道、扩大事业单位用人自主权等方面有所创新。在干部管理方面，要建立健全干部培养、选拔、管理和监督方面的制度，使干部工作更加科学化、制度化和规范化。

在干部科自身建设方面，要坚持创新、敢于创新，面对困难不低头，碰到问题不绕弯，带领科室履行好工作职责，提升工作水平，加强与部机关同仁的沟通与协作，加强与组工干部的沟通与协作，加强与相关单位及领导的沟通与协作，加强与外界有关人士的沟通与协作，减少直至排除沟通障碍和误差，促进相互的理解、信任、支持和协作，从而达到 1+1>2 的效应。

当然，以上只是我对干部科工作的一些初步设想。如果大家投给我信任的一票，我将团结和依靠所有的同志，努力把这些设想变为现实。最后，非常感谢部领导给了我这次竞争上岗的机会。假如我这次竞聘没有成功，我会一如既往地支持部领导、股长的工作，认真履行本职工作，做一片不断进行光合作用的新叶，尽吐绿意，映衬组织部这棵大树的挺拔和伟岸。

不论最后的结果如何，我认为我们每个参与竞争上岗的人都拥有了一次宝贵的人生经历，我们的生命将因此而更加绚烂。奥林匹克运动有一句口号，"参与即是胜利"。因此，胜利属于我们每一个参与者。

我的演讲完了。再次谢谢大家！

对第二故乡的深情厚谊、真挚感情贯穿于这篇竞选演讲词的始终。因为，作者所工作的镇政府是他"梦开始的地方"。带着这样一种感激之情，作者演讲一开始就引人入胜。"对于竞争成功与否，我没有过多考虑"，表明作者作为一名年轻干部，没有思想包袱、轻装上阵，有较大的可塑性，相信这样的演讲词会使听众相信，这样一名新晋科长会充满朝气、干劲十足地开展工作，在组织工作中赢得好评。

·第四章·

公检法工作岗位

公安工作理论知识

公安工作的概念

公安机关，是担负着国家治安、保卫职责的专门机关。它是人民政府的重要组成部分，是国家的行政机关，同时它又担负着刑事案件的侦查任务，因而它又是国家的司法机关之一。

公安工作的职责

1. 公安机关工作的总体职责

（1）预防，制止和侦查违法犯罪活动；

（2）领导和管理和劳动教养机关的工作；

（3）担负社会治安、国防治安、交通治安的管理工作；

（4）防范、打击恐怖活动和预防犯罪的工作；

（5）负责国家财产、国家机密和要害部位的保卫工作；

（6）管理消防和防空工作，管理交通、消防、危险物品。

（7）指导治安保卫委员会工作，对人民群众进行法制宣传教育工作；

（8）户籍、居民身份证、国籍、出入境事务和外国人在中国境内居留、旅行的相关事务的管理工作。

2. 公安机关内部各机构的具体职责

（1）办公室：负责掌握、综合地区公安工作情况，指导地区公安信息调研、统计和公安档案业务建设，对地区公安机关公文处理实施业务指导和局机关公文管理、保密、文印工作。

（2）政治部：指导地区公安队伍的思想、组织、文化和纪律作风建设；负责机构、编制、人事、劳资、优抚、警衔工作；协助党委组织部门管理干部；负责和指导地区公安宣传、表彰奖励工作；组织开展公安教育培训和警衔晋升培训；负责离退休干部工作和工、青、妇工作。

（3）警务督察室（警务督察队）：负责地区人民警察的警务执法监督和警容风纪纠察。

（4）法制科：指导和监督地区公安机关的执法活动，审核公安行政复议、行政诉讼、国家赔偿等案件，负责纠正公安执法过错行为；负责地区劳教案件的审核审批、所外帮教的执行与考核以及地区劳动教养的执行。

（5）行管科：指导地区公安计划装备工作，负责局机关经费、固定资产的使用和管理以及后勤保障工作。

（6）公安指挥中心：负责"110"报警、接警、出警工作，协助局领导处理重大紧急事件；指导和管理地区公安系统有线、无线、机要通信建设，对地区公共信息网络实施检查监督和安全保护，管理地区公安科教兴警工作。

（7）出入境管理科：负责公民因私出国（境）的审核报批及对入境外国人、华侨、港澳同胞的行政管理工作；参与涉外案件的查处。

（8）国内安全保卫支队：开展隐蔽斗争，侦控各类重特大专案、重点对象及跨地区案件，指导地区公安机关对反动会道门、非法组织、非法行动、邪教组织、境外反动势力的侦察、调查工作。

（9）内保科：指导地区公安机关依法监督机关、团体、企事业单位的安全保卫工作；指导保卫组织和经济民警队伍的建设与管理；管理地区公安科技及社会公共安全产品。

（10）治安科：掌握地区治安工作情况；指导地区公安机关维护公共复杂场所和大型文体活动的治安秩序；管理枪支弹药、民用爆炸物品、特种行业；协调和参与对重大群体性事件的处置工作。

（11）户政科：掌握地区人口增长、流动信息；组织、指导地区公安机关依法管理各类人口；指导地区户政、居民身份证管理和派出所建设工作。

（12）刑事侦查支队：指导地区刑事案件侦查工作，指导和参与侦破地区严重暴力案件、重大疑难案件，加强出租车管理和反扒工作，领导地区刑事基础业务工作。

（13）经济犯罪侦查支队：指导地区经济犯罪侦查工作，侦破重大经济犯罪案件。

（14）禁毒支队：侦破制毒、贩毒案件，负责对吸毒人员实行强制戒毒工作。

（15）行动技术支队：侦察控制犯罪，侦办上级交办直接掌握的案件、过境案件及外地市要求协办案件，搜集情报。

（16）巡逻警察支队：指导地区巡逻警察的组织建设和业务工作，加强城区街面的巡逻与防暴备勤。

（17）警卫科（机关保卫科）：负责和指导来本地视察参观的重要领导人、来宾及重要会议的安全警卫和市党政首脑机关的保卫、基础防范工作。

（18）监管支队：掌握地区监管工作情况，指导地区看守所、治安拘留所的建设。

（19）交通警察支队（公路巡逻民警支队）：负责掌握地区城区道路交通安全情况；负责驾驶员的考核发证、车辆发牌及管理工作；组织指导地区道路安全宣传教育、交通指挥和交通秩序，组织协调地区交通事故的处理；参与地区道路建设和交通安全设施建设。

怎样做好公安工作

1.坚定不移地贯彻党的路线、方针、政策，始终不渝地为中国特色社会主义事业保驾护航，进一步提高公安民警的政治敏锐性和政治鉴别力，使其在任何时候，任何情况下始终与党中央保持高度一致，始终保持对党的绝对忠诚，对人民的绝对忠诚，对法律的绝对忠诚。

2.服从命令，听从指挥，恪尽职守，严守纪律，永远做党和人民信赖的忠诚卫士。

3.坚持严打，以"打"开路。坚持经常性打击与突击性打击、经常性打击与区域性打击、经常性打击与专项打击相结合等方法，重点打击杀人、放火、抢劫、强奸等暴力性犯罪，重点打击盗机动车、入室盗窃等多发性侵财犯罪，重点打击带有黑社会性质的地痞流氓团伙犯罪，同时要坚决扫除黄、赌、毒等社会丑恶现象，推进精神文明建设，创造一个稳定的社会治安环境。

4.打击违法者，保护合法者。纠正少数民警法制观念淡薄，执法意识差的问题；依法严厉打击损害人民群众利益的违法犯罪分子。强化执法监督，强化内部监督，充分发挥法制、督察等职责部门的作用，定期组织专项执法检查，发现问题及时纠正，对违法者严肃查处；强化外部监督，主动接受人大、政协和各界人士的监督，定期组织民主测评和座谈会，广泛征求人民群众的意见和建议；同时，聘请警风警纪监督员，设置监督电话，把公安工作完全置于人民群众的监督之下，做到以公开促公正，以公正创满意。

5.建立快速反应机制，多措并举，群防群治，筑牢防线。进一步加强派出所规范化建设，充分发挥其治安管理和防范主力军作用，把治安防范和治安管理作为派出所主要工作。

6.加强和规范指挥系统建设。

7.发挥巡警快速反应主力军的作用，形成以巡警为主，多警种配合，全天候控制的快速反应网络，从而筑牢预防犯罪的防线。

检察院工作理论知识

检察院工作的概念

检察院是国家的法律监督机关，代表国家行使检察权。

检察院工作的职责

1.检察院工作的总体职责

（1）对于叛国案、分裂国家案以及破坏国家的政策、法律、政令统一实施的重大犯罪案件，行使检察权。

（2）对于直接受理的刑事案件，进行侦查。

（3）对于公安机关、国家安全机关等侦查机关侦查的案件进行审查，决定是否对其逮捕、起诉或者免予起诉。并对公安机关的侦查活动是否合法实行监督。

（4）对于刑事案件提起公诉，支持公诉；对于人民法院的审判活动是否合法实行监督。

（5）对于刑事案件判决、裁定的执行和监狱、看守所劳动改造机关的活动是否合法实行监督。

2.检察院内部各机构的具体职责

（1）控告申诉检察部门、举报中心：承办受理、接待报案、控告和举报，接受犯罪人的自首；受理不服人民检察院不批准逮捕、不起诉、撤销案件及其他处理决定的申诉；受理不服人民法院已经发生法律效力的刑事判决、裁定的申诉；受理人民检察院负有赔偿义务的刑事赔偿案件等工作。

（2）反贪污贿赂部门：承办对国家工作人员的贪污、贿赂、挪用公款等职务犯罪进行立案侦查等工作。

（3）反渎职侵权局：承办对国家工作人员的渎职犯罪和国家机关工作人员利用职权实施的非法拘禁、刑讯逼供、报复陷害、非法搜查、暴力取证、破坏选举等犯罪进行立案侦查等工作。

（4）审查逮捕部门：承办对公安机关、国家安全机关和人民检察院侦查部门提请批准逮捕的案件审查决定是否逮捕，对公安机关、国家安全机关和人民检察院侦查部门提请侦查羁押期限的案件审查决定是否延长，对公安机关应当立案侦查而不立案的侦查活动是否合法实行监督等工作。

（5）审查起诉部门：承办对公安机关、国家安全机关和人民检察院侦查部门移送起诉或不起诉的案件审查决定是否提起公诉或不起诉，出席法庭支持公诉，对人民法院的审判活动实行监督，对确有错误的刑事判决、裁定提出抗诉等工作。

（6）监所检察部门：承办对刑事判决、裁定的执行和监管活动进行监督，直接立案侦查虐待被监管人罪、私放在押人员罪、失职致使在押人员脱逃罪和徇私舞弊减刑、假释、暂予监外执行罪案，对监外执行的罪犯和劳教人员又犯罪案件审查批捕、起诉等工作。

（7）民事行政检察部门：承办对人民法院已经发生法律效力的民事、行政判决、裁定，发现确有错误或者违反法定程序，可能影响案件正确判决、裁定的，依法提出抗诉等工作。

（8）检察技术部门：承办对有关案件的现场进行勘验、收集、固定和提取与案件有关的痕迹物证并进行科学鉴定，对有关业务部门办理案件中的涉及技术性问题的证据进行审查或鉴定等工作。

（9）纪检监察部门：承办受理群众和社会各界对检察人员利用职权进行违法办案、越权办案、刑讯逼供、吃请受贿等违法违纪行为的举报和控告，并进行查处等工作。

怎样做好检察工作

1. 认真贯彻检察工作"公正执法、加强监督、依法办案、从严治检、服务大局"的二十字方针。加强法学理论的学习，提高执法水平。对自己高标准、严要求，加强自己的品德修养，坚决贯彻执行党的路线、方针、政策，恪守检察官的职业道德，时时刻刻用共产党员的标准规范自己的言行，把自己置于人民群众的监督之下，倾听群众意见，依靠党和人民做好检察工作，把"人民拥护不拥护、人民赞成不赞成、人民满意不满意"作为做好检察工作的出发点和归宿，作为检验自己工作成效的根本标准。

2. 坚定社会主义、共产主义信念，增强政治敏锐性和鉴别力，在政治上同党中央保持高度一致。

3. 讲正气，自觉抑制不正之风和腐败现象的侵袭，牢固树立宗旨观念，坚持一切从人民利益出发，正确行使手中的权力。

4. 加强班子成员理论学习，在具体工作中从讲政治的高度处理一切问题，从思想上达到团结和统一；认真执行民主集中制原则，定期开民主生活会，坚持经常开展批评与自我批评，及时沟通思想，认真吸纳每个成员的意见和建议。

5. 加强干警的纪律作风教育。让干警对腐败的危害性、危险性和复杂性有清醒的认识，增加他们反腐败斗争的决心和使命感，强化责任意识、廉政意识和服务意识、纪律意识。

6. 加强制度建设。用制度管人、管事，使各项检察工作在制度的严格规范下有序运行。

7. 严明纪律，保障党组决策的贯彻实施。

8. 关心群众疾苦，处处想着干警，充分解决干警的实际困难，让干警体会到组织的关怀。

9. 廉洁从检，公正执法，服务大局。

法院工作理论知识

法院工作的概念

法院是国家的审判机关，依法独立行使审判权。

法院工作的职责

1. 法院工作的总体职责

（1）审判法律规定、省高级人民法院指定由市法院管辖和市法院认为依法应当由自己审判的刑事、民事、行政等第一审案件。

（2）审判法律规定由市法院审判的刑事、民事、行政等第二审案件。

（3）审查处理不服市法院和下级法院判决、裁定的各类申诉和申请再审案件。

（4）审判由检察机关按照审判监督程序提出抗诉的案件。

（5）对下级人民法院管辖不明的案件指定管辖。

（6）监督和指导基层人民法院的审判工作。

（7）依法行使司法执行权和司法决定权。

（8）依法决定国家赔偿。

（9）管理、协调法院执行工作。

（10）研究、征集对法律、法规、规章草案的意见；对案件审理中发现的问题提出司法建议。

（11）负责指导法院思想政治工作、教育培训工作；按照权限管理法官及其他人员；协助管理法院机构、人员编制工作；主管法院监察工作。

（12）结合审判工作宣传法制，教育公民自觉遵守宪法和法律。

（13）承办其他应由市法院负责的工作。

2. 法院内部各机构的具体职责

（1）办公室：协助院领导组织、协调、处理司法政务；督促、落实、办理院党组会议、院务会议、院长办公会议会务和院领导、有关上级机关交办的事项；负责重要文件、报告的起草、印制、分发；负责简报、情况反映等信息的编辑及对下指导工作；负责与同级人大代表的联络工作；督办人大代表和政协委员提案及其来信；负责院重要会议和重大活动的组织协调工作；负责图书资料的征订和管理工作；负责文件的收发、传阅及机关档案的收集、管理、利用工作；负责新闻宣传工作；负责院机关保密工作，指导全区法院的密码管理和保密工作。

（2）政治部（机关党委）：协助院党组指导地区法院思想政治教育和队伍建设；协助管理下级人民法院班子及其成员；负责本院工作人员的考录、考核、任免、工资福利、退休、奖励等工作；管理人事档案、人事信息的采集分析以及各项组织人事制度的实施；制定组织人事管理制度；负责法院系统的机构编制管理工作，负责法官等级评定、司法警察警衔评定及管理工作；研究、制定、组织实施法院系统各类人员的教育培训工作；负责机关党建工作。

（3）立案庭：对本级人民法院办理的各类案件进行立案，并移送有关厅（局）处理；接待来信来访，处理非诉案件；审理管辖争议案件；处理司法救助申请事宜；对本级人民法院审理的各类案件进行审限流程管理。

（4）刑事审判第一庭：最高人民法院刑事审判第一庭审判危害国家安全罪、危害公共安全罪、侵犯公民人身权利、民主权利罪、妨害社会管理秩序罪、危害国防利益罪等一、二审刑事案件，复核授权的死刑案件；审判相关的涉外案件；审判相关的因特殊情况在法定刑以下判处刑罚的复核案件；办理相关大案要案的协调、指导事宜；指导少年法庭工作；指导监督下级人民法院相关的刑事审判工作。

（5）刑事审判第二庭：审判破坏社会主义市场经济秩序罪、侵犯财产罪、贪污、贿赂罪、渎职罪的第一、二审案件，复核经济犯罪的死刑案件，并报最高法院核准；审理减刑、假释案件；审理相关因特殊情况在法院定刑以下判处刑罚的复核案件；办理相关大案要案的协调、指导事宜；指导监督下级人民法院相关的刑事审判工作。

（6）民事审判第一庭：审判第一、二审有关婚姻家庭、劳动争议、不当得利等民事案件，房地产案件、邻地利用权案件以及其他不动产案件；农村承包制合同案件；自然人之间、自然人与法人、其他组之间的合同、侵权案件；审理申请撤销相关仲裁的案件；审理适用特别程序的案件；指导监督下级人民法院的相关案件的审判工作；办理其他有关的民事审判工作事宜，指导人民法庭和人民调解委员会的工作。

（7）民事审判第二庭：审判一、二审国内法人之间、法人与其他组织之间的合同纠纷和侵权纠纷案件，审判第一、二审国内证券、期货、票据、公司、破产等案件；指导监督下级人民法院的相关审判工作。

（8）民事审判第三庭：审判第一、二审著作权（包括计算机软件）、商标权、专利权、技术合同、不正当竞争以及科技成果权、植物新品种权等知识产权案件；审查处理不服中级人民法院生效裁判的知识产权申请再审案件以及立案庭移送的不服基层人民法院、中级人民法院生效裁判的知识产权申请再审案件；办理知识产权申请复议案件；指导监督下级人民法院相关的审判工作。

（9）民事审判第四庭：审判第一、二审海事案件；审判第一、二审法人之间、法人与其他组织之间的合同和侵权涉外、涉港澳台案件；审判第一、二审证券、期货、票据、公司、破产等涉外、涉港澳台案件；审判第一、二审信用证案件。审查申请撤销、承认和强制执行国际仲裁裁决、外国法院判决的案件；审查有关涉外仲裁条款效力的案件；审查处理不服高级人民法院生效裁判的海事申请再审的案件及少数立案庭移送的不服中级人民法院和海事法院生效裁判的海事申请再审的案件、海事行政案件和有关海事扣船执行案件；审批高级人民法院相关案件延长审限的申请。

（10）行政审判庭：依法审判第一、二审行政案件；审查非诉行政执行案件；审查处理立案庭移送的不服基层人民法院生效裁判的行政申诉案件；审判自治区人民检察院按照审判监督程序对下级人民法院作出的行政生效裁判提出抗诉的案件；审查行政机关申请强制执行案件；指导监督下级人民法院的行政审判工作。

（11）国家赔偿委员会办公室：依照办理由本院赔偿委员会受理的国家赔偿案件；审查处理不服中级人民法院赔偿委员会决定的赔偿申诉案件及少数立案庭移送的不服基层人民法院赔偿委员会决定的赔偿申诉案件；办理赔偿委员会日常事务，执行赔偿委员会决定事项；指导下级人民法院赔偿委员会工作。

（12）审判监督庭：审判检察机关按照审判监督程序对下级人民法院作出的刑事、民事（不含知识产权）生效裁判提出抗诉的案件；审判中级法院按照审判监督程序改判死刑，提请本院核准的刑事案件；依法核准因被告人在死缓考验期内故意犯罪，应当执行死刑的案件；审查处理本院已经发生法律效力、经立案庭审查认为符合立案条件（不含知识产权）的刑事、民事案件；审查处理经中级人民法院复查驳回或者再审改判，仍继续向本院申诉、申请再审案件；审查处理院领导、有关领导机关交办的，不服本院生效裁判的各类案件和下级人民法院生效裁判的案件；指导监督下级人民法院的审判监督工作。

（13）执行局：执行本院一审生效法律文书；法律规定应当由本院执行的其

他生效法律文书、重大疑难案件的执行工作；办理委托执行案件；办理当事人对中级人民法院在执行过程中作出的拘留、罚款、查封等强制性决定不服，按照民诉法的规定向本院申请复议的案件；审查、监督立案庭移送的当事人或案外人提出的各级人民法院执行案件过程中存在违法执行或消极执行问题的执行案件；协调处理执行过程中突发暴力抗法事件；协调处理中级人民法院报送的执行法院与公安、检察、工商、银行、税务、海关、部队等有关部门或其他执法机关在执行过程中发生冲突的案件；组织领导全区法院统一的执行行动；指导监督全区法院的执行工作。

（14）研究室（编译室）：办理审判委员会会务；负责审判调查研究，总结审判工作经验；负责起草有关综合性报告文件；请示、答复有关法律适用问题和法律咨询工作；参与立法活动，组织、汇总有关法规草案的修改意见；负责全区典型案例的选编工作；负责司法统计与分析工作；负责裁判文书的翻译；负责法律咨询解答和最高人民法院需要使用藏文下发的文件，重要法律、法规的翻译工作；指导地区法院的藏语文翻译工作。

（15）司法警察总队：负责本院及下级法院的司法警察管理、训练、教育、培训等工作；协助政工人事部门做好司法警察管理工作；负责值庭警卫、传唤证人、鉴定人，传递证据材料，维护审判秩序，拘传、拘留犯罪嫌疑人；送达法律文书；执行死刑命令；提解、押送、看管被告人或者罪犯；参与对判决、裁定的财产查封、扣押、冻结或没收活动；法律、法规规定的其他职责。

（16）司法行政装备管理处：负责机关内部财务管理和法院系统有关专项费用的分配及使用；负责全区法院系统枪支弹药、服装订购、发放和管理工作；负责全区法院警车管理；负责本院及下级人民法院通讯设备、计算机网络、办公现代化等配备及管理工作；负责监督、管理本院及地区法院诉讼费的收缴和使用；负责本院固定资产管理、物资装备和后勤服务保障工作。

（17）纪检组（监察室）：负责本院的纪检监察工作；监督、检查各级人民法院及其工作人员执行国家法律、法规、政策及工作纪律的情况；受理对法院工作人员违法违纪行为的检举、控告，负责人民法院审判人员违法审判追究工作；受理各级人民法院人员不服党纪、政纪处分的申诉；制定纪检监察工作的规章制度；调查各级人民法院及其工作人员违法违纪行为，并作出行政处分或提出处理意见。

怎样做好法院工作

1.转变理念：坚持"党的事业至上，人民利益至上，宪法法律至上"的司法指导思想，坚持"为大局服务，为人民司法"的工作主题，以"案结事了人和"为工作目标，始终牢固树立以"依法治国、执法为民、公平正义、服务大局、党的领导"为内容的社会主义法治理念。

2.转变作风：改变法官高高在上，坐堂办案、闭门办案、机械办案的衙门作风，落实司法为民、利民、便民措施。

3.转变结案方式：改变过去民商案件简单作一下调解工作，不行就下判了事的做法，坚持民商案件"调解优先、调判结合"的工作原则，采取多渠道、多方式加大调解力度，创新调解艺术；在刑事附带民事案件的民事赔偿部分、行政案件、执行案件中灵活运用调解、协调机制，将调解工作贯穿于诉前、立案、审判、执行、申诉、信访等各个环节，努力做好"源头治理"和"综合治理"矛盾纠纷，从源头上减少涉诉涉法信访案件的发生。

4.转变服务方式：突出能动司法，体现司法人民性、服务性；克服法律条文本身的僵硬性、漏洞性和滞后性的缺陷，来弥补其不足。例如通过司法人文关怀，给弱势群体减、缓、免诉讼费，为被害人指定辩护人，救助特困申请人，提前介入纠纷，积极主动参与社会治安综合治理，协助政府部门化解其他社会矛盾等，法院要切实负起政治责任、法律责任和社会责任，提高服务性。

5.完善审判流程管理体制：设立审判流程管理办公室，规范案件管理的各项指标，使之规范化、制度化、科学化。

6.做好"执法公开"工作：将法院职责、受案范围、审执期限、诉讼收费标准、案件承办人及案件进展情况等全方位向社会公开，有序推进执法公开网上查询和裁判文书上网工作。

7.改善便民措施：公开立案、信访；为当事人免费提供宣传资料、书籍、纸张、签字笔、茶水等便民诉讼措施，适时通过上门立案、电话预约立案、巡回法庭、假日法庭、夜间法庭等措施方便群众。

8.公正廉洁的执法是关键：保证程序公正，推进执法公开，在立案、审理、执行各个环节上公开，以公开促公正；开展廉政教育活动，使干警认识到违纪违法行为的危害，切实转变思想作风、工作作风和生活作风，促进队伍建设、党风廉政建设和审判工作的提高。

公检法工作竞聘演讲词案例

竞聘省法院副院长

主任、各位副主任、秘书长、各位委员：

这次会议提名我为××省高级人民法院副院长人选。这是组织上对我的信任和考验，也是党和人民对我的期望与重托。我虽然对法律工作有一些了解，但20多年来一直在地方政府工作，法院工作对我来说还是一项全新的课题，我深感任务艰巨，责任重大。假如这次我的任职能够通过，我一定不辜负组织和人民的厚望，有决心在省委的正确领导和人大及其常委会的监督下，在×院长的直接领导下，在省高级人民法院领导班子各成员和全体干警的帮助支持下，竭尽全力，履行好职责，并从以下几个方面努力提高自己，做好本职工作，请审议。

1. 努力学习，提高素质，尽快适应审判工作需要。作为司法战线的一名新兵，学习对我来说至关重要。我要刻苦学习马列主义、毛泽东思想、邓小平理论和早日实现中华民族的伟大复兴，深入学习和领会党的十八大会议精神，加强党性修养，增强政治敏锐性，提高政治鉴别力，做政治上的明白人。向书本学，系统学习法律法规条文，学习审判专业知识、WTO（世界贸易组织）知识和其他相关科学知识，精通审判工作业务，不断完善自我，做法律工作的内行。向干警学，虚心请教，不耻下问，尽快熟悉审判工作程序，提高适用法律、指导和驾驭审判工作的能力，做一名称职的领导干部。向实践学，不断提高运用理论知识和科学知识解决实际问题的能力，处理各类纷繁复杂纠纷的能力，做一名人民欢迎的好法官。

2. 恪尽职守，坚持原则，竭尽全力维护法律天平。作为一名法官，维护法律尊严就是最高使命。在今后工作中，我将以"公正与效率"作为自己履行职责的最高标准，坚持依法办事，严格履行法律程序和规定，正确适用法律，公正执法，全力维护国家法律的尊严。牢固树立"发展"第一思想，坚持"法律为大局服务"的原则，准确把握法律与政策界限，在司法实践中，身体力行，开拓创新，为创建良好的法制环境作出自己的努力。以现代司法理念为指导，研究现代审判工作方式，拓宽自己的工作思路，积极履行好自己的职责。牢固树立公仆意识，时刻牢记自己是人民的法官、人民的公仆，坚持以人民满意为标准，密切联系群众，踏实工作，以自己的实际工作赢得群众的信赖和支持。

3.摆正位置，讲求团结，自觉维护班子整体统一。班子团结是做好工作的基础。我一定十分珍惜这个基础，自觉维护班子团结。摆正个人和组织的位置，认真执行集体决议，在集体中汲取营养，做到工作到位不越位，珍惜权力不乱用。识大体、顾大局，维护院长权威，支持班长工作，敢于承担责任，多为院长分忧。认真处理好班子成员之间的关系，相互补台不拆台，相互配合不掣肘。对自己分管的工作，多思多想，多学多问，坚持以人为本，充分调动分管部门干警的工作积极性，努力营造团结和谐，积极向上的工作氛围。

4.依靠领导，接受监督，严格在法律范围内开展工作。要牢固树立自觉接受党的领导和人大监督意识，正确处理好审判独立和坚持党的领导以及人大监督的关系，自觉在省委的领导下开展工作，果断执行省委的决策和工作部署。主动接受人大的法律监督、工作监督，按照要求及时向人大及其常委会报告工作，高度重视人大的审议意见，不断改进工作，严格在法律范围内开展审判工作。认真细致处理好人民代表的建议、批评和意见，正确处理和及时报告人大交办的案件，积极求得人大及其常委会的支持与帮助。主动接受社会各界监督，广泛听取各方意见，协调和处理好各方面工作关系，为依法做好审判工作创造条件。

5.严格自律，克己奉公，做清正廉洁的表率。在工作和生活中，时刻警醒自己，严格要求自己，勿以恶小而为之；自重、自省、自警、自励，利为民所谋，权为民所用，清廉为民，勤政为民；忠于法律，忠于职责，严格遵守审判工作纪律，增强拒腐防变能力，过好金钱利欲关，不贪不占，不谋私利，不徇私枉法，做一名党和人民放心的公仆。

主任、各位副主任、秘书长、各位委员，我深知组织信任和人民期望的分量，以上是我的供职报告，也是我的态度和决心。假如我的任职能够通过，我将按照以上承诺，恪尽职守，勤奋工作，鞠躬尽瘁，不辱使命。假如我的任职未能通过，说明我还不具备从事这项神圣工作的条件，我将愉快接受和服从组织决定，不断改造自己，在其他工作岗位上继续努力工作。

谢谢！

 点评

演讲者是会议提名的省高级人民法院副院长候选人，基本上是经过领导考察过政治情况、思想情况、个人修养和工作经历的，组织上也已经对候选人的工作能力经过严密的考察，同时，像副院长这样的高层职位竞争者寥寥无几。所以，演讲者在演讲中不必再次加以赘述，只需把重点放在阐述自己在副院长的岗位上怎样履行职责、开展工作，提请领导审议即可。作者从以下几个方面论述了自己的工作计划：努力学习，提高素质；恪尽职守，坚持原则；摆正位置，讲求团结；依靠领导，接受监督；严格自律，克己奉公。概括全面、计划详细，是一篇高层领导竞选演讲词的典范。

竞聘省法院××庭副庭长

尊敬的各位领导、同志们：

大家好！

我感谢领导和同志们给我这次展示自我的机会，我有勇气接受领导和同志们的考查，我愿意为新的人事制度呐喊助威。

下面我分3点讲如何面对竞争。

1. 我参加竞争的条件：

我生于1971年8月，大学学历，中国共产党党员，四级法官，现任经济庭审判员。

我是1991年从××司法学校毕业分配到法院的，曾在法庭、办公室、政工科、经济庭工作，历任书记员、助审员、审判员职务。回顾12年的工作经历，可以说随着改革的大潮，我的进步也不小。在办公室时，完成了打字油印的更新换代，我成为咱们法院第一任电脑打字员。在政工科工作时，较好地完成了人事任免、调动、工资调整的报批手续工作。到经济二庭至经经二合并至今，我审结百余起案件，均无过错。乡镇企业破产，在法院是一个新课题。为了完成领导交给的这项任务，我反复自学了《中华人民共和国企业破产法》《中华人民共和国民事诉讼法》等相关法律法规，为乡镇企业中支离破碎、民冤四起的破产单位画上了一个圆满的句号。十多年的努力、十多年的工作，领导和同志们看在眼里、记在心上，给了我很高的评价，我先后多次被评为先进个人。

有人说法官不学习，等于国家没有法律，这话一点也不假。因为每部新法规的颁布实施，都要看法官的掌握程度。如果法官不掌握，等于立法机关白忙活。鉴于学习的重要，我工作之余，自学了计算机、英语、法学基础理论知识。1999年我考取了中国政法大学法学本科，系统学习了《中华人民共和国合同法》《国际经济法》等 18 门课程，完成了题为《论×××中的法律适用》的毕业论文，今年七月份领取了法学本科学位证和毕业证书。我还参加了最高法院、省法院、中院组织的《中华人民共和国证券法》《中华人民共和国合同法》《中华人民共和国担保法》《中华人民共和国公司法》《中华人民共和国票据法》等专项法律审判业务的培训。通过以上学习，我增长了知识，拓宽了视野，为这次竞争创造了良好的条件。

2. 我参加竞争的意识：

竞争不是争权夺利，竞争是对自己所学知识的自省，竞争是改变旧的人事制度的催化剂，竞争是我国政治体制改革顺利推行的桥梁，竞争是一种责任，竞争是一种奉献，竞争是当代青年对社会的承诺。我们有幸处于竞争的年代，应感到无比自豪。想过去，多少能人志士在旧的人事制度压抑下不能一展雄才，误了人，误了事业，阻止了国家前进的步伐；看现在，我院 1999 年第一次竞争上岗，就争出了法院一个能者上、庸者下的新气象，就创出了一个规范、高效、公正的新局面。铁的事实告诉我们，岗位不要怕争，就怕争得不当，就怕争得不公平。只要能者上，庸者下，法院的工作还能更上一层。至于我个人，我相信领导，相信同志们，结果并不重要，重在参与，重在我有这种奋发向上的精神。

3. 我参加竞争的承诺：

以上我曾说过，竞争是一种责任，是一种使命，一旦我竞岗成功，我绝不辱使命，我将协助正职，致力于本庭，做到 3 点：

（1）让执法主体知识化。未来的时代，是知识的时代，我们要想得到社会的认可，就必须增长知识。所以我向本庭同仁提出的第一条建议就是，长知识，就能胜任自己的工作；长知识，就能执掌自己的命运。

（2）让执法环境纯净化。细究以往执法过错，多都因执法环境污染而生。试问一位法官如长期生活在吃喝玩乐的腐败环境中，怎能养成一身正气？所以我向本庭同仁提出的第二条建议就是，为了让自己的职业使命健康长寿，远离那些不义之道吧。

（3）让执法责任具体化。一个庭就是一个家庭，没有高低贵贱之分。人与人之间只能因分工不同而得到不同行为的认可，不能因职务不同而允许歪风邪气的放肆。同志们之间遇事不推，遇利不抢，让每一位同志在不同的岗位上各尽其责，各司其职，这是我向本庭同仁说的第三点。

各位领导、同志们，我今天站在这里，就是为了接受你们高标准的衡量。我愿意通过这次体验，发现自己更多的不足。不论你们对我作出什么结论，都是对我的一种关心与帮助。我将在你们的建议下，不断完善自我，更好地干好自己的工作。

　　本文作者从三个方面展开竞争法院副庭长的竞聘演说：在参加竞争的条件部分，作者重点放在以事实讲道理，举了乡镇企业破产的例子，来说明自己积极自主学习法律相关条文的重要性和必要性。在参加竞争的意识部分，作者肯定了此次竞聘上岗制度创新的好处，表明了自己竞聘的决心和对副庭长工作的一片热诚。在参加竞争的承诺部分，作者又细化为三点：执法主体知识化、执法环境纯净化、执法责任具体化。层层递进、深入浅出，说理透彻，字里行间透露出凛然正气，是一篇条理清晰、值得借鉴的演讲词。

竞聘省检察院公诉厅起诉处一处处长

尊敬的各位领导：

　　大家好！

　　今天站在这个竞争公诉厅起诉处一处处长的台上，我的心情既紧张又激动。首先，请允许我向大家介绍我的个人经历。我今年30岁，在××大学完成了四年制本科学业，并取得了理学学士学位，然后考取了××大学的法学专业，硕博连读并取得了相应的学位。毕业后，我立志从事法律工作。先在××省××区人民法院刑事审判庭工作了两年，1997年调到北京，在最高人民检察院（后简称"高检"）工作。在高检工作期间，我历经刑事检察厅办公室助理检查员、审查起诉厅抗诉处正处级检查员。1999年，我开始在审查起诉厅担任党支部宣传委员。2000年，我在高检院机关党校接受培训并取得了毕业证书。

　　多年从事法院、检察院工作的我，对于今天竞聘的这一岗位有着清楚的认识，我认为自己具有担任公诉厅起诉处一处处长所需的条件：

　　1.政治素质过硬。我是一名老党员，思想品质和行事作风端正，政治立场坚定，始终与中国共产党保持高度一致，坚持党性原则。在工作中，始终顾全大局，以党的利益和院里的利益为自己的利益，工作勤奋，廉洁奉公，严于律己，宽以待人，锐意创新，开拓进取。

2.业务素质过硬，工作业绩突出。在××大学的硕博连读教育给我的工作打下了坚实的理论基础，为我以后的工作提供了理论保证。从攻读硕士学位直至参加工作后的今天，我累计发表法律专业论文20篇，与导师和法律界学者合著学术著作10部，还担任电视法律节目《××指南》的顾问和嘉宾主持人。我深知法律工作对于人民的重要性，我们手中的法律有时候对于普通百姓而言就是一条人命甚至几代人的幸福。所以，我坚持理论联系实际，在办案中既要小心谨慎、求真务实，又要大胆假设、寻求真相。这种理论上的研究探讨以及注意联系实际的作风，使我能够在工作中从较高的层次上去发现问题、分析问题和寻求解决问题的方法，使我的工作受益匪浅。

3.具有丰富的办案经验和教学实践经验。我非常清楚我所竞聘的公诉厅起诉一处的主要职责，公诉厅起诉一处的主要职能是：办理省级院请示的由公安、安全机关侦查的刑事疑难案件，高检院领导交办和有关部门征求意见的有关案件，最高法院审委会件，死刑申诉案件和备案审查案件；开展与上述案件相关的业务指导工作。作为这一部门的负责人，要在厅长的领导下，合理组织全处干部，兼顾指导与办案两个方面，认真负责地做好以上各项工作。所以，要做好这个领导，首先要自己在诸多的办案经历中积累丰富的经验，才能在业务上给予下属更多的指导。在业务经验上，在法院工作期间，我办理了各类死刑复核案件40余件；在检察院工作期间，我办理了省级检察院提请抗诉的案件19件，所提的审查意见基本上被检委会采纳。其中一个故意杀人抗诉案件，对于被告是故意杀人还是间接故意杀人的界定问题，在充分论证和尊重事实、刑法和量刑的基础之上，检委会最终采纳了我的意见，对该案的定性和量刑做了改判。在多年的办案经历和对部属的业务指导经历中，我收获颇多。不但培养了我从负责的待解决事项中抓住问题的关键、分清主次解决问题的能力，而且培养了我对疑难案件、重大事项进行多方位、多角度思考的习惯，对于我今后的工作大有裨益。

4.具备领导能力和人际关系协调能力。对于工作和生活我一向是截然分开的。在工作中，我以身作则，严格要求下属，对于每一件工作都精益求精。我本人的工作作风就是稳健、踏实，考虑问题周密、严谨。而在生活中，我尽量去做一个温和的朋友，为人谦和、以理服人而又坚持原则是大家对我的一致评语。

我在管理岗位上的时间仍然很短，管理经验不足是我的一个很大的缺点。如果领导和同志们能够给我这样一个走上处长领导岗位的机会，我一定尽快弥补这

个不足，为起诉一处的工作尽我的绵薄之力。

在参加这次竞聘演讲之前，我已经做好了充分的工作规划，如果我有幸竞聘上一处处长，我将尽快按照下面的计划开展工作：

1.强化对相关处室的业务指导。大家知道，我们公诉处的三大价值目标是"公正、效率、效益"。所以我准备主抓以下3点：

（1）加强对办理大要案的指导工作，建立大要案信息上报制度，确定大要案的范围、上报的内容、时限和信息的处理程序、方式，及时掌握大要案信息，定期分析大要案的情况、特点和发展趋势，为维护社会稳定提供科学依据。

（2）为控制、减少无罪判决，要加强对有关无罪判决案件的定期分析和总结，整理编发在内部刊物上，用典型案例指导办案。

（3）积极开展调研活动，认真研究"两法"执行中的突出问题，重点加强对公诉案件的证据问题进行系统研究，促进办案质量的提高。

2.努力提高办案质量。我们做法律工作的，最重要的就是要有法必依、执法必严。我们一定要严格执法，依法办案。对起诉一处所负责的每一起案件，都要规范办案程序，严格办案制度，进一步提高办案质量和效率。为此，要分类制定办案制度，例如：对请示案件，就要明确具体规定请示案件的受案、分案、办案期限、办案程序等内容。同时，还要对所办案件定期进行分析、总结，发现问题，总结规律，提高质量。

3.在工作中我要身先士卒，以身作则。具体是要做到以下几点：

（1）当好领导的左膀右臂，做好参谋工作。深刻领会和贯彻党中央和高检院的方针政策，一切从检查工作和公诉工作大局出发。

（2）加强对相关处室的业务指导，在办案工作中给予他们更多的支持，在理论和实践中给他们做出榜样。

（3）搞好相关部门的工作配合。处处以大局为重，办事从大处着眼。公诉改革是检察改革的先导和重心，其中主诉检察官、不起诉公开审查、普通程序简易审、证据开示制度、多媒体示证、起诉书、不起诉书改革等多项改革都需要厅内各处室的通力合作，在工作中加强配合和协作尤为重要。

（4）密切联系上级和其他各省的检查起诉部门，保持沟通渠道畅通。并且加强同公安、安全、法院等方面的联系，听取他们的意见和建议，争取更好地为检察工作服务。

当然，既然有竞争就会面临选择。如果我没有竞聘上处长一职，我仍然会在自己的岗位上做好各项工作，努力缩小我与处长职位之间的差距。如果竞聘成功了，我一定会加倍努力，在起诉处的岗位上为我院作出更多、更大的贡献。

谢谢大家！

在整个演讲过程中，演讲者都胸有成竹，不疾不徐，娓娓道来。无论是对于自己的竞聘优势还是今后工作的设想，都客观公正、条理清晰，充满着理智冷静的色彩。这样的演讲者能够给听众营造一种舒服的视听感受和轻松的氛围，感受不到竞争的紧张气氛，能够使听众和评委最终对候选人作出理智的选择和判断。当然，在需要表达真情实感的时候，演讲者也毫不逊色，表明了自己做好了两手准备，接受组织的检验和再锻炼。这是一篇演讲词的佳作。

竞聘省检察院检查处副处长

各位领导和同志们：

大家好！

我今年44岁，汉族，中国共产党党员，大学本科学历，1977年3月参加工作，于1990年3月调入本院工作至今，现任检察员。

根据院党组关于《中层领导干部空岗竞争实施方案》的规定，对照自身的条件，我意竞争监所检察处副处长之职。为此，将本人的有关情况向大家作出自荐说明。

1. 在政治上能够自觉地用马列主义、毛泽东思想以及邓小平理论武装头脑，坚持四项基本原则，执行党在各个时期的方针、政策，"讲政治、讲学习、讲正气"，努力提高政治理论水平。同时还能自觉地不断加强自身的思想和道德修养，团结同志，廉洁奉公。

2. 在工作中任劳任怨，本着"干就要有个干样"的原则。表现在：

（1）1990年至1993年驻（原）××监狱检察工作中，在依法开展检察工作的基础上，创建了一整套简便易行的检察、登记制度，得到了市检各级领导的肯定，并召开现场会在全市进行推广。使××区的监所检察工作在全市名列前茅，荣获市监所检察系统的先进集体。

（2）1994年负责监外罪犯执行情况的检察工作后，坚持做到依法监督，努力规范检察工作。同时还根据实践的积累摸索出了"月抽察、季普察、半年全面察"的工作方法，基本消除了执行部门难以解决的漏管失控问题。此项工作的专项报告受到了区人大、政法委和院领导的好评。

（3）参与和负责承办自侦、审查起诉等各类案件31件。其中自侦案件5件，审查起诉案件26件。在这些案件中，通过依法深入细致的工作，既有纠正定性不准的，亦有追加遗漏罪名的。所涉及的51名犯罪嫌疑人经法庭审理准确无误，另外，还办理了申诉案件4件，通过细致工作和正面接触申诉人的法制教育，使所涉及的罪犯都能心悦诚服地认罪服法，接受改造。由于多角度地接触业务，使自己得到了较全面的锻炼，丰富了检察业务知识，取得了较大的成绩。分别于1993年、1994年连续两年年度考核获市检嘉奖，又于1996年、1997年、1998年、1999年连续4年年度考核为优秀。

3. 自始至终热衷于此项工作。13年的监所检察工作实践，耳濡目染，使自己十分熟谙了监所检察工作。就我区而言，其工作内容包括5个方面：一是，代表我院对本区看守所的执法活动依法实行监督（俗称驻看守所检察）；二是，代表我院对本区监外罪犯的执行情况进行监督（简称监外检察）；三是，对虐待被监管人员案、私放在押人员案、失职致使在押人员脱逃案和徇私舞弊减刑、假释、暂予监外执行案进行立案侦查（简称"四类案件"）；四是，受理被监管人员及其亲属直接提出的控告和举报；五是，检察长交办的其他工作。在此，需要具体说明的是前两项。驻看守所检察即为对看守所收押嫌疑人和释放在押人员的活动、在押的犯罪嫌疑人和被告人的羁押期限、交付执行和执行判决（裁定）的情况，以及看押、教育、管理在押人员的活动情况等实施监督。同时还要对留所服刑的罪犯又犯罪、劳动教养人员犯罪案件的侦察活动实行监督；监外检察即为监察和督促本辖区内公安机关对人民法院依法判决（裁定）的管制罪犯、剥夺政治权利罪犯、缓刑罪犯、假释罪犯和暂予监外执行罪犯，以及监狱管理机关批准决定的保外就医罪犯的监督或考察活动依法实施，并有权对执行活动中出现的违法或监考不当的行为提出纠正意见。

针对上述本人的政治、业务工作和监所检察内容知晓情况，若领导和同志们给予认可，那么我如愿后的首要任务就是要在院党组的正确领导下，积极配合处长凝聚全处同志打破 × 检监所近几年的沉寂，具体设想如下：

1. 在以身作则的前提下，明确任务，进一步落实驻所检察人员的工作责任制，充分调动每位检察人员的工作热情和主观能动性。

2. 密切与上级主管部门和兄弟单位的联系，争得支持，借鉴经验，营造一个良好的外部环境和内部工作氛围。

3. 全面分析近几年来检察工作情况，找出经验和教训，并结合实践摸索出一套既简便易行，又适合我区的工作方法。

话不多说，行动是关键。当然，我也做好了落选的思想准备，那就是决不气馁，要以此次竞争为契机，彻底改变近些年来的进取心较差、工作热情不高的消极作风，发挥一名"老监所"的作用，当好正、副处长的参谋，为我院监所工作的腾飞尽一份力量！

从这篇演讲词的内容来看，演讲者是一位实践重于理论的干部。在文章的其余部分都是重在陈述事实，用事实的力量去打动听众。例如用 1994 年负责监外罪犯执行情况的工作经历，说明自己能够坚持做到依法监督，努力规范检察工作；用对于"私放在押人员案、失职致使在押人员脱逃案和徇私舞弊减刑"的情况处理办法的研究工作，来说明自己热衷于检察工作。真正实现了自己"在工作中任劳任怨，本着'干就要有个干样'的原则"。成功地向听众展示了一位踏实肯干、热爱岗位的干部形象。

竞聘省检察院职务犯罪预防处副处长

各位领导、同志们：

大家好！

我叫 ××，今年 38 岁，我报名参加竞争的岗位是职务犯罪预防处副处长。我认为我竞争这一岗位有我得天独厚的优势。

我自从 1983 年参加工作至 2000 年一直在反贪部门工作了将近 18 年，1988 年被任命为助检员，其中 1993 年至 1995 年，在税务局综合治税办公室搞了 3 年综合治税工作；2000 年至 2001 年调到控申处工作，搞了两年举报线索初查工作（其中 2001 年初至 9 月份，借调到高检院反贪总局侦查处工作 9 个月）；2003 年 3 月至今，在院行政处工作。在我的工作经历中，绝大多数的工作时间是在与职务犯罪打交道。在反贪部门，我办理过大量的、形形色色的经济犯罪案件，积累了与职务犯罪作斗争的较为丰富的实践经验，特别是对具有特殊主体身份的职务犯罪案件，每办结一案，我除了总结该案在查办过程中的成败得失以外，在回味每一件案件的产生根源时，结果往往会使自己深深地陷入一种茫然和困惑中，产生了许多的不解和疑问。为什么我们办理了如此多的职务犯罪案件，社会风气却并未因此而彻底好转？腐败现象和高级领导干部的职务犯罪层出不穷？经过思索，我逐渐地认识到，我们打击经济犯罪的目的和手段上有些脱节，打击职务犯罪只是一种手段，目的是教育大多数人引以为戒，从而减少或杜绝类似案件的发生。经过不断地学习和积累，自己深刻地认识到：惩治腐败只靠查办案件，一味地打击职务犯罪是不够的，那只是治标，而遏制腐败，就必须加强职务犯罪的预防，这才是治本。要打防并举，标本兼治，搞好综合治理，这是职务犯罪预防工作的根本方针。

下面我谈一下对职务犯罪预防处今后工作的基本设想：

首先，在对本部门的管理上，要紧密团结在院党组和主管领导的周围，积极开展职务犯罪预防等日常工作，坚决贯彻上级领导指示精神，服从组织，狠抓管理，求真务实，团结高效，开拓创新。在对人的管理上，始终贯彻以人为本的原则，主动倾听群众意见，关心干警疾苦，切实解决他们工作和生活中的实际困难和问题；要坚持原则，敢于管理，不徇私情，不搞一团和气，要勇于批评和自我批评；要合理安排和使用干部，进一步规范量化考核管理制度，奖惩分明，充分调动干部的工作积极性，团结本处一班人，在院党组和主管检察长的带领下，开创我院职务犯罪预防工作的新局面，争取在近年挺进全市先进行列。

在业务建设方面，主要应做好以下几项工作：

1. 建立党政管理机关、行政执法机关、司法机关、文化教育卫生系统、金融管理部门以及市政城建和大中型国有企业等系统的职务犯罪预防网络，积极开展职务犯罪预防工作。与各预防网络单位确立定期联系制度和专项宣传活动，比如为系统预防网络单位讲授法制课，组织网络单位参加预防职务犯罪知识竞赛，帮助预防网络单位内部建立各种形式的板报、墙报和宣传栏，编辑出版职务犯罪预防内部期刊，向预防网络单位发放，并计划在我任职期间建立职务犯罪预防电脑网站，利用高科技手段发布、交流职务犯罪预防信息，使我们与社会的沟通更加方便、快捷。

通过预防职务犯罪网络系统，不仅可以拓展职务犯罪案件的来源，而且可以通过定期联系制度，及时得到发案单位以及上级机关的意见反馈，我们将本着大局意识和服务意识，及时调整侦查方案，尽可能减小因办案对企业造成的不良影响。

2.我们要在开展个案预防的制度上、规范上、落实上和效果上狠下功夫，并将此项工作自觉纳入执法执纪和纪律作风整顿以及改进工作作风的重要工作部署中，要办结的所有案件必须做到"一案一建议，一建议一整改，一整改一反馈"，不断提高个案预防的社会效果。在具体工作中，首先要根据本辖区内的实际状况，制定出我院职务犯罪预防处的预防工作重点，再根据预防重点，结合典型案例，在辖区内全面开展教育、清理、整顿工作，并结合党风廉政教育，认真开展反腐倡廉、廉洁自律和遵纪守法等预防职务犯罪教育。针对犯罪预防的重点行业和部门特点，进一步整改存在的问题，制定监管办法等，同时将书面形式的意见反馈制度化、规范化，以期逐渐达到本辖区内的重点行业和部门少发案或不发案的长远效果。另外我还准备结合本辖区的敏感部门、岗位和重点行业的特点，通过检察建议，发挥法律监督职能作用，将检察建议作为履行检察职能的重要手段，最大限度地发挥检察建议的作用。

3.关于社会化预防的问题。根据党的十五届五中全会制定的反腐败工作方针，按照"关口前移，标本兼治，从源头上遏制腐败现象滋生蔓延"的方针和十六大提出的坚持不懈地开展党风廉政建设和反腐败斗争，坚持"打防并举、标本兼治、综合治理"的方针，在认真查办案件的同时，把进一步抓好预防职务犯罪工作，作为从源头上防止和解决腐败问题的治本措施，建立预防职务犯罪网络，综合全社会的力量搞好职务犯罪的预防工作。同时坚持"党委领导、党政共管、部门齐抓、群众参与、形成合力"的领导机制和工作机制，从组织上保证预防职务犯罪工作的统一领导。在落实上我要着力抓好以下几方面的工作：

（1）围绕区委、区政府、市检察院和院党组的中心工作，深入调查研究，提出预防对策；加强宣传教育，扩大社会效果，有计划、分步骤、多渠道地开展职务犯罪预防的宣传活动，引导预防网络单位的干部群众共同参与预防和减少职务犯罪工作；发挥专业职能，抓好四大预防：加大打击职务犯罪力度，搞好特殊预防；围绕重点工程，搞好同步预防；结合行业特点，搞好行业预防；结合具体办案，搞好个案预防。

（2）围绕工作大局，确立预防重点；深入调查研究，提出预防措施；加强宣传教育，扩大社会效果；强化工作力度，规范预防工作，努力为领导当好参谋。

（3）根据中央、××市和区委、市检察院反腐败斗争的任务要求，协调联系上级与我院反腐败、预防工作的重大事项；督促网络单位将预防职务犯罪、开展宣传教育纳入工作议事日程，形成信息沟通、工作协调、线索排查、法制宣传等责任制度，使广大干部群众防范职务犯罪的意识有明显提高，使预防职务犯罪工作更加规范有序。

我坚信，如果我能当选，我一定会按照以上的设想真抓实干，狠抓落实，认真负责，在院党组和主管检察长的领导下，全面履行职责，团结全处同志，为开创我院职务犯罪预防工作的新局面而忘我工作。请领导和同志们支持我！

职务犯罪预防处副处长是一个重要的岗位，不仅要求竞争者具有领导能力、管理能力、专业能力，还要有深入观察、善于思考、善于总结经验教训、改进工作方法的能力。而这篇演讲词的作者显然具有这种能力。作者经过深思熟虑"为什么我们办理了如此多的职务犯罪案件，社会风气却并未因此而彻底好转？腐败现象和高级领导干部的职务犯罪层出不穷？"而得出这样的结论：要打防并举、标本兼治，搞好综合治理，这是职务犯罪预防工作的根本方针。由此可见作者在调查实践的基础之上有自己的真知灼见。这样的领导，必然能够赢得听众的信任，带领部门不断前进。

竞聘市检察院反贪局侦查一处副处长

尊敬的各位领导、各位同事：

大家好！我叫××，今年33岁，是检察院反贪局侦查一处的一名干警，助理检察员。我竞争的职位是我所在处的副处长职位。

我的基本情况：

我从事检察工作至今已13年，先后从事过起诉、反贪侦查等检察业务。我于1991年6月来院，分配到本院审判监督科从事审查起诉工作，1997年7月加入中国共产党，1997年12月任助理检察员。1998年6月中国政法大学法学本科毕业，1999年7月取得法学学士学位。1996年在"严打"中成绩突出，被评为当年院级先进。1999年4月经过双向选择，到我院反贪局从事侦查工作，由于工作努力，在查办区属大、要案工作中成绩突出，几年来多次被授予"优秀公务员""××五好干警"等荣誉称号，及荣立个人三等功一次。2002年，在代表我院参加"全市反贪系统业务技能大比武"中凭借自己多年来从事起诉、侦查工作的业务素养，及临场的机敏反应能力取得了全系统第四名，从而使我院在这次活动中走在了全市检察系统的前列。同年9月，出于市院反贪局在查办××市属贪污贿赂大要案过程中，对侦查人才的需要，临时抽调我加入市院、市纪委联合组成的"××"专案组，参与对市领导关注的市属局级案件的查处工作至今。

我对所竞争岗位的认识：

我局侦查一处是2002年初新设立的处室，主要担负的工作有：区属贪污贿赂大要案、区内管辖的国有公司、企事业单位国家工作人员涉嫌职务犯罪以及市院交办案件的查处工作。而我处面临干警人员结构新、查办案件压力大、涉及单位面广、情况复杂的局面。基于我处具体形势的需要，我认为，侦查一处副处长必须协助处长率领全处干警圆满完成我处担负的艰巨任务，除像一般处室副职那样摆正位置，辅助处长工作外，侦查工作的特点和查办区属大要案的特殊性决定了侦查一处副处长还须做到：

1.既是指挥员，又是战斗员。副处长不应该是办案人员与处长之间的一道"程序"，而应该是一个承上启下的联结者，以抓办案为中心工作，冲锋陷阵在办案的第一线。

2.在处长的主持下集体研究侦查方向和侦查方案，副处长应该是最坚定的执行者。

3.经常性的汇总情况、提炼问题、及时进行阶段性层报。基于我处日常查办案件的性质，需要我们根据侦查工作实际情况，及时向上级领导反映，寻求支持，保证案件查处工作顺利进行。

基于以上对竞争侦查一处副处长职位的认识，我认为我具备以下优势：

1.具备较强的政治素质和较高的政策法律水平。由于家庭的熏陶、教育，早在学生时代，我就树立了自己的共产主义的人生观、世界观，并积极要求加入中国共产党。毕业后从事检察工作13年，同时也是受党教育的13年，我对党的事业，检察事业一片赤诚，始终把握正确的政治方向。通过边业务实践边理论学习，我的马克思主义理论水平和政策水平得到了提高，特别是加强了我的政治敏锐性和政治鉴别力，从全局出发，从讲政治的高度观察问题和解决问题。

2.对反贪侦查理论悉心研究，并运用到实践中去。1999年加入反贪队伍以来，深知学习侦查理论，尽快提高自己侦查业务能力的重要性。平时注意搜集业务报刊及侦查学方面的相关文章、书籍，几年来研读了大量的案例和理论文章，并积极运用到侦查实践中去，取得了不错的效果。1999 年 5 月还参加了市检院组织的反贪局长、法纪处（科）长培训班，撰写的论文得到了市检察院教育部门的很高评价。

3. 我具有多年从事反贪侦查工作的经验和查办区、市属大要案的成功实践。从事反贪工作几年来，我承办了原 ×× 市 ×× 炊事机械厂厂长、市人大代表、市"五一"劳动奖章获得者、×× 区政协委员 ××× 贪污案；参与办理了原 ×× 市 ×× 区外经委主任 ××（处级）、伙同他人贪污、职务侵占公款 110 余万元，挪用公款、挪用企业资金 600 万元的多人特大经济犯罪案件；原 ×× 市 ×× 区经贸委副主任 ×××（副处级）贪污、受贿案；原 ×× 市海关走私调查局局长 ×××（局级）受贿案等一批在市、区内有震动、有影响的大要案。××× 贪污案系我院查办的第一起市人大代表犯罪案件，此案的查办过程中市检察院、区人大、区委、区纪检委给予了高度重视，对 ××× 案的有罪判决，不但使企业的职工重新树立了信心，使企业的发展形成了良好态势，还为区政府对全区校办企业改制的工作起到了良好的示范作用。×× 案件查处后，区委以此案作为开展反腐倡廉警示教育的典型案例，在全区干部中开展了廉政警示教育活动。以上对区经济管理部门领导干部及人大代表犯罪案件的查办，打出了我院的声威，有效推动了我区反腐倡廉工作的开展，得到了 ×× 委、市检察院领导和社会各界的一致好评。

借调市检察院工作后，我作为主要承办人之一，成功办理了市委领导亲自批示、市检察院反贪局、市纪委联合办理的一起局级干部涉嫌犯罪的特大案件、在市检察院、市纪委领导"只许办好，不许办坏！"的指示下，吃透案情、运用侦查谋略，全面调取、固定证据，找到案件的突破口，在 ×× 地区集中一周连续提讯，在固定"挪用公款"罪的基础上，深挖出了其涉嫌行贿、受贿的犯罪事实，且一案带出四案，查出了企业领导班子集体腐败，在企业改制过程中涉嫌大肆侵吞国有资产的犯罪事实，从而取得了"×××"专案的全面突破。此案的成功办理，及我在办理此案中所起到的关键作用，得到了市检院领导以及市委常委 ××× 书记的一致肯定。

4. 从事公诉检察业务的经历。1991 年开始从事起诉工作，通过自身的努力成长为一名合格的公诉人，8 年的起诉工作经历培养了我的证据意识和串联多方面知识的能力，使我能在侦查阶段就能围绕个案的犯罪构成搜集证据，较好地掌握证据的证明标准，提高侦查工作质量和效率。

5. 一定的组织、协调能力和侦查指挥能力。几年来经常在案件查办的紧要时刻带领同志们蹲守、搜查、外埠取证，为处里案件的查办起到了不可或缺的作用，也曾协调过中纪委和市、区纪委以及监察、税务、海关、公安等执法部门配合办案。借调到××市检察院工作后，也能很好地组织协调专案组内办案人员，紧张、有序、富有成效地开展工作。

我具有不怕疲劳、连续作战、敢打敢拼的顽强工作作风。

侦查工作就是跟办案期限赛跑，与犯罪嫌疑人抗拒心理拼体力、拼毅力，我在长期的办案工作中形成了一种坚忍不拔的顽强作风，在平时的工作中，我经常放弃节假日及休息时间加班加点，几天回不了家是家常便饭，参加工作13年未休过一次年假。侦查工作不同于一般的检察工作，其自身的特点决定了这项工作具有一定的危险性，而作为一名共产党员，每次抓捕、搜查行动我都冲在前面，今年在承办"×××"专案过程中，在抓捕犯罪嫌疑人×某时，我正确判断并及时发现蹲守多日的×某，在只有我一人的情况下，为防止其逃跑，孤身一人将身高一米八几的嫌疑人当场抓获，我在这次行动中的表现，得到了市检察院及市纪委领导的表扬。而这些在我身上所具有的不怕疲劳、敢打敢拼的顽强工作作风，也应该是一名从事侦查的领导干部所应该具备的基本素质。在今后的工作中我要注意加强对工作的全面把握，锻炼自己开拓进取的精神。

如果我竞职成功，我将按照院党组、局领导的指示精神，协助处长重点做好以下工作：

1. 加强队伍建设与管理。按照检察工作二十字方针和2003年我市检察队伍建设的总体思路要求，从带队伍、抓管理入手，强化公正执法文明办案，进一步完善切实可行的管理措施和规章，完善目标量化管理，促进侦查工作的规范化，加强案件的管理工作。以作风建设为主线，以向×××等优秀模范人物学习为契机，全面加强队伍建设工作，配合正职努力把侦查一处建成一支令行禁止、清正廉洁、能打硬仗的队伍。

2. 统一思想，加大力度，集中力量查办大案要案。继续配合正职把查办发生在"三机关一部门"的案件，发生在银行、证券、保险等金融机构和房地产、人事、医药等行业和领域的犯罪案件和国企改革过程中的犯罪案件作为打击重点，切实采取措施，集中精力、人力、物力，突破一批在全市有重大影响的大案要案，争取进一步开创我院查办市属贪污贿赂大要案工作的新局面。

3.开展形式多样、富有实效的专业培训。当前的反贪形势要求我们的反贪干警是复合型人才，综合素质非常高。侦察一处是一支新组建不久的队伍，在注意充分发挥每个人的特点的同时，努力拓宽同志们的知识面，不仅要掌握丰富的法律知识，还要拥有包括经济、证券、建筑、审计等多种知识。通过学习，提高综合分析、判断、解决问题的能力，要有触类旁通的水平。

4.调动全处信息和调研写作的积极性。侦查处的同志一定要拿起笔来，把自己在办案中的感受记录下来，包括办案经验、侦查工作中存在的问题、改进工作的建议等，通过动笔，不断增强捕捉信息的敏锐性。

我对竞岗结果的态度是：

我抱着锻炼和学习的目的参加这次竞岗，无论竞岗的结果怎样，对待工作我都将一如既往。

最后，祝所有参加竞岗的同志尽情发挥，充分表现，最终如愿以偿。

谢谢大家！

本文作者对于反贪局侦查处副处长的岗位有着十分准确的定位：既是指挥员，又是战斗员；在处长的主持下集体研究侦查方向和侦查方案，副处长是最坚定的执行者。在定位的基础上，作者有针对性地分析了自己的竞岗优势，做到了有的放矢、言之有物。然后作者阐述了自己对工作未来的计划：加强队伍建设与管理，开展形式多样、富有实效的专业培训，展示了作者的领导能力；集中力量查办大案要案展示了作者的工作办案能力；调动全处信息和调研写作的积极性，展示了作者的管理能力。到此，这篇演讲词已经成功地做到了全方位、详尽地展现自己，内容翔实，重点突出，值得借鉴。

竞聘市检察院政治处主任

各位领导、各位评委、各位同事：

我于××××年×月参加工作，××××年×月调入检察院，在反贪局的前身——检察科工作，后调任调研室副主任，负责调研、信息工作，调研室与政工科合并后，由我负责政工（政治思想工作，简称"政工"）工作至今。

参加工作以来，由于本人的不懈努力，加之领导、同事的关心与支持，工作取得了一定的成绩，得到了群众和领导的好评，多次受到领导机关的表彰与肯定：先后5次被县委县政府评为先进工作者，被市委市政府评为普法先进工作者，被省检察院评为优秀信息工作者，被县委县政府荣记个人三等功一次。本人撰写的《固本强基，树好形象》一文在全市检察机关形象建设研讨会上获一等奖，《对××××适用检察建议的几点思考》和《基层检察院×××××建设的主要途径》等论文，分别被录入《新时期全国优秀学术成果文献》《中国当代检察文论》和在省检察院召开的研讨会上获奖。同时，在院党组的正确领导下，在全院干警的积极参与下，全院上下形成了浓厚的调查研究氛围，工作进入了全市的先进行列，先后有20余篇论文在省、市检察院及市政法委组织的研讨会上获奖；几年来，我院的信息工作一直处于全市的先进位次，曾一度跻身于全省174个基层检察院的前10名。一年多来，在政治处3名同志都是新手的情况下，我们精诚团结、扎实工作、积极进取、奋力拼搏，保住了政治工作和纪检监察工作在全市同部门中的先进位次。

基于以上的总结和分析，本人认为自己在政工工作方面积累了一些实践经验，总结归纳出一些可行性比较强的工作方法，因而，自我感觉能够具备政治处主任所应具备的岗位职责的基本素质。所以，我决定参与竞聘政治处主任职位。

如果我被聘用为政治处主任职位，我将认真负责地管理好本部门的全面工作，安排好全院各项工作的年度计划和阶段性计划，并积极探索、创造具有自身特色的工作；带领本部门干警认真自觉地执行好上级检察院的各项管理规定，并协助党组制定、修改、完善、落实好本院的相关规定；协助党组开展好全院的思想政治工作、纪检监察工作和党风建设工作，组织开展好寓教于乐的文体活动，并按"一岗双责"的要求，在抓好本部门各项业务的同时，切实抓好本部门的队伍建设。力争使政治工作、纪检监察工作在先进位次的基础上再有新的突破。

为了实现上述工作目标，本人将立足本职、着眼全局、力求突破、扎实进取，全面做好政工工作，为领导决策当好参谋与助手。

政治处既是院党组的办事机构，又是纪律检查委员会的办事机构。在对院党组负责的同时，既要对市院的干部处、宣传处、培训处、纪检监察处、研究室和办公室负责，还要协调好与县委办、组织部、人大法制科、纪检委、宣传部、政法委、局、相关新闻媒体以及本院各科室局的工作关系，可以说工作千头万绪，包罗万象，但仔细梳理，还是有章可循的。具体地应努力做好如下5个方面的工作：

1. 做好常规性工作。政治处常规性工作包含两大块13项内容：一是人事、劳资、政工内勤工作，包括承办干警任免手续、制定工作目标、组织干警的理论和业务培训、修订等10个方面的工作；二是文件起草、调研、宣传、检委会工作，包括起草文件、安排、协调、开展好信息宣传工作，为检委会收集审查案卷材料、记录整理好检委会材料，拟定好检委会研讨课题和报告等3个方面的工作。为了保质保量地做好上述常规性工作，我将报请党组同意后制作常规性工作及职责分工一览表，在全院范围内对调研信息宣传工作进行量化分解。规定完成篇目及时间，并坚持落实好诸如信息宣传工作等各项奖惩措施。

2. 做好阶段性工作。一是搞好相关活动的阶段性安排、检查、验收、汇报工作；二是搞好半年及全年工作总结、考评工作。

3. 做好应急性工作。一是按市院或县委安排，快速上报经验型、事迹型或者阶段性工作的各类文字材料；二是高质量地完成院党组交办的临时性工作。

4. 做好重点性工作。一方面我们要按本院党组的安排，一如既往地抓好队伍的管理工作，搞好"十六大"精神和"七条禁令"的落实工作，切实以队伍的高素质来推动各项检察工作的健康发展；另一方面组织开展好重点活动，协助党组做好老干部工作和从优待警工作。

5. 抓好特色性工作。工作不抓特色、不创特色，就会显得平平遢遢，没有生机与活力。所以，必须开动脑筋，集群众智慧，创出特色。我将在院党组的正确领导下，在全院干警中全力开展好"献一策、写一文、讲一课、答百题、记万言"活动。

以上是如果我被聘用为政治处主任职位的工作目标和工作打算，敬请各位领导、各位评委和各位同事进行评判。

如果我不能入选政治处主任职位，我将会坚决服从院党组对我的安排，并且不管在什么岗位，都将竭尽全力协助科室领导全面开展好相关的检察业务，因为我毕竟还是一名检察官和共产党员！

我的演讲完了，谢谢大家！

点评

这篇演讲词充分展现了一位深入基层、充分了解一线检察工作的干部形象。演讲者的理论素质过硬：曾在全市检察机关形象建设研讨会上获一等奖，论文被录入专业期刊。同时演讲者也对基层工作了如指掌，在对院党组负责的同时，既要对所隶属的部门负责，还要协调好与相关部门的工作关系，可以说工作千头万绪，但是即便包罗万象，作者认为仔细梳理，还是有章可循的，随即提出五点的具体工作计划：做好常规性工作；做好阶段性工作；做好应急性工作；做好重点性工作；抓好特色性工作。概括得非常全面，巨细不遗。如果没有长期深入基层的调查研究，是写不出如此细致全面的工作计划的。

竞聘市公安局副局长

尊敬的各位评委、领导、同志们：

大家好！

首先，非常感谢组织给了我一个"推销自己"的机会，我为能参加 ×× 公安分局的首次竞争上岗而感到自豪。我今天演讲的内容分为三个部分：一是我的工作经历；二是我的有利条件；三是我的工作设想。

1. 我的工作经历：

我叫 ×××，是派出所教导员，今年 36 岁。1984 年市警校毕业参加公安工作，1988 年市公安学院管理班大专毕业，1999 年就读于 ×× 省社科院在职法律研究生班。

在公安工作的 16 个春秋里，我怀着对公安事业的满腔热情、抱着维护法律、服务人民的愿望，从专区、治安、内勤民警干起，努力向业务精通、经验丰富的领导和同志们学习，政治思想觉悟和业务水平有了较快提高。1993 年担任了分局团委副书记、1995 年调任 ×× 街派出所副教导员，1997 年后，历任 ×× 街、×× 街、×× 街派出所教导员。先后 8 次受到市公安局的嘉奖，被评为 1997 至 1999 年度 ×× 区精神文明建设先进工作者和 1999 年度分局优秀党务工作者等。

2. 我的有利条件：

16 年来，组织给了我很多锻炼的机会。我从基层到机关再到基层，积累了较丰富的基层工作经验和一定的机关工作经验。

多年来，我坚持学习马列主义、毛泽东思想和邓小平理论，努力提高自己运用党的基本理论、基本路线、基本方针分析问题、解决问题的能力，养成了以身作则、保证政令警令畅通的工作作风和组织纪律观念。

长期的基层工作实践，使我掌握了队伍管理的技巧，熟悉了业务工作的内容，特别是面对"上面千条线，下面一根针"的基层工作实际，我学会了运用十个手指"弹钢琴"的领导方法，注意轻、重、缓、急，既抓住中心环节、又兼顾其他各项工作。这几年主要的工作成绩有以下四个方面：

（1）主持分局团委工作时，结合青年人的特点，开展形式多样的活动，加强了团组织的凝聚力，鼓动起广大团员青年的工作干劲，促进了我局各项工作的开展。

（2）在××所任职时，与所领导一起，在原来的基础上，一手抓队伍建设、一手抓业务建设，使××所迅速改变了面貌，跨入了"一流派出所"的行列。

（3）在××所工作期间，与班子成员深入实际、调查研究，率先创建了下岗工人护街队，并实行了定点辐射防范机制，取得了良好的效果，受到中央、省、市领导的肯定。

（4）调任××所后，将政治思想工作与业务工作有机地结合，在做好干警的思想稳定工作，落实岗位责任制的同时，根据步行街"双抢"案的发案规律，采取了派保安"守巷口"的办法，使步行街的"双抢"发案率明显下降。

16年的工作历程中，我体会最深的有两点：一是个人的进步离不开组织的培养和同志们的支持；二是要做好公安工作必须有强烈的工作责任心和献身精神。

3. 我的工作设想：

假如组织信任、同志们支持，让我当选副局长，我将摆正位置，协调好关系，按照区委、区政府、市局和分局党委的工作部署，围绕"抓班子、带队伍、促工作、保平安"的工作思路，以"发案少、秩序好、群众满意"为目标，结合我局的实际情况，做好以下5个方面的工作：

（1）适应形势的需要，加强理论和业务学习，虚心向×局长、×政委等局领导请教，不断提高管理水平和业务水平。同时深入调查研究，掌握真实、大量的第一手材料，为开展工作打下良好基础。

（2）依法从严治警，抓好队伍建设。通过有效的政治思想工作使其"不为"；通过落实日常管理制度使其"不能"；通过严格执法执纪使其"不敢"。当然还要爱护干警，关心他们的生活、工作和学习，增强队伍的凝聚力。

（3）要下大力气调整警力结构、合理配置警力资源，在人、财、物等方面向基层倾斜，充实一线警力，改善技术装备，提高基层战斗力。

（4）向科技要警力，进一步加强机关和基层的现代化建设，加强公安信息的利用和开发，使信息化与基层基础工作有机地结合起来，提高警务效率。

（5）人民群众是我们公安工作的力量源泉和根本所在。要认真研究与市场经济相适应的群众参与维护社会治安的组织形式和制度，依靠群众维护稳定，缓解警力不足的现状。

最后，无论这次竞争结果如何，我都会正确对待，接受组织的考验，胜不骄、败不馁。我相信，有领导和同志们的支持，再凭自己的信心、能力和努力是能够胜任副局长这个岗位的。

我的演讲完了。谢谢大家！

演讲词开篇把参加竞聘演讲成为"推销自己"，口吻轻松幽默，有效地缓解了竞争的紧张气氛，也拉近了与听众的距离。但是开场白过于简短，介绍不够全面，紧接着就开始介绍自己的工作经历稍显突兀。在对自己的介绍中，演讲者以时间为顺序介绍自己的经历，稍显枯燥，如果能够穿插些标志性的事件描述就会更加提起听众的兴趣。本文值得借鉴之处在于对工作的设想：围绕"抓班子、带队伍、促工作、保平安"的工作思路，以"发案少、秩序好、群众满意"为目标对下面的5点具体措施起到了提纲挈领的作用，总分式结构对于听众抓住演讲者的重点是十分有益的。

竞聘市法院办公室主任

尊敬的领导、各位同事：

大家好！

我于1988年××司法学校毕业后，被分配到×××市司法局工作，1992年到法院工作，1999年5月到办公室任副主任，2001年8月到×××法庭代理庭长。期间参加了全国法院业余法律大学及中央党校法律本科班的学习，现均已毕业。中国共产党党员。我竞争的岗位是法院办公室主任。

1. 竞争的优势:

1999 年 5 月份通过竞争上岗,我担任办公室副主任。在担任副主任 2 年时间内,我从中体会到法院的后勤管理工作在整个领导活动中,在整个审判活动中都起到了举足轻重的作用。法院的后勤工作是一个复杂的工程,与其他行政部门的后勤管理工作相比较,有其独特性,除了核心是为审判业务提供有利的物质保障,为法院创造一个良好的工作学习、生活环境之外,每一件事都可能涉及审判和法院工作人员的切身利益,即具体又实在。但最主要的是法院后勤工作的复杂性,既有人际关系,又有人与物的关系,比如审判业务所需的交通、通讯、器材等物资保障,以及法院工作人员的生活样样都要细心考虑、精心安排,稍有疏漏就会影响审判业务的开展和审判人员办案的情绪。既要处理好法院内部各庭室之间的关系,又要处理好法院与外部的诸多方面的关系,我在这方面的有些做法在前面的述职报告中也做了陈述,现不再一一赘述。

2. 竞岗成功后的改革措施:

如果我能竞争上办公室主任,随着法院审判综合大楼和法官公寓的落成,我认为后勤管理应该以搞好服务保障为基础,以科学管理为手段,大胆引进外地经验,以提高效益为目的。

(1)后勤管理社会化、企业化。随着法院机构改革的不断深入,光靠行政手段来搞好后勤管理我觉得已经不行了,必须运用行政和经济相结合的手段,也就是将服务型逐步转化为服务经营型。现在法院这种"小而全"的后勤管理体制,不但不利于提高工作效率,而且造成人力、物力、财力的极大浪费,与法院审判工作的需要也不相适应。实行后勤管理社会化和企业化,将服务职能从现在的行政职能中剥离出来,成为经济实体的服务中心,为法院工作人员提供就餐服务、交通信息服务、住房维修服务、会议及环境绿化、美化服务等。这样不但可以缩减行政编制,节约经费,而且还可以提高工作效率,加强竞争,创造经济效益。

(2)资源配置效益化。现在的法院后勤保障体制包括房产管理、车辆管理、财务管理、服务接待、饮食、医疗服务、通讯等,包揽了许多管不了也管不好的事物,形成了"大而全""小而全"的封闭格局,造成了人才、资源的浪费。我觉得把后勤服务部门的改革同改组、改造和加强管理结合起来,在物业管理、汽车经营、接待、餐饮、住房维修、环境绿化、文印、通讯等服务性工作中,尽可能地发挥其职能,盘活现有存量,以产生其经济效益。

（3）服务商业化。法院的后勤服务部门要跳出无偿服务的怪圈，树立服务出效益的观念，把坚持服务的宗旨与服务商业化统一起来，使服务的投入、产出和收益进入一个良性循环的发展轨道。

（4）用工市场化。我觉得要仿效现代企业的用工办法，引入用人竞争机制，根据后勤服务工作的不同岗位、不同劳动强度、不同业务要求和现有职工结构状况，实行全员劳动合同制，按劳取酬，对某些岗位的缺额和新建单位所需人员，实行"公开招考，择优录用"的办法招用合同工。实行定岗定员，必要时实行后勤管理人员聘用制。

总而言之，法院后勤工作，要真正实现为审判工作提供全面高效的服务。

谢谢大家！

点评

这是一篇竞选办公室主任的竞选演讲词，但与一般的办公室主任处理日常文字工作和会务工作不同，该法院的办公室主任的工作还涉及审判和法院工作人员的切身利益，还要分担一些后勤的工作职责，是具体而实在的工作。在阐述工作计划时，作者没有面面俱到地高谈阔论，而是抓住了法院审判综合大楼和法官公寓即将落成，如何搞好后勤管理工作这个中心展开论述的。演讲者能够跳出机关工作的狭小视角，结合市场经济规律来管理后勤工作，要努力使后勤管理社会化、企业化；资源配置效益化；服务商业化；用工市场化。具有超越了办公室主任视角的宏观眼光和市场经济意识，值得竞聘机关文职干部的竞争者好好学习。

竞聘县公安局副局长

尊敬的各位评委、领导和同志们：

我叫×××，现任厅信息安全筹备办公室副科长（主任科员）。今天我演讲的主题是：发挥自身优势，不断开拓前进。

1985年7月，我从××省人民警察学校毕业，分配到省公安厅工作。回顾16年来的从警之路，我始终以"堂堂正正做人、兢兢业业工作"作为自己的立世之本，在组织的培养和同志们的帮助下，刻苦学习，积极工作。多年来的工作成绩得到了组织和同志们的充分肯定。曾荣立个人二等功2次，个人三等功3次，并多次受到嘉奖。我的优势主要体现在：

1. 爱岗敬业，乐于奉献。我从事过3个不同岗位的工作，始终做到干一行，爱一行，专一行。2001年12月以前，我先后4次调换岗位，经历了17年的摸爬滚打，特别是1999年担任副科长以后，在第一线参与指挥了一大批重、特大案件的侦破，既积累了丰富的一线工作经验，磨炼了自己的意志，又提高了自己的组织指挥能力。今年初，我服从组织安排，负责信息安全办公室的筹备工作，面对陌生的业务和各种困难，与另外两位同事团结一致、虚心学习、大胆实践，很快熟悉了业务，并得到处领导的好评。

2. 勤奋好学，注意自身素质的提高。学而知之，学无止境，在科技迅猛发展、知识更新频繁的今天，身为一名公安干警只有通过不断学习，才能把握公安工作的新情况、新问题，在工作中赢得主动权。10多年来，我始终在繁忙的工作之余，坚持学习，锻炼自身本领。1987年，我经过近3年的自学，修完高等教育自学考试政治理论专业的全部课程，取得了该专业的毕业证书；1997年开始，我结合工作实际，又参加公安管理专业本科自学考试课程的学习，到现在为止，以良好的成绩通过了15门课程的考试。我在注重理论知识学习的同时，并没有放松对本职业务和技术的钻研。1989年，我在全省有关业务技术比武中获得第一名；1992年，参加全国公安有关业务技术比武，又获得第二名的好成绩。通过自身的不断学习和刻苦钻研，我逐渐提高了解决实际问题的能力，大大拓宽了工作思路。

3. 勤于思考，善于总结。干工作永远没有最好，但可以力求更好。我深深地认识到，要认识和掌握灵活多变的公安工作的规律性，就必须勤于思考，善于总结。所以，我在平时的工作中十分重视这一点，在办案科工作期间，撰写过多篇指导办案实践的文章，其中有3篇被公安部作为办案经验向全国同行推广。我的工作经验正是在平时不断地思考和总结中得到一步一步的积累。

4. 具有良好的思想道德品质。多年来，我始终以共产党员的条件严格要求自己，拥护党的路线、方针、政策，坚持党的四项基本原则；作风正派，勤政廉明，团结同志，严格依法办事；具有较强的事业心和责任感，充分发挥了共产党员的先锋模范作用。1996年，我被评为厅机关优秀共产党员；1998年，又被评为省直机关优秀共产党员。

拿破仑说过："不想当将军的士兵不是好士兵。"我说："不想当领导的干警不是好干警。"我竞争副局长岗位的目的，不是为了贪图享受，也不是为了光宗耀祖，而是为了党和人民的公安事业争挑更重的担子，作出更大的贡献。

尊敬的评委、领导、同志们，如果我当上了副局长，我一定虚心学习、大胆探索、务实求进。俗话说"打铁先要自身硬"，因此，我会以百倍的努力，从严要求自己，锐意进取，以自己的模范行动带领部属完成各项工作任务。

如果我当上了副局长，我决心立足本职、摆正位置。作为一名副手，我会坚决服从领导和组织的安排，在思想上摆正位置，行动上顾全大局，工作上认真负责。首先，做到恪尽职守，积极完成好自己分管的各项工作，当好局长的助手。其次，从我做起，维护领导班子的团结。只有团结的领导班子，才能带出一流的队伍，创造一流的业绩。我将时刻保持清醒头脑，思想上淡泊名利、工作上积极主动、业绩上不揽功诿过，主动加强与班子其他成员的沟通和密切配合。

如果我当上了副局长，我一定会以人为本，充分调动干警的积极性和创造性。记得孙子有一句名言："上下同欲者胜。"身为领导，我会把关心干警纳入日常一项重要工作来抓。经常体察下情，尽力帮助干警解决一些实际困难，最大限度地消除他们的后顾之忧，使大家心往一处想，劲往一处使。

如果我当上了副局长，我一定会按照"抓班子、带队伍，促工作、保平安"的思路，严格队伍的管理和教育，从严治警，常抓不懈。做到正人先正己，以自身的人格魅力去影响干警，以自身的表率作用去带动干警，为树立公安机关的良好形象增光添彩。

作为这次竞争上岗的积极参与者，我希望能在竞争中取得成功。但是，我绝不会回避失败。不管最后结果如何，我将一如既往地"堂堂正正做人，兢兢业业工作"。

最后，请大家记住我、支持我，我衷心地谢谢大家！

 点评

演讲之道，在于用较短的时间、精练的语言向听众全方位地展示自己。所以对于演讲词的准确性和概括性要求很高。而引用听众所耳熟能详的名言警句、日常工作中总结出来的缩略短语对于达到这样的效果就十分有效。例如作者在演讲词开篇就提出自己演讲的主题：发挥自身优势，不断开拓前进，使听众开始就能够抓住演讲者的中心思想。作者用"堂堂正正做人、兢兢业业工作"表明自己做人、做事的态度；用"不想当领导的干警不是好干警"表明自己的职业上进心；用"抓班子、带队伍、促工作、保平安"来概括自己的工作目标。通篇演讲言简意赅、铿锵有力，使人印象深刻。

竞聘市公安局干警

各位领导、各位评委：

首先，对局党委给我这次竞争上岗的机会表示感谢！下面，我将本人的基本情况介绍一下：

我叫×××，今年25岁，中国共产党党员，毕业于××人民警察学校，1996年参加公安工作。参加公安工作以来，本人在局党委的正确领导及同志们的支持帮助下，能够认真学习马列主义、毛泽东思想、邓小平理论，不断改造个人的世界观，忠于职守、服从命令、勤奋工作，忠实地履行人民警察的职责、义务，取得了一定的成绩，组织上也给予了许多荣誉。我先后被授予××市优秀人民警察、××市打霸除恶先进个人、××市追逃先进个人、××市公安调研先进个人、××市优秀国家公务员、××市人民政府优秀信息员等荣誉称号；1997年、1998年、1999年连续3年被评为局优秀民警。

各位领导，各位评委，我的任职优势有如下3点：

1. 政治上积极上进。本人在工作、学习、生活中能够不断加强政治理论的学习，始终与党中央保持高度一致，做到了立场坚定、旗帜鲜明、积极进取，对公安工作保持着满腔热情。

2. 有一定的公安工作经验。在派出所工作期间跟随领导、同志们学习、掌握了一些工作技巧和方法，严格执法，文明执法，在全市率先推行了"公开听辩制度""驻村调解室制度"；在"处法"工作中，主办了4期106人参加的教育培训班；参与侦破刑事案件36起，主持查处治安案件460余起，主持办理民事纠纷800余起，为辖区的一方安宁作出了积极的贡献。2000年调入局机关工作以来，能够迅速进入角色，及时完成了由治安民警到文字秘书的转变。已编写《公安工作简报》38期、《公安信息》98期、撰写领导讲话及其他文字材料20余万字。

3. 具有较好的专业基础知识。本人在警校学习期间，曾两次获得二等奖学金，打下了较为扎实的基础。参加工作以来，为充实自己的业务知识，又在中国人民公安大学完成了专科知识的学习。现在正在我省省委党校进行法律本科的学习。工作中，我先后在各类报纸杂志上发表公安体裁稿件109篇，其中国家级5

篇、省级38篇，撰写的《××涉枪案件案情分析及对策研究》《×××的种类、特点及打击策略》等7篇调研文章被上级公安机关采用或转发。

总之，工作这几年来，由于组织、领导及同志们给我创造了比较宽松、优越的环境，加上本人的主观努力，较好地完成了各项工作任务。我如果通过此次竞争上岗走向领导岗位，决不辜负领导的期望，努力做到以下几点：

1.进一步加强个人政治理论和业务知识的学习，不断提高思想修养。把自己锻炼成一名政治合格、业务过硬、作风优良的基层公安干部。

2.准确定位，发挥好参谋、助手的作用，当好联系民警与领导的纽带和桥梁，与单位正职齐心合力搞好工作。

3.遵纪守法，模范遵守社会公德，在群众中保持良好的人民警察形象。

如果我没有竞争上，我也决不灰心丧气，这说明我在某些方面的条件还不够成熟，我一定会一如既往地干好本职工作，发扬优点，克服缺点，再接再厉，争取早日实现自己的目标，为公安工作贡献自己的力量。

我的演讲完了！谢谢各位领导、各位评委！

点评

公安干警重视证据、以事实讲道理。这一点也体现在作者竞聘公安局干警的演讲词中。在介绍自己的竞聘优势时，作者列举了大量的数字来说明：主办了4期106人参加的教育培训班；参与侦破刑事案件36起，主持查处治安案件460余起，主持办理民事纠纷800余起。简简单单的数字，比自我表扬式的语言分量重得多。但本文的不足之处在于，笔墨分配不均，对于工作思路的阐述少于对自己优势的描述，有头重脚轻之嫌。

·第五章·

农林渔业工作岗位

农业工作理论知识

农业工作的概念

农业是指通过培育动植物生产食品及工业原料的产业。利用动物植物等生物的生长发育规律，通过人工培育来获得产品的各部门，也统称为农业。

农业是第一产业，它是人类衣食之源、生存之本，是一切生产的首要条件；为国民经济其他部门提供粮食、副食品、工业原料、资金和出口物资；是支撑国民经济建设与发展的基础产品。

农业工作的职责

1.贯彻执行国家有关种植业、畜牧业、农业机械化和农村经济发展工作的方针、政策和法律、法规、规章；研究拟订农业和农村经济发展战略、中长期发展规划，经批准后组织实施；拟订农业综合开发规划并监督实施。

2.研究拟订与农业有关产业方面的管理办法、规定等，引导农业产业结构的合理调整、农业资源的合理配置和农产品品质的改善；研究提出农产品、农业生产资料的价格及财政补贴的政策建议。

3.研究提出深化农村经济体制改革的意见；指导农业社会化服务体系建设和乡村集体经济组织、合作经济组织的建设；稳定和完善党在农村的基本经营制度和政策，指导农村集体土地承包和集体资产管理，调节农村经济利益关系；管理农业劳动力和指导其合理转移；指导、监督减轻农民负担和农村土地使用权流转工作。

4. 拟订农业产业化经营有关措施和农产品市场体系建设与发展规划，促进农业产前、产中、产后一体化；组织协调和实施"菜篮子工程"建设；研究提出农产品、农业生产资料的进出口和农业利用外资的建议；组织、指导农业展览活动；预测并发布农业生产、农产品及农业生产资料供求情况等农村经济信息。

5. 组织农业资源区划、农业环境和生态资源保护、生态农业和农业可持续发展工作；指导农用地、农村可再生资源的开发利用以及农业生物物种资源的保护和管理。

6. 拟订农业科研、教育、技术推广及其队伍建设的发展规划、实施科教兴农战略；组织重大农业科研和技术推广项目的遴选及实施；指导优质、高产、高效农业基地建设；指导农业教育和农业职业技能开发工作。

7. 做好农业有关产业技术标准的组织实施；组织实施农业有关产业产品及绿色食品的质量监督、认证和农业植物新品种的保护工作；拟订饲料生产的规划并指导实施；组织协调种子、种苗、农药、肥料、兽药、饲料、饲料添加剂等农业投入品的质量监测、鉴定和执法监督管理；组织市内生产及进口种子、种苗、农药、肥料、兽药、饲料、饲料添加剂等产品的登记工作。

8. 负责种畜禽管理、兽医医政、兽药药政药检工作；组织实施对动植物的防疫和检疫工作，组织对疫情的监督、控制和疫病的扑灭工作。

9. 组织种植业、畜牧业对境内外的经济、技术交流与合作。

10. 管理农业机械化事业，组织农机推广应用和安全监理，指导农业机械化服务体系建设。

11. 负责机关并指导直属单位人事、劳动工资和国有资产管理；指导有关社会团体的工作。

12. 承办农村工作领导小组的日常工作，负责对农村工作重大问题的调查研究、检查监督、综合协调和指导服务。

怎样做好农业工作

想做好农业工作，就要做好下面四方面的"建设"：

1. 农产品建设

（1）推进农产品质量安全和品牌体系建设。

（2）全力促进农产品加工销售。

（3）扎实推进科教兴农战略。

（4）推进农产品科研自主创新。

（5）强化农产品质量安全监管。

（6）加强农产品质量安全执法。

2. 农机建设

（1）用现代物质条件装备农业，全面提高农业劳动生产率、综合生产能力和农产品的市场竞争能力。

（2）培植农机大户、农机协会，组织跨区作业，提升农机服务产业化水平，促进农民增收。

（3）落实责任，抓农机安全生产。

（4）创新思路，提高农机人员的服务水平。

3. 农民建设

（1）用培养新型农民发展农业的理念，全面推进农民培训的各项工作。

（2）利用现代物质条件，多元化培训农民。

（3）加强队伍建设，全方位提高质量。按照规范程序，择优选拔资职高、能力强、热心农民培训事业的农业技术人员充实培训师资队伍，提高培训质量。

（4）培养新型农民。突出培训重点，创新培训形式，充实培训内容，确保培训覆盖率。

4. 农业行政执法建设

（1）建设执法队伍：改善办公环境和设施；对执法人员开展业务学习，提高队员的依法行政能力、拒腐防变能力和解决各种纠纷的能力。

（2）进行法制宣传，增强经营户的守法意识，减少执法阻力，营造良好的农业行政执法环境。

（3）进行市场整顿，确保农业生产投入品不出现问题，从而保证农产品生产和质量的安全。

（4）宣传、贯彻实施《农产品质量安全法》，抓好农产品质量安全工作。

林业工作理论知识

林业工作的概念

林业是指保护生态环境、保持生态平衡，培育和保护森林来取得木材和其他林产品，利用林木的自然特性以发挥防护作用的生产部门。

林业是我国的基础性产业。它能持续经营森林资源，促进人口、经济、社会、环境和资源协调发展。

林业工作的职责

（下面以重庆市林业部门的工作职责为例。）

1. 林业部门工作的总体职责

（1）负责林业及其生态建设的监督管理。贯彻执行林业及生态建设的法律、法规、规章和方针政策，起草相关地方性法规和规章，拟订林业发展战略、中长期规划；承担林业生态文明建设的有关工作。

（2）组织、协调、指导和监督造林绿化工作。指导植树造林、封山育林和以植树种草等生物措施防治水土流失工作，指导、监督全民义务植树、造林绿化工作；依法负责退耕还林工作；承担林业应对气候变化的相关工作；牵头组织实施森林工程；承担市绿化委员会和市森林工程建设领导小组的具体工作。

（3）承担森林资源保护发展监督管理的责任。依法编制、审核森林采伐限额并监督执行，监督管理林（竹）木的凭证采伐、运输和经营加工，负责林地、林权管理和征用、占用林地的审核（批）；负责天然林保护工作。

（4）组织、协调、指导和监督湿地保护工作。拟订湿地保护规划，组织实施湿地保护小区、湿地公园等保护管理工作，监督湿地的合理利用，承担有关国际湿地公约的履约工作。

（5）组织、协调、指导和监督石漠化治理工作。组织拟订石漠化治理保护区建设规划，拟订相关地方标准和规定并监督实施，承担有关国际荒漠化公约的履约工作。

（6）承担陆生野生动植物资源保护和合理开发利用的责任。提出市重点保护的陆生野生动植物名录调整意见，负责陆生野生动植物的保护、利用及其专用标识、疫源疫病监测；监督管理陆生野生动植物进出口；承担濒危野生动植物种国际贸易公约履约的有关工作。

（7）承担林业系统自然保护区监督管理的责任。依法指导森林、湿地、石漠化和陆生野生动物类型自然保护区的建设和管理；负责生物多样性保护的有关工作。

（8）承担推进林业改革，维护农民经营林业合法权益的责任。提出林业改革发展、维护农民经营林业合法权益的政策建议，指导、监督农村林地承包经营和林权流转，监督指导林权纠纷和林地承包合同纠纷的调处工作；指导基层林业工作机构的建设和管理。

（9）监督检查各产业对森林、湿地、石漠化和陆生野生动植物资源的开发利用。提出林业资源优化配置的政策建议，拟订林业产业地方标准并监督实施，组织指导林产品质量监督；指导赴境外森林资源开发的有关工作；指导森林公园的建设和管理；依法指导山区综合开发。

（10）指导森林公安工作，监督管理森林公安队伍。指导、协调、督促对破坏森林资源和野生动植物资源等林业案件的查处，侦破查处林业重特大违法案件。

（11）承担组织、协调、指导、监督森林防火工作责任。承担森林防火指挥部的具体工作；指导航空护林、林业有害生物防治、检疫和预测预报工作。

（12）负责林业及其生态建设项目、资金的管理监督。提出林业固定资产投资建议，审批、核准相关固定资产投资项目，提出市级林业建设投资安排建议并组织实施。

（13）组织指导林业及其生态建设的科技、宣传、对外合作与交流。组织开展林业科研、技术推广等工作，组织、指导林业科技创新体系、林业技术推广体系建设；承担林业区域协作、对口支援、林业援外等工作。

2.林业部门内部各机构工作的具体职责

（1）政策法规处：提出森林及生态环境建设、森林资源保护等政策建议；起草相关地方性法规和规章；指导、监督林业行政执法和行政许可，承担行政诉讼、行政赔偿等法律事务；开展林业普法教育，为基层提供法律咨询服务。

（2）造林绿化管理处：拟订造林绿化的指导性计划；指导以植树种草等生物措施防治水土流失和石漠化治理工作；指导各类公益林和商品林的培育；组织、指导林业有害生物防治、检疫和预测预报工作；指导、监督全民义务植树、造林绿化工作；指导国有林场和林木种苗及苗圃的建设和管理；指导退耕还林工作和森林生态建设项目；承担林业应对气候变化的相关工作；承担市绿化委员会和市森林工程建设领导小组的具体工作。

（3）森林资源管理处（木材行业管理处）：组织、指导森林资源管理、调查及动态监测；组织编制森林资源采伐限额；监督林木凭证采伐、运输和经营加工；承担林地、林权管理和林地征用、占用的审核（批）工作；负责国有森林资源流转的审批；负责森林资源行政案件稽查工作；负责天然林保护工作；指导木材检查站的建设和管理；指导基层林业工作机构的建设和管理。

（4）野生动植物保护与自然保护区管理处：指导陆生野生动植物的救护繁育、栖息地恢复发展；监督管理陆生野生动植物的猎捕或采集、驯养繁殖或培植、经营利用及疫源疫病监测；提出市重点保护的陆生野生动植物名录建议，监督管理野生动植物进出口；负责森林、湿地、石漠化和野生动物类型自然保护区建设和管理；承办生物多样性保护及其履约有关工作。

（5）森林防火指挥部办公室：掌握森林火情，发布森林火险和火灾信息；协调指导重特大森林火灾的扑救；组织、协调、指导和监督森林防火工作；承担市森林防火指挥部的具体工作；指导航空护林工作。

（6）科学技术处：组织开展林业科研、技术引进和推广、标准质量和有关植物新品种保护工作，组织、指导林业科技体制改革和林业科技创新体系、林业技术推广体系建设；承担林业科技成果管理工作；负责林业生物种质资源管理、林业转基因生物安全的管理监督。

（7）对外合作与产业发展处：负责林业对外交流与合作；负责林业国际项目的申报、管理及实施工作；负责林业外事和国外智力引进工作，承办涉及港澳台的林业事务；承担林业区域协作、对口支援、援外工作；指导林业招商引资工作；负责林业产业的管理；拟订林业产业发展的方针、政策、法规、规程及发展战略、规划；指导林产品结构的调整、市场建设和运行；组织指导林产品质量监督；指导赴境外森林资源开发有关工作；负责森林公园建设和管理；协调指导有关行业协会及中介组织工作。

（8）森林公安局：指导森林公安工作，管理森林公安队伍；侦破查处重特大森林案件；组织、指导、协调和督促侦破查处破坏森林和野生动植物资源、湿地资源等涉林案件；指导林区社会治安治理工作；负责林业系统安全生产、稳定工作和机关内保工作；承办上级机关交办的其他任务。

怎样做好林业工作

1. 大力推进城市林业建设。

2. 创建林业生态区。

3. 建设生态风景林。

4. 强化林地管理。

5. 运用多种宣传途径，加大宣传力度，增强造林意识。

6. 改革林权，增强发展活力。

7. 做好森林防火。

8. 加大森林执法力度。

渔业工作理论知识

渔业工作的概念

渔业是指开发和利用水域，采集捕捞与人工养殖各种有经济价值的水生动植物以取得水产品的社会生产部门。

渔业为人民生活和国家建设提供食品和工业原料。

渔业工作的职责

1. 渔业部门工作的总体职责

（1）贯彻执行国家有关海洋与渔业工作的方针政策和法律法规，起草有关地方性法规、规章草案，组织海洋战略研究，拟订并监督实施海洋事业、渔业的发展战略、政策和管理制度。

（2）综合管理、协调和指导海洋开发利用和保护，负责海岸开发利用和保护的有关工作。

（3）承担海洋经济运行监测、评价及信息发布的责任，组织实施海洋与渔业经济和社会发展的统计、核算，提出优化海洋经济结构、调整产业布局的建议，组织开展海洋与渔业领域节能减排和应对气候变化的工作。

（4）承担规范管辖海域使用秩序的责任。监督管理国家授权的海域使用，承担海域使用项目审核和海域使用权属管理及海上人工构筑物管理，组织海域界线、海岸线勘定和管理，监督管理海底电缆管道铺设、海上人工构筑物设置，负责涉海工程项目的有关工作。

（5）承担海岛生态保护和无居民海岛合法使用管理的责任。拟订海岛保护与开发规划、政策并监督实施，组织实施无居民海岛的使用管理。

（6）承担海洋环境保护和修复的责任。组织海洋资源环境调查、监测、监视、评价和信息发布，组织实施重点海域排污总量控制制度，监督海洋倾废、陆源污染物排海，负责海洋和渔业水域生态环境保护、水生生物资源保护，监督管理海洋、渔业自然保护区和特别保护区，负责保护修复典型性、代表性海洋生态系统，管理国家分工的海洋自然资源。

（7）承担海洋环境观测预报、海洋灾害预警预报和渔业防灾减灾的责任，负责海洋与渔业突发公共事件应急工作。

（8）组织落实渔业和渔区发展政策措施，指导渔业产业结构调整、产品品质改善、渔业产业化和可持续发展，组织开展水生生物疫病防控工作，实施符合安全标准的水产品认证，负责初级水产品生产环节质量安全监管，发布水产品质量安全信息，组织指导渔业基础设施建设。

（9）负责渔业许可和渔港、渔船、渔机、渔具渔法和渔业电信的监督管理，组织实施伏季休渔制度，承担远洋渔业管理工作。

（10）组织实施"科技兴海""科技兴渔"战略，组织海洋与渔业科学技术研究和应用推广，组织实施海水利用和海洋可再生能源研发应用，承担海洋与渔业科技创新体系和数字海洋建设。

（11）组织开展海洋与渔业方面的对外交流与合作。

（12）承担海洋监察、渔政管理、渔港监督和渔业船舶监督、检验的责任。负责辖区内的巡航监视、监督管理，查处违法活动，维护国家海洋与渔业权益，管理省海洋与渔业执法队伍。

2.渔业部门内部各机构工作的具体职责

（1）渔政渔港监督管理处

①贯彻执行《中华人民共和国渔业法》《中华人民共和国海上交通安全法》《中华人民共和国海洋环境保护法》《中华人民共和国海域使用管理法》等有关法律法规，按照国家和省市行政主管部门的有关规定，制订本地区海洋与渔业执法

工作计划并组织实施。

②保护海洋环境与渔业资源，维持海洋和渔业生产秩序，检查监督渔业准入、持证养殖、育苗、捕捞、运输，并调解处理因渔业生产、事故引起的纠纷。

③负责水生野生动植物保护的监督管理，并对海洋与水产类型自然保护区进行监督检查。

④负责对海域使用、海洋工程、海底电缆、海底管道铺设、海洋倾废以及渔业无线电台的执法检查。

⑤负责渔业船舶的登记以及小型渔业船舶检验；四等船员考试、发证、审证、换证及培训工作；负责渔港水域内巡航监视，依法查处违法违规行为；负责渔业船舶及渔业水域内交通事故的调查处理。

⑥负责管理渔港范围各项工程建设。

⑦负责渔港船舶排污的监督和渔业港区水域的环境监测，对在本地区渔港水域外渔业船舶的污染海洋环境进行监督以及对渔业污染事故进行调查处理。

⑧承担地区海域与渔业环境的监测工作。

⑨配合有关部门查缉渔船走私案。

⑩负责对海洋与渔业执法机构的业务指导。

（2）海洋与渔业服务中心

①负责渔业技术推广、咨询服务、病害防治及水产品种质检测。

②海洋与渔业职业技能培训。

③海洋渔业资源增殖。

④海洋与渔业信息网络建设管理。

⑤对渔港公共设施的维护管理。

（3）海洋与渔业环境监测站

①负责海洋与渔业生态环境监测。

②负责入海排污口监测与排污总量监测、海水浴场环境监测和预报、赤潮灾害监测预警与防灾减灾。

③负责渔业资源调查监测和评估、海洋与渔业污染事故调查鉴定。

④承担用海项目海域使用论证与环境影响评价，以及其他有关专项调查、监测、评价及研究。

⑤负责水产品生产及流通领域水产品质量安全检验与监督管理。

⑥负责水产品市场准入检验、发证检验、仲裁检验、委托检验及质量评价。

⑦负责水产品生产与加工环境的监督检查与抽样检测，水产品种质检测、鉴定及评价。

⑧负责水产品检测网络的业务指导、人员培训与考核，水产品有关标准与规范的制定、修订、验证、宣传及推广。

怎样做好渔业工作

1. 强化渔政管理。

2. 假期海上安全管理。

3. 严格海域使用管理。

4. 发展高效渔业、休闲渔业。

5. 扩大水产品加工能力。

6. 调整养殖结构。

7. 加大技术服务力度。

农林渔业工作竞聘演讲词案例

竞聘省林业厅森林防火处副处长

尊敬的各位评委、同志们：

大家好！

决定参加这次竞聘前，我也曾度德量力，思虑再三。今天，我勇敢地站在这儿，是因为一方面，这表明我对联社推行岗位竞聘上岗机制的拥护和信任；另一方面，我希望通过这次竞聘，锻炼自己的能力、展现自己的才华并借此机会和大家交流思想，接受大家对我的评判。我相信，通过这次竞聘活动，不管结果怎样，我都将获益匪浅。非常感谢组织和大家的关心与信任，让我能够站在厅机关机构改革的竞聘舞台上。

首先，我向大家汇报我的个人经历：

我现任主任科员，今年40岁，中国共产党党员，大专学历。我曾经在省林业厅护林办承担森林防火车辆管理工作和驾驶员的工作。随着我的工作经验的积累，还陆续担任过配合主任、副主任管理资金、防火设备，参与森林防火的预防和扑救工作。通过理论和实践的学习，我对森林防火的宣传发动、主动防火、组织扑救、火案查处、检查验收等各个环节都有了较全面的认识。并且在这个过程之中，我进一步掌握了森林消防的有关法律、法规，在森林防火设备、森林消防车辆的管理方面也做了大量的细致的工作。我的一项重要工作就是宣传推广先进扑火机具，使各级防火部门的领导逐步认识到，这样能够提高扑火效率，把火灾的损失降到最低。通过与交通厅协商，还解决了消防车免征养路费、车辆购置费、车辆过路费等问题，节约了上百万的防火资金。

担任防火处主任科员的这段时间里，我始终贯彻全心全意为人民服务的宗旨，遵纪守法、作风正派、清正廉洁、团结同事，能够在做好本职工作的基础上，圆满地完成领导交办的各项任务。在业余时间，我也经常给自己充电，努力学习实践科学发展观，用先进的理论武装自己的头脑，受到了领导和同志们的好评。

我这次信心十足地参加副处长职位的竞争，原因有以下几点：

1. 我具有一定的马列主义、毛泽东思想、邓小平理论水平，有较强的革命事业心和政治责任感，曾多次跟随领导深入基层调查研究，实事求是地分析问题，提出合理化建议和解决的方法，供领导决策时参考，得到领导的认可和肯定。

2. 我热爱森林防火工作，毕业后我已经在森林防火工作的岗位上工作了12年，它的各项法律法规、规章制度、森林火灾的预防和扑救全过程以及全省森林资源的分部状况、地理位置、火线的等级划分，专用资金、设备车辆的管理等信息都已经像地图一样深深地刻在我的脑海里了。这12年的森林防火工作，已经让我深深地爱上了这个不为大多数人所知的岗位。在这远离人群、远离热闹都市的岗位上，我仍然愿意奉献我的余生。

3. 我具备协调森林防火工作的能力。由于我长期从事防火工作，经常与有关单位联系，对国家林业局防火办、省级有关部门和基层防火单位的人员都比较熟悉，有利于今后开展工作。要想我们的工作能够顺利展开，就离不开与有关部门的多沟通、多协调，得到他们的支持与协作。所以，沟通协调能力对于我们展开工作也是至关重要的。

森林防火工作主要分为两个部分：预防和扑救。预防的目的是尽可能不发生或少发生火灾；扑救的目的是在火灾已经发生的情况下，尽量减少森林资源和人民生命财产的损失。要搞好森林防火工作，必须下大力气做好以上这两个主要工作。因此我们要理论与实践相结合，大力总结过去防火工作中的经验和教训，总结过去防火工作中的有效措施和成功经验，并且在广大干部员工中加以普及，把经验切实落到实处，切实抓出实效。在新形势下，我们还会遇到很多新的问题，我们要在铭记过去的基础上，不断开发和探索新的工作方法，将森林防火的基础性工作做得更加扎实。集体来说，我们需要做到以下几点：

1. 奖罚要分明。森林防火目标管理责任制经过长期的实践证明是非常值得坚持和推广的，并且是我们搞好森林防火的根本保证。要继续签订森林防火责任状，在年内与各重点地市签订，在责任状到期后要奖罚分明，以利于下一期防火工作更好地开展。要做好这项工作，我们要建立一支专业的森林防火队伍。这是提高防火扑火能力的关键。通过几年总结，结合我省的实际，我省多数地区只能走组建季节性扑火队、半专业扑火队的道路，包括在部队和武警装备固定的半专业扑火队，进行防火期集中培训，配备一定的扑火机具，一旦有火情能拉得出、用得上，才能够把火灾消灭在萌芽状态，这样可以节约一定的养队经费。

2. 要提高森林防火科技含量。在今后的防火扑火工作中要更好地推广运用卫星林火监测技术、人工降雨增湿预防和扑救森林火灾、利用航空护林飞机巡护和机降、索降、吊桶灭火等新技术。搞好计划烧除，变被动扑火为主动防火，大力营造生物防火林带工程建设，增强森林自身的抗火能力。

3. 要加强基础设施建设的管理。当前加强防火项目和资金的管理、检查、督促非常重要，要在组织机构、规章制度、审计监督、检查验收、项目管理等方面采取有力措施，做到精心设计、精心施工，确保质量，专款专用，使现有的防火资金发挥最大的效益。近年来国家对于森林防火日益重视，所投入的资金也日益加大。这对于我们来说是一件大好事。我们应当抓住机遇，大力建设边境防火隔离带、重点火灾区综合治理项目和天然林保护工程森林防火项目，大力实施省森林防火基本建设工程等项目。提高我省的防火扑火战斗能力，把我省的防火基础设施建设成一道坚不可摧的钢铁长城。

尊敬的各位评委、各位领导、亲爱的各位同事们，我竞争这个职位，是希望借助我们防火处的这个大的平台，充分实现我的抱负，借助我们防火处的资源，更好地投入到森林防火工作中去。在这个岗位上，充分发挥自己的聪明才智，努力拼搏，为我省的森林防火事业作出更大的贡献。所以，请大家支持我吧！

谢谢大家！

点评

演讲者在语言上大量使用短句，简洁质朴，使人一目了然，能够及时跟上思路、抓住重点，听上去也顺畅、直白。作者在阐述竞聘原因时层次分明，论述细致。

从热爱之情、理论水平、协调能力、熟悉情况等几个方面，入情入理，令人信服。对于未来工作的设想，三点意见能够从宏观层面上考虑问题，又能切中问题的要害，较为全面，可操作性强。通篇结构清晰，层次分明，值得借鉴。

竞聘县农业局农业技术推广中心副主任

各位领导、同志们：

大家好！

今天我站在这里参加竞岗演讲，心情十分激动。首先非常感谢局党委给了我们这个展示自我、参与公平竞争的机会和平台。虽然本次让我们竞岗的这个既虚又实的职位，对于已到而立之年的我来说诱惑不是很大。但作为一名中国共产党党员，积极响应党委的号召是我们光荣的使命和应尽的义务。

在当前，时代已经进入信息化的时代，信息技术广泛地应用到农业生产领域。信息作为一种新的生产要素正在发挥越来越重要的作用。运用信息技术改造传统农业，改变农业生产落后局面，推进农业产业化和现代化进程，切实解决"三农"问题，是全面建设农村小康和确保国家长治久安的要求，更是历史和时代赋予我们农业工作者的重要任务。做好农业技术推广和农业信息化工作意义重大，任重道远。

我1994年参加工作，大专学历。几年来一直在原农机化技术推广中心工作，担任过团支部书记。去年由于机构改革，被调到了局办公室，主要从事农业信息化工作和文字工作。在这一年多的工作时间里，我得到了在座的领导和同志们的亲切关怀和悉心帮助。我丝毫不敢辜负领导们的殷切期望，勤勤恳恳，不计辛苦，不断进取，在思想上和能力上都有了不小的进步，同时在工作上也取得了显著的成绩。如快速完成众多高质量的文字材料，胜利完成区委区府和上级主管部门下达的各项检查任务，以及为我局的农业信息化平台的不断完善，为我局争取省农业厅的农业信息化体系建设和农业信息进村入户的项目资金，为我局荣获×××年度全省农业信息化工作先进单位称号等方面作出了大量卓有成效的努力。

今天面对着局党委推出的农业技术推广中心副主任兼农业信息中心主任职位的竞选。我仔细思量，觉得自己比较适合，同时也深信自己能够胜任。

1.四年的农校学习让我学到了较丰富的农业技术和农学知识，这是我能较好地开展农业技术推广工作的学知基础。

2. 十多年的工作经历，让我在各位领导和同志们身上学到了许多经验，并提高了自己的组织能力、协调能力和分析问题的能力，这是我今后较好开展工作的能力基础。

3. 一年多的农业信息化工作过程，使我积累了很多如何更好地运用自身具备的电脑网络知识和农业知识开展农业信息服务的教训和经验，这也将是我今后能快速进入工作角色，把农业信息服务工作红火地开展，具备了他人所不具备的有利条件。

4. 我出生在农村，生长在农村，在我幼小的时候，看着父亲被扁担压弯的脊背、手掌中如化石般坚硬的手茧，给我带来了强烈的震撼。如何为农民改变艰苦的作业环境，如何提高农业生产的技术和科技含量，有效实现农民增收、农业增效更是我小时候就树立起来的愿望。这份对农村农民的深厚情感，将是我干好工作的不竭动力。

5. 我年轻，爱学习、有冲劲、有干劲、有较强的公仆意识和自律能力，再加上我诚恳待人的为人态度，勤奋务实、开拓创新的工作态度，等等。这都将是我很快进入角色的优势条件，我也非常自信能够圆满完成这个岗位的工作任务。同时我也非常希望能得到大家的认可。

当然无论这次竞岗的结果成功与否，对我个人而言都是一次难得的锻炼和考验。即使落选我也将一如既往地踏实工作，服从组织安排，尽职尽责地做好本职工作。职位本身对我来说并不重要，重要的是，能在职位上实现自己的价值，更好地为农业事业的全面发展尽自己的一份力量。

假如今天我有幸能如愿以偿，我将充分发挥我的聪明才智，绝不辜负大家的期望，以昂扬的工作热情和高度的工作责任心，勤奋学习，加倍努力工作，积极协助中心主任开展农业新技术、新品种、新农药、新肥料等的试验、示范、推广和指导；认真按照中央、省、市有关农业信息工作要求，以建设现代农业，发展农村经济，增加农民收入，全面建设小康社会为目标，强化为农服务的宗旨意识，不断适应我区农业产业结构调整和农村经济多层次、多元化发展的需要，大力开展农业信息服务，切实满足广大农民对农业科技信息、市场信息、政策信息日益迫切的需求，积极推进农业信息进村入户。全面提升我区的农业信息化水平，不断地使我区的农业信息化工作有新的起色、新的突破，上升到一个新的台阶。

谢谢大家！

当农业与技术相结合，就要求这个岗位上的领导要有与时俱进不断创新的头脑和战略眼光。显然本文作者正具有这种领导素质。首先作者有农学专业背景，在学校打下了扎实的理论基础，基层工作又增强了能力、积累了实践经验。农村背景给作者留下了深刻的烙印，所以参加工作后更爱学习，有冲劲、有干劲、有较强的公仆意识和自律能力，再加上作者诚恳待人的为人态度，勤奋务实、开拓创新的工作态度，会赢得多数听众的信任。美中不足之处在于，没有展开对今后工作计划的阐述，如能补上则更完善。

竞聘镇农业局生产综合科科长

尊敬的各位领导、各位同事：

大家好！

2002年5月我从××镇政府交流到农业局工作。几年来，在局领导和同事们、局各单位、各部门的关心支持下，我能够加强学习，努力提高业务水平，较快地适应岗位要求，认真履行岗位职能，开展好计划统计、生产综合的日常工作，为促进局职能工作的顺利开展积极搞好服务。现将近几年本人学习、工作的情况简要总结汇报如下：

1. 不断加强思想、作风建设，努力提高综合素质和业务工作水平。虽然我有农学院的本科学历，也有在乡镇机关担任多岗位负责人十多年独当一面的工作经历，但是新的岗位要求主办者不但要有较强的事业心和责任感，又要具有一定的农业各产业和门类的基本知识和较强的分析问题、总揽全局的理论和政策水平，很好的组织协调能力和团结协作的精神。仅凭过去的一点积累是不可能较好地履行岗位职责的，更谈不上得心应手。几年来我首先端正自己的观点和认识，从头开始，自觉加强思想和作风修养，努力提高综合素质。着重：

（1）自觉加强政治和理论学习。认真学习新时期党和政府关于"三农"工作的各项理论、路线、方针、政策，努力提高理论政策水平。

（2）刻苦钻研业务知识。向专家学专业知识，向老同志和同事学工作经验，虚心讨教，边干边学，在实践中总结和积累工作经验，提高业务水平。

（3）自觉服从组织的分工和安排。从不计较个人的苦累与得失，尽力做好每一项工作。

（4）强化团结协调工作。由于科室的许多事务需要其他单位和部门配合、支持或共同完成，所以我特别注意工作关系的协调，凡事更多的是讲风格，充分尊重和体谅共事者，把困难留给自己，给别人更多的支持与方便，但又不因无原则的迁就和包揽而影响工作。

（5）克服家庭分居城乡两地的矛盾，坚持不因家庭和个人的原因而耽误本职工作。

（6）日常工作中做到了雷厉风行，对于上级交办的每一件事，区分轻重缓急，合理安排，能快则快，按时保质完成。

（7）遵章守纪，较好地遵守机关的各项制度与纪律。

2. 强化制度建设，抓好计划统计和生产综合的基础工作。由于机构改革等原因，本科室的组建和直属事业单位专职人员的到位到 2003 年年底才算真正完成。为了使部门工作和事务管理有据可依、有章可循、系统规范，近年来，按照 ×× 农委《农业统计工作目标管理考核办法》，对系统农业统计工作进行了有效的规范和目标管理。在局有关单位配齐专业人员的基础上，认真组织好业务培训，为做好工作打下了坚实的基础。对于上级布置的农业结构调整、农业服务业、农业生产综合统计等专项业务工作，都能严格按要求组织开展，做到及时、规范、全面、保质保量。较好地进行统一扎口、审核、提供和公布统计数字，确保数出有据，账表相符和统计数据的严肃性。

3. 积极开展农业生产和职能工作情况调查，为领导决策提供服务。按照上级有关部门和局领导的要求，我能够组织经常性的农业生产和形势的调研、预测、分析工作，每年分季度汇总农业生产中的情况和问题，提出建议，同时认真组织开展好有关的专项农业生产调查，形成调查报告报送有关部门和领导。每年分三次对系统各项职能工作任务完成情况进行调查和汇总并报局各位领导参考。

4. 认真做好规划、计划、政策意见制定等项工作。一是组织进行年度农业重点工作目标及考核办法的调研与制定，将其纳入市委对乡镇农村经济工作百分考核，为促进系统职能工作的顺利开展提供保障。二是根据市编制"十一五"发展规划的要求，组织系统各单位在总结、分析"十五"农业发展的基础上，结合国家、省、市新时期发展现代农业的方针、政策和总体规划，完成了我市农业发展"十一五"规划和有关专项规划的编制工作。

说起来惭愧，几年来，我的工作谈不上出色，也没有取得多少值得一说的成绩，聊以自慰的也就是做了一点琐碎的事情，基本上能够按照要求完成了各项工作任务，各方面也得到了锻炼和提高，得到了上级部门和大家的基本认可。2003年我局被市政府表彰为农业统计工作先进集体；2003年、2004年、2005年连续三年被××农委表彰为计划统计、生产综合工作先进集体；科室两个人被泰州农委表彰为计划统计、生产综合工作先进工作者。借此机会向多年来在本人工作、学习和生活中一直给予很多关心和支持的各位领导、同事以及各部门、各单位的领导表示最衷心的感谢。

5. 竞岗承诺。这次竞争生产综合科科长职位，自认为与其他同事相比没有什么突出的优势，学历、文凭与大家都差不多，经历、经验、工作实绩与有的同事相比甚至还有不小的差距。但唯有一点是跟大家一样的，即十几年始终坚持一条"踏踏实实做事，老老实实做人"的基本原则，不图职位高低，金钱名利，为人做事，但求于公于私，于人于己，尽力而为，问心无愧。如果承蒙大家的信任和支持，让我继续担任科长，负责生产综合科的工作，我将继续在上级的正确领导下，依靠各部门、各单位和各位同事的支持、配合，按照"编制计划，切实可行；提供信息，准确可靠；农情调研，经常深入；事务管理，系统规范；为农服务，热情周到"的工作要求及服务承诺，从严要求，从现在做起，进一步加强学习，开拓创新，在认真做好日常工作的过程中，着重在以下几方面进行改进和提高：

（1）多到农业生产一线进行调研学习，努力做到吃透上情，熟悉下情，切实提高农业调查与分析的实际效果，充分发挥本科室为农业生产指导和决策提供服务的作用。

（2）进一步提高农业统计工作的计划性、时效性，提高组织和协调水平，在系统内部积极开展业务学习、竞赛、评比等活动，促进农业统计工作上一个新的台阶。

（3）充分发挥主观能动作用，提高各项业务工作的积极性、主动性和创造性，圆满地完成上级交给我及本科室的各项工作任务，努力使科室的整体工作在××市农委系统继续保持先进水平。

点评

这篇演讲词的重点在工作思路方面。作者从4个方面加以总结：包括了思想建设方面、制度建设方面、工作计划方面和具体实践方面。概括全面，考虑周全。如果作者能够将第五点单列出来作为竞岗承诺会使整篇的结构更趋完美。

竞聘县竹木检查站主任

各位领导、同志们:

你们好!

我是×××。

感谢局领导,感谢竞争,使我今天能够站在演讲席上!更感谢在场的各位领导和同志们给了我参与这次竞职演说的勇气和力量!

我1992年毕业于××林校××专业,并于同年参加工作。自1996年开始,我先后担任了××林业站副站长、××林业站副站长职务。在此期间,我先后被××政府和××政府借用,担任乡镇党政办秘书、经费会计等职务。10年的不同岗位的历练,不仅使我能力和水平得到了锻炼和提高,而且7年考核被评为优秀等次,×次被评为优秀共产党员,多次得到了县领导的肯定,两地政府领导和基层干部群众也给予了我很高的评价。正是这些条件和基础,让我有能力、有信心在这里推介自己。参与此次竞聘,我并非只是为了当官,更多的是为了响应人事制度的召唤,努力在新的岗位上实现自己的人生价值。

我竞聘的职位是县竹木检查站主任。当前,县竹木检查站行使着竹木运输定点检查和全县林稽查这两项基本职能,履行着"森林卫士"的神圣职责,是我县林政和森林资源管理的一个窗口,对外代表了全县林业干部职工的整体形象。

如果我能得到各位的信任,有幸竞职成功的话,我将本着"严格执法,强化管理,求实创新,创争辉煌"的理念,努力探索新形势下竹木检查站管理的最佳模式,用一流的管理、一流的服务,创一流的业绩!具体将从以下几方面做起:

1.恪守三项原则,确立三个目标。

作为单位负责人,我将继续恪守为人处世的三项原则,即:堂堂正正做人,认认真真谋事,清清白白执政。堂堂正正做人,本着诚信、友善的心态与人交往、共事,做到对上级——敬而不畏,对同志——平而不陡,对群众——实而不虚。认认真真做事,就是全身心地投入到本职工作中去,以实干让同志们接受我、信任我、支持我,以实干来实现自己的人生价值。清清白白执政,就是做到手不伸、嘴不馋、脚不歪。

我确立的三项目标是:在我的任期以内,积极争取支持,狠抓处身努力,建立一支高素质的执法队伍,努力树立检查站"绿色卫士"的良好社会形象,加大执法力度，确保森林资源得到有效保护，消化内部矛盾，确保干部职工工资正常发放，力争在 3 至 5 年内基本消除单位债务。

2. 突出三个重点，实现三个结合。

虽然检查站的工作千头万绪，但是，我认为：路面定点检查、林政稽查和队伍建设是检查站工作的重点。要进一步完善路面定点检查的各项工作制度，管好木材流通"大动脉"；以木材采伐和林地管理为突破口，做林政稽查的各项工作；以政治学习、培训、业务锻炼为切入点，不断提高林政执法队伍的整体素质。

实现三个结合，就是路面定点检查与全面稽查相结合、静态管理与动态服务相结合、林政执法与队伍建设相结合。采用"以线带面"的林政管理方法，对重点地区和大额采伐实行跟踪服务。将执法人员的执法水平和执法效果纳入对执法者的实绩考核，实现林政执法与队伍建设的相互促进。

3. 引入三种机制，树立好形象。

在对检查站的管理中，引入新的机制，是增强活力的关键。

一是激励机制。建立和完善一系列规章制度，将干部职工的报酬和干部职工的工作业绩挂钩。二是警示机制。建立一套目标考核系统，定期对干部职工实行量化考核，及时警示一些不良势头和不利倾向，做到工作业绩要上，干部思想不下。三是评议机制。聘请县乡代表当林政执法监督员，经常开展评议活动，促进作风转变，树立廉洁、敬业的良好社会形象，从而实现提高执法水平、提高队伍素质、提高实力三者的有机统一。

4. 实现三项公开，搞好三种关系。

三项公开是：站内财务收支、内部事务管理向站内全面公开，林政执法程序和具定规定向全社会——公开，实行财务、事务、政务的透明化管理，接受各方监督。

搞好三种关系：搞好内部关系，加强干部之间的团结和协作，形成工作合力；搞好上下关系，以共同的目标团结人，以有效的管理激励人，以自身的行动带动人；搞好外部关系，运用自身条件，搞好检查站与财政、公安、乡镇政府，以及各兄弟单位的工作关系，努力为检查站的工作创造一个良好的社会环境。

各位领导，同志们，"沧海横流，方显英勇本色"，我不是英雄，但我渴望做一名大潮中的勇士。我深知"前路漫漫，与我相伴而行的可能只有坎坷与挫折"，但是，你们的鼓励、信任和支持将是我心中的永恒，并且终将成为我战胜困难、超越自我的力量源泉！

这次我若能竞职成功，我将以此为新的起点，在新的岗位上，与我的同事一道，努力拼搏，续写新的篇章，再创新业绩，决不辜负领导的信任、同志的重托。我坚信：检查站在各级领导的关心和支持下，各项工作必将取得全新的进展，我县的林政管理工作也必将迈上新的台阶！

谢谢大家！

本文作者是一位实干家。作者深谙千句誓言比不上一次实干。作者没有过多地讲述自己的工作业绩，只用一个自然段简单介绍了自己。接下来用了演讲词的绝大部分篇幅阐述了本着"严格执法，强化管理，求实创新，创争辉煌"的理念，如何努力探索新形势下竹木检查站管理的最佳模式，努力做到用一流的管理、一流的服务，创一流的业绩。作者共总结了四点，每一点下面又具体展开论述，层层递进，深入浅出地向听众铺开了自己工作计划的宏伟蓝图。

竞聘镇农业服务中心主任

尊敬的各位领导、各位同事：

你们好！

我叫×××，今年××岁，大专学历，农学专业，××××年参加工作。

今天我有幸参加竞聘大会，我竞聘的职位是：农业服务中心主任。在此我向各位领导、各位同事谈一谈我的基本情况和今后的工作设想，请各位领导和同志们予以评议。

1. 本人的基本条件：

我于1981年到镇政府工作，先后担任过镇武装助理、镇农技站技术员、助理农艺师、农艺师、镇科委负责人、科协秘书长、镇农业办公室主任等职务。经过镇党委政府的多年培养和同志们的大力支持与帮助，本人在24年的农业工作中，自己与所负责的部门多次被市、区政府授予先进个人、先进集体，本人也曾获得过多项科技成果奖。

2. 做好农业服务中心主任的几点设想：

（1）坚持正确的工作方法、原则和指导思想，是做好工作的前提。无论是过去和今后我都坚持"诚恳做人、勤奋做事",这是我做人和工作的原则,在矛盾和问题面前不推诿、不扯皮。遇事讲政治、讲法制、讲政策、讲科学,敢于承担责任,让身边的同志放心、大胆地做好工作。

作为服务中心主任,我会把具有不同想法、不同利益要求、不同性格的人团结起来,形成合力、扬长避短、做好工作。另外,还要有果断的决策能力,看准后定下来的事,就一定要干好。作为中心主任既要做好镇政府的参谋、助手,又要做好各类服务和事务性工作。只有把党委政府的要求和全中心干部群众对中心的期望转化为实实在在的行动,干字当头,力在其中,才能把工作做好。

(2)明确工作重点,理清工作思路。中心的职责就是管理事务、搞好服务。如果我能如愿当选,我的目标是与中心的各位同志共同做好以下10个方面的工作:

①要围绕镇党委政府的中心工作,加强调查研究,把握新时期农业和农村经济工作的新特征,分析和概括全镇农业发展过程中出现的新问题、新情况,为党委政府提供全面、准确、及时的信息服务。

②积极协助上级领导与本部门的关系,努力争取上级领导的理解、支持和重视,加之全体服务中心工作人员的共同努力,不断提高农业服务中心的地位和发挥好服务中心的作用。

③要做好农业种植业生产的"产前、产中、产后"服务。进一步指导、引导全镇种植业农产品快速向"无公害、绿色、有机"方向发展,打造品牌产品,逐步实现全镇"六大园区无公害、绿色、有机生产基地建设",即旱田粮食作物;水稻作物;保护地蔬菜、露地蔬菜、林果(特别是寒富苹果);花卉及多种经济作物的无公害、绿色生产基地。快速推进富民经济小区的建设,建设环保生态可持续发展的新型农业。

④结合全镇实际情况,积极争取上级的优惠政策和补助资金,快速实现全镇农业由手工作业向机械化过渡,推进产业化经营,加快农业现代化建设步伐。

⑤全面抓好林业发展,做好"千亩寒富果园"及全镇水果产业的综合性服务工作,护理好农田林网、绿色通道、速生林,做好封山育林与森林病虫害防治等工作。

⑥引导与指导水产业向观光养殖、垂钓渔业、精品渔业方向发展。

⑦全面做好全镇农业、林业、渔业、农机等新成果、新技术、新品种的引进、试验、示范、推广工作。定期与不定期地做好农业科技培训工作,为全镇农

民提供产前、产中、产后技术咨询服务。

⑧做好全镇农业灾情监测和病虫害防治预报等工作。

⑨进一步加强农经方面的工作，解决好土地、合同等纠纷，做好合同仲裁工作，妥善处理信访案件，切实维护好农民合法权益，促进地区稳定。

⑩全力做好"农业、农村、农民"工作，讲学习、讲政治、讲正气，不断提高整个服务中心的政治素质和业务素质，做到各行其责、各司其职。

最后，不论我是否能担任服务中心主任，我都要诚恳做人，勤奋做事。

领导的爱护、组织的培养以及同志们的支持和信任是我今后工作的强大动力！

谢谢大家！

作者是一位有着丰富的农村工作经验的干部。多年的一线工作经验使作者总结出了一套独特的工作方法，也只有常年工作在农业一线上的员工能够了解这些浓缩了的句子代表了多大的工作量和多少艰苦的努力。做好农业种植业生产的"产前、产中、产后"服务；指导、引导全镇种植业农产品快速向"无公害、绿色、有机"方向发展；实现全镇"六大园区无公害、绿色、有机生产基地建设"。仅仅这些就足以展示演讲者多年的工作成果。没有华丽的辞藻和大量的定语修饰，同样令人信服。

竞聘乡农业技术综合服务中心副主任

尊敬的各位评委、各位领导：

大家好！

非常高兴能和大家一同演讲，非常荣幸能得到各位领导的指教。我从 5 年前毕业分配到农机站，然后借调到乡民政任出纳，再到任乡国土员，而后又从国土员到农机站站长，并负责水利水保站的日常工作，尽管经历了这么多岗位的变迁，但有一种东西始终没有变，那就是对自己所从事的工作的热爱；有一种东西始终没有放弃，那就是应尽的责任。5 年来，我就是带着一种这样的激情、一颗这样的爱心和责任心，对待我每天的工作。或许我今天的演讲并不十分出色，但我能坦然地面对最后的结果，不管是成功还是失败，我也同样有信心干好自己今后的工作，做到言尽必行，行则必果。

今天，我要竞选的是农业技术综合服务中心副主任。具有中专文化程度的我现年××岁，中国共产党党员，××××年毕业于××市第二农业学校农经专业，现正在自修金融专业专科学历，今年内有望毕业。通过5年的工作锻炼，我熟悉了党对农业和农村工作的方针和政策，熟悉了农村工作，具有一定农村工作经验，善于做群众工作，有较强的组织协调能力，能起草一般性的文件、报告等。自我评价能够胜任农业综合技术服务中心副主任职务。

乡镇农业技术综合服务中心是一个综合体，它包含了农技、农经、水产、林业、水利水保几个部门。涉及农村工作的方方面面，它是农业技术推广的依托，是联系广大农民的桥梁和纽带，是实施科教兴农战略的重要保障。其主要任务是要积极搞好新技术、新成果的引进、试验、示范和推广，为农业产业化提供技术支撑和社会化服务，在帮助农民搞好产前、产中、产后技术物资配套服务的过程中，引导农民以市场为导向，因地制宜地调整农业内部结构，推动农业的产业化发展，为农村经济发展、农民增收致富提供一条重要的途径。作为农业技术综合服务中心副主任，要协助主任并与主任一道带领中心全体人员为完成上述目标任务而共同努力。

如果我当选为农业技术综合服务中心副主任，我将针对我乡农业基础薄弱、起点低，农业产业化调整正在起步的特点，协助配合主任带领中心全体人员从以下几个方面开展工作：

1. 确定一个"中心"。以为全乡广大人民群众的根本利益服务为中心，时时处处以人民利益为重，急人民之所急，想群众之所想，力争农业技术综合服务中心所作的每一项工作都能为农村服务，为农民服务。

2. 做好两手"准备"。

（1）准备建立一套科学完整高效的运行机制。加强对农业技术综合服务中心的科学管理，做到人用其能，人尽其职。

（2）聘请有关技术能手，准备建立一支农业科研队伍，研究推广农业种养殖中的各种技术成果，建立畅通的农业信息服务，成为农民的良师益友。

3. 强化三个"培训"。

（1）强化对农业技术综合服务中心工作人员的培训，重点是党对农业和农村工作的方针政策、农村工作方法、农业技术。

（2）强化对农村种养殖业能手和专业大户的培训，重点是农业技术、市场营销知识。

（3）强化对各村财会人员的培训，重点是会计业务、统计知识。

4.做到四个"加强"。

（1）加强农业综合开发，注重发展高效、特色农业，加快种养殖业结构调整，优化种植业结构，因地制宜地加快水果、蔬菜、蚕桑、花卉等特色农业的发展，合理开发水域资源，积极发展各种名、特、优、新水产养殖；深化农产品流通体制改革，加快农产品加工、销售、储运、保鲜等技术和设备的引进和开发，采取以龙头产业带动相关产业发展等多种形式，引导农民走向市场，促进形成利益共享、风险共担的经营机制；积极推进农业产业化经营，培育发展壮大一批有特色、有竞争力的种养殖业大户和示范基地；积极发展农村合作经济组织，提高农民的组织化程度。

（2）加强农业科技推广，注重"农、科、教"三方面协同配合；完善新品种新技术引进、筛选、试验、推广体系；加大农业技术的宣传普及力度，做好科普宣传、咨询工作；加快农业新品种、新技术转化为现实生产力的步伐。

（3）加强水利设施建设，水利建设坚持全面规划、统筹兼顾、标本兼治、综合治理的原则，实行兴利除害结合，开源节流并重，防洪抗旱并举；抓紧病险库、塘、堰的除险加固整治工作，使其充分发挥效益。

（4）加强生态环境建设，加快封山育林、天然林保护、退耕还林还草、水土保持等建设，减少水土流失，恢复和扩大林草植被，提高森林覆盖率；发展生态农业，把生态建设与经济结构调整，增加农民收入结合起来。

5.实现两个"增加"。

（1）增加农民收入，通过农业综合开发，产业结构调整，新技术的应用，新品种的种植，水利、生态环境等的建设，来增加农民收入。

（2）增加农业技术综合服务中心的收入，除了原来以出售化肥、农药等来获取低额利润等方式外，可采取有偿服务的方式，比如：采用农业技术联产承包的办法，把技术指导与产品产量联系计酬或给予奖罚；采用技术服务责任制的办法，按照技术合同为生产单位提供技术服务，生产单位按技术服务合同付酬；采用推广与经营相结合的办法，经营直接为技术推广服务或物质经营直接与技术服务相结合；采用技术咨询服务的办法，通过为生产单位或个人提供技术信息、技术咨询等来收取一定的报酬；还可充分用好用活政策来增加收入。

由于时间关系，这些工作目标和措施只能画几根粗线条，谈一个大框框，还须在今后的工作中逐步细化。

总之，如果我当选了，我将继续做到个性服从党性，感情服从原则，工作讲求冷热适度。既要有工作的热情，又不失冷静，做到客观分析问题、解决问题；讲求刚柔适度，刚中有柔，柔中有刚；讲求粗细适度，既要有宏观的管理，又不乏微观、细致、周密的安排。要以有效的管理激励人，以真诚的态度团结人，以科学的服务为人民。我们农业技术综合服务中心的工作会像太阳一样普照××乡的每一寸土地，像圆规一样，越画越圆！

"疾风知劲草，路遥知马力。"奥运精神，重在参与，我相信：今天，我是成功的参与者；明天，我将成为参与的成功者！

谢谢！

点评

作者充分认识到了自己竞聘的岗位重要性：它是农业技术推广的依托，是联系广大农民的桥梁和纽带，是实施科教兴农战略的重要保障。所以尽管作者只有中专文化程度，但并不影响作者在这个岗位上大有作为。作者在阐述工作计划时，能够抓住工作环境的特点：农业基础薄弱、起点低，农业产业化调整正在起步。在此基础上开创了自己独有的工作方法和工作计划：确定一个"中心"，做好两手"准备"，强化三个"培训"，做到四个"加强"，实现两个"增加"。每个指标都被量化，每个计划都切实可行，这是做好农业工作的基础，也是演讲者最大的竞争力。

竞聘乡镇农业服务中心副主任

尊敬的各位领导、各位同事：

大家好！

首先感谢组织和领导为我提供了一次难得的学习、锻炼和提高的机会，也感谢同志们对我的理解、信任和支持。我是本次竞聘演讲中年纪最轻、资历最浅的一个，在报名参加竞职之前，曾经有人劝我放弃，因为我太年轻，竞争副主任根本就没什么希望，与其献丑，不如藏拙。但我不这么认为，既然我符合竞职条件，组织给了我公平竞争的机会，我就一定要珍惜它、把握它，充分挑战自我、展示自我。

下面，我把个人的基本情况简要介绍一下：

我叫×××，20 岁，3 年前毕业于××农业经济管理专业。工作之余，我始终坚持继续学习，于 2002 年获经济管理专业大专学历，并将于明年 6 月完成××大学农业高新技术与发展专业大专段和资金资源管理专业本科段的学习。我经过一番深思熟虑，认为自己有实力参与竞争，也有能力胜任这份工作，愿意竞争农业服务中心副主任的职位。

1. 我认为自己具备担任副主任所必需的素质。

（1）有吃苦耐劳、默默无闻的爱岗敬业精神。爱因斯坦说过："热爱是最好的教师。"我热爱农业和农村工作。尽管这项工作很辛苦，经常受到农民的误解甚至辱骂，付出许多的艰辛却很难收到成效。但我已经作好了充分的思想准备，有着为之奉献毕生精力的良好愿望和热情。

（2）有虚心好学、开拓进取的创新意识。自参加工作以来，我始终没有放松过继续学习，勤钻研、善思考、多研究，不断地丰富自己、提高自己。1997 年至今，我一直都在进行农业和经济管理等相关专业的学习进修，打下了扎实的理论基础。还自学了计算机知识，能够熟练地进行文字处理、上网操作以及日常维护。

（3）有严于律己、诚信为本的优良品质。在日常的学习、生活和工作中，能以大局为重、宽宏大量，从不斤斤计较个人利益；能严格要求自己，尊敬领导，团结同志。

（4）有雷厉风行、求真务实的工作作风。我信奉诚实、正派的为人宗旨，坚持踏实的工作作风、求实的工作态度、进取的工作精神，坚持不唯书、不唯上、只唯真、只唯实，在工作中认真负责，勤勤恳恳，兢兢业业，任劳任怨，干一行，爱一行，钻一行，精一行。

2. 我认为自己具备该职位所必需的能力。

（1）有一定的政治素养。我注重政治理论知识的学习，尤其是注意收集报纸杂志上有关大政方针政策的信息和动向，因此能够始终保持坚定的政治立场和较高的政治敏锐性。

（2）有一定的工作经验。我深知农业和农村工作的重要地位，熟悉中心的职责、任务和规范，清楚中心工作人员所必备的素质和要求，也逐渐总结出了一些工作方法和策略，可以胜任中心副主任的工作。

（3）有一定的组织协调能力和管理能力。

（4）有一定的创新能力。我年轻，思想活跃，接受新事物快，爱学习、爱思考、爱出点子，工作中注意发挥主观能动性，超前意识强，有利于开拓工作新局面。

（5）有一定的文字驾驭能力和语言组织能力。

接下来，我简要谈一下对竞职岗位的看法：

我们××镇地处长江上游北岸，位于××市东××公里，××县城西××公里，××省道贯通全境，镇内有新建的蔬菜通道和生态旅游通道，有客货码头×个，是重要的水陆交通枢纽。现已初步建成特色农业大镇，三大支柱型产业——优质无公害蔬菜、优质水果、种草养畜发展迅速。××生态休闲旅游观光农业已初具规模。"股田制"作为一种新的土地流转形式，其实质是农民主要以土地自愿入股建立的土地股份合作制，是在现实条件下对合作制的一种创新，具有很好的发展前景，也引起了专家学者和新闻媒体的广泛关注。

年初，中央农村工作会议上明确指出，我国农业和农村经济正处在推进农业和农村经济结构战略性调整、实现农业增长方式转变的新的发展阶段。要实现全面建设小康社会的任务，必须把解决好"三农"问题作为全党工作的重中之重，努力开创农业和农村工作的新局面。

纵观我镇的农业发展现状，问题多多，困难重重：

当前的农业结构调整主要存在六大误区：一是重经济作物轻粮食作物；二是重眼前轻长远；三是重种植业轻其他产业；四是重生产轻加工；五是重产业结构轻产业组织；六是重生产轻市场。这六大误区，正是导致我镇的产业结构调整始终无法取得突破性进展的根源。

水利工程、生态工程、农村公路、农村电网和粮食仓储等基础设施建设还较差，抗御自然灾害能力不强。农村集体经济薄弱，严重制约了农业经济的发展。

假如我能在此次竞争中脱颖而出，走上领导岗位，我一定不负众望，在领导和同志们的支持下，努力学习，开拓进取，解放思想，大胆创新，紧紧围绕党委政府的中心工作，不断提高业务技术水平，为我镇农业的发展作出积极贡献。因此我打算从以下几个方面来开展工作：

1.要搞好角色定位，努力实现"两个转变"。

（1）要实现由普通机关干部向副主任的角色转变，当好主任的助手。在党委政府的正确领导下，协助主任带领中心全体干部思想上同心，目标上同向，行动上同步，事业上同干，发挥出整体优势。

（2）要实现由原来的"领导怎样说，我怎样办"向"我认为应该怎样去办，怎样办好"的思维方式转变，对自己分管的工作要做到认真负责，心中有数，有计划、有安排、有步骤、有措施地落实到位。

2. 在工作实际中争当"四员"。

（1）献计献策，当好"咨询员"。

首先，对中心内部的工作，要尽职尽责，向主任提供合理建议，协助主任作出决策。其次，要有统筹兼顾的意识，为党委政府当好参谋和助手，使作出的决策符合大多数人的意愿。同时，又要能独当一面，解决各类临时性、突发性的问题。总而言之，要做到尽职不越权，帮忙不添乱，补台不拆台。今后一段时间内，我认为中心的工作思路应该是：

①大力宣传农业区域优势和商品优势，搞好农业优势产业项目的包装，争取上级对××的更大投入。加强农业基础设施建设，提高农业生产和管理水平，促进优势产区率先基本实现农业现代化。

②以农村"三村建设"为主导，加强集体经济的发展，加快农业科技应用的推广步伐。对于农民采用股份合作制形式兴办的经济实体，要积极扶持、正确引导、逐步完善。以农民的劳动联合和农民的资本联合为主的集体经济，更应鼓励发展。农村集体经济组织要管理好集体资产，协调好利益关系，组织好生产服务和集体资源开发，壮大经济实力，特别要增强服务功能，解决一家一户难以解决的困难。

③利用党和国家加快西部特色农业发展的契机，立足我镇实际，以市场为导向，以科技为支撑，以三大农业支柱性产业为重点，以富民兴镇为目标，推进农业产业化的发展步伐。在发展特色农业的过程中，要始终坚持"龙头是关键，基地是基础，中介是桥梁，机制是动力，市场是核心"的工作重心。

④充分利用我镇现有条件，加强信息网络建设，加快农业信息传递，提高农产品信息服务水平，引导农民步入市场经济的健康轨道。社会在进步，科技在发展，再仅仅依靠传统的信息传递方式是远远不够的。以广泛应用现代科学技术为主要标志，以专业化、规模化、集约化、社会化为生产方式的现代农业不仅仅要求农技人员要有过硬的专业技术知识，更要求我们能够跟得上时代发展的潮流。

（2）立足本职，当好"服务员"。

按照中心的职责要求，我将和同志们一道，发扬爱岗敬业、勤勉好学、吃苦奉献、开拓创新、求是务实、团结协作的精神，扑下身子、默默无闻、扎扎实实地做好各项工作，圆满完成领导交给的各项任务。

（3）搞好关系，当好"协调员"。

天时不如地利，地利不如人和，团结就是力量。人的自身能力都是有限的，雷锋同志曾经说过，一滴水只有放进大海里才永远不会干涸，一个人只有当他把自己和集体的事业融合在一起的时候才能最有力量。所以，在工作中我一定会注意处理好上下左右的冲突矛盾，极力营造和谐、团结的工作氛围。

（4）加强管理，当好"管理员"。

我始终认为，当领导就意味着要吃苦在前，只为奉献，不求索取，用自己的人格魅力，做好表率。孔子在《论语》中就有"其身正，不令而行；其身不正，虽令不从。"这句话深刻地揭示了"为官一任，造福一方"；它谆谆告诫我们必须培养正气，以身作则。律己足以服人，量宽足以得人，身先足以率人。

努力做到严格要求，严密制度，严守纪律，勤学习，勤调查，勤督办。对工作人员定岗定责，做到职责明确、分工具体，充分调动每位同志的积极性和创造性，给他们充分发挥和展示的空间，使办公室形成一个团结协作的战斗集体。努力做到大事讲原则，小事讲风格，共事讲团结，办事讲效率。

各位领导、各位同事，以上主要谈了我在竞争上岗后的工作思路，不管此次竞争成功与否，无论最后的结果如何，我都不会辜负组织对我的关怀和希望，在大家的帮助和支持下，不论在什么工作岗位，我都会勤奋努力。

竞职，和申办奥运会一样，重在参与。我的参与，也许只是今天的一小段插曲，但我仍以最诚挚的态度寻求大家的帮助和支持。相信我，我一定不会辜负您的期望！

谢谢大家！

本文作者准备充分、有备而来。在介绍自己的时候，用了4点总结自己的素质，用了5点总结了自己的能力。在阐述对岗位的认识的时候举了具体的例子：三大支柱型产业——优质无公害蔬菜、优质水果、种草养畜发展迅速；"股田制"引人深思。在阐述自己的工作计划时，总结为当好"四员"：咨询员、服务员、协调员、管理员。最后，作者引用《论语》，表明了自己培养正气，以身作则的决心。整篇演讲词论据充足，思路清晰，说理透彻，内容翔实，值得借鉴。

竞聘 ×× 区远洋渔业培训中心主任

各位领导、同志们：

大家好！

我叫 ×××，现任 ×× 渔港监督局海务处副处长。我竞争的岗位是：×× 区远洋渔业培训中心主任（正科级）。

我的竞选演说分两个部分：我的动机和我的优势。

1. 我的动机：

当我要报名参加竞岗时，我听到了许多说法。有支持的，直给我打气，也有一些善意的忠告："都这么大年纪了，还争什么。"还有的说："就你这个岁数，竞争个厅长还差不多，还正科级，你快拉倒吧，你就什么级也别级了。"不管怎么说吧，我经过反复考虑，还是勇敢地报上了。这点勇气我还是有的。

当然，我也不是吃饱了撑的来凑热闹的。我之所以参加这次竞岗，基于两个方面的动机。

（1）我还有上进心，还想多做点事。说句好听的："党培养了我这么多年"，说句实在的："船检局养活了我这么多年"，到现在还没作出什么大的贡献，心中有愧。特别是我局目前正处于二次创业的关键时期，船检事业要做大做强，需要大量能做事的人，需要大量的人才。当然，我算不了什么人才，我就是想多做点事。

（2）我认为这个岗位很适合我。我自参加工作起就从事船员培训工作，直到现在也没离开过这个岗位。我 1976 年毕业后做了 15 年的航海教师，在这期间，每年都承担渔业船员培训班的讲课任务，后来到了船检局海务处，负责渔业船员培训、考试和发证工作 11 年。另外，在 ×× 区远洋渔业培训中心创业时期，也就是中心刚刚起步的头两年，也可以说是在"白手起家"困难重重的时候，担任过分管培训教学工作的副主任。因此可以说，对船员培训工作，我不外行。

而且，我热爱教育工作、熟悉教学规律、专业对口，并对船员培训教学及管理工作有较丰富的实践经验。

因此说，这个岗位很适合我，或者说，我现有的条件也很适合这个岗位。

2. 我的优势：

（1）有较扎实的专业功底和较丰富的船员培训管理工作经验。1976 年在××省水产学校海洋捕捞专业毕业后留校担任航海教师，1978年~1979年又到××海事大学航海系船舶驾驶专业脱产进修两年，经过十几年的航海教学实践，航海专业功底比较扎实，教学效果比较优秀。在学校期间曾担任过航海教研组组长、航海实验室主任、航海实习指导小组组长，在航海专业教学、指导航海实习、制订教学计划、编写教材和教学大纲、对教学内容的重点难点的掌握、教学效果的评价以及实验室建设等工作方面积累了较丰富的经验。

1991年到船检局海务处从事渔业船员培训管理、船员考试命题阅卷和证书办理工作。能熟练地完成船员培训计划的审定、培训教学工作的指导和监督检查、有关培训考试文件的起草和规章的制定等工作，多次高质量地主持完成了船员培训教材、考试大纲、考试题库的编写任务，由本人主编的60万字的四等职务船员培训教材《××××》经××大学和中国××大学的专家、教授审定结论是："处于全国领先地位"，已交北京海洋出版社出版。熟悉船员培训、考试的有关法律、法规和规章，如《国际渔船船员培训、发证和值班标准公约》《中华人民共和国海洋渔业船舶船员考试发证规则》《渔业船员考试大纲》以及××省的具体实施办法等，并能熟练地运用这些法规和规章进行培训考试管理工作。

2000年到培训中心担任分管培训教学工作的副主任。在一无教师、二无教学管理人员、三无合适的配套教材的三无情况下，努力开拓、积极运作，在局领导的大力支持和中心全体同志的共同努力下，不到半年时间就使培训中心的各项管理工作走上了正轨，建立了教学、学员管理、后勤等一整套规章制度，对学员实行半军事化管理，卫生实行专人负责制，对学员的遵纪守法、作息时间、学习和卫生等情况实行定期检查、按时讲评，在严格管理的前提下辅以耐心的思想教育，使学员自觉地接受中心的管理，营造了一个良好的教学环境。培训中心工作最使人头疼的一件事就是没有自己的教师，为此，我们通过积极协调、四处联系，取得了有关院校和生产单位的支持，保证了中心教学工作的顺利进行。没有合适的教材，我们积极与出版社、学校和印刷厂联系，通过订购、翻印和组织教师编写等各种方法，筹集了不同等级、不同专业的教材20多个版本，保证了各类培训班的教材供应。在组织培训班方面，我们积极争取，成功地举办了从一等到四等以及四小证等长期短期的各类培训班，迅速扩大了教学规模，教室、宿舍、餐厅不够用了，就边开班边改造，当年就把原来报废工厂的车间仓库全部改造成了教室、宿舍和餐厅，教室由原来的2个增加到了8个，高峰期学员人数达到300余人，形成了一定的办学规模，创造了较好的社会效益和经济效益。由于工作成效显著，2000年培训中心荣立省厅颁发的"集体三等功"。经过两年的工作实践，使我在培训中心的培训教学和后勤管理等方面积累了较丰富的经验。这两年的工作经历充分证明了我具有这方面的能力。

（2）比较重视学习。虽然岁数较大，但是我的思想观念并不落后，善于利用业余时间进行多方面的学习，按照目前积累的一点知识，感觉到中心发展还能派上点用场。当然，这还远远不够，还必须在实践中不断地学习。时代变化这么快，不学习就要落后，落后就要挨打，这是毛主席说的，对一个人、一个单位、一个国家和民族都是如此。

（3）有足够的信心。我的信心来源除了专业知识和管理经验外，还包括我具有较好的心理素质。我比较能吃苦，工作中不怕困难，从不挑肥拣瘦，酸的辣的都能对付、粗点细点都能接受，有较强的承受能力。从处世方面看，我为人作风正派，不搞阴谋诡计，尊敬领导、听从指挥，党叫干啥就干啥，工作任劳任怨、不计较个人得失，从不向领导讲条件提要求，能平等待人，与人为善，善于团结大多数人一起把工作搞好，有较好的群众基础。

当然，我也有我的劣势。比如，与今天的各位竞争对手相比，我年龄稍微大点，但是，就我目前的身体条件和精神状态来看，还能干几年好活，再说，年龄大，一般来说，经验比较丰富。并且，优势与劣势是可以相互转化的，假如这次我竞选上了，那就很可能焕发出第二次青春！

点评

作者是船检局的老员工，在"白手起家"的阶段就已经在船检局工作了。所以，即使在竞选正科级干部的竞聘演讲中也毫不紧张，不仅坦然面对、娓娓道来，甚至还有些和老同事老领导们调侃的味道。"船检局养活了我这么多年"，"我也不是吃饱了撑的来凑热闹的"。这样口语化的、直白的表达方式能够有效地拉近与听众之间的距离，增加亲切感，获得好感分。但是前提是演讲者必须有相当老的资历而且领导也不反感这种表达方式，不然可能会弄巧成拙，所以要谨慎使用。

竞聘区林业站站长

尊敬的各位领导、评委、同志们：

你们好！

今天，我很高兴能够参加这次竞岗演讲。首先，让我对参加这次竞岗演讲的领导、评委、同志们表示衷心的感谢，感谢党组织给予我展示自我的舞台和施展才华的机会。林业站实施改革，实行公平、公开、公正竞争上岗，这是我区人事制度改革的一项重大举措，我不但坚决拥护，更是积极参与。我将珍惜这次提高自己、锻炼自己的机会，接受大家的考验。

我叫×××，现年42岁，中专文化程度，助理工程师，林业站站委会成员、工会主席。1984年我从××林校毕业后，被组织分配到××县××林场工作，1987年调到××县××镇林业站工作。1988年调到××市××林场工作，1990年调入××林业站工作至今。近年来，由于各级领导的重视，××的林业工作有了长足的进步和发展，甚至说是发生了翻天覆地的变化。作为主管全镇林业生产的业务骨干，我充分发挥情况明、业务熟、专业技术精的特长，为××的植树造林和荒山绿化立下汗马功劳。

归纳起来，我们主要做了以下几个方面的工作：

1. 抓住了退耕还林机遇，大搞植树造林，加快荒山绿化步伐。

3年来，全镇共实施退耕还林面积5000多亩，灭荒造林1万多亩，为了全面完成退耕还林和灭荒造林任务，我们冒严寒、战酷暑，放弃双休日休息，甚至带病坚持工作。去年对退耕还林、荒山造林面积不到位的，我们逐一核实，迅速补植到位，保证质量，一干就是一个多月不休息，直到补造完毕。

2. 利用河滩资源，实施富民强村工作。

××镇河滩资源丰富，非常适宜于种植杨树。在镇委、镇政府的号召下，我们用两年的时间栽植杨树3000亩，目前这些杨树长势良好，不久将会取得经济效益。由于河流两岸村子多，路线长，在规划设计过程中，每天要徒步行走几十里，人虽然瘦了，但我从来没有怨言，因为只要我把工作做好了，比什么都好。

3. 搞好林业育苗，打好苗木基础。

为确保退耕还林，灭荒造林用苗需要，我们在××村及××村各联办苗圃基地一处，年育松树容器苗50余万袋，杨树4万株、刺槐2万株，既满足了退耕还林、灭荒造林用苗需要，又为育苗专业户及林业站增加了经济收入。

4.引用先进造林技术，并在实际应用中加以改进，提高造林成活率。

杨树截干造林是近几年河滩造林推广的一种造林方式。2003年我在××村指导造林时，按技术操作规程，是先打孔、插树干、灌泥浆，然后回填压实。但在实际工作中，我发现灌泥浆后，迅速回填压实，泥浆会被挤压出来，树干与孔之间有缝隙或是空的，风一吹树干左右摇晃，成活率很低。我采用先一天灌泥浆，第二天回填压实，泥浆全部吸下去了，这样树干稳稳当当，成活率达到98%以上。

本人忠诚老实，不怕吃苦，工作积极，踏踏实实。林业工作是一项艰苦而光荣的工作，冬春的植树造林、夏天的森林资源普查及造林成活率的验收，都需要我们翻山越岭，过河涉水去完成，每天不知道要走多少崎岖山路。尽管要付出很多艰辛，但因我用辛勤的汗水换来大地的绿色，使大自然披上了绿装，我也为之感到高兴自豪。因此，我非常热爱林业工作。我之所以参加竞聘，除了上述原因外，还因为我懂得林业专业技术和操作规程，能运用林业专业技术指导林业生产实践，自己健康的身体条件允许我适应林业工作环境的需要。

如果这次在竞聘中有幸能够胜出并且从事林业工作的话，我将会更加严格要求自己，不遗余力地为厉山的林业生产和建设奉献自己的聪明和才智，我有信心把工作做到更好，今后我想做到以下几点：

1.加强学习，提高自身素质，增强紧迫感和责任感，适应社会发展需要。

2.搞好优质服务，为群众办好事，办实事。在林业生产过程中，群众遇到困难，迅速赶到现场帮助排忧解难，解决不了的问题，通过其他途径给予解决，做到当天的事情当天办，让群众满意，坚定发展林业的信心。

3.充分发挥专业特长，指导群众发展林业生产，调动群众兴村致富的积极性，并让群众从发展林业生产中获得效益。

4.积极配合单位领导工作，开拓进取，不断创新，共谋××林业发展大计，为××的发展壮大，为××的新农村建设尽心尽力作出自己应有的贡献。

竞争上岗，有上有下、有进有退，无论上下，一如既往；不管进退，一片清心。本人一颗赤诚之心都将献给我所热爱的林业事业！

谢谢大家！

点评

　　本文作者在总结成绩时实事求是，用事实说话，列举了大量的数字来说明成绩：三年来，全镇共实施退耕还林面积 5000 多亩，灭荒造林 1 万多亩；一干就是一个多月不休息；年育松树容器苗 50 余万袋，杨树 4 万株、刺槐 2 万株。数字足以说明工作业绩，说明作者是一位实干家，也说明了作者的工作方法和工作思路是正确的。在阐述今后的工作计划时，内容略显单薄，四点的框架是完整的，如果能够充实些具体内容就更好了。

·第六章·

经济、贸易、商务工作岗位

经济工作理论知识

经济的概念

经济是资源有效利用的方式，是指整个社会的物质资料的生产和再生产过程。

经济活动是社会物质的生产、分配、交换和消费活动的统称。

1. 泡沫经济

泡沫经济是指：虚拟资本过度增长与相关交易持续膨胀日益脱离实物资本的增长和实业部门的成长，金融证券、地产价格飞涨，投机交易极为活跃的经济现象。泡沫经济寓于金融投机，造成社会经济的虚假繁荣，最后必定泡沫破灭，导致社会震荡，甚至经济崩溃。简单来说，泡沫经济是指一种或一系列资产在经历一个连续的涨价过程后，其市场价格远远高于实际价值的经济现象。即当社会资产所表现的账面价值远高于其实际价值时，就形成所谓的"泡沫经济"。

世界各国曾发生的泡沫经济：

17 世纪荷兰发生郁金香泡沫经济。

17 世纪江户时代的元禄泡沫经济。

18 世纪英国的南海公司泡沫经济（南海泡沫事件）。这次事件成为泡沫经济的语源。

20 世纪 20 年代受到第一次世界大战的影响，大量欧洲资金流入美国，导致美国股价飞涨。之后黑色星期二爆发，美国泡沫经济破裂，导致世界性恐慌。

20 世纪 80 年代日本泡沫经济。

1994 年墨西哥为主的中南美洲泡沫经济。

1997 年东南亚金融危机。

1999 年 ~ 2000 年美国因特网泡沫经济。

2003 年美国为主的全球房地产泡沫经济。

2. 市场经济

市场经济，又称为自由市场经济或自由企业经济。它是一种经济体系，不同于计划经济由国家引导，这种体系没有一个中央协调的体制来指引其运作，产品和服务的生产及销售完全由自由市场的自由价格机制所引导。市场经济是以社会化大生产为基础的高度发达的商品经济，其一般特征是：平等性、竞争性、法制性、开放性。在市场经济的运行过程中，政府管理部门按照相应的法律、法规体系来协调与管理市场上各种经营活动，如市场的准入、市场的交易、市场的竞争等。健全的法制是维持市场经济体制有序性发展的保证。

市场经济在本质上是开放的、无国界的。根据市场需求，以个人、组织、国家等为单位的任何形式，在允许范围内，都可以平等利用各种市场资源，在广阔的时空范围内进行创造生产。它要求人与人平等协商，实行"各增其值、等价交换"原则。目前，市场分配已成为最基本的分配形式。

经济工作的职责

1. 根据我国国情，拟定适合我国经济发展的政策、法律、法规，监督、检查相关经济法律法规的执行情况。

2. 大力调整和优化经济结构。

3. 切实加强管理，整顿和规范市场经济秩序。

4. 加大对中小型企业的扶持力度，提升中小型企业的竞争力。

5. 坚持对外开放，把对外开放提高到新水平。

6. 加强落后区域发展，促进地区协调发展。

怎样做好经济工作

中国经济的增长速度已经连续 30 年超过 9 %，连续 5 年超过 10%。要做好经济工作，必须加强四个"着力"的建设，即着力加快改革开放，着力增强自主创新能力，着力推进经济结构调整和经济增长方式转变，着力提高经济增长的质量和效益。经济是强国之本，只有加强经济建设，才能保证人们的安居乐业和国家的稳步前进。

1. 稳定政策、适度微调

稳定的政策环境是社会经济发展的前提，要加强和改善宏观调控，保持宏观经济政策的连续性和稳定性，保证经济的稳定发展。在宏观方向上，阶段性的经济政策是越稳定越好，但是面对经济发展中出现的新情况新问题，政策是有弹性的，把握好政策实施的力度、节奏、重点，根据具体情况适度微调，可进一步提高我国经济运行的稳定性，改善经济发展的协调性，促使国民经济保持平稳较快的发展势头。

2. 推进经济结构调整

首先，从宏观的层面来说，推进经济结构调整，是要促进经济增长由投资性拉动向扩大内需转变。其次，推进经济结构调整，是要将传统产业向新兴战略性产业转变，如向新能源、新材料、新医药、生物育种等新兴产业的转变。再次，推进经济结构调整，就是由全面刺激向区域经济刺激转变，重点支持区域经济发展，形成新的经济增长点。

3. 扩大内需

扩大内需是我国经济发展的长期战略方针和基本立足点。努力调整投资消费关系，拓宽消费领域，改善消费环境，把增加居民消费特别是农民消费作为扩大消费需求的重点。培育消费热点，进一步做好"家电下乡"、增加农机购置补贴等工作，扩大广大农民的消费需求，增强消费对经济增长的拉动作用。

4. 做好"三农"工作

"三农"问题事关全面建设小康社会和社会主义现代化建设的全局，是全党工作的重中之重。党的十六届五中全会提出了建设"生产发展、生活宽裕、乡风文明、村容整洁、管理民主"的社会主义新农村的历史任务。这是加强"三农"工作的重要战略部署。

在我国经济工作中，要坚持以发展农村经济为重点任务。完善强农惠农政策，增加涉农补贴规模，加强农业农村基础设施建设，加快发展现代农业，促进农村生产力的解放和发展。稳步扩大农村需求，提高农业综合生产能力，保持主要农产品价格基本稳定，巩固和发展农业农村好形势，促进农民持续增收。

5. "引进来"和"走出去"

2004 年至 2007 年，世界经济增长连续保持在 5% 左右的较高水平，是 20 世纪70年代初以来最强劲的增长。我国抓住这一有利时机，发挥比较优势，坚持开拓国际市场，充分利用外需，促进了经济的快速增长。

要坚持开拓国际市场和扩大国内市场并举，坚持"引进来"和"走出去"相结合。一方面，做好利用外资工作，提高引资质量，促进"引资"与"引智"相结合。另一方面，大力实施"走出去"战略，提高出口产品档次、附加值、竞争力，继续严格控制"两高一资"产品出口，努力促进出口稳步回升，增加进口，促进贸易平衡，加快转变外贸发展方式。拓展对外开放广度和深度，健全开放型经济体系。不断提升我国的国际竞争能力和抗风险能力，以进一步提高我国经济实力。

6. 节约资源、保护环境

近年来，我国经济发展已受到能源资源的严重制约。国内重要能源资源的人均拥有量远低于世界平均水平。

我国当前高投入、高消耗、高污染、低产出的粗放型增长方式加剧了能源资源供求紧张状况，造成了严重的环境污染和生态破坏。要落实重点产业调整规划，大力推进技术改造，强化节能减排目标责任制，加强节能减排重点工程建设，开展低碳经济试点，努力控制温室气体排放，加强生态保护和环境治理，加快建设资源节约型、环境友好型社会。

贸易、商务工作理论知识

贸易、商务的概念

贸易也被称为商业，它是自愿的货品或服务交换行为。最原始的贸易形式是以物易物，即直接交换货品或服务。贸易可分为多种类型，由贸易者数量来分，两个贸易者之间的贸易称为双边贸易，多于两个贸易者的则称为多边贸易；由贸易面向市场来分，有对外贸易、对内贸易、国际贸易、海外贸易等。

商务是指一切与买卖商品服务相关的商业事务，狭义的商务概念即指商业或贸易。

世贸组织

世贸组织即世界贸易组织的简称。世贸组织是一个独立于联合国的永久性国际组织。1994年4月15日，在摩洛哥的马拉喀什市举行的关贸总协定乌拉圭回合部长会议决定成立更具全球性的世界贸易组织。世贸组织是具有法人地位的国际组织，它负责管理世界经济和贸易秩序。从 1995 年 1 月 1 日开始正式运作。世贸组织成员分四类：发达成员、发展中成员、转轨经济体成员和最不发达成员。

世贸组织的主要职能是：组织实施各项贸易协定；为各成员提供多边贸易谈判场所，并为多边谈判结果提供框架；解决成员间发生的贸易争端；对各成员的贸易政策与法规进行定期审议；协调与国际货币基金组织、世界银行的关系，提供技术支持和培训。

随着国际社会经济贸易的不断发展，国际经贸领域的贸易战也日见频繁。在解决国际经济贸易纠纷方面，世界贸易组织自成立以来就发挥着重要作用。

2006 年 11 月 7 日，世贸组织宣布接纳越南加入该组织，至此，世贸组织的成员国已增加到 150 个。各国在加入世界贸易组织后都要严格遵守世贸的政策、法规，享受世贸的权利同时承担相应的义务。

1. 基本的权利：

（1）能使产品和服务及知识产权在 150 个成员中享受无条件、多边、永久和稳定的最惠国待遇以及国民待遇；

（2）对大多数发达国家出口的工业品及半制成品受普惠制待遇；

（3）享受发展中国家成员的大多数优惠或过渡期安排；

（4）享受其他世贸组织成员开放或扩大货物、服务市场准入的利益；

（5）利用世贸组织的争端解决机制，公平、客观、合理地解决与其他国家的经贸摩擦，营造良好的经贸发展环境；

（6）参加多边贸易体制的活动获得国际经贸规则的决策权；

（7）享受世贸组织成员利用各项规则、采取例外、保证措施等促进本国经贸发展的权利。

2. 基本的义务：

（1）在货物、服务、知识产权等方面，依世贸组织规定，给予其他成员最惠国待遇、国民待遇；

（2）依世贸组织相关协议规定，扩大货物、服务的市场准入程度，即具体要求降低关税和规范非关税措施，逐步扩大服务贸易市场开放；

（3）按《知识产权协定》规定进一步规范知识产权保护；

（4）按争端解决机制与其他成员公正地解决贸易摩擦，不能搞单边报复；

（5）增加贸易政策、法规的透明度；

（6）规范货物贸易中对外资的投资措施；

（7）按在世界出口中所占比例缴纳一定会费。

贸易、商务工作的职责

1. 贯彻落实国家有关内外贸易、国际经济合作和招商引资的发展战略、方针、政策。

2. 拟定我国贸易、商务工作短期、中期、长期发展规划。制订并实施外商投资政策，指导和管理招商引资、投资促进及外商投资企业的审批和进出口工作。

3. 完善服务贸易、商务相关法规，建立服务贸易监管体制和促进体系。

4. 制定与国际标准一致的国家标准和技术法规，使出口产品符合进口国要求，扩大出口贸易。

5. 收集、整理商贸经济信息，分析监测商贸业运行态势，研究、提出运行中重大问题的对策、措施。

6. 建立和完善反倾销应诉机制，完善我国反倾销预警机制网络。

7. 会同有关部门组织实施关系国计民生重要商品的市场调控，检查、协调、管理本级商品储备和供应。

怎样做好贸易、商务工作

坚持对外开放基本国策，在更大范围、更广领域、更高层次上参与国际经济技术合作和竞争。以科学发展观为指导，着力"强基础、破难题、抓转型、优服务、促增长"，积极开拓非传统出口市场，推进市场多元化，推进发展方式转变。加强对出口商品价格、质量、数量的动态监测，构建质量效益导向的外贸促进和调控体系。促进国内贸易和国际贸易双向发展，实现我国商贸经济持续健康发展。

1. 优化出口商品结构

要不断优化出口商品结构，加大科技投入，不断研制开发新产品，提高产品的科技含量，树立品牌意识，实施名牌战略。提高深加工和高附加值产品出口比重，以自有品牌、自主知识产权和自主营销为重点，引导企业增强综合竞争力。实现由劳动密集型产品出口向资金、技术密集型产品的转变和以价取胜的战略转变。

2. 提高利用外资质量

招商引资、扩大利用外资是商务工作的重中之重，努力把引进战略投资者作为招商引资的重要内容、重点工作和主要着力点，拓宽吸收外资渠道，扩大利用外资规模，提高利用外资的质量和水平。有效利用境外资本市场，支持国内企业境外上市。按照优势互补、平等互利的原则扩大境外资源合作开发。引导外资更多地投向高技术产业、现代服务业、高端制造环节、基础设施和生态环境保护，投向中西部地区和东北地区等老工业基地。完善风险投资退出机制，鼓励外商风险投资公司和风险投资基金来华投资。鼓励跨国公司在我国设立地区总部、研发中心、采购中心、培训中心。鼓励外资企业技术创新，增强配套能力，延伸产业链。

3. 积极开展国际经济合作

加强国际交流与合作，采取多种形式，与世界贸易组织、联合国贸发会议、欧盟等国际组织，以及各个国家和地区的政府组织之间建立联系，紧密合作。统筹规划并稳步推进贸易工作的便利化，积极开展国际经济合作，加强对话与协商，发展与各国的双边、多边经贸合作。增加我国对其他发展中国家的援助，进一步加强与发展中国家的经济技术合作。

通过跨国并购、参股、上市、重组联合等方式，培育和发展我国的跨国公司。完善境外投资促进和保障体系，加强对境外投资的统筹协调。鼓励企业参与境外基础设施建设，提高工程承包水平，稳步发展劳务合作。

4. 实施进口促进战略

坚持"两结合一促进"的原则，即引进技术与引进资金和智力结合、引进技术与自主创新结合、以进口促进出口，进一步扩大进口，充分发挥进口在解决资源和环境、促进技术进步、提高经济运行效率和改善贸易结构等方面的作用。

5. 建立服务贸易促进体系

扩大服务贸易规模，是提高参与国际国内分工和竞争能力的重大举措。为保证服务贸易能沿着正常、健康的轨道发展，应建立各部门密切配合、中央和地方互动、政府和企业紧密联系的符合本国经济发展目标又不违背国际法律准则的贸易法律、法规。巩固和促进批发、零售、电信、旅游、餐饮、休闲等具有较好发展基础的服务业，进一步提高竞争能力。鼓励支持各类资本发展现代物流、金融保险、信息咨询等新兴服务业，促进服务业的全面繁荣。

6. 整顿和规范市场秩序

通过完善行政执法、行业自律、舆论监督、群众参与相结合的市场监管体系，严厉打击商业欺诈，深入推进"三绿工程""放心肉""放心酒"和"放心食品"工程等，提高食品质量和安全水平，保障人们的购买信心。以建立统一、开放、竞争、有序的现代市场体系为目标，促进我国商贸事业积极、健康、快速发展。

经济、贸易、商务工作竞聘演讲词案例

竞聘省经济发展处处长

各位领导、各位同仁：

大家好！

党政机关机构改革，是建设一支面向 21 世纪高素质干部队伍、迎接西部大开发的重要举措。对于推进干部制度改革，拓宽选人用人渠道，促进人才资源的合理配置和流动，激励机关干部爱岗敬业、开拓进取、奋发向上具有重要意义。我坚决拥护，并积极参与。我参加经济发展处处长职位竞争，恳请组织和同志们挑选。

1. 工作经历：

我叫×××，1971 年参军，1974 年加入中国共产党，1975 年 7 月毕业于解放军后勤工程学院军械管理专业，1998 年 12 月毕业于中央党校函授本科班经济管理专业。在部队历任战士、文书、班长、排长、副连长、连长、副营长、营长、省军区陆军学院军械教研室主任；1989 年被评定为省军区后勤军械部工程师，同年被授予少校军衔；因军政训练成绩显著和完成××任务出色，荣立三等功两次，并被评为军区机关先进个人，在全区部队通报表彰。

1990 年 1 月我从部队转业到省民委办公室工作，同年 5 月任办公室秘书科科长，1991 年 6 月任办公室副主任，1996 年 3 月任经济处副处长，1997 年 10 月至今任经济处处长。1994 年 12 月至 1995 年 10 月，参加省委第一批村建工作队赴基层开展党的基层组织建设，因成绩显著，被评为先进个人，我所带领的工作组

被评为先进集体，受到通报表彰。1999年11月我参加"全国少数民族和民族地区名优产品博览会"筹备工作，被组委会评为先进个人。

2. 德才表现：

从部队转业到省民委工作以来，我始终保持一名共产党员和一名革命军人的政治品格和作风，认真学习马列主义、毛泽东思想和邓小平理论，在思想上、政治上与党中央保持一致，积极投身于国家的改革开放和社会主义现代化建设大业，牢记党的宗旨，全心全意为人民服务，努力在实践中锻炼和提高自己。在办公室工作期间，积极参与政务，处理事务，搞好服务，为保证机关正常运转作出了自己应有的贡献。到经济处工作后，为使自己的知识、能力和水平与所承担的工作任务相适应，我在努力学好中央党校本科函授班规定课程的同时，围绕民族地区在经济运行中出现的新情况、新问题，深入民族地区调研，撰写了十多篇理论研究文章，先后被全国各级报纸杂志、广播电台刊用，有的还被编入《21世纪中国发展论坛丛书》，向国内外公开发行。

经济处工作任务繁重，涉及领域广、政策性强，对此，我带领全处同志积极工作，认真完成民委党组交给的各项工作任务，有时加班到深夜五点钟，毫无怨言。在去年北京举办的"全国少数民族和民族地区名优产品博览会"上，一举夺取了博览会设置的全部奖项。近两年来经济处积极协助委领导协调国家民委、财政部和省级有关部门，使省民委参与管理安排的项目资金均突破一个亿，年均增幅达百分之二十以上，今年的无偿资金同比增长百分之三十，为加大对民族贫困地区扶持力度做出了贡献。

3. 工作设想：

按照省民委"三定"方案中赋予经济发展处的工作职能，我的工作设想是主要抓好"五个突破"：

（1）政治业务学习要有突破。以早日实现中国梦为契机，抓好全处的政治业务学习和思想作风建设，提高整体素质，努力把经济发展处建成一个团结、务实、高效、廉洁、政治强、业务精、作风硬的处室，以适应西部大开发的需要。

（2）宏观政策研究要有突破。紧紧抓住中央实施西部大开发战略和"兴边富民行动"的历史机遇，组织专门人员研究民族地区经济发展运行中出现的新情况、新问题。重点研究民族贫困地区21世纪如何实施扶贫攻坚，加快脱贫的问题；"十五"期间民贸商品生产问题；配合民族地区制定好经济和社会发展规划及"兴边富民行动"计划，争取使其纳入西部大开发省行动计划和省的"十五"

计划。

（3）贯彻省委《决定》要有突破。省委《决定》共三十条，其中涉及经济工作的就有十三条，要在今年工作的基础上，继续会同省级有关部门，狠抓落实。

（4）项目资金管理要有突破。一是根据新时期民族工作的特点和任务，结合西部大开发和"兴边富民行动"对1990年制订的《边补费》《省级民族机动金管理暂行办法》重新修订；二是制订少数民族发展资金、少数民族地区补助费、散杂居民族工作专项资金管理办法；三是积极探索项目资金管理新思路，按照财政规范转移支付和财权事权分离的原则，采取一年一个确定的办法，将年度指标分配到各地、州、市，由各地、州、市民委与财政局共同管理；四是继续搞好部门间的协调工作，进一步加强同国家、省级有关部门的工作联系，争取每年有更多的项目资金投向民族贫困地区。

（5）"兴边富民行动"试点工作要有突破。"兴边富民行动"是西部大开发的一个重要组成部分，是民委工作在西部大开发中的一个切入点和重头戏，要在继续抓好"四大工程""七个重点"的基础上，切实把"兴边富民行动"试点工作推上一个新的台阶，为"建设一个经济繁荣、社会进步、生活安定、民族团结、山河秀美的新边疆"而贡献自己的力量。

作者拥有军人背景，德才表现自然不俗。难能可贵的是作者对未来工作的计划做得十分到位：计划有依据——"三定"方案；计划有层次——"五个突破"。其中，详细阐述了如何突破政治业务学习；如何突破宏观政策研究；如何突破贯彻省委《决定》；如何突破项目资金管理以及如何突破"兴边富民行动"试点工作，全面包括了政治、经济，宏观、微观。概括全面，考虑周全，可操作性强，是全篇的亮点。

竞聘镇经济发展办公室主任

尊敬的各位领导、各位评委、各位同事：

大家好！

我叫××，首先感谢组织和领导为我提供了一次难得的学习、锻炼和提高的机会，也感谢大家对我的理解、信任和支持。

我是在本次竞职演讲中年纪最轻，资历最浅的一个，不容置疑，在各位领导和同事面前，我还是一个才疏学浅、缺乏经验的学生和新兵；平心而论，我到机关工作的时间短，参加竞争，我一无成绩，二无资历，三无根基，优势更无从谈起。倒是拿破仑的那句"不想当将军的士兵不是好士兵"在激励着我斗胆一试，响应组织号召，积极参与竞争，我不敢奢求什么，只想让大家认识我、了解我、帮助我，抑或喜欢我、支持我。时逢这个"能干事"的时代，让我引用美国政治家富兰克林的一句名言与大家分享："推动你的事业，不要让事业推动你。"今天我正是为了推动我的事业而来。

我经过一番深思熟虑，认为自己有实力参与竞争，也有能力胜任经济发展办公室主任这个岗位。

1.我认为自己具备担任主任所必备的素质。

（1）有吃苦耐劳、默默无闻的爱岗敬业精神和实干精神。我是一个农村出生长大的孩子，深深懂得"宝剑锋从磨砺出，梅花香自苦寒来"的道理。我清楚地知道经济发展办公室（简称"经济办"）主任这项工作很辛苦，付出许多的艰辛却很难收到成效。但我已经作好了充分的思想准备，有着为之努力奋斗的良好愿望和热情。

（2）有虚心好学、开拓进取的创新意识。一直以来，我始终没有放松过继续学习，猎取各方面知识来丰富自己。我现在已有大专学历，但我还参加了自考行政管理本科的考试，现已即将拿到行政管理本科的毕业证。这不仅仅是学历的提高，更主要的是使自己的知识得到了及时更新，头脑得到了充实。

（3）有严于律己、诚信为本的优良品质和雷厉风行、求真务实的工作作风。我信奉诚实、正派的为人宗旨，坚持踏实的工作作风、求实的工作态度、进取的工作精神，在日常的学习、生活和工作中，能以大局为重，能严格要求自己，尊敬领导，团结同志。

2.我认为自己具备该职位所必需的能力。

（1）有较高的政治素养。我注重政治理论知识的学习和思想意识的改造，尤其是注意收集报纸杂志上有关大政方针政策的信息和动向，因此能够始终保持坚定的政治立场、较高的政治敏锐性和政治鉴别力。

（2）有一定的工作经验。我一来就在经济办从事统计工作，熟悉办公室的职责、任务和规范，清楚工作人员所必备的素质和要求，也逐渐总结出了一些工作方法和策略，相信可以胜任主任的工作。

（3）有较强的组织协调能力和管理能力。

（4）有较强的应变创新能力。我爱学习、爱思考、爱出点子，在工作中能敢想、敢干、大胆创新，充分发挥主观能动性。

（5）有较强的文字驾驭能力和语言组织能力。

假如我有幸竞职成功，我将笨鸟先飞，不辱使命，做到"以为争位，以位促为"。对今后的工作提出以下目标：

积极主动承办党委、政府和上级主管部门交办的各项工作，充分发挥主观能动性，开拓创新，积极进取，同办公室成员齐心协力，同其他部门密切配合，出色完成办公室的工作职责，积极推进我镇产业结构的调整，推进工业化、城镇化的发展，大力实施"三化一兴"战略，更好地为群众服务，为党委、政府出谋划策，立足现实、放眼未来，为我镇经济发展建设而努力奋斗。

在党委、政府和同志们的支持下，具体从以下几个方面开展工作：

1.积极主动解决"××街"这一遗留难题。现在解决"××街"的问题已经提到了党委、政府的工作日程当中，在解决的过程中，还有大量的工作需要经济办来做，我一定组织好经济办的同志，齐心协力做好宣传、解释、资料整理等各方面工作，按时保质保量地完成镇委、镇政府安排的各项工作任务，以促进"××街"问题的妥善解决。规范我镇的土地管理，推进城镇化建设的发展。

2.加强公路建设及村级公路的管护。"要想富先修路"，我认为不光是要修路，更重要的是要修好路。新的公路建设我们将按照镇委、镇政府及上级主管部门的要求，做好基础工作。大家都知道，我镇的村级公路，修的里程是越来越长，而通车的里程却是越来越短，要解决好这一难题，就必须要加强对村级公路的管护，我认为可充分吸取××镇对村级公路管护的经验，结合我镇的实际及各条线路的实际，由经济办牵头，和各村、社通力合作，找出切实可行的办法来解决好公路的管护问题。

3.加强农村经济的管理，加快农村产业结构的调整，做大做强我镇的四大产业，带动群众脱贫致富。根据党中央十六届五中全会建设社会主义新农村的精神，鼓励和引导农民发展各类专业合作经济组织，提高农业的组织化程度。我镇已经组织成立了柑橘专业合作社，今后我们还可以根据我镇实际，积极引进经济效益好、技术难度不高、利于农民发展的产业，继续做大做强我镇的蚕桑、无公害蔬菜和香料产业。

4.加大招商引资力度，加快我镇工业、非公有制经济的发展步伐。现在是一个"信息爆炸"的时代，信息已成为一种很重要的财富，"信息"可以说已经成为是否能招到商引到资的关键。我们要借助××外环高速路的开口及××公路即将硬化的契机，利用我镇的一切资源优势，从各种渠道、途径，扩大信息面，抓住机遇，招商引资，来促进我镇经济的发展步伐。

5.加强市政管理、环境保护力度，改善人居环境。进一步加强市政管理，规范市场秩序、创建绿色、整洁、有序的市容市貌，增强市民爱护市容市貌的意识。同时借助污水处理厂即将落户我镇之机，加大环境保护力度，营造良好的人居环境。各位领导、各位同事，以上主要谈了我竞争上岗后的工作思路，不管此次竞争成功与否，我都不会辜负组织对我的关怀和希望，在大家的帮助和支持下，不论在什么工作岗位，我都会励精图治，恪尽职守，努力学习，勤奋工作，以绵薄之力来回报组织和同志们。也请相信我，我就是，那位你们要选择的"想干事，能干事，敢干事，能干成事，干事还干净"的人选！

谢谢大家！

点评

作者在开篇实事求是地承认自己一无成绩，二无资历，三无根基，甚至形容自己才疏学浅、是缺乏经验的学生和新兵，看似气势不高。但随后话锋一转，用一句名言"不想当将军的士兵不是好士兵"来引出自己的壮志，用"推动你的事业，不要让事业推动你"来表明自己今天参加竞聘演讲的目的——为了推动事业而来。接下来作者大胆地规划了自己的未来：包括解决遗留问题，加强对公路管护和对农村的管理，加大招商引资力度和加强市政管理，完全具有一名成熟领导的战略眼光。最后，作者用"想干事，能干事，敢干事，能干成事，干事还干净"来形容自己，成功展示了一个初生牛犊不怕虎的年轻干部形象。

竞聘市经济发展局局长

各位领导、各位评委：

大家好！

今天我怀着激动的心情，在这里参加经济发展局局长的竞职演讲。非常感谢市委、市政府给予的这次公平竞争、交流学习与展示自我的机会。能够在此就自己的个人能力、优势以及今后的工作思路，向各位领导和评委做一汇报，我感到万分荣幸。

我叫×××，××岁，××××年×月出生，××××年参加工作，××××年任××职务，根据本人实际情况，对于经济发展局局长这一职位，我认为自己具有以下5个方面的任职优势：

1. 事业改革面前有股"闯劲"。我一直把"爱岗敬业、开拓进取"作为自己的座右铭，无论干什么，都把事业放在心上，责任担在肩上，尽职尽责，埋头苦干，全身心地投入。多年来，组织上的培养、领导和同事们的支持和帮助，造就了我胸怀宽广、谦让容人、求真务实、秉公办事、坚持原则、善于听取群众意见的品格。自××××年参加工作以来，我立足实际，认真学习，不怕工作任务重，不怕要求标准高，对于本职工作，尽心尽力地干好，对于上级交办的工作，按时保质保量地完成，为改革和发展作出了自己的贡献。我始终认为，干好事业靠的是忠诚于事业，靠的是一丝不苟的责任心。当前，我局正处于改革和发展的关键时期，缩头不前不行、求稳怕乱不行，工作不怕干，要的就是一种敢闯、敢作、敢为的精神。

2. 困难压力面前有股"韧劲"。我特别喜欢毛主席的一句话，"什么叫工作，工作就是斗争"，"我们是为着解决困难去工作、去斗争的。越是困难的地方越是要去，这才是好同志"。十几年来，我充分发挥一个共产党员的革命乐观主义精神，以坚忍不拔的毅力和韧劲正确对待工作中的困难和压力。我一直认为，困难与希望同在，挑战与机遇并存，在困难和压力面前，只要有良好的心态、坚忍不拔的毅力、不屈不挠的韧劲和冷静科学的处理方法，劣势总会变优势，不利条件总会变有利。

3. 业务管理面前有股"钻劲"。在长期的工作中，无论是在业务学习中，还是在业务管理上，我都坚持走到哪里就学到哪里，向老领导学习，向专家们学习，向同志们学习，向实践学习，以肯于钻研的学习精神，不给自己留疑问，无愧于领导和同志们的理解和信任。自××××年担任××以后，我深刻体会到管理学是一门应用性较强的学科，对单位中心工作的全面进步和发展具有十分重要的意义，为此，我主动为自己"充电"，较为系统地学习了行政管理、经济管理、计算机和英语等方面的知识。多年的学习，在客观上丰富了见识阅历，在主观上增强了管理经验，在实践中提高了领导能力；多年的努力，使我感到自己在思想政治工作中积累了一套较为成熟的思路与方法，在管理和改革中也有自己的见解和方法。

4. 大是大非面前有股"正气"。我认为，"正气"是一名共产党员的最基本的素质。无论是生活中，还是在工作上，我都要求自己把握好最基本的做人原则，坦坦荡荡做人，老老实实做事，诚诚恳恳、实实在在待人，时刻坚持实践是检验真理的唯一标准，不利于团结的话不说，有损于团结的事不做，要保持中青年人的朝气与活力，更要保持基本的原则和分寸，心底无私天地宽。我坚信"没有落后的群众，只有落后的干部"，只要我们想群众之所想、急群众之所急、办群众之所需，我们的工作就会如鱼得水，工作中的困难就会迎刃而解。

5. 年富力强，具有较高的政治素质。我可以自信地说，年龄是我这次竞争的显著优势。作为中青年人，我思想解放，勇于探索，开拓进取，富有改革和创新精神。特别是近几年的学习和实践，使我拓宽了思路，开阔了眼界，增强了大局观念，丰富了宏观管理经验，提高了分析、综合、决策能力，组织协调和领导能力也有了很大程度的提高。我相信，拥有强烈的事业心、责任感和旺盛的精力，我一定能够全身心地投入到今后的工作中。

下面，我谈一下今后的工作思路。经济发展局的关键职能主要集中于两个方面：一是对企业的管理和服务；二是招商引资，开发区域经济持续发展的增长点。二者缺一不可，相辅相成。

在对企业管理和服务方面，我的工作核心是三个字：监、帮、促。要实现的两个目标是：法制化和规范化，即通过我们自身队伍的规范化建设和管理，来提供一个开明的法制化的经济运营环境。我们有责任为落户××市的所有内外资企业提供一块发展的沃土。

在招商引资方面，我的工作核心是：通过建立规范化的招商系统，实现资源的最佳利用和效率的提高，努力开拓招商的新局面。主要包括以下内容：

1. 建立产业化和地区化并重的招商专业化小组，专业化将使效率的提高成为可能。

2. 建立规范化的招商管理系统，如人员培训、招商资料的组织、招商渠道的维护、来访接待、项目后期跟踪等方面。

3. 深入挖掘招商合作优势，项目的投资绝不是单向的，投资者选择我们这个城市，取决于我们能否提供更多的合作优势，例如，产业配套、生产成本、适应国际商业运作规则的政府高效服务等方面。

4. 我们要特别强化招商外宣和对国内重点地区，即京津冀发展区、长三角经济发展区、珠三角经济发展区等地的联系，以及对海外办事处的招商指导与合作，实现第一时间对项目信息捕捉的最大化。

科技发展日新月异，经济发展只争朝夕，这就要求我们必须加强学习，才能服务好企业、管理好企业、吸引来更多的好项目。我们有信心将经济发展局建设成为一个有着先进理念和文化、充满活力、具有战斗力的光荣的集体。

各位领导、各位同事，当然，个人的能力和水平终究是有限的，但我相信，在领导和同志们的支持和帮助下，勤能补拙。我愿意笨鸟先飞，只要我能像愚公一样，每天挖山不止，就一定会有成效。如果这次竞争落选，说明我在某些方面与这个职位的要求还存在一定的差距，对此我将正确对待，把这次竞演作为一次锻炼自己能力、寻找自身差距与不足的机会，在现在的工作岗位上，一如既往，更加努力地做好本职工作，珍惜每一次机会，争取更大的进步，不辜负领导和同志们的理解和信任。我现在还年轻，还有许多地方需要你们的关爱和指正，我将不胜感激！无论我在哪一个岗位上工作，××市经济发展的事业永远是我们共同的事业。

谢谢！

 点评

作者是一位严于律己、宽以待人的干部。在要求自己时，引用"工作就是斗争"，在开展工作时，牢记"没有落后的群众，只有落后的干部"，具有作为领导干部的胸襟和素质。在谈到今后的工作思路时，围绕两个重点展开：一是对企业的管理和服务；二是招商引资，开发区域经济持续发展的增长点。下面具体展开论述的四点计划对这两个工作重点起到了保障和促进的作用。通篇布局严谨，陈述顺畅。

竞聘市经济建设规划院经济规划处处长

各位领导、各位同事：

大家好！

今天我在这里竞聘经济规划处的处长。

首先要感谢各位同事和院领导对我的信任，感谢我们规划所的全体同仁对我的支持，让我有机会站在这里向大家汇报我在过年的两年中的工作情况和对未来两年工作的设想。

其次我要表达一个意思，那就是支持和理解院领导关于处室负责人竞聘上岗的改革措施，因为这一举措能够充分发挥每个人的积极性，发现人才，鼓励人成才，正是因为支持和拥护这一改革措施，我才站到了这个讲台上。今年是第一年，作为规划院的老同志，我应该带个头，希望下一次有更多的人站出来，那个时候我便能跟大多数人一样坐在下面来当裁判了。

下面我先汇报一下过去两年的工作情况。

1. 实现了业务的快速增长。2002年虽然业务量只增长了20%左右，但我们都很努力，因为，这一年×总调到院里任全职副总，这对处里的影响是很大的，高级职称人员一下子下降了一半，到年底才破格恢复到两人。今年的业务增长更快，达到了50%左右，可以说是实现了跨越式的发展。

2. 业务结构进一步优化，主导产业得到加强。在工程咨询和城市规划业务额稳步上升的同时，经济规划的比例大幅增长，从2001年的不到10%上升到去年的20%，今年达到39%，两年翻了两番。业务领域的演变一定程度上反映了规划院的发展趋势。经济规划类项目的影响也在逐年增大。从规划对象看，以前不少是小镇的规划，现在有很多是区域性的和地市级的规划；从合同额看，2001年时经济规划的平均单项收费为6万元，今年上升到18万元，增加了200%。可以看出，我们的经济规划业务正在走向"有影响、有地位"，正在接近"谋划全省"。

3. 职工队伍建设得到加强，人员结构不断优化。总量扩张——人员从2001年的11位发展到今年的14位。结构优化——专业结构上增加了经济类的人员，学历结构上，平均学历有所上升，高级职称人员从1人增加到3人。学习气氛浓郁——鼓励岗位学习，3人次通过学习在学历上比以前上了一个台阶，有两位正在进行研究生课程学习。

以上取得的成绩首先要归功于处里年轻的处员们，在这里要向他们表示感谢，特别要感谢×××同志，他不仅承担了大量的管理工作，也具体承担了大量的项目工作，没有他的配合和帮助，我们处的工作是不可想象的。也要感谢其他处室的大力配合和支持，包括办公室、综合处、开发处和各业务处室，我们与一处、二处、研究所都有很好的项目合作。也要感谢院领导，特别要感谢×总，他任规划处长多年，给我们创造了一个非常好的基础，即使是在离开规划处以后，还是在各个方面给我们以帮助，我想我们的处员们都是能感受到的。

4.存在问题。城市规划业务没有大的起色（跨行业经营，受行业歧视；机制不够灵活；努力不够），内部管理和对同事的关心上做得很不够。

这是对前两年处室工作的简单回顾，下面谈一下今后两年工作的设想。总体上可以以"一个中心，两个基本点"来概括，就是以发展为中心，以事业和效益为基本点。

（1）以院的定位为指导，实行一体两翼发展，以经济和社会发展规划为主体，以城市规划和工程咨询为两翼，做大、做强、做优主体，丰满两翼。

①经济规划：要做出几个在省内有影响的精品。国家正在进行规划体制改革，十一五规划改革的一个方向就是在原有规划的基础上增加空间规划的内容，我们处可以在这方面有所作为。

②城市规划：能够在省内做出规划的特色，扩大影响，新开辟一到两个根据地。

工程咨询：巩固阵地、提高质量。

（2）实现业务量的稳步增长。由于国家宏观政策的作用，用地紧张、园区控制，业务上会有一些影响，我们要克服困难，积极寻找新的增长点，实现业务的稳步增长。可能的方向是经济规划与城市规划的结合点，一是区域规划，二是城市的战略规划。

（3）加强队伍建设。适应业务发展的要求，继续引进高素质人才，特别是区域规划和经济规划方面的人才，并考虑人才的适应性。进一步发挥现有人员的作用，使每个人的能力都能得到最大限度的发挥，实现自我价值。根据我们处现有人员的特点，不主张每个人都能独立做好一个项目，而是强调专业化分工，培养团队精神，让每个人都成为某一方面的专家，这样，形成一个项目组，便能做出好项目来。

（4）加强内部管理。随着处室规模的扩大，内部管理的任务会越来越重，越来越复杂。在院的制度框架内，考虑出台一些配套政策，强化激励机制，使每个人都有压力和动力，最大限度地发挥每个人的积极性。让每个人在手头有项目时千方百计地把项目做好，在手头暂时没有项目时，千方百计地找项目，千方百计地提高自己的业务能力。

最后，我再讲一句在这里应该讲的话：我如果继续被聘任为处长，我将很高兴地在处长的岗位上加倍努力，继续为大家做好服务工作；如果竞聘未能成功，我同样会很高兴，因为这样我就可以沉下心来，有更多的时间认认真真地做几个项目。

谢谢大家！

这是一位老干部第一次参加竞争上岗活动，在开篇即表明了态度：带个头，希望下一次有更多的人站出来，明年希望可以当裁判。说明了自己来参加竞争的目的。但实际上，作者并不是单单为了起带头作用来的，作者为这次竞聘做足了准备功课。在对过去两年的工作汇报中，作者搜集列举了大量的数字，来说明工作成绩。在谈到未来的工作计划时，作者归纳为实行一体两翼发展，准确到位，指导性强。总之这是一篇内容翔实、准备充分的优秀的演讲词。

竞聘市建设局基建处处长

各位评委、各位领导、各位同仁：

大家好！

我非常感谢局里领导对我的支持和信任，让我能够站在这个舞台上向大家介绍我自己，展示我自己。今天我竞争的是我局基建处处长职位。

我生于××××年，××××年毕业于中国矿业大学资源与安全工程学院，并且取得了相应的工学学士学位。我于××××年光荣地加入中国共产党，毕业后曾在中国矿业大学担任过两年地质学教师、校党委宣传部部长、科研处处长。与同校教师合著的教材《×××》被教育部高等教育司评为高校优秀教材。

客观情况介绍完了，下面我向大家汇报一下我竞争这个岗位的条件：

1. 本人有较强的党性原则，敢于坚持真理，崇尚科学，反对明哲保身，主张发扬正气，抵制不良倾向；讲学习、讲政治、讲正气，因此有时被人觉得过于认真，时间长了，人们自然会理解我的处世为人。以公为先，办事公道，决不人云亦云，见风使舵。长期以来，本人比较注意始终保持勤政廉洁的工作作风，在任房管局办公室主任和基建处副处长期间能正确处理有关请客送礼的事情。近半年来从事基建管理工作，对基建的工作有了初步的了解，因此，按照本人思想业务素质和个人的专业基础及目前已从事的工作等综合因素，我下决心站出来接受组织的考察和群众的评价。

2. 我有过硬的专业素质。经过大学四年的专业训练，我打下了扎实的专业基础。之后在母校任教的两年时间，我在教课之余做了大量的科研工作，这也为我参加工作后的实践奠定了坚实的基础。我的科研能力和科研成果在处里至今仍是第一的，还没有人超越过。即使如此，我仍然充分利用业余时间学习与本职工作有关的业务，不断充实自己，拓宽了自己的知识面，活跃了思维，增强了综合分析能力，为较快地适应新角色、在新的形势下更好地做好行政管理工作打下了扎实的基础。

3. 我能较好地领会和贯彻局党委的意图和工作部署，工作责任心较强，工作安排周密、细致，舍得把时间和精力投入到工作中去，本人有较强的群众观念，尤其是任工会专职主席期间，有许多机会直接面向各层次、各种年龄的职工，在实际工作中了解他们、关心他们、理解他们，倾听他们的呼声，为他们说实话、办实事，在维护全局利益的同时，维护职工的合法权益。

如果大家给我这个为大家服务的机会，我一定不辜负大家的期望，在基建处处长的岗位上不断努力，做出更大的成绩：

1. 打造一支素质过硬的基建队伍。注意抓紧基建队伍的自身建设，提高基建队伍的思想素质和业务素质，没有一支好的基建管理队伍是无法顺利完成我市未来的基本建设重任的。要教育基建工作人员牢固树立全心全意为人民服务的观念，增强责任感。在关心在职职工的同时，还要关心基建处已退休的老同志，他们为基建工作立下了汗马功劳，按关于加强离退休工作的文件要求做好基建处退休人员的工作。教育青年同志，永远不要忘记老同志，要关心他们、尊重他们，为他们排忧解难。同时对于廉政建设也要常抓不懈。反腐倡廉工作，教育是基础，制度是保证，监督是关键，对基建部门来说，这一点尤其重要。我们建设局各项工程建设已按有关招标规定运作，这一方面对于工程的质量和工程的投资有了保证，同时也保护了干部，建立起一道反腐倡廉的屏障。但是，在基建的日常工作中也还存在许多的工作漏洞，容易被居心不良的人利用，这一方面要有"他律"，也要有"自律"，而且自律之"弦"要绷紧不松。不仅我自己要时刻警惕来自各方面的诱惑和腐蚀，而且还要在基建处的干部职工中搞好思想教育，能自觉地抵制来自各方面的侵蚀，纯洁我们的队伍，增强防腐能力，这也是目前我担任基建处党支部书记的职责所在。在注意队伍自我建设的同时，还要注意密切联系群众，自觉接受群众的监督。要正确对待来自各方面的意见，耐心做好疏导解释和答复工作，对我们职责范围内的事情决不推诿，对非本职工作范围的事，耐心解释，积极协作。

2. 提高基建管理水平，从而提高基建质量和效益。马克思说过："真正的财富在于用尽量少的价值，创造出尽量多的使用价值。"投资规模与工程造价的失控、超概算的问题和工程质量差的问题在我市的工程建设中有过不少经验教训，要切实引起重视，并以综合的方法加以控制，逐步解决。建筑项目工作的总原则是：适用、经济、安全、美观，要贯彻这一原则，就要正确处理好这几个方面的关系，具体来说要抓设计、抓质量、抓工期、抓预结算。抓住了这四项，也就抓住了基建工作的关键，特别是要在基建项目的决算阶段、设计阶段、发包阶段和实施阶段狠下功夫。在决策阶段体现科学化、民主化；在设计阶段体现规划思想，认真执行城市总体规划，并符合国家的设计规范要求；在发包阶段坚持自愿、公正、公平、公开竞争的原则，严格按有关招标规定实施；在实施阶段尽可能体现质量高、投资少、工期短。特别要强调的是要在任期内认真解决好控制工程造价与投资规模的问题和工程质量问题。再高的效益也是一砖一瓦积累起来的。我们要严格按照每一个基建工作计划，首先保质保量地完成计划内的工作内容。改革开放 20 多年来，我市的各方面建设出现了许多可喜的变化，这个时期的建筑，不仅应经得起我们这一代人的检验，而且应该经得起下几代人的评价。城市基本建设是城市建设的重要组成部分，我局基建任务是新中国成立以来无论在建筑规模，还是投资额度上，都处在一个重要的历史时期，处在一个新的建设高潮期。从总体布局到规划设计，从施工质量到投资效益等，都需要在一个新的高度上继续发展提高，把我市建设得更加美好。

3. 加强与有关职能部门的沟通协调。要做好局领导的参谋，基建处不仅是行政管理和执行部门，还是规划委员会、招标投标领导小组的办事机构，要充分协调好各方面的关系，重大问题及时请示，为市政府及时地提供真实、可靠的信息供领导决策。要协调好城区内有关单位的关系，尤其是与市委、市政府以及财政、计划、土地等职能部门的工作关系，进一步形成遵守城市建设规划，相互理解、支持、协调的工作局面。要加强基建处内部团结和协作，发挥基建处各位副处长、科长和技术骨干的作用，遇事多协商，分工负责，取长补短，互相配合，相互尊重，发挥他们的积极性、创造性。随着城市规划有关制度的日益完善，审批手续日趋复杂，基建工作对外业务联系日益增多，一个基建项目的报批手续所花费的时间与真正建设的时间是 1 ：1 的关系，有时甚至需要更长的时间，对外联系工作要充分加强。

大家平时都只看到基建处处长职位的风光，其实在这个岗位上更多的是需要承担一份更多的责任，挑起一副更重的担子。但是，我已经作好了充分的准备，在目前基建任务十分繁重的关头挑起这副担子，全力以赴，把我们的城市建设得更加美好！

我的演讲就到这里，谢谢大家！

基建处长岗位特殊、责任重大，需要候选人本身在廉洁自律方面是过硬的，这一点作者在自我介绍中已经体现出来。在介绍自身经历时表明了自己竞争基建处处长的优势所在，一举两得。具体从3个方面阐述了自己的工作设想，充分说明了演讲者对基建工作的熟悉和热爱。作者虽是娓娓道来，却句句铿锵有力，使人信服。

竞聘市发展改革委员会科长

尊敬的各位领导、同志们：

大家好！

今年，我很幸运，由于机构改革，来到了发展改革委员会（简称"发改委"）这个人才济济、团结又温暖的大家庭；今天，我更为高兴的是有机会站在这里同诸位优秀的同志们一起竞聘科长职务。作为一名女性，35岁已说不上年轻，在竞争激烈、机遇与挑战并存的今天，我常扪心自问，我还能为社会做些什么，才能不虚度年华。适逢竞聘，我知道这是一个很好的检验、提高、学习的机会。也只有不断地参与竞争、挑战自我、与时俱进，才能不断地进步，也才能不被时代的浪潮所淘汰，这也是我参加竞聘的主要原因，我愿意展示自我，接受大家的评判。

我于××××年7月毕业于西安科技学院机械管理专业，××××年考入××大学外语系英语专业，获得本科学历，中国共产党党员，××××年至今在经贸委工作。

我参与竞聘的职位是地区经济发展与合作科科长，主要基于以下几方面考虑：

1.我认为自己具备担任中层正职的行政管理能力。在经贸委工作以来，我先后在生产调度局机电产品出口办公室对外经济协调科工作。多年的工作经验使我认识到机关工作的实质就是搞好管理及做好服务。作为中层正职领导干部，我认为，管理是第一位的。一个部门工作的出发点和落脚点应是紧密围绕全委工作的工作中心，通过行政管理手段，方法合适、思路开阔、目标准确地带领全体工作人员卓有成效地完成工作。因此，我有意识地培养自己的行政管理能力，并自学了一些领导学方面的知识，对领导岗位所要求的政治素质、品格修养原则，事业情绪管理、领导模式突破与创新等方面进行知识储备，为自己能够胜任领导岗位打下坚实的理论基础。1999年，我被任职为经贸委对外经济协调科副主任科员，并于2004年为委办公室副主任。几年来，通过向科长虚心学习，我不断地将所学的行政管理理论付诸实践，并注意思考总结。积极协助科长开展工作，尽可能地参与各项工作的管理，如组织企业参加各种类型的经贸会、洽谈会、贸易会活动；深入基层，对市工业企业自营出口创汇情况进行调研分析；做好企业网上宣传推介工作等，由于开展工作措施得力，我科连续多年被省市部门评为先进单位，我个人也连续两年被市政府评为先进个人。我认为，多年的管理工作实践，培养了我的行政管理水平及综合组织协调能力，为从事科长岗位积累了丰富的实践经验。

2.具备了科长职务的业务素质，能够保证工作的开展和质量。

在经贸委工作期间，我系统地学习了有关经济方面的业务知识和各级文件，在平时的工作中注意积累各种相关知识，多年的经济部门工作也使我积累了丰富的工作经验，掌握和把握了开展经济工作的相应思路，它将使我迅速进入工作状态，及时地开展好各项业务工作，并且能更好地保持地区经济发展与合作工作的持续性，从而健康、有序、有创新地向前发展。

此外，我还具备计算机及外语知识。利用计算机，能熟练地进行网上操作、网页制作、文字处理和日常维护；利用英文能熟练地进行日常交流，并具备一定的书面翻译能力，我相信利用现代化管理手段我能更好地开展各项工作。

假如我有幸竞聘成功，成为地区经济发展与合作科科长，我将不辱使命，全力做好科内5个方面的工作：

1.加强学习、提高素质。加强政治理论和业务知识学习，不断提高全科同志的政治理论水平及业务知识，这是做好各项工作的首要条件。

2.做好调查研究工作，要经常深入基层，详细地了解有关情况。根据地区经济发展和合作科的职能情况，深入调查研究，有计划、有步骤地做好每一阶段的工作。重点做好水污染的防治、城市环境保护工作，及时了解存在的根本问题，做好此项工作对于改善××市的城市环境，促进地区经济发展有着重要意义。

3. 继续加大区域经济合作工作的力度。地区经济发展与合作科作为发改委的职能科室，也是加强经济合作促进地区交流的对外窗口之一，因此，对于一些大的地区经济交流活动要提前介入，做好预案，以强烈的大局意识和责任意识全身心办好每一件事，把地方经济搞好、搞活。

4. 积极协助领导抓好各项政策、规划的编制工作，对执行情况跟踪了解。

5. 加强对上服务、对内沟通和对外联络，营造和谐向上、干事创业的良好环境。对领导交办的事项和领导的重要公务活动，要在职责范围内，加快节奏抓好落实，上情下达。对各科同志互相配合、互相支持，并与相关业务单位加强联系，多方协商，互相理解信任，创造一个良好的工作环境。

不容置疑，在各位领导和同事面前，我的资历还不太深，根据竞聘方案结合自身条件，我积极参与竞争，希望大家认识我、了解我、支持我。我有决心、有信心，在各位主任领导下、在同志的帮助支持下，以新的形象、新的干劲，开创新的工作局面。感谢领导和评委！

点评

这是一篇以女性的视角、细腻的情感、娓娓道来的姿态发表的竞聘科长的演讲词。文章开篇就露出了女性喜欢"示弱"的特点，作者认为自己35岁的年龄已经说不上年轻。同时又显示了作为一名敢于竞争领导岗位的新时代女性的勇气：参与竞争、挑战自我、与时俱进，才能不断地进步。在工作计划中也充分显示了作者女性的严谨与细腻：做好深入调查研究，提前介入重要活动做好预案，跟踪了解执行情况。相信这些女性独有的特点会成为作者竞聘的优势。

竞聘市发展改革委员会教培中心副科长

尊敬的各位领导、同志们：

大家好！

首先，我要感谢各位领导和同志们的信任与支持，给我这个机会在这里参加竞职演讲。

今天，我面对这么多的领导和同志，站在这个演讲台上讲话，内心是激动和难以平静的。对于我来说，这不仅是展示自我、认识自我的一个平台，更是向大家学习、接受大家评定的一次难能可贵的机会。

自从参加工作以来，我基本上从事的都是机关办公室外勤接待、服务联络及车队全面事务的管理等工作。在省驻京办工作了8年，在省发改委驻京办工作也近8年的时间，现任委驻京办车队队长职务。作为基层管理工作人员，我对本人所从事的工作流程和基本要领，都有着较为具体的理解和熟练的操作能力；但我也清楚地认识到做一个领导认可、群众满意的基层管理者并不容易，不仅要具备团队精神、奉献精神还要同时具备坚实可靠的敬业意识和协调管理能力。所以，多年来在领导的关心培养下，在同志们的信任和支持下，在各方面都取得了一定的成绩。

1. 政治思想觉悟得到不断提高。经过组织多年的培养和自己的不懈努力，我在思想上、政治上不断成熟。能认真贯彻执行党的路线方针和政策，始终和党中央保持高度一致，对党忠诚，有着较强的事业心和责任感，勤勉尽职，保持吃苦耐劳、求真务实的工作作风。能够树立正确的人生观和世界观。在工作中勤勤恳恳、兢兢业业、讲原则、讲团结，勇于吃苦、无私奉献，工作成绩得到领导和同志们的一致认可和好评。

2. 个人综合素质得到明显增强。多年以来由于工作性质的特殊性，从来都是只有上班时间而无下班时间，在我的日历上几乎没有节假日的概念；虽然日常工作纷繁复杂、事无巨细，但我始终能够将"参与政务""管理事务"和"搞好服务"这三职责统筹兼顾，使工作目标更为明确，重点更加突出。"干一行，爱一行，专一行"，我热爱工作，团结同志，始终如一地带着深厚的兴趣和极大的热情一丝不苟地圆满完成领导交办的一切事务。工作中，我的管理才能、组织考级和协调参谋才能都得到了充分发挥，积累了丰富的工作经验，同时也使我的思想水平和业务素质得到了全方位的提高。这要感谢党的培养，感谢领导和同志们的支持和帮助！

当然，我也清醒地认识到自身还存在一些不足之处。如果我能够竞聘成功，我将努力做好以下几点：

1. 努力学习。认真学习党的路线、方针、政策，进一步提高政治敏锐性和鉴别力，时刻牢记党的宗旨，把人民的需要和人民的利益放在第一位。努力学习和掌握发展社会主义市场经济、全面建设小康社会的基础知识和现代科技知识，不断在工作中磨炼自己、总结经验、汲取知识，使自身的综合素质得到更全面的发展和提高。

2. 努力工作。我清楚地认识到，我竞聘的不仅仅是一个职务，而更重要的是一种责任的体现，所以我将一如既往地保持自己强烈的事业心和责任感。要甘于奉献，以身作则，不仅要想得比别人多，更要干得比别人多，在工作中我将不遗余力地发挥自己的潜力和专长、一切工作将以中心的根本利益为出发点，充分利用我这些年来所积累的工作经验和人际关系，积极拓宽渠道，发展业务。发挥敬业精神和公仆意识、在工作中多请示、勤汇报，及时得到上级领导的指示、支持和帮助，适时地向领导提出有利于全面工作的合理化建议。注意在工作实践中摸索经验，创新思路，加强调查研究，增强工作的针对性和合理性，创造性地开展工作，以自己的言行创造和谐的人际环境，从而更大限度地发挥自己的管理能力、组织协调能力和判断分析能力。

3. 当好配角。找准坐标，摆正位置，在具体工作中要分清职责，掌握分寸；做到工作到位而不越位，求实而不死板，竭力当好领导的参谋和助手，主动搞好配合，增强集体凝聚力。同时，遇到棘手问题，也决不置身于外，不上推下卸，而是要勇于承担责任，积极提出合理方案，配合领导把各项工作做细做全，让领导满意，让群众放心。

总之，我将一如既往地以饱满的热情、高度负责的精神投入到每一项工作中去，为中心的发展尽一份自己的力量，为领导和同志们服务是我最大的心愿，也是我的荣幸和光荣！

我的演讲完了。谢谢大家！

 点评

作者具有副职干部所特有的谦虚谨慎、细致周到，演讲掌握分寸，表达不卑不亢。在演讲开篇就表明自己是抱着一个学习的态度来参加竞聘演讲的，把自己的身份降低。接着在陈述工作成绩时本着实事求是的态度，总结自己是在领导和同志们的帮助之下取得了一定的成绩。在阐述工作计划时，强调自己会当好配角，摆正位置，竭力当好领导的参谋和助手。在演讲的最后，突出表达自己的服务意识和高度负责的精神。通篇展现了作为一名副职应有的素质和工作作风，是一名合适的副科长候选人。

竞聘市外贸局对外开放科科长

各位领导、各位同事：

大家好！

首先感谢局党组给予我参加机关正科职位择岗的这一机会。我选择的职位是：市外贸局对外开放科科长。

我的汇报分 3 个部分。

1. 个人基本情况：

先自报家门——我，×××，今年 49 岁，1955 年出生于本市。1974 年入伍，1978 年加入中国共产党，大学本科学历，政工师职称，行政级别正科。身体状况还算不错。

主要经历是：

1974 年至 1983 年在部队服役，历任战士、连文书、营书记、排长、副连长、军车驾驶员训练大队理论教员、团后勤处运输科车管助理等职。

1983 年年底转业，安置在原市外贸局办公室。1984 年至 1988 年先后任局办、局党办办事员、科员、副主任科员，期间在市委党校党政管理大专班脱产学习两年；1989 年初调任外贸学校任办公室主任，1991 年至 1998 年任外贸学校党支部副书记兼工会主席、团委书记，同时兼任外贸局团委副书记，期间参加省委党校政治管理本科函授学习两年，并担任外贸学校哲学、政治经济学、法学、文秘学教学工作；1998 年 2 月调任原市外贸局办公室主任，兼机关党支部书记；2002 年至今任副书记。

2. 本人选择对外开放科科长职位的基本条件：

这次局机关拿出 28 个正科职位实行竞争上岗，说句实际话，对于自己究竟参与不参与，参与了选择哪个职位，我彷徨许久，一直犹豫不决。从年龄来看，已经年近半百，兔子跑过岭了，还参与个啥。但似乎还想干点事，杨水才的话：小车不倒只管推嘛。既然参与了，从利用原有工作基础、驾轻就熟来讲，我应当继续竞聘办公室主任，但我最终还是选择了对外开放科科长这个职位。其实，这个职位是没人报第一志愿的几个职位之一，说句玩笑话，我捡了个便宜。之所以选择这个职位，自我感觉主要有以下 3 个有利条件：

（1）具有一定的 ×× 日常工作的实践经验，较为熟悉这方面的业务。从

2001 年开始，市 ×× 领导小组办公室设在原外经贸局，×× 的日常工作由我具体负责，每年的工作规划、各个时期和阶段的工作督察和情况反馈，向省开放办、向市委市政府和市人大所做的我市对外开放工作的综合汇报和专题汇报等，都是由我亲自起草、具体承办，因而，对我市对外开放工作的基本情况比较了解和熟悉。这是能够和敢于选择这个职位的一个重要前提。

（2）具有一定的这个职位所要求的政策理论基础。多年来，为适应工作的需要，我注意学习了解党和国家的经济政策，特别是有关对外开放、发展外经贸的方针政策，关注国内外的经济动态和发展趋势，注重分析全局性和地方对外开放的新情况、新特点，从而使自己对对外开放工作的理论认识不断提高。

（3）具有一定的综合协调能力和做好协调服务工作的基本条件。在全方位扩大对外开放的背景下，开放办、开放科的工作应当说涉及面很广，要承担大量的综合协调任务。而我从 1998 年到现在长达 7 个年头的办公室工作经历和所积累的经验，正为以后在开放科这个新的岗位上工作的需要奠定了较为扎实的基础。

此外，说点题外的话。

我在机关同事中，年龄偏大，在与同志相处方面，总在提醒和告诫自己，大家能够为共同工作目标走到一起来，本身是一种缘分，所以始终要珍惜。因此，日常工作和生活方面我都注意待人处世以诚相待，我深有感触的是我是如此待人，大家更是如此待我。我的工作始终得到了在座各位领导和同志的关心、帮助与支持。所以，我有理由相信，工作有调整，岗位有变化，但大家会对我一如既往。"两好辩一好"，我深信不疑！这也是我有信心当好新科长的重要条件和因素之一。

当然，自己身上还有许多与党组的要求和新的岗位不相适应的地方，具体反映在文化学识、专业知识、政策理论水平、思维方式、工作方法等诸多方面，有待于在今后的工作中加以改善和提高。

3. 应聘后的几点想法：

（1）搞好理论学习，提高工作水平。歌德曾经说过，"人不光是靠他生来就拥有的一切，而是靠他从学习中所得到的一切来造就自己"。要胜任对外开放科科长职位，高效推进各项工作，一个很重要的前提就是要切实强化学习，不断拓宽视野，努力提高政策理论水平、业务知识素养和行政管理能力。

（2）抓好调查研究，当好参谋助手。市对外开放领导小组办公室设在我局，开放科又承担着开放办的日常工作，随着开放带动主战略的实施，市委市政府和市对外开放领导小组对这个职能机构的工作要求的标准会越来越高，而作用的发挥，重点在于参谋。要当好领导的参谋必须知情，要知情就必须深入进行调查研究。只有调查研究深入了，掌握的情况和提供的材料才全面、具体、准确；只有吃透上情，熟知下情，把上级的决策、指示与我市对外开放工作实际有机结合起来，融会贯通，才能为领导决策提供科学的依据，才能"参"在点子上，"谋"在关键处。

（3）搞好主动服务，树立良好形象。对外开放科作为综合部门，涉及面广，综合性强。在全面落实职责的过程中，服务工作是经常性的工作，搞好了能树立起全局一个好的形象，搞差了则会影响全局的声誉。开放办也好，开放科也好，世贸组织事务科也好，本质上是个办事机构，其性质和所处的地位，决定了其工作有很大的被动性。如何在被动中发挥主观能动性，开展好主动服务，这是必须思考和解决的问题。作为一科之长来讲，主要是调动周围同志的积极性，把上为领导分忧、下为基层服务有机结合起来，努力增强工作的预见性、超前性、主动性、有效性，力争不让领导布置的事情在本部门延误，力争各类事务及时圆满处理，努力发挥好商务局机关形象和我市对外开放的窗口作用。

最后，我想用三句话来结束我的发言：我对局领导说，你们的信任和严格要求是我努力工作的动力；我对同志们说，友谊和支持比什么都重要，三人行必有我师，处处留心皆学问。我对自己说，保持一颗平常心，扎实工作，只要有耕耘就会有收获！

不当之处，请批评指正，谢谢大家！

作者是一位年过半百的老资格的工作人员，在竞聘演讲中始终表现自如、毫不紧张，甚至时而还会调侃几句。在谈到自己竞聘前的考虑时说到"兔子跑过岭了，还参与个啥"，似乎有些消极，但话锋一转又说到"小车不倒只管推嘛"，巧妙地表达了一位老骥伏枥，志在千里的不服老的干部形象。在工作计划中，也充分展示了演讲者多年的丰富的工作经验用于指导工作是十分称职的。在不放松理论学习的同时抓好调查研究，同时兼顾增强服务意识，树立部门良好形象。收尾之笔也十分洒脱：保持平常心最重要。通篇没有竞争的火药味，从容淡定，值得年轻的演讲者学习。

·第七章·

交通、邮政工作岗位

交通工作理论知识

交通的概念

交通是各种运输和邮电事业的总称，在国民经济中，属于第三产业。它包括运输和邮电两个方面。现有的运输有 5 种方式：铁路运输、公路运输、水路运输、航空运输和管道运输。本节主要是针对交通运输工作方面进行阐述。

5 种交通运输方式的特点：

铁路运输——运输能力较大，速度较快，成本较低，适于中长距离货运。

公路运输——投资相对较小，机动灵活，可实现门到门的运输，适于短途客货运输。

水路运输——具有运量大、能耗少、成本低的优点，但速度慢，适于大宗散货运输。

航空运输——速度快，成本高，适于中、长距离的客运与邮件运输。

管道运输——成本低，可连续输送，适于流体和其他散粒状某些货物运输。

绿色交通：绿色交通是一个全新的理念，它强调城市交通的"绿色性"，即在改善交通现状的同时达到节约能源、减少环境污染的目的。它倡导建立一种可持续发展的城市多元化交通运输体系，以期用最小的社会成本，实现最大的交通效率，满足人们的交通需求。

绿色运输：绿色运输是指低污染、高效率的运输活动。在当今提倡环保和节能减排的时代大课题下，传统运输过程中产生的尾气、噪声以及能源浪费等问题越来越受到重视。因此如何实现绿色运输，如何保证运输与社会经济和资源环境之间的和谐发展已成为我国物流业发展的主要内容。

绿色物流：绿色物流，简单点就是指在物流过程中，既要减轻环境负担，又要实现资源的充分利用，使物流活动的整体大环境得到合理净化。绿色物流有"三部曲"：集约资源、绿色运输、绿色仓储，其中，绿色运输是绿色物流中最主要的活动。要想打造绿色物流，首先要对运输线路进行合理布局与规划，合理选择运输工具和运输路线，克服迂回运输和重复运输，提高车辆装载率等，实现节能减排的目标。另外，还要注重对运输车辆的养护，减少能耗及尾气排放，使用清洁燃料，防止运输过程中的泄露等。

交通工作的职责

交通工作的主要职责有：

1.贯彻执行国家关于交通工作的方针、政策、法律法规，切实加强交通行业工作的领导。

2.根据国民经济和社会发展需要，以及上级交通主管部门的总体布局，组织编制交通建设年度计划及中长期规划，并组织建设实施。会同有关部门实行宏观调控，充分发挥全行业各类运输工具的作用。

3.负责地方公路改造和农村公路通畅工程建设，督促公路管理部门加强各级公路养护和路政管理，保护公路产权，检查指导乡镇加强村道公路养护管理工作。

4.按照干部管理权限，加强局机关及所属单位的领导干部和职工队伍管理。

5.负责交通安全监督管理和工程建设安全施工监督管理。

6.指导交通系统文明建设、社会治安综合治理。

7.负责交通战备工作，组织公路交通运输应急抢险。

另外，现代交通运输业要做到"五个努力"：

1.努力推进综合运输体系发展

党的十七大把加快发展综合运输体系作为一项战略任务，要求加快行政管理体制改革，形成权责一致、分工合理、决策科学、执行顺畅、监督有力的行政管理体制。发展综合运输体系，充分发挥各种运输方式的整体优势和组合效率，是中央赋予交通运输部门的重要职责，也是交通运输部门的重要任务。

2.努力提高交通运输设施装备的技术水平和信息化水平

随着经济社会发展和科技进步，用现代科技和信息技术改造、提升基础设施和运输装备，适应经济社会发展和人民群众对交通运输安全性、快捷性和多样化、个性化需求，是交通运输文明进步和现代化的重要标志。不断提高运输装备的科技含量和安全性、舒适性、便捷性。加大决策支持、智能交通、安全保障、减灾防灾等方面的科技研发和应用，提高管理水平。

3. 努力促进现代物流业发展

物流业是融合运输业、仓储业、货代业和信息业等的复合型服务产业。现代物流业是现代服务业的重要组成部分，是促进产业结构优化升级的重要领域，也是落实扩大内需经济发展战略的重点。

4. 努力建设资源节约型环境友好型行业

节约资源和保护环境是国家的基本国策。党的十七大明确要求，把建设资源节约型环境友好型社会放在工业化、现代化发展战略的突出位置，落实到每个单位和每个家庭。按照中央的部署要求，部制定促进"两型"交通运输发展政策，组织推进"两型"行业建设，在节能减排、环境保护、技术创新等方面取得了积极进展。

5. 努力提高安全监管和应急处置能力

这些年来，交通运输安全监管和应急处置能力不断提高，为保障国民经济平稳较快发展和保障人民生命财产安全作出了积极贡献。与此同时，极端天气引发的重特大自然灾害以及恐怖袭击、重大疫情等突发性事件也在增多，对交通运输安全构成了严重影响和威胁。加强交通运输安全监管，防范重特大事故发生，提高应急保障能力，有效应对和处置突发事件，既是交通运输科学发展的重要前提，也是转变发展方式、加快发展现代交通运输业的根本保障。

怎样做好交通工作

交通工作不仅关系到人们日常生活中的出门出行，也关系到整个社会的安全畅通问题。建立一个"通达、有序；安全、舒适；低能耗、低污染"的交通网络体系，是所有交通工作者的责任和目标。如何做好交通工作呢？有以下几点基本素质：

1. "为人民服务"的心态

做好交通工作，要有积极的"为人民服务"的心态。交通运输是为人们服务的行业，必须摆正心态，把满足人们的安全出行作为基本点，一切以"为人民服务"为最高准则。

2.良好的分析能力

做好交通工作，要有良好的分析能力。通过分析全国全省交通发展规律以及发展趋势，重新审视本地区交通发展水平；立足于本地经济社会发展全局，重新审视当前交通适应能力；从人民群众对交通的实际需求出发，重新审视交通服务水平。在此基础上，建立一个有本地特色的切实高效的交通体系。

3.抓住工作重心

做好交通工作，必须抓住三个重心。交通工作的总任务是建设经济社会发展强市，新农村建设是交通工作的重中之重，而服务人民群众安全便捷出行则是交通工作的根本要求。

4.发挥主观能动性

做好交通工作，必须发挥主观能动性，全面提高交通适应能力和运输服务水平，提高交通管理水平。大力推进交通运输快速发展、高效发展、安全发展和绿色发展。

5.用"科学发展观"的眼光看问题

做好交通工作，要深入贯彻落实科学发展观。随着经济社会的发展和科技技术的进步，交通是流通的、不断变动和进步的，要用发展的眼光看问题。科学技术的不断提高能够更好地适应经济社会发展和人民群众对交通运输安全性、快捷性和多样化、个性化需求。

邮政工作理论知识

邮政的概念

邮政的传统定义是指利用交通运输工具，如汽车、火车、飞机等，传递以实物为载体的通信部门。近几年来，邮政作为一门公用性基础行业，其业务能力扩展迅速，发展到今天已开展了包括邮政储蓄、汇兑、寄递、包裹和信件、报刊发行、报刊零售、特快专递、集邮、代办电信、代理保险、邮政物流等在内的多项业务的经营活动。

世界邮政日

10月9日是"世界邮政日"。"世界邮政日"是万国邮政联盟的世界性邮政纪念日。其目的是向邮联各会员国主管当局和广大公众宣传邮政在各国文化、经济和社会发展中的重要作用，以及万国邮政联盟的工作和取得的成就，以促进邮政业务在全世界的发展。

1969 年，万国邮政联盟在召开的第 16 届代表大会上通过决议，将每年 10 月 9 日定为"万国邮联日"，并要求各会员国从 1974 年起，于每年的"万国邮联日"组织各种宣传和纪念活动。而"万国邮联日"正式更名为"世界邮政日"是在 1984 年召开的万国邮政联盟第 19 届代表大会上。从此，这一纪念日逐渐发展壮大，在世界范围内都具有广泛的影响。

从 1988 年起，"世界邮政日"每 3 年拟定一个宣传主题。历年世界邮政日的宣传主题是：

1981 年：邮政没有边界

1982 年：合作与发展促进万国邮联的活动

1983 年：邮政，世界上最广泛的通信网

1984 年：什么也代替不了邮政

1985 年：邮政把世界的信息送到你门前

1986 年：邮政是和平的使者

1987 年：邮政向距离挑战

1988 年～1990 年：邮政永远存在，遍布各地

1991 年～1993 年：邮政，你的全球性合作伙伴

1994 年～1996 年：邮政，你的最佳选择

1997 年～2000 年：世界只有一个邮政网

2001 年～2003 年：邮政帮你拓展新天地

2004 年～2006 年：世界邮政网：情系万家，信达天下

2007 年～2009 年：世界邮政网，网络连天下

邮政工作的职责

在这个信息化高度发展的社会，无论是在社会经济活动中，还是在日常生活中，邮电事业已经与人们的生活息息相关，贯穿到了人们生活的方方面面。因此，落实和加强邮电事业的职责问题是促进邮电事业又好又快发展，建立高效、安全的邮电事业的前提。

1. 监管职责

依法对邮政函件、速递、集邮市场实施行业管理；维护邮政网络和邮政设施安全。

2. 服务职责

（1）依法从事邮政储蓄、汇兑、包裹、函件、报刊发行、报刊零售、特快专递、集邮、代办电信、代理保险、邮政物流等业务经营活动，为用户提供迅速、准确、安全、方便的服务。

（2）维护通信自由和通信秘密，对接发的邮件迅速传递并予以保密。保障用户的合法权益。

（3）加强服务体系建设，强化社会服务功能，接受社会监督，及时处理用户的举报及投诉。

（4）履行好邮政普遍服务的义务。

3. 法律职责

依法对辖区内的邮政设施进行管理，依法参与和组织邮政设施的规划、建设、验收工作。承担邮政普遍服务义务，保障用户使用邮政服务的合法权益。

怎样做好邮政工作

邮政事业渗透到人们生活的方方面面，做好邮政工作，即是在保障人们信息交流的畅通、维持社会秩序的稳定。

1. 积极进取、开拓创新

坚持锐意进取、开拓创新，面对新形势，要探索新思路、新方法，从实际出发找准切入点、着力点，推出新举措，在保证人们日常需求的情况下，促进行业经济增长，努力推动邮政事业的发展。

2. "讲党性、重品行、作表率"

对于从事邮政工作的工作人员，要大力弘扬中国工人的伟大品格，塑造邮政职工新时代形象，继续发扬邮政模范人物、先进集体的优良品德。是党员干部的要讲党性，要在政治上保持坚定性；重品行，在思想道德上要保持纯洁性；作表率，在行为上要保持先进性。要教育全系统党员干部始终牢记"人民邮政为人民"的根本宗旨，把保持稳定、深化改革、促进发展作为自己的政治责任和一贯追求。

3.加强邮政纪检监察工作

积极开展效能监察，加强行风建设，使管理水平和服务水平得到进一步完善和提高；加大员工培训力度，促进纪检监察队伍建设，发挥好监督保证和服务推动作用。立足长远、着眼当前、整体谋划、突出重点，把反腐倡廉战略性目标与阶段性任务结合起来，为中国邮政各项业务全面协调发展提供坚强有力的保证。

4.改革促发展

重点关注发展的质量与效益，引导业务结构调整，将专业化经营作为改革发展的重点，完善专业化经营的管理模式，促进邮政事业的快速发展。

交通、邮政工作竞聘演讲词案例

竞聘市邮政储汇局副局长

尊敬的各位评委：

大家好！

我叫×××，现任××县邮政局局长，专业技术职务为经济师。××××年生人，××××年参加工作，先后毕业于×××× 邮电技校、×××省邮电学校、×××市职工大学和×××省党校。主要工作简历：××××年齐齐哈尔邮电技校毕业后在×××市邮电局参加工作，先后做过转运员、押运员、检查员；××××年以来先后任转运科、汽车科、计划财务部、邮区中心局等部门副职或正职。我这次参加竞聘的岗位是邮政储汇局副局长。

非常感谢省局在全省邮政系统范围内进行这次处级干部公开竞聘，使得我有参与的机会。

1.参加工作以来的经历：

我自××××年提职任×××市邮电局转运科副科长，在科内分管业务。通过合理完善转运生产工序控制，加强邮运组织管理，严格执行邮运计划等措施，保证了全网邮件传递时限和邮运质量。任职期间，作为×××省东部最大的转运站，转运科实现了全国文明转运站4连冠。

分营后在担任计财部副主任期间，分管基本建设工作。积极与市里各相关部门联络、协调，完成了×××邮政仓储中心工程的征地、规划设计及工程的前期准备工作。完成了××路邮政大楼征地动迁户的调查工作、可行性研究报告的前期准备工作，为上级领导提供了决策依据。同时争取到地方政府部门的理解和支持，给予了一些优惠政策，为省市局节省了建设资金。

××××年×月任×××市邮区中心局局长。以省局"三项制度"改革为契机，通过强化内部管理，深化内部体制改革，调整优化邮区网络运行组织，推行扁平化管理和平面作业、交叉作业、总进总出、合理兼职等措施，提高运行效益和效率。根据省局精简机构、压缩编制的指导意见我局作了大幅度改革，将原来5个科室的职能撤并为一办（综合办）、一室（调度室）及6个生产车间。精简了机构，减少了管理层次（此项改革在全省同级中心局中推广）。××××年，×××市邮区中心局由三级中心局升级为国家二级中心局过程中，经过大量的调查研究和细致的工作，一次性完成了××三级中心局的功能接收和×××局的升级工作，实现了平稳过渡。通过一系列改革，邮区中心局在管理上上了一个新层次，全员劳动效率得到提高。

××××年×月，组织安排我到××县邮政局主持工作。一年多来，按照省市局下达的工作目标，从抓好骨干业务、培育重点业务、提高队伍素质等几方面入手，努力克服储蓄转存款利率调整等不利因素，××××年储蓄余额累计达到××万元，实现净增额近××××万元，完成代收保费额×××万元。××××年××县邮政业务总收入完成××××万元，完成年计划的××%，比上年增长××%。收入全省县市局排名由×××年的××位升至××位。

一年半的县局领导工作经历使我的经营管理能力全面提高，也使我对储汇专业从理论到实践包括业务有了全面的了解，积累了一定的经验。通过努力学习，我的自身素质也在不断提高，尤其是理论水平和业务能力。所以，我深信能够胜任竞聘岗位的工作。

2.如果我竞聘成功，我将做好以下几方面工作：

（1）与班子成员团结一致、齐心协力，以团结务实的工作作风共同做好全省邮政金融业务的经营和管理工作。

（2）协助局长制定好全省邮政金融业务发展规划、工作目标和实施方案，对下做好各项金融业务的指导和检查工作。

（3）当好参谋助手，发挥副职作用。在完成分管工作的同时，发挥自身能力，提出有建设性的意见和建议，为局长决策提供依据。

（4）继续坚持学习，不断充实和完善自己，尤其加强邮政金融专业的学习，更新知识结构，勇于创新，积极探索邮政金融经营管理发展的新思路、新办法，为全省邮政的发展尽心尽力。

3.对今后邮政金融市场营销的看法和建议：

邮政储蓄自××××年×月×日开办到现在已经整××年，×××邮政储蓄由开办之初的××万元发展到现在的××多亿元（分营后到现在翻了一番多）。这得益于省局的正确决策和具有很强的前瞻性、指导性和可操作性的推进措施以及发展储蓄不动摇的决心。××××年×月×日，邮政储蓄新增转存款按照金融机构准备金存款利率计付利息，使得邮政储蓄面临新的挑战。

在这里，我不想对如何发展保险、汇兑、代收费等具体业务泛泛地去谈，仅对今后邮政储蓄市场营销谈谈看法。

邮政金融可分为金融业务经营和金融业务管理。金融业务经营可分为金融的资产业务、负债业务以及中间业务等。资产业务是我们面临的问题，要努力学习，勇于实践，但必须规避风险，各局可以为省局提供有价值的信息，全省统一运作。而在负债业务和中间业务中，如何解决好新形势下的营销问题，是摆在我们面前的首要问题。

进入21世纪，营销观念已经从生产观念、推销观念，发展到市场营销观念，要以市场为中心，坚持整体营销，谋求长远利益，要选择好目标市场，根据细分后不同的市场制定不同的营销策略。

针对我省目前的邮政储蓄发展状况，应把储蓄市场分为两块。从储蓄余额来看，全省城市市场占××%；县（市）所在地市场占××%；县以下农村市场占××%。从营销策略看，必须把县（市）所在地及所属农村结合起来，统统看作是农村市场，毕竟县（市）是以农村经济为主的。从全省看，这部分市场储蓄余额近××亿元，占储蓄余额的××%，近半壁江山，具有举足轻重的地位，必须抓好这块市场。

在农村市场中，农村信用合作社是我们的主要竞争对手。我是县局长出身，对这点比较了解。信用社是地方政府重点扶持和支持的，存在着严重的政府行为。如果我们的资产业务能和地方经济结合在一起，服务于农村，我们在农村市场的营销方式、方法及策略上就会主动一些，否则，邮政储蓄在农村市场的发展，不但得不到支持，还会受到制约，阻碍我们的发展。

在发展储蓄营销问题上，吸收储蓄资金的成本分利息成本和非利息成本，非利息成本包括固定成本和变动成本。在变动成本中，应包括营销成本在内，在新的政策下，新增的储蓄额要努力减少营销成本，以增加活期储蓄为好，但不是越多越好，这里有一个规模和度的问题，在现阶段，新增的资金运作主要靠国家局，如果我们自己运作，在经验不足和政策限制的情况下，应循序渐进地进行。储蓄专业的收益为邮政事业的发展立下了汗马功劳，但在新形势下，收益如能满足邮政可持续发展的需要，是最恰当的。如果追求储额的目标过高，随之营销成本也相应加大，并且储额增到一定程度，营销成本会不成比例地上升。

对于农村市场新增储额，如果不是运用到地方经济建设中，除其他金融机构会对我们有微词外，政府部门会对我们加以限制，可能引起又一次对我们不利的政策调整。这就为新时期的营销工作提出了新的课题，即怎样把邮政储蓄的新增额运作的像"蓄水池"一样，需要时收进来，不需要时放出去，这需要一只很强的专业营销队伍，是以人为本的营销，是合理利用社会资源的营销，是分层次的营销。应与提供帮助用户理财业务结合起来，会收到很好的效果。以上是我对新时期邮政储蓄营销工作的粗浅看法，请予批评指正。

路漫漫，邮政储蓄前途任重而道远，我有信心也有能力胜任储汇局副局长职务。

各位评委，以上是我的竞聘演讲，从我自己的愿望来说，希望能在竞聘的这个职位上努力工作，充分发挥自己的能力和才智，为我们的"吃饭业务"——储汇专业作出更大的贡献，我再次衷心地感谢省局能给我们基层干部这个竞聘机会。无论竞聘成功与否，我都会一如既往地努力工作。谢谢大家！

本文最大的亮点在于不走寻常演讲词的路，独辟蹊径，在介绍完自身的竞聘优势和今后的工作计划后，作者又加入了大量的对于邮政储汇工作的建议。建议的内容丰富并且专业化程度非常高，比竞聘优势和工作计划更能够展现作者对工作的热爱、独特的工作方法和卓越的领导能力。建议部分完全可以看出是出于作者多年工作经验的总结和作为一名领导干部对于储汇局工作高度负责的精神。相信凭借作者的实力一定能够赢得竞聘演讲。

竞聘市邮政局新闻中心记者站站长

各位领导好:

大家好!

我是省局文史中心 ××,我竞聘的岗位是新闻中心记者站站长。

首先,简要介绍一下个人简历及主要工作经历。

我生于 1968 年 4 月 27 日,现年 36 岁。1990 年 7 月毕业于黑龙江大学,1990 年 7 月至 1997 年 11 月在 ××× 邮电报社做记者、编辑工作,曾获 1995 年 ~ 1996 年度省专业报 "优秀记者" 称号。现在省局文史中心从事年鉴编撰工作。主任科员、中国共产党党员。

下面,我围绕竞聘岗位做竞聘报告,主要谈一下自己对本岗位职责的认识及主要工作对策。

我认为,新闻中心记者站是一个专业性极强的岗位,它横跨新闻和邮政两大专业。记者站站长不仅要具有相当的邮政业务知识、新闻理论知识和新闻实践经验,更重要的是要有一定的政策水平、策划能力及公关能力。作为站长必须全面了解、领会省局的工作思路,把握全省邮政经营发展大局,围绕省局党组的中心思路开展工作;必须掌握国家的有关方针、政策,及时沟通信息,组织本站人员及时准确地宣传报道全省邮政企业在经营、改革、发展中出现的典型经验及典型人物,让社会更加了解邮政,更多地使用邮政业务,为打造我省邮政企业良好的社会形象服务。作为站长,必须具有公关及协调能力,能够为全站创造出良好的发稿环境。站长与站内记者最大的区别是,站长除了应具备新闻宣传报道能力外,更应该有一定的策划力、组织力和协调力。

与其他几位竞聘者比起来,我认为自己的优势不在新闻写作和报道上,在新闻写作与报道方面,他们几位都是大手笔,如果我做站长,我将非常欢迎像他们一样有实力、有能力的人到我站内工作,我将为他们创造良好的工作环境和发稿环境,使他们的业绩更为彰显,并和他们一道做好记者站工作。

我认为自己竞聘的优势在策划力上。我是这样理解策划的:策划是根据目标和环境变化,不断创新,以行动产生最佳效果。我喜欢策划,几年前一本写 ××× 的《谋事在人》使我大开眼界,我欣赏其中 "可怕的 ×× 人" 及 "中原之行哪里去——郑州亚细亚" 的大胆创意。我认为,无论是媒体广告,还是新闻宣传，策划都很重要，好的、有创意的策划可以增大宣传效应，节省宣传费用。我是个有策划意识的人，在生活中，无论是从文章构思、图书编排，还是到个人着装，我都喜欢追求一个最佳效果。我认为，我省邮政企业的对外新闻报道和业务宣传应围绕省局党组中心工作及全省邮政经营工作和邮政业务发展多侧面、多角度、多方位地展开，应该在不违反新闻宣传规律的情况下有所创新、有所突破。如果我做站长，我会在策划上加大力度，下一番功夫。

作为记者站站长，公关与协调能力也是必不可少的。处理好与上级新闻单位和社会新闻媒体的关系，不仅可以为站内同志创造良好的发稿环境，增加上稿量；更重要的是可以沟通信息，避免负面报道给企业造成的损失。我理解的工作上的协调力和公关能力不是左右逢源，大家都好，而是能够让应该配合你的人配合你开展工作，完成工作目标；能够在工作中坚持原则，化解不利因素，创造有利条件，顺利开展工作。如果我做站长，我会以平等、诚信为原则，以互相尊重为前提条件，主动、热情地开展工作，处理好与上级新闻单位及社会新闻媒体的关系，同时加大对基层特约通信员及特约记者的组织力度和对站内记者的管理力度，确保信息畅通，保证稿件质量，提高上稿率。

我认为自己有能力胜任记者站站长这项工作。

十几年的工作经历及生活积累，让我养成了一种心理习惯，也可以说是生活态度：无论是对工作还是对生活，我的第一个信念就是我能够做好，而且必须尽全力做好。有了这个信念，我总是以极大的兴趣和热情去面对任何事情，开动脑筋应对和解决出现的各种状况和问题。应该说我是一个有目标、有追求的人，面对目标，我并不总是成功者。有些事情成功了，有些事情失败了。岁月带给我最大的收获就是面对成与败，我不再浮躁、不再脆弱，我学会了在成功的时候去寻找不足，争取更大的成功；失败的时候总结经验，争取下一次成功。

我认为自己是一个工作作风踏实、办事公道、有责任心、敢于创新的人，是一个讲效率、有原则并有一定灵活性的人，也是一个豁达大度、不斤斤计较的人。我信仰马克思主义，其哲学的世界观和方法论使我在生活和工作中受益匪浅。我敬佩邓小平同志，不仅是因为他从中国的实际出发，为中国的发展和建设指明了方向，完善和发展了马克思主义，使中国改革开放二十年硕果累累，成绩斐然。我更敬重他那永远不倒的顽强精神和无私的个人品格、领导风范。他将成为我走上领导岗位后工作的榜样和学习的典范。

记者站站长的工作对我来说是一项新的挑战，不想当元帅的士兵不是好士兵，有当士兵的经历，我更希望自己成为一个好元帅。面对挑战，我做好了应战的准备，决心在新闻中心的领导下做好记者站工作，但也真实地感到这副担子的沉重。我以"只有目标，没有问题"这句话来结束我的竞聘报告，这不仅仅是对自己的鼓励与鞭策，同时也是我日后面对工作压力的应对态度。

作者坦言自己虽然是竞聘邮政局新闻中心记者站站长，但是优势却不在新闻写作和报道上，而是在于优秀的策划力和公关能力上。接下来作者详细阐述了自己对策划和公关的独特见解，引用书中的言论得到启发，创造了自己独特的邮政系统策划和公关理论。在竞聘这样的岗位时，多数人都会从自己优秀的写作能力上开始谈起，而作者另辟蹊径，躲开其他人优势集中之处，可谓独树一帜，与其他竞聘人区分度高，起到了令人耳目一新、印象深刻的作用。

竞聘市邮政局业务主管

尊敬的各位领导、各位评委、同事们：

首先感谢局党委给了我这次竞聘的机会。本人×××，现年××岁，中国共产党党员。××××年参加工作，曾在邮政营业、储蓄前台做营业员，××××年开始做××员，有丰富的邮政工作经验。竞聘上岗是干部选拔任用制度的一项重大改革，实践证明，本着公平、公正、公开的原则，走群众路线，以德才兼备为标准，采取竞聘的方式，选拔任用干部，具有民主性和科学性，有利于调动干部的积极性和创造性。因此，我完全拥护局党委推行的这一改革举措。

1.我之所以竞聘这个职位，是因为我具有以下3个优势：

（1）我有较为扎实的专业知识。自参加工作以来，我始终不忘记读书，勤钻研，善思考，多研究，不断地丰富自己、提高自己。

（2）我有较强的工作能力。我在日常生活和工作中注意不断地加强个人修养，以"明明白白做人，实实在在做事"为信条，言行与各级党委保持高度一致，踏实干事，诚实待人。经过多年学习和锻炼，自己的写作能力、组织协调能力、判断分析能力都有了很大提高，能够胜任市场部工作。

（3）我有较好的年龄优势。身体健康，精力旺盛，敬业精神强，能够全身心地投入到自己所热爱的工作当中去。

2.拟聘后的工作设想：

如果我在这次竞聘中，能够得到领导的认可和同志们的信任，我将认真履行职责，努力完成领导交办的各项工作任务。

（1）以支撑竞争性业务和提高管理水平为重点，切实抓好邮政工作的改造和优化。充分发挥市场部主管的参谋和助手作用，在工作中，恪尽职守、锐意创新，做到敢出主意、善出主意、会出主意，积极协助领导做好各项工作。

（2）提高邮政业务管理水平，确保邮政各项工作安全、稳定运行。不断增强政治责任感和使命感，发挥自己的主观能动性，想领导者之所想，谋领导之所谋，积极主动地想问题、办事情，凡事把各项服务都做在领导决策前，同时注意做好经验总结，发现问题及时纠正，切实做好协调和督办工作，经常深入基层，调查研究，反馈工作中存在的问题和不足，为领导调整工作思路和决策服务。促进全局各项工作的顺利进行。

（3）立足实际，加强电子化支局的规范化工作，要从面向支撑生产逐步向面向经营、管理和决策转变。

（4）加强邮政业务、管理等各方面的综合技能，通过深层次、有重点、系统化培训，逐步培养出一支能够掌握核心技术、综合素质优良的技术队伍。加强与各地市局业务经验的交流。

（5）工作要有创新。无论是工作思路、工作方法，都要敢于突破旧思想、旧观念的束缚，全方位、多角度地思考问题，同时进行创造性思维，讲求"拿来主义"、总结旧有经验和创造新方法，使市场部的工作充满生机和活力。

（6）继续保持和发扬廉洁自律、克己奉公的优良传统和作风，正视自己，摆正位置，谦虚谨慎，自觉接受领导和职工的监督。

各位领导、同志们，以上是我对自己的客观评价和任职后的工作想法，希望领导和同志们给我以大力的支持。

谢谢大家！

这是一篇中规中矩的竞聘演讲词。按照竞聘优势——工作设想的逻辑展开论述。在介绍竞聘优势时，作者总结为三点：扎实的专业知识、较强的工作能力、较好的年龄优势。前两点是工作所必需的，年龄优势是比较特有的，作者能够抓住这一点引起听众的注意，将这一条件考虑到综合评分中去。在论述工作设想时，概括为 6 个方面，虽然每个方面的具体论述都不多，但是总结全面，完全是出自多年的工作经验，还是值得领导和评委们多加考虑的。整篇演讲词体现了演讲者脚踏实地、勤奋工作的整体特征。

竞聘县交警队事故处理科科长

尊敬的各位领导、各位评委、同志们：

大家好！

我叫×××，今年 38 岁，1987 年毕业于×××警校，2000 年参加中央党校法律专业学习，取得本科文凭，1988 年参加工作，2003 年 6 月加入中国共产党，现任县交警队事故处理科一组组长。

今天站在这里，心情特别激动。首先，感谢组织给我们创造的机会，同时也衷心地感谢各位领导多年来对我的教育和培养，感谢各位同志对我的关心和帮助。

我竞聘的职位是事故处理科科长，我竞聘这个职位主要是考虑到以下几点：

1.具有较强的事业心。交通事故处理工作直接关乎群众安危和社会稳定。我从 1992 年以来，一直从事交通事故处理工作，可以说是情有独钟，十分热爱这项工作，愿意继续作出更大贡献。

2.具有较多的工作经验。由于十多年来，始终工作在事故处理科，对交通事故工作的特点、性质比较熟悉，不仅曾多次代表局里参加省、市组织的业务竞赛，取得了较好成绩，而且每年参与处理的各类事故案件都在 200 起以上，较好地完成了领导交办的工作任务，积累了宝贵的经验，为今后工作奠定了坚实的基础。

3.具有较好的人际关系。我始终严格要求自己，勤奋工作，主要搞好内部横向配合，并在工作中与县检察院、法院等部门，以及省、市业务部门的同志建立了良好的关系，促进了工作的开展。

如果大家选择我担任事故处理科科长，我一定不辜负领导的厚爱和同志们的期望，服从领导，听从指挥，积极带领全股同志，团结协作，拼搏进取，干一流工作、树一流形象、创一流业绩，让领导放心、让群众满意。

基本工作思路就是要"突出一个重点、抓好三个强化"。

1.所谓突出一个重点，就是抓住事故处理这个核心，严格按照《中华人民共和国道路交通安全法》及相关法律法规，扎实有效地开展工作。一是增强证据意识。每次接到报案后，都要在第一时间赶到现场，按照规定程序，严密有序地进行操作，准确掌握事故证据，做到不遗不漏。二是提高案卷质量。认真整理每个案件情况，保证内容完整，案卷合格率达到100%。三是加大追逃力度。积极按照领导的部署和要求，采取有效措施，继续加大打击肇事逃逸案件的处理力度，将犯罪分子绳之以法，切实维护法律的尊严和群众的利益。四是保证群众满意。做到着装上岗，必带执法证件，文明执法，公正执法，决不搞暗箱操作，把事故处理投诉案件和撤变率降到最低程度。

2.所谓抓好三个强化。一是强化学习，提高业务素质。在抓好自身学习的基础上，组织股内人员系统学习业务知识，积极探索事故处理工作的新机制、新办法，定期开展业务技能练兵活动，提高整体实战能力。二是强化沟通，搞好相互配合。加强与领导的沟通，重大事项及时报告，赢得关心指导；加强与其他股室的联系，协同作战，赢得支持帮助；加强与股内人员的团结，充分调动大家的积极性和创造性，赢得理解尊重。此外，还要加强与县内及上级相关部门的往来，促进工作的有效开展。三是强化要求，树立良好形象。实际工作中，要率先垂范，发挥好的带头作用。特别是要做到廉洁奉公，严格执法，公正办案，维护集体荣誉。

如果这次竞聘成功，我一定认真履行职责，奋力拼搏，创造性地开展工作；如果竞聘失利，也绝不气馁，要查找差距，不断提高自己，努力为××的交通事故处理工作作出应有贡献。

谢谢大家！

这篇演讲词的亮点在于对上岗后工作思路的阐述。精彩之处在于作者能够将其归纳为"突出一个重点、抓好三个强化"。抓住事故处理核心这个重点对于工作思路起到了提纲挈领的作用，是对事故处理科的主要工作内容的指导；强化学习、强化沟通、强化要求这三个"强化"对工作思路起到了丰富血肉的作用。这样的总分结构能够使听众抓住演讲者的中心思想，领会演讲者的精神。阐述工作思路时所用的语言精练，概括性强，易懂易记，值得借鉴。

竞聘县道路运输管理站站长

各位领导、同志们：

大家好！

按照这次全县事业单位改革的总体要求，根据我多年来从事运输管理工作的实际情况，我特向组织申请继续担任 ×× 县道路运输管理站站长这一职务。

我生于是 1953 年 12 月，现年 49 周岁，1969 年 11 月参加工作，1978 年加入中国共产党，刑事技术侦察工程师，高级政工师。参加工作以来先后在省 ×× 农场任汽车队长，劳资科科员，在县交通监理站任外业股股长，在县公安交警大队任事故股股长，副大队长。1997 年 4 月调到县道路运输管理站任站长。1998 年 11 月任站长、党支书记。任职以来，我认真贯彻执行党的路线、方针和政策，严格贯彻执行《×××省道路运输管理条例》，坚持依法行政，以加强队伍建设、提高干部职工整体素质为基础，以加快道路运输市场配套基础设施建设和规范运输市场秩序为重点，以全面超额完成三项规费征收任务为中心，带领全站广大干部职工攻坚克难，开拓进取，创造性地开展工作，取得了可喜的成绩。

1. 职工队伍素质有了明显的提高。通过采取加强学习培训、整顿行业作风、开展"双评"活动等行之有效的措施，使全站干部职工的思想政治素质有了很大的提高，依法行政的能力有了明显的增强，真正杜绝了"门难进、脸难看、话难听、事难办"的衙门作风，实现了文明执法、文明征费。

2. 道路运输市场秩序有了明显的转变。针对我县多年来运输市场混乱的局面，在充分调查研究的基础上，不断强化监管力度，坚持日常管理和专项整治会战相结合，根据货运和客运的不同特点，分别设立了专门的机构进行强化管理。目前客运市场秩序一片井然，货运市场秩序实现了货畅其流、守法经营。

3. 道路运输市场基础配套设施得到了完善。针对我县多年来没有固定而成型的停车场所，各种车辆满街停靠的实际情况，我们多次向县政府汇报请示，经局领导的多方协调和精心指导，克服重重困难，自筹和向上级业务部门争取资金，累计投资 45 万元，先后在 ×× 镇辟建了 1 万平方米货运停车场，10 间货运办公室和 7 千平方米出租车停车场，在 ×× 镇利用火车站站前广场辟建了 4 千平方米的水泥混凝土的出租车停车场。三处停车场的建设和 10 间货运办公室的建立，从根本上解决了我县多年来停车难和货运人员无处办公的问题，深受社会各界好评。

4. 全面超额完成了市处下达的规费征收计划。自 1997 年以来，我们针对费源少的实际情况，一方面不断挖掘费源，一方面强化稽征力度，严厉打击漏费车辆，采取各种措施进行查漏补缴，累计完成三项规费 1039 万元，超额完成市处下达计划任务的 28%。

5. 文明行业创建取得了新成就。在加强道路运输市场管理和规费征收工作中，我们始终坚持把文明行业创建放在首位，常抓不懈，我单位连续七年被命名为省厅级文明单位标兵，连续五年被市政府授予全市道路运输管理先进单位，连续三年市政府颁发集体奖金每年 1 万元；我个人连续五年被市政府授予全市道路运输管理先进个人，连续三年被县政府授予先进工作者，先后被市处党委授予模范党务工作者，县委授予优秀共产党员称号。这些成绩的取得得益于局党委的正确领导和亲切关怀，得益于上级业务部门的大力支持和精心指导，得益于全站干部职工的精诚团结，奋力拼搏。

今年全县事业单位改革工作已拉开序幕，按照市、县事业单位改革方案的要求，事业单位将全面实行行政首长负责制并公开选聘，根据我多年从事道路运输管理工作，并担任多年的主要领导职务，积累了很多的工作经验，经我本人申请，职工推荐，组织审核，确定我为正式候选人，并参加今天的竞聘大会做竞聘演说报告。

各位领导，同志们！如果在今天的大会上我被选举为 ×× 县道路运输管理站站长，我将在交通党委的正确领导和关怀下，在上级业务部门的精心指导下，竭忠尽智，恪尽职守，认真履行职责，依法行政，创造性地开展工作，圆满地完成省、市、县下达的各项任务和计划指标，为县域经济的发展作出积极的贡献。

重点要做好 6 项工作：

1. 认真执行交通行业法规，坚持依法行政。《道路运输管理条例》和交通部 2、3 号令是我们道路运输管理部门依法行政的重要依据，我们一定要加强学习，深刻理解，严格执行，灵活运用，真正做到依法治运、依法治费。

2. 强化措施，加大力度，全面做好规费征收工作。运管费、客票附加费和货运附加费是我们的主要工作职责，任务指标完成的好坏直接影响着道路运输基础设施的建设和我们的经费支出，特别是职工的工资。因此，我们要分析新形势，研究新对策，拓展新费源，采取超常规措施，加大稽征力度，使三项规费应收尽收，坚持完成规费征收任务。

3. 严格规范，强化管理，切实抓好道路运输市场建设。建立和完善有序的道路运输市场是我们义不容辞的责任。针对我县道路运输市场的状况，一方面，要强化监管力度，依法完善各项管理措施，采取加强日常管理和专项整治会战相结合的办法，严厉打击取缔非法营运车辆和"三无"车辆；另一方面，要加快道路运输市场基础配套设施建设，按照全县城镇建设整体规划的要求，搞好货运停车场和出租车停车场的建设，以适应道路运输市场的快速健康发展。

4. 加强学习，严格整顿，切实抓好"两风"建设。"两风"建设的核心就是加强党风廉政建设和工作作风建设。通过加强学习，我们要认认真真、扎扎实实地对我们运政执法队伍进行清理整顿，让那些不懂执法、不会执法、执法能力低的人员调离执法岗位，对那些执法过程中存在为政不廉、执法不公、徇私舞弊等问题的人员要严肃查处，坚决清出执法队伍，对于情节严重的要移交司法机关处理。通过"两风"建设，要从根本上解决"门难进、脸难看、话难听、事难办"的衙门作风。坚决杜绝冷、横、硬、冲的工作作风，从而树立运政队伍的良好形象，为县域经济发展营造良好的环境。

5. 立足实际，把握政策，扎扎实实地推进事业单位改革。按照全县事业单位改革的总体要求和局党委的工作部署，认真研究县里 14 个配套文件的精神实质，理清改革的总体思路，制定全站的改革方案，有条不紊地推进改革的实施，重点要抓好用工制度、用人制度和分配制度的改革，真正实现干部能上能下，职工能进能出，工资能升能降，建立新的用人、用工和分配机制。首先，要足额上缴社会劳动保障统筹资金，解决分流、转岗以及退休、退养人员的后顾之忧，建立完善的劳保统筹制约机制。最终实现改革的预期目的和总体目标，向局党委交一份满意的答卷。

6. 以人为本，强化素质，切实抓好干部职工队伍建设。建强班子、建强队伍，是我们履行好运管职责，完成好各项工作的关键所在。在班子建设上要在不断加强学习、完善自我的同时，深入开展批评与自我批评，树立谋大事、抓实事、干大事的思想，坚持调查研究，走群众路线；坚持民主集中制的原则，集思广益，科学决策；坚持廉洁自律，做好职工的好表率，把班子建设成"高素质、硬作风、快节奏、高效率"的善谋实干的领导集体。在职工队伍建设上，我们要采取各种有效措施，不断加强教育培训，无论在科学文化素质上，还是思想政治素质上和业务素质上都要循序渐进、不断提高，要把职工队伍建设成为"素质高、业务精、作风正"，能够适应新形势下运政工作的职工队伍。

各位领导、同志们！职工的重托、组织的信任，是激励我只争朝夕，奋力而为的不竭动力，率领全站干部职工做好运管工作，既是神圣的使命，又是光荣的责任，我一定要在局党委的领导下，开拓创新、大胆工作，把运管的各项工作推向一个新的高度，为县域经济的发展作出更大的贡献！

这是一篇内容充实、结构完整的竞聘演讲词。在竞聘优势部分，作者提出了6条工作思路。认真执行交通行业法规，做好规费征收工作，抓好道路运输市场建设，这前三条涉及具体的运管稽查工作；抓好"两风"建设，推进事业单位改革，抓好干部职工队伍建设，这后三条涉及更高层次的管理工作。整篇演讲词展现出作者高度的专业素质、丰富的一线工作经验和作为领导的管理才能。

竞聘区运管处稽查法制科科长

尊敬的各位领导、评委、同志们：

大家好！

首先感谢组织和领导给予我展示自我的舞台和施展才华的机会！中层干部实行公平、公正、公开地竞争上岗，这是深化人事制度改革的重大举措，加强干部队伍建设的有益尝试。我坚决拥护，全力支持，积极参与。

我叫×××，今年29岁，团员，入党积极分子。1994年中专毕业参加工作，2000年取得行政管理专业自修大专文凭，现自修本科，今年6月毕业。曾有××区运管处运管科、法制科副科长、团支部书记、城区运管所办公室主任的任职经历。我觉得每一次工作的变化，对我人生阅历的增长和能力的培养都是一次难得的机遇。挑战与机遇同在，压力与动力并存，我这次参加竞争上岗，目的就在于锻炼自己，获取多方面实践经验，提高自身综合素质。

参加工作10年来，从基层到机关，我积累了较丰富的基层和机关工作经验。我没有辉煌的过去，只求把握好现在和将来。今天，我将竞争的岗位是稽查法制科科长。我认为我有以下有利条件：

1.我精通运管业务，具备娴熟的办公技能。多年的运管工作实践，使我对道路运输业各个子行业都有了一定程度的了解和认识。特别是在运管科工作的几年，我直接和经营者打交道，协助科长起草行业指导性文件，时刻感受着运输市场跳动的脉搏。在提倡办公自动化的今天，我的计算机应用能力不断提高，各种办公软件、程序应用自如。

2.我政策法律意识强，道路运政执法实践经验丰富。在日常的经营许可、证照发放上，我始终坚持依法行政，严格依据道路运管法规、规章办理。在原市运管处稽查科、货运管理科、市场管理所、出租汽车管理所，直接从事行政执法工作达 5 年，对运管法规的应用、执法程序的把握、执法文书的填制驾轻就熟。任 ×× 区运管处法制科副科长期间，负责对外勤科室行政执法指导监督、执法文书的检查归档工作。即使在非执法岗位，我也没有放松过法律法规知识的学习，时刻关注着运管法规的变化。

3.我吃苦耐劳、爱岗敬业、无私奉献。在外勤科所，外出稽查、收费、开票、制作执法文书，兼作内勤事务，不言苦，不言累；在机关，身兼业务申请受理、客货运行业管理员、运价监管、统计等多个岗位，不言难、不言利。无论在哪里，不管干什么，我踏踏实实、兢兢业业，努力把工作做得更好。

4.我工作作风朴实，为人谦虚、诚恳、好学。我的办事原则是该办的马上办，就是加班也要办，从不利用手中职权对经营者吃、拿、卡、要。工作之余我勤于学习、勤于思考，去年通过了中级职称专业考试；并勤于动笔，近两年在《中国交通报》《×× 交通报》《中国道路运输》《×× 征运》《×× 日报》等报刊发表行业新闻、理论探讨文章 30 多篇。

这些有利条件决定了我能够更快地进入稽查法制科科长这个角色，开展工作。"在其位，谋其政"，假如我有幸竞争上这个岗位，我将在运管处党总支的领导下，围绕运管处总体工作部署，以"新思路、新举措、新发展"为指导思想，以"执法人员高素质化、执法手段现代化、执法行为规范化"为目标，从以下几方面入手抓好法制、稽查工作。

1.以教育培训为主，多途径提高执法人员素质。首先在培训学习内容上下功夫，改变过去"缺什么，补什么"的做法，学习增加具有前瞻性、预防性的内容；改变过去执法人员单一接收法律法规信息的片面性，将法律法规、部门规章与行业管理规范性文件交叉和融合起来学习。其次以法律法规知识竞赛、理论探讨为载体实施渗透式法制教育。再次是建立个人执法行为评价系统，这个系统类似于单位的目标责任书，对执法人员个人在法律、法规、规范性性文件方面的熟知程度、执法量的多少、执法行为的优劣进行评价，形成有效的奖励激励机制，打破执法人员学不学一个样、水平高低一个样、干多干少一个样的状况。

2.执法手段现代化，减轻执法人员劳动强度。把证据的收集放在第一位，强调发挥照相、录音、摄像等设备在调查取证过程中的重要作用；加强计算机在行政执法中的应用，引进道路运输违章自动识别和处理系统。就是说在路查中，通过电脑、摄像头的配合使用对营运车辆自动检查，结合××省道路运政管理系统作出是否违章的识别信号和处理参考意见。

3.执法行为规范化。按照我处印发的《全市运管系统创建文明执法行为规范活动实施方案》，结合我市的运政执法实际，将学规范、用规范活动引向深入。

4.认真贯彻《××省道路运输业质量信誉考核暂行规定》，把它作为促进道路运输从业者、营运车辆退出机制的形成的重要手段。

除此之外的几个工作设想：

1.加强与周边（县）市运管部门的交流与合作，于今年年审结束后开展一次协查活动，通过稽查带动管理。

2.于年审前印制一本小册子，收集道路运输管理法规、规章以及与经营者密切相关的规范性文件，发放给每一位车主，增强运管法规的透明度。同时公布运管法制咨询、运管人员违纪投诉电话，通过小册子架起一座管理者与被管理者之间相互联系的桥梁。

3.继续做好投诉举报的查处，履行行业职责，树立运管部门良好形象。

各位领导、各位评委、各位同事，在我的演讲结束之时，我要引用古人的一句话来自勉：不可以一时之得意，而自夸其能；亦不可以一时之失意，而自堕其志。竞争上岗，有上有下，不管结果怎样，我都将保持平常心态，励精图治，恪尽职守，加倍地努力学习、勤奋工作，来回报组织、领导和同事们对我的支持和厚爱。

我的演讲完了，谢谢大家！

这篇演讲词可以划分为三个部分。第一部分，作者介绍了自己竞聘科长的4个有利条件；第二部分，作者介绍了竞聘成功后自己管辖范围内的工作计划，总结为4点，计划周全、可行性高；难能可贵是，在第三部分，作者还对自己工作分外的事项展开了3点工作设想，充分显示了演讲者是一个胸怀大局、眼光长远、爱岗敬业、深谋远虑的干部，具有一般人所没有的领导气质和管理才能。第三部分足以引起领导和评委的高度重视。

竞聘区公安交通管理部门政秘科科长

各位领导、评委：

我叫×××，今年35岁，大学本科学历，中国共产党党员，现任××队副队长。我自1990年参加公安工作以来，曾受嘉奖5次，荣立集体三等功3次，集体二等功1次，个人三等功4次。按公务员考核评比制度，曾连续3年被评为优秀公务员。

而今我们××公安交通管理部门部署动员全体干警，积极参加我局各级现职干部领导岗位竞聘，深化××公安机关现职领导干部任用制度改革。我们交通民警，应当珍惜竞聘，抓住机会，抓住机遇，按照局党委的要求，积极参加此次现职领导干部竞聘。我参加竞聘的职务是政秘科科长。

政秘科在我们公安交通管理部门各基层单位，主要承担以下四大职能：

1. 从宏观上讲，政秘科是党委和部门领导集体的参谋部，在党委或部门领导集体与所属各基层单位之间，在信息管理方面，存在着承上启下的信息沟通职能。

2. 从微观上讲，在理论学习、培训方面，在政治学习、教育、培训方面，在业务学习、培训方面，具有规划、实施、检查、辅导、监督职能。

3. 在管理服务、纪律教育、队伍管理方面，负有调查研究、提供信息、从严治警、从优待警、为党委和各基层单位当好参谋和助手的职能。

4. 负有信息采集、信息分工、信息储存、信息输出职能。作为政秘科科长，就是要在党委和各部门领导的领导下，在履行职能方面率先垂范，带领政秘科全体人员在履行部门职能方面率先垂范。

我竞聘政秘科科长职务的原因主要是以下几点：

1. 我是从一名普通民警通过竞聘走上现职副职岗位的，了解民警心理，了解民警之所想，容易与民警沟通，有助于调整研究工作。

2. 我现在担任副队长职务，有做基层领导的经验，容易与基层领导沟通。

3. 我做过宣传民警工作，在组织能力和协调能力方面有一定的实践经验，我做过现职副职领导工作，在信息采集、信息组合、信息传递、信息输出方面有一定的锻炼和实践经验。

4. 在政秘科科长的岗位上，我能够实现理论学习优先，政治教育优先，掌握政策优先，信息掌握优先，锻炼提高自身的综合素质、综合能力优先，为今后的工作实践能够提供智力支持与韧劲。

我竞聘政秘科科长职务的劣势是：我没有做过政秘科的工作，缺少工作实践和工作经验。但是，在十八大精神和中国梦的指引下，在上级党委的领导下，我有决心、有信心、有能力带领并调动本部门全体人员的积极性，解放思想，实事求是，与时俱进，开拓创新，推进部门工作，为首都的交通管理事业作出新的贡献，为全面建设小康社会贡献一份力量。

这篇演讲词在自我介绍之后，先详细阐述了作者对于政秘科的理解以及对政秘科科长岗位的认识，并总结为四大职能，同时暗含了竞选政秘科科长所必备的条件。接下来，作者阐述了竞选政秘科科长的有利条件，同样总结为四点，而高明之处就在于这四点刚好吻合了政秘科对于科长岗位的要求，这充分体现了作者的巧妙构思和精确布局，使听众认识到演讲者真是符合这个岗位要求的合适人选，从而为竞选成功提供了保证。

竞聘区交巡警支队大队副政治教导员

各位领导、评委：

大家下午好！

首先我要感谢分局党委、警署领导和同志们的信任给了我这次竞岗演讲和展示自我的机会。今天我演讲的内容是：爱岗敬业，履行职责，努力争当一名合格的公安基层干部。

××××年我从××公安高等专科学校毕业后先后在××派出所、××警署、××警署工作，现在在××警察署综合科负责全面工作。从警××年来，我先后从事过社区、刑侦、国保、出入境、情况调研等多个公安岗位，多次荣获市局、分局表彰和嘉奖，也曾连续三年获得公安部的嘉奖。忠诚、奉献、务实和向上是我工作的全部。作为一名青年干警，面对这个充满生机和活力的新世纪、面对充满挑战和希望的公安工作，实现自我、超越自我是我实现人生价值的最大目标和追求。

这次我竞岗的职位是交巡警支队大队副政治教导员，我主要是基于以下三方面的考虑：

1. 我有坚定正确的政治方向和立党为公的政治信念。××××年×月，我光荣地加入了中国共产党，通过接受党的教育和培养，我认为，在新的历史使命条件下，青年干警只有树立马克思主义的世界观、人生观、价值观和正确的权力观、地位观、利益观，牢固确立"立党为公、执法为民"的根本宗旨和"人民公仆"的价值定位，坚持解放思想、实事求是、与时俱进，并用以指导自己的思想和实践，才能为实现"十六大"提出的全面建设小康社会的目标作出自己的贡献。

2. 我有吃苦耐劳、无私奉献、善于钻研的敬业精神和求真务实、雷厉风行、敢于碰硬的工作作风。新时期，敢于决断的气质、竞争开放的性格和坚忍不拔的意志品质是时代对青年干部的要求，也是我不断努力的方向。多年来，正是这些要求不断激励着我在一个又一个的公安岗位中发挥着自己的光和热。××××年，我通过成人高考和学习取得了××大学法学专业的学历，在工作中，我能坚持不唯人、不唯书、只唯真、只唯实的工作态度，敢于管、更善于管，不断积累从事本职工作所必需的业务技能和担当领导所必需的管理艺术。

3. 我有较为丰富的公安工作经历。在挑战中求发展，在实践中求超越。我深深地热爱着公安事业，渴望通过自己的不懈努力和奋斗为公安事业多做一些贡献。在我所从事的多个公安岗位上，我都出色地完成了各项工作任务。尤其在近一年负责综合科全面工作中，更能根据上级和警署对政治、党建、纪检等工作上的要求，紧密结合本单位实际，创造性、灵活性地协调、开展各项工作，取得了一些成绩，积累了一些经验。作为一名发展中的青年干警，担任副政治教导员是组织赋予我的一次机遇和挑战，是在不断实践中的超越自我，是回报组织和领导关心的人生又一新起点。

假如我这次竞岗成功，我将围绕以下4个方面开展工作：

1. 着力抓好队伍建设。公安工作队伍建设是根本，也是保证。我将坚持"两手抓""两手都要硬"，切实担负好从严治警的政治责任，牢固确立"以人为本"的管理理念，以率先垂范和自己非权力的影响力、亲和力，充分调动干警的工作积极性，将政治工作贯穿在业务工作的每个环节。当前，主要是抓好党的"十六大"精神的深入学习、公安部"五条禁令"的贯彻执行和"贯彻十六大、全面建小康、公安怎么办"的大讨论以及"端正执法思想、坚持执法为民"的专题教育，在稳定队伍的基础上，提高干警的综合素质。

2. 配合抓好业务建设。积极围绕建立现代警务机制，紧扣"排堵保畅、街面防控、事故防范"三个重点,通过逐步完善夯实基础工作、路政设施、业务管理三大建设,努力确保责任区域的交通管理有序、街面控案有力和市容秩序良好。

3.注重抓好自身建设。交巡警业务对我来说是一项比较新的工作,我将变压力为动力,努力按照政治强、业务精、善管理的复合型高素质公安领导干部的要求、爱岗敬业、履行职责,要求民警做到的自己首先要做到,率先垂范,严于律己,努力争当一名合格的公安基层干部,全力实践"团结、务实、严谨、拼搏、奉献"的××公安精神。

4.重视抓好班子建设。正确认识和充分发挥副职的辅助作用,当好配角,摆正位置,做到到位而不越位,敢于工作,更要勇于承担责任;讲究管理艺术,注重吸收、借鉴现代行政管理的科学思维和方法,摒弃因循守旧、单向思维的思维定式,将严格管理融入对每一位干警的体贴与爱护之中,把民警当作自己的朋友或者亲人,把同级和上级当作自己的老师,多一点将心比心、诚心公心、真心关心,把思路拓得宽一些,将问题想得全一点,使工作做得实一点,努力创建一个团结进取、正气浩然、充满激情而富有战斗力的先进警队。

各位领导、各位评委、同志们,也许今天我的演讲并不动人,也并不精彩,但我一定会以自己的实际行动来为我所热爱的公安事业奉献我全部的青春与热情,决不辜负大家对我的厚望。最后,我想向在座的各位领导、各位评委、同志们表个态:无论我这次竞岗成功与否,我都将一如既往地忘我奋斗,因为,结果不是目的,能够参与,能够在参与中检验自己的能力、水平,激励自己更加奋发有为地做好工作,才是应有的目的。

我的演讲完了,谢谢大家!

 点评

这是一篇热情洋溢的演讲词,从作者不算短的题目中可见一斑——爱岗敬业,履行职责,努力争当一名合格的公安基层干部。作者虽然只是一名年轻的干警,却有着较高的思想觉悟,树立了正确的世界观、人生观和价值观。在阐述工作设想时,提出从4个方面展开工作,分别是队伍建设、业务建设、自身建设和班子建设。在演讲结尾处,作者仍然热情不减,坦承自己演讲并不一定是最精彩的,但一定会为自己所热爱的公安事业奉献全部的青春与热情。整篇演讲词以情动人,能够打动以培养部属热爱岗位为己任的领导。

·第八章·

教育工作岗位

教育的概念

教育是一种传承人类文化、智慧和生产生活经验的过程。它的目的是增加人们的知识和技能，使人们能够融入社会并被社会所需要。

教育工作的职责

教育是民生之基，也是实践现代化之基。只有通过教育才能更好地实现人的全面发展，通过人的全面发展才能够提升人的发展创造能力，为我国的现代化建设事业提供人才储备。我国是世界上人口最多的国家，有13亿之众，只有把人口的数量大国变成人力资源的大国，再把人力资源大国变成人力资源强国，这样我们才能真正实现中华民族的复兴。

因此，教育工作肩负的责任是巨大的，把教育放在国民事业发展的优先地位，甚至使教育的现代化快于国家的现代化进程，是具有先导性作用的。

所以说，明确并履行好教育工作的职责是十分重要的。

1.促进教育与经济社会发展相适应

教育是中国特色社会主义事业的重要组成部分，教育工作的根本宗旨是为社会主义现代化建设服务、为人民服务。教育必须从我国基本国情出发，符合社会发展规律，主动适应经济发展方式转变和经济结构调整，统筹教育的规模、结构、质量、效益，优化教育结构，科学调整教育区域布局、层次结构和学科专业设置，合理配置教育资源，推动各级各类教育协调发展，培养经济社会发展需要的高素质劳动者和创新型、实用型、复合型人才。

2. 全力推进素质教育

教育是富民强国之本。我国现代化目标的实现和社会主义市场经济体制的建立，最终取决于国民素质的提高和人才的培养。因此，必须深化教育教学改革，全力推进素质教育，注重启发式教学，改革传统的应试教育模式，使基础教育从应试教育的模式转到素质教育的轨道上来。因材施教，培养学生的创新精神和实践能力，让教育发挥其真正的作用。

3. 发展职业教育、成人教育和继续教育

大力发展职业教育、成人教育和继续教育，是为我国现代化事业培养大量应用型人才并符合我国国情的一条根本出路，也是推进教育现代化、振兴经济的必由之路。坚持以就业为目标，整合教育资源，改进教学方式，发展和改进教育培训，鼓励各级各类学校开展继续教育培养学生就业创业能力。通过大力发展职业教育和成人教育，提供职业技术技能培训的机会，为社会培养出更多的符合社会需要的合格的劳动者和适用的人才。另外，为了满足不同阶段的人们的不同需求和兴趣爱好，必须大力推动继续教育事业的发展，完善继续教育体系，鼓励终身学习制。

4. 发展特殊教育事业

据第二次全国人口普查，我国大概有 8000 万的残疾人，其中适龄残疾儿童少年有 240 万人，然而现在在特殊学校接受教育或在普通学校随普通班上学的特教儿童只有不到 70 万人。由此可见，我国特殊群体整体受教育的程度是偏低的。

目前来说，在我国，特殊教育的设施方面还没有形成一个完整的体系，特殊教育的教师也比较缺乏。这就是我国现在特殊教育所面临的问题。所以说我国特殊教育的任务是相当艰巨的，必须下大力气去发展完善。

5. 发展民族教育事业

教育是全民族的教育，少数民族是中华民族大家庭中的一部分，拥有平等接受教育的权力。然而由于民族传统差异、区域落后、师资力量薄弱等问题，在少数民族地区发展教育事业的难度更大、见效更慢。因此，我们有必要对少数民族教育给以特殊的关怀和支持，在教育的方针政策上给予必要的倾斜。

怎样做好教育工作

1. 落实中央教育工作的决策部署

做好教育工作，首要的一条是要认真学习贯彻中央关于教育工作的重要思想、重要决策、重要部署。党中央的决策部署是教育工作得以顺利开展和改革的坚强后盾，它直接影响到教育工作的实施方向和工作重心。因此，全面贯彻党的教育方针，坚持以人为本，以改革创新为动力，以促进公平为重点，以提高质量为核心，全面实施素质教育，是促进教育事业科学发展的政治基础。

2. 加强教育改革和创新

要继续解放思想，坚持改革创新，明确教育改革和发展的目标、任务和基本思路，突破教育工作发展的瓶颈问题。要进一步推进教育的现代化，在教育内容、师资水平、教育设施等方面都要有明显的提升，并推进教育信息化和优质教育资源的共享，使教育的质量不断提高。

3. 优化教育结构

目前我国的教育类型有正规教育、成人教育、技术教育、特殊教育、终身教育等。促进各级各类教育的科学发展，是减少不合理的教育结构造成教育资源和人才浪费的最佳途径。

4. 促进教育公平

全方位实施义务教育，促进教育公平，依法确保每个孩子都能免费接受九年义务教育，逐步解决义务教育资源配置不均衡问题。公共教育资源配置要向薄弱地区倾斜，以此推动地区之间、城乡之间、不同学校之间的教育均衡发展。

5. 加强师资力量的建设

"只有一流教育，才能培养一流人才，建设一流国家"。而一流教育很大程度上取决于人民教师的素质，因此，为了提高基础教育的质量，必须大力培养合格的教师，加强师资力量的建设。必须继续坚持办好各类师范教育，这是我国教育的传统和特色。在这个问题上不要有丝毫的动摇。要坚持对师范生的特殊优惠政策，教师是崇高的职业，要支持鼓励优秀学生报考师范。另外，还应该在投资、师资配备等方面对师范教育实行必要的倾斜政策。同时也要加强对教师人生观、世界观的教育，做好他们的思想政治工作，使他们发挥为人师表的作用，为社会主义现代化建设培养出一流的人才。

教育工作竞聘演讲词案例

竞聘区教育办副主任

尊敬的各位领导、各位评委：

首先感谢领导给了我这次参加竞聘的机会。

本人 1973 年 5 月出生，中国共产党党员，中学高级教师。1994 年从 ×× 师范大学 ×× 专业本科毕业，理学学士学位，1994 年至 1995 年度在 ×× 职业技术教育中心担任信息技术课程教师并担任学校团委副书记，1995 年 8 月起调入 ×× 工作至今。

我这次竞聘的职位是区教育办副主任，参加竞聘这个职位我以为自己主要有以下 5 个优势：

1. 科班出身的专业优势。1994 年从 ×× 师范大学 ×× 专业毕业的我，是我区第一个 ×× 专业出身的本科生，具有较强的专业性。四年的专业学习生涯和多年的区级 ×× 工作的实践使我对 ×× 工作方方面面都有着自己深刻的理解。

2. 优异的工作实绩优势。从 1994 年工作到现在，我组织了全区第一轮 ×× 培训，参与了第二轮 ×× 培训；一直分管全区 ×× 研究工作，积极组织各种推进 ×× 工作的活动，近 5 年来我区教师、学生参加各级各类比赛获国家级奖项 7 个，省级奖项 46 个，市级奖项 123 个；积极参与区内省级 ×× 示范（实验）学校的"十五"课题研究工作；积极主动地做好 ×× 工作。这些工作的开展对确保我区 ×× 整体工作"市内领先、省内知名"起到很大的作用。

3. 众多的个人成果优势。工作 12 年来，我先后 2 次被评为省级先进个人、1 次市级电教先进个人；有 16 篇独立撰写的专业论文在市级以上专业杂志发表或获奖，其中国家级一等奖 1 篇；多次被聘为市论文、课件评选等活动的评委；兼任市 ×× 专业委员会会员、市 ×× 整合研究中心组成员等社会职务。

4. 良好的个人素质优势。在多年的工作实践中，"合作、分享"的团队精神一直是我的追求，尊重领导，团结同事，有一定的组织活动能力和大局观；爱岗敬业，在工作中既能发扬团队合作精神，又有独当一面的能力，这些在全区乃至全市 ×× 系统都有着良好的口碑。

5. 年龄优势。我今年 33 岁，在区级 ×× 工作岗位已经干了 12 年。正处于既有工作经验和工作能力,又有旺盛精力的黄金时期,富有朝气与活力,工作中敢于探索,思想上敢于创新。

饮水思源。12年来,我从一名普通教师到一名业务骨干、一名共产党员,无一不凝结着各级领导的关怀和同事们的支持。假如这次能走上××副主任岗位,我将努力做好主任的助手,廉洁奉公,先好好做人,再好好做事。具体的工作思路是:

(1)摆正位置,尽快实现角色的转变。单位副职是"一把手"的助手,在主任的领导下具体分管某项工作。我要摆正自己的心态,尽快实现角色的转变。在工作中时时、处处、事事维护"一把手"的威信,积极主动地支持和配合,甘心当好配角。对自己分管的工作,要求真务实,主动汇报沟通,做到"到位而不越位,补台而不撤台,守责而不排他"。

(2)加强学习,不断创新工作思路。学习是前进的阶梯,有正确先进工作理念指导的工作实践才能可持续健康地开展。今后我要继续加强教育理论和电教专业知识的学习,不断更新自己的工作理念,尤其对如何整体推进××区域××发展的研究要创新思维,努力做到理论和实践的有机结合,争取做一个专家型的教师。

(3)努力工作,争创新的业绩。已有的业绩只能说明过去,在今后的工作中,我要继续努力工作,在做好自己分管的工作同时,配合领导做好单位的整体工作,事事到位,工作在前,享受在后,争创新的工作业绩,为××教育事业可持续、高品位发展贡献自己的聪明才智。

(4)好好做人,创造良好工作氛围。要想成大事,必须先做人。与"才"相比,"德"任何时候都是第一位的。在今后的工作生活中,我要提高自身修养,廉洁奉公,真诚待人,对领导要尊重服从,对同事要坦诚互助,对部下要关心爱护,继续创造单位良好的工作氛围。

"我不去想是否能够成功,既然选择了远方,便只顾风雨兼程。"未来的路很长,不管这次竞聘的结果是什么,在今后的工作中我都会以更加奋进的精神、更加努力的态度、更加踏实的作风,为××事业的发展作出自己的贡献。

点评

演讲词按照一般的竞聘优势——工作思路的逻辑顺序展开叙述。在竞聘优势部分中,作者总结了5点,分别从专业方面、成绩方面、个人素质方面和年龄方面加以详细阐述。在工作思路方面，作者将其总结为4点，摆正位置，尽快实现角色的转变；加强学习，不断创新工作思路；努力工作，争创新的业绩；好好做人，创造良好工作氛围。4个句子工整对仗，概括精辟，阐述了作者在岗位上提高自身的计划，如果能在此处增加对科室发展的计划就会更加完整。最后作者用著名诗句"既然选择了远方，便只顾风雨兼程"来作结，展现了作者为岗位不懈奋斗的决心。

竞聘卫校基础教研室主任

尊敬的各位领导、评委、老师、同志们：

你们好！

感谢学校为我提供了这次演讲机会，向大家介绍自己，接受检验和挑战，希望大家信任我、支持我。

竞争上岗是我国人事制度改革的重大举措，这一制度的推行，可以促进人才资源与工作职位的合理配置，有效推动各项工作的发展。基于这一认识，我报名竞争基础教研室主任岗位。不少同志对我不参与正科岗位竞争感到难以理解，我主要是考虑两个原因：其一我认为岗位是正科或副科并非最重要，重要的是这个岗位是否有利于个人专长和优势的发挥。任教24年，我与教学工作结下不解之缘，积累了一定的教学和管理经验，在最接近教学第一线的教研室岗位中，自己的专长和优势可以得到充分的发挥；其二我很在乎工作环境氛围是否融洽愉快。我在教研室的工作得到全体老师尤其是教研组长们的大力支持和积极配合，工作虽然较忙较累，但心情舒畅。对教研室的一切我有着太多的眷恋和深厚的感情，因此，竞争基础教研室主任岗位，是我的最佳选择。

我的经历比较简单，1971年参加工作，1975年到广东医学院医疗专业读书，1978年分配到××卫校工作至今，现任基础教研室主任，生理生化教研组组长，生物化学高级讲师。光阴似箭，蓦然回首，我参加工作已经31年，从事教学也已有24个年头了，可以说我最美好的年华是在××卫校度过的，是在教学岗位上度过的，我爱我的教学工作，我愿为学校教育事业的兴旺发达尽自己的一切努力。

下面谈谈竞争基础教研室主任岗位的优势和工作设想。

1.竞岗优势：

（1）我有良好的思想品德修养。我为人处世的原则是：老老实实做人，认认真真工作，开开心心生活。自己一贯注重个人品德素质的培养，努力做到尊重领导，团结同志，工作负责，办事公道，不重名利，不计较个人得失，对工作对同志有公心、爱心、平常心和宽容心，因而在教研室、教研组有较好的群众基础和威信，曾获 1994 年、1995 年、1998 年年度考核优秀，并在 1997 年至 2000 年聘任期满考核优秀。

（2）我有较高的专业水平。我从广东医学院毕业后曾到安徽省卫生干部进修学院和广州医学院进修生物化学，系统而又牢固地掌握了生物化学的专业知识。多年来我坚持收集生化学术资料，积极参加各级生化学术会议和学术讲座，不断了解生化领域的新进展和新成果，使自己的专业知识得到进一步充实、更新和扩展。我于 1988 年任生物化学讲师，1994 年任生物化学高级讲师，在国家级、省、市级学术刊物或汇编发表学术和教研论文近 20 篇，参编国家卫生部规划教材《生物化学》教材 1 本、供全国中等卫（护）校护士专业用《生物化学》教材 1 本、生化教学参考书 2 本。

我从 1988 年起经选举进入全国中级医学生物化学教育研究会理事会，先后担任理事、常务理事、副秘书长、副理事长职务，多次参与组织召开理事会会议和全国中等卫校生化学术大会，进行学术论文的审定和课件评比工作。1988 年和 1990 年受命于 ×× 省卫生厅科教处，负责筹备组织我省中等卫校生化校际教研活动，发起成立生化校际教研组，获得圆满成功。

（3）我有较强的教学能力。从选择教师这门职业的第一天起，我最大的心愿就是做一名受学生欢迎的好老师，为了这个心愿，我一直在不懈努力着。要求自己做到牢固掌握本学科的基本理论知识，熟悉相关学科的文化知识，不断更新知识结构，精通业务，精心施教，把握好教学的难点重点，认真探索教学规律，钻研教学艺术，努力形成自己的教学特色。从教 20 多年，我的教评结果一直稳定保持在 90 分以上，我的教学风格和教学效果普遍受到学生的认可和欢迎。1992 年被评为"×× 市教坛新秀"，受到 ×× 教委的表彰。

（4）我有较好的工作业绩。我从 1999 年年底教研室成立后即开始担任主任职务。任职期间，我积极向校领导反映情况，争取解决各教研组实验仪器更新，改善解剖病理教研组办公室、实验环境、提高卫生津贴等问题；主持制定教研室《新教师培训计划》和《正常人体学基础师资培训计划》，组织落实培训措施及考核制度，建立年轻教师培训档案；定期听课，全面了解教学情况，认真组织教研室开展多种形式的教研活动；规范教学管理和教学检查，建立定期检查制度，做好资料存档工作；积极参与组织相关教研组进行实验室搬迁及整改、仪器设备购置及培训、检验高职论证、分设教研组等工作。

2.工作设想：

如果这次竞岗得到领导和同志们的支持，我继续担任基础教研室主任职务的话，我的工作设想主要有以下5点：

（1）认真贯彻执行党的教育路线、方针、政策和校党委的各项决定，加强学习，积极进取，求真务实，开拓创新，不断提高自己的综合素质、创新能力和驾驭教研室工作的能力，用诚挚的感情团结教研室全体同仁，充分调动大家的工作积极性，同心同德，搞好各项工作。

（2）合理地、科学地、规范地进行教学管理，加强教学质量监控，做好教学检查和教学质量分析，开展教学专题研究，及时反馈、总结和交流教学经验，改进教学薄弱环节，保证并不断提高教学质量。

（3）组织开展目标明确、有针对性的教研活动，强化教师的教研科研意识，创造条件组织进行科研项目申报立项，带动教研室科研和教研工作的开展。

（4）积极配合学校搞好人才工程建设，不断提高基础学科教师队伍的整体素质，注重培养学科带头人，规范新教师培训制度，落实教研室《正常人体学基础》师资培训计划，认真搞好年轻教师传、帮、带工作。

（5）组织各教研组学习"国重学校评估"指标体系，按照有关条目进行自查自评，不断完善。注意做好有关资料的收集和积累，为2005年的国重学校复评做好前期准备工作。

竞争出人才、出效益、出成果，我将以这次竞争上岗作为工作的新起点，与教研室全体同志一起积极努力，同干事业，共创新业绩。

点评

作者思路清晰、表达顺畅。首先阐述了自己的竞聘优势，归纳为4点：良好的思想品德修养、较高的专业水平、较强的教学能力、较好的工作业绩。然后阐述了上岗后的工作设想，将其归纳为5点：贯彻大政方针，科学地管理教学，展开教研活动，搞好人才工程建设，组织教师学习。这5点设想都是站在广大教师的角度上，以方便教学为出发点，以提高教学质量为目标。建议比较全面，可操作性强，由此可见，作者具备一名教研室主任的专业素养。

竞聘师范学校教育技术处副主任

各位领导：

大家好！

我竞争的是教育技术处副主任职位，下面我向各位领导陈述我的工作经历、业绩以及工作设想。

1. 工作经历和业绩：

1994年，我于白城师专数学系毕业后，被分配到原××师范学校工作。1995年9月，任校长办公室干事，主要负责公文起草和计算机管理工作。1998年我承担网络管理和硬件维修维护及计算机教学工作，此期间，在国家级刊物《课件与论文荟萃》上发表了《多媒体网络型××××系统开发的实践与思考》《××××图像与性质教学软件简说》等文章。其中《多媒体网络型××××系统开发的实践与思考》这篇文章被收入××省教育信息港网站。同时还参与了国家"九五"重点课题《校园网络资源的优化配置与高效开发》的开发与研究。近年来，在全省举行的软件大赛上，我编制的《初等函数图像与性质》《教学决策系统》等软件分别获得了二等奖。2000年，我承担网络系统管理与网络安全管理、全校计算机硬件的维修维护、校园一卡通管理系统的安装维护等工作。在完成本职工作的同时，我还承担了教师网络技能培训、校园网络资源的优化、开发以及我校在北大附中网校上独立运行的××心理版中的××论坛、××热线、××测试3个交互性栏目的程序开发工作。在整个工作中，我一贯地坚持谦虚谨慎、求真务实、不计个人得失的工作作风。为了提高网络管理与维护的专业水平，确保校园网络的安全运行，我参加了由国家教育部中央电教馆在北京举办的校园网络管理培训班，获得了"美国尤力专用服务器认证"和中央电教馆颁发的"校园网络管理资格认证"证书。上述工作经历及工作成绩为我做好教育技术工作奠定了坚实的基础。

2. 工作目标：

为了充分保证学校信息化管理和信息化教学顺利进行。目前，我院已经架设千网：在硬件方面，校内实现了科科通、人人通、院院通；校外实现了校校通。可以说这四"通"为我院摆脱升格后的困境，早日实现全方位的信息化管理和信息化教学，最终创设"E型校园"奠定了坚实基础。为实现这一目标，作为学校的教育技术处应从下面几方面开展工作：

（1）强化内部人员专业技能和专业素质，为学校信息化教育教学提供坚实的技术保证和未来教育技术的科研能力。

（2）加强各科信息采集员的管理，提高信息质量和数量，同时配备相应考评制度，激励刺激用户，从而提高信息的利用率，为全院职工素质的提高提供最优质的信息资源。

（3）组织学科带头人和专业技术人员搞好资源优化和资源开发。为学生和教师的教与学提供第一手资料。为我院未来的资源库建设奠定基础。

（4）结合本院教育管理中所存在的问题，将自行研发经济适用的管理软件：如：电子排课系统、附中课堂实录自动管理系统、学生管理系统、网上考试、试卷生成系统、网上民主测评、教学决策系统、人才资源管理系统，实现教学和管理法制化、科学化，提高管理水平和效率。

（5）在原有基础上进一步发展远程教育，促进校校通工程和继续教育工作的深入开展。

（6）用现代教育技术促进职前和职后培训的一体化。

（7）全面推动××教育的发展，设计构建××教育信息中心网站。同时还要组建教育软件和网络构建的研发基地，为学生提供实践机会，使他们在以后激烈的市场竞争中更具实力，为学校创造更大的社会效益。

如果我能得到大家的信任，得以就任该职位，我一定不遗余力地为做好上述工作，贡献自己的全部力量。最后让我们携手共建"E 型校园"，凭借对这一教育改革的制高点的占有，实现跨越式发展，尽快使我校从困境中走出来，进而带动××教育的发展。

作者是一位求真务实、一心干事业的干部。本演讲词没有华丽的辞藻，只有充实的内容。整篇演讲词只分为两个部分。第一部分，讲述了作者的经历和成绩，从作者发表的多篇文章和主持开展的多个项目取得丰硕成果来看，作者是一个踏实肯干、能出业绩的干部。在接下来的工作思路中，接着提出了 7 点建议。涵盖了人员管理、信息管理、校园发展乃至整个市的教育科技发展，展现出了作者是一个立足本职工作，关注长远发展的具有不断进取、积极向上品质的教育干部。

竞聘中心校校长

尊敬的各位评委、各位领导、全体教师：

大家好！

首先感谢组织上给我这次参与竞职的机会，对于这次教育体制的改革，本人完全赞同并坚决拥护。同时也坚定地相信，这一重大举措的出台必将会为我市的教育事业营造出一个浓厚的发展氛围，并不断取得新的成绩。

下面，就本人情况向大家汇报如下：

1. 竞职岗位及优势：

我所要竞聘的岗位是中心校校长。之所以要竞聘这一职位，自认为具备胜任这一工作的优势条件。

（1）我有过硬的教学资历优势。从参加工作到现在，我有 27 年的工作经历，其中有 × 年的班主任经历，相继教授过语文、数学等各种课程，对于小学教学内容和流程成竹在胸、如数家珍。不仅如此，在教学过程中，我还自学了课程，更进一步提高了自身素质和教学水平。同时，在这二十几年里，我总是密切地关注国家的教育工作发展和变化，全面了解和掌握了教育教学工作的要求和未来发展趋势。从这方面讲，本人能够胜任此项工作。

（2）我有较强的领导能力优势。从 1992 年到教委办起，我有过 15 年的做领导的工作经验，其中，13 年的副主任和 2 年的主任经验。在这 15 年中，有 5 年是专抓小学教学工作的。可以说，正是凭着这些年的工作经历，我熟悉了每一所学校的情况，掌握了每一名教师的情况，大到学校的房舍状况，小到教师的脾气秉性，全都了然于胸。再加上有 2 年的从事正职的工作经历，更增强了我驾驭全局的工作能力。从这方面讲，本人能够胜任此项工作。

（3）我有优越的外部环境优势。参加工作多年，尤其是任领导职务这些年以来，我与上级部门领导、地方党委政府以及各单位、各学校领导、教师之间有着极为融洽的工作关系和个人关系，这对于教改后的中心校的发展是极为有利的。虽说教育是垂直管理了，但仍离不开地方党委政府及各部门的关心和支持，凭借多年建立和培育起来的老感情，可以为教育事业的发展营造良好氛围。从这方面讲，本人能够胜任此项工作。

（4）我有厚重的群众基础优势。本人从教以来，交人无数，但无论与谁，一切皆以"待人以诚、处世以正、自律以严"为原则，赢得了各界的广泛好评和厚爱，为我干好这些年的工作铺垫了坚实的群众基础。从这方面讲，本人能够胜任此项工作。

在此，也借机会向多年来一贯支持本人工作的各级领导、各界朋友、全体教师一并表示真诚的感谢！

2. 工作目标及打算：

各位评委、全体教师，如果我能竞聘成功，我将从以下几个方面着手开展工作：

（1）改善办学条件，优化教师工作和学生学习环境。就我镇中小学而言，就基础建设情况来讲，危房已全部消除，改善办学条件的当务之急是更新教具和师生用具，尤其是具有高科技含量的教具，我们是少之又少。而这又是推进素质教育、提高教学水平的必然选择。我就任后，将积极向上级争取，向地方党委政府和其他一贯支持我们的各单位、各部门寻求大力支持，力争早日实现这一目标。

（2）改革福利体制，关心教师生活。客观地讲，虽然教师工资与其他行业相比较高，但从我镇实际看，与一些部门相比，在福利待遇上基本处于空白状态。为此，我计划从学校的每年收入中节省一部分，专门用于提高教师的福利待遇。按实际出勤、工作业绩予以相应待遇。改变大锅饭、大帮哄、干多干少一个样、干好干坏没区别的旧有陋习，借此微薄之举，慰藉辛勤园丁的甘于清苦的奉献之心。

（3）唯才是举，全面调动教师工作积极性。按照我的想法，今后教师工作安排要彻底打破原有模式，论才使用，唯才是举，不论长幼、不论职级，竞聘上岗，能者上、平者让、庸者下，每个学校实行末二位淘汰制。淘汰者重新学习，竞聘再上，再次被淘汰出局者，交教育局人才中心统一安排。同时，教师岗位要与奖金、福利待遇挂钩，以此激发教师工作积极性。

（4）加强管理，提高教学质量。就实践而言，当前中小学教育，课本和考试推行的，以及社会需求的都是素质教育培养出的人才，而教学本质还是应试教育，二者之间差距相去甚远。究其根本原因，有体制上的，但更多的则是来自教师素质上的。和先进地区推行的兴趣教学、互动教学相比，我们用几十年前积累的经验去教授受新思潮影响的少年儿童，怎么能激发他们的学习兴趣呢？更不要谈素质了。因此，加强教师队伍管理，提高教师素质已成当务之急，要提高教学水平，就必须先从教师入手。依我之见，每年选派一些青年教师到先进地区学习教学经验，逐年轮换循环，以此提高整体水平，不出几年，我们的教学能力和质量就会有大的改观。一个具有全新面貌的教育新园地就会呈现在我们的面前。

如果能得到大家认可，我将竭尽全力、忠于职守、克己奉公、勇往直前，为教育事业奉献终生；如果有更合适人选，我也将服从组织安排，全力支持当选者，做一名热心教育事业的老黄牛。

以上是我的竞职报告，当否，请各位评委、各位领导、同志们批评指正。

 点评

本文展现了一位从教多年的领导者风范。作者没有过多地介绍自己，直接进入正题。首先介绍了自己的4点竞聘优势，可以看出作者具有多年扎实的教学功底和卓越的领导能力。在介绍工作思路的部分，作者将其归纳为4点：改善办学条件，可以优化学生学习环境；改革福利体制，可以改善教师生活环境；唯才是举，可以为学校培养优秀教师队伍；加强管理，可以提高学校办学质量。所有的考虑都是为他人着想，为学校发展着想，唯独没有为自己着想什么。由此可见，作者是一位心怀学校、心怀教育事业的干部，是校长的合适人选。

竞聘小学教导主任

尊敬的各位领导、各位评委：

大家好！

首先，我想代表今天参加竞聘的教师对各位评委、各位领导的辛苦工作表示感谢，谢谢大家为竞聘工作而付出的辛勤劳动。

我校实行中层干部竞聘上岗，我作为一名年轻教师，本着锻炼、提高的目的，参与了这次活动，走上了竞聘的舞台，因为参与的过程本身也是一种锻炼，参与的经历本身也是一种财富的积累。本人竞争的职位是 × 小学教导处主任。希望通过竞聘进一步提高自己的能力。

作为一名教导主任，首先应该明确自己的职责。教导处主任是教导处的负责人，在校长直接领导下，领导和团结全体工作人员，协助校长全面贯彻党的教育方针，负责学校教育、教学等方面的经常组织管理工作，具体地说有很多很多，在我看来，主要有：

1.做好校长的助手，充分发挥协助作用。比如协助校长贯彻教育方针，完成教学任务，协助校长制定和组织实施学校的教育、教学工作和计划，考核制度等，经常进行检查，定期进行总结。还有协助校长做好教师和有关职工的思想政治工作等。

2.处理日常教务行政工作。组织学生入学，做好师生考勤考绩，组织学生考试，督促阅卷，指导质量分析，进行排课、管理好学生的学籍等，还有做好资料的搜集与整理工作。

3.组织、管理教育教学工作。全面了解教师的思想状况、业务专长和教学水平。协助校长选配教研组长。审查教研组的工作计划和教师的教学计划。检查教师备课及教学情况，组织观摩教学，通过听课、参加教研组织活动、检查学生作业、分析试卷以及召开学生座谈会等途径，了解和掌握教学情况。组织教师的文化和业务进修等。

一所好的学校，好的管理理念必不可少，作为教导主任，立足学校的实际，我个人觉得，要树立以下的管理理念：（1）课堂教学是学校工作的中心环节。（2）教学秩序、教学常规是教学质量的保证，一所好的学校，严格的教学常规必不可少。（3）教育观念要不断更新。教育管理观念主要有：以人为本、以农为本、均衡发展、知识管理。以人为本就是要以教师、学生为本，从制度到活动组织，再到评价体系——显现。以农为本的现代教育管理理念的基本内容包括：一是学校的阶段性培养目标主要不是向高一级学校输送"高才生"，而是造就热爱农村、热爱农业的"新型农民"；二是课程管理不是以主科为中心，而是文化课与活动课并重，强化劳动技术教育，让劳动技术教育由一般性课程跃升为特色性课程，成为国家农村教育政策实施的突破口，展现其朝气蓬勃、活力无穷的真面目，走出当前不利的学科歧视困难。虽然我们小学能做的很少，但是我们可以树立这样的理念，我们 × 小学校本课程的研究就是一个很好的证明；三是均衡发展，我理解的均衡并非城乡的均衡，那个我们无能为力，但我们可以做到学校内部的均衡发展：教师均衡发展，避免骨干流失，人才欠缺，学科均衡发展，学生均衡发展首先要合理分班，另外学生本身的科目要均衡；四是知识管理就是对存在于组织中的知识与技能进行有效的捕捉，以使这些知识和技能分布到能够帮助组织实现最大效益的任何地方的过程。知识管理注重学校的知识创新和知识文化的建设，强调培育和促进教师的成长，从而使学校获得一种可持续发展的优势。知识管理就是要形成"创新——共享——共同发展"的有序过程。

基于以上的理念，我的教育管理措施主要有：

1. 建立详细的各类管理制度，从师德考核到教科研活动安排，再到考勤等，力争做到有章可循，有则可守，同时体现以人为本的理念。

2. 结合中心校的竞聘，做好教师的竞聘上岗工作，同时合理分班，减少差异，做到量才使用，发挥教师的最大能动性。进一步营造公平竞争的教学、发展机制，坚持稳定和适当调整优秀学生、后进学生的原则，进行科学合理分班。今后教师执教镇级及其以上公开课、评优课，除上级指名外，一般都要遵循"自愿申报——说课——推荐上报"的程序，以确保教师公平竞争的机会。

3. 多种形式组织教师学习现代课程改革方面的教育教学科研理论，进一步提高我校教师的理论水平和科研水平。可以结合学校的教研活动、多种形式的说课、赛课活动、看教学录像、外出听课、听讲座等形式。适当的时候，也要组织中老年教师上实施新课程的研究课、示范课，进一步总结中老年教师课改的经验。

4. 加强课题研究和教育教学反思的力度。学校鼓励教师以研究课题为先导，进行教学研究，科研兴教，科研兴校。尤其是个人课题，对于作出成绩的教师在评优、考核、竞聘中给予优先。另外还要加强教学反思，组织教师认真分析课堂教学的不足之处、成功之处，特别是要加强单元测试、调研测试、期末考试的反思工作，通过反思、研究，改进课堂教学，提高课堂教学效率。

5. 改革教学评价体系。改进评价内容和评价方法，在关注学生学业成就的同时，关注学生情感、态度、行为方式的发展。把教师评价、学生自我评价、其他社会成员评价结合起来，实现评价主体的多元化。对教师的评价，除了对教学成绩的考核以外，关注教科研、辅导学生、课堂教学等，也把学生评价、家长和社会评价结合起来。

6. 发挥综合实践活动的育人功能。教导处组织开发校本课程，合理设置综合实践活动课程。要求教师在各学科中都要开设综合实践活动，每学期至少搞2项综合实践活动。

7. 发挥信息技术、网络技术在教育教学和管理中的优势，进一步完善集体备课的机制与管理。提倡教师制作个人网页，宣传自己的科研成果。教导处带头使用计算机进行教育教学管理。

8. 设一个教导处主任意见箱，定时开箱，加速信息反馈，有问必答。作为教导主任还要认真及时做好各种档案的搜集、整理、装订、归档工作。要做好资料的收集，我认为要做到：一要全面系统。教导处的资料很多，有计划、制度，有上级来文，有试卷收集，有学籍管理等，要做好资料的收集，要分门别类，作好整理。二要勤快、细心。定时整理，收集教师们该交的，定时归档。三是管理信息化。

以上是我对教导主任的一点儿个人见解，有不当之处，望各位评委、各位领导和老师多多包涵，批评指教。

作者首先阐述了对竞聘岗位的认知，然后谈了 3 点管理理念。作者将重点放在了第三部分，在以上管理理念指导下作者开展教导处工作的计划，并将其归纳为 8 点。在制度创新方面，作者要建立详细的各类管理制度，改革教学评价体系，设一个教导处主任意见箱；在教师管理方面，作者建议做好教师的竞聘上岗工作，多种形式组织教师学习现代课程改革方面的教育教学科研理论；在学术活动实践方面，作者建议发挥综合实践活动的育人功能，发挥信息技术、网络技术在教育教学和管理中的优势。这 8 项建议可谓是面面俱到，为自己上岗后的工作布置了大量的作业，塑造了一个奋发向上、不断进取的教导主任形象。

竞聘高中教务处副主任

各位领导、各位老师：

晚上好！

我叫 ×××，很荣幸参加这次竞聘活动。这不仅是一个展示自我的舞台，更是一次锻炼、学习、提高的机会，本人借着竞聘教务处副主任这个机会，汇报自己的想法。

1. 本人情况：

我出生于 1965 年，中国共产党党员，1986 年毕业于江苏教育学院，同年分配到 ×× 中学任教至今。1991 年到 1994 年参加江苏教育学院本科函授并毕业，1999 年到 2001 年参加南师大历史教学研究生学习并结业。2002 年被评为中学高级教师。

2. 工作业绩：

教学方面：所任班级历史教学成绩基本上在同类学校中名列前茅。如 2000

年高三历史统测全市第一；2001 年高三期末统测、模拟考试、高考分别名列全市第一、第二和第三；2002 年高一历史期末二次统考分别名列全市第一和第二；2003 年文科统考获全市第一；本届高三期末统考获全市第四；今年高三一模列全市第三,二模列全市第二。

班级管理工作方面：担任班主任工作 10 年来，班级工作井井有条，并能摸索出一套科学管理方法，所带班级多次被评为优秀班集体和优秀团支部，其中2001 届文科班被评为 ×× 省先进集体，1998 届所带文科班高考录取率创 ×× 历史纪录，2001 届高三文科班在校领导关心下，在任课教师 ×××、××、××、××× 等老师的共同努力下，高考本科录取率达 89%，再创 ×× 历史辉煌。

由于本人一贯忠诚于党的教育事业，努力工作，得到了领导和各位同仁的认可，也获得了一些荣誉：1997 年被评为 ×× 市优秀青年教师；2000 年获 ×× 市历史三优课二等奖；2001 年荣获 ×× 市三等功；2001 年 ×× 市高三毕业班教师会议上全题为"突出主体地位，引导学生走向成功"专题经验介绍。以上本人所取得的成绩主要是领导对我工作的信任、厚爱和全体教师的支持、配合、协作的团队精神，在此表示感谢。

3.对竞聘工作的认识：

教学是学校的中心工作，其中教务工作是重中之重，教务工作是在校长领导下，做好学校教学管理工作，落实学校对教学管理目标、任务、计划和措施，并进行检查、评估。执行学校对教学常规要求的各项规定，及时检查教师的教学和学生的学习情况，及时了解教学效果和存在问题并及时改进。做好教学档案、学生成绩、学籍管理等工作。

4.竞聘教务处副主任岗位工作的设想：

（1）认真：认真履行岗位职责，当好助手和参谋，认真贯彻学校教学工作意图，做好教学常规工作。

（2）推动：积极协助校长、主任，在我校教师较好素质和较高教学水平的基础上，推动青年教师早日成为骨干教师，推动中青教师尽快成为名教师、专家型教师。

（3）深入：深入课堂掌握教学动态，及时总结，树典型、创先进。深入教师中，了解教学情况，诚恳听取教师建议，帮助改进教学方法，提高教学效率；深入学生中间，了解学生的学习情况，加强师生沟通，提高学习效率。

（4）创新：介绍课堂教学新理论、新经验，研究课堂教学新模式，开展各种形式教研活动和练兵活动，求实创新，使 ×× 教学再上新台阶。

点评

这篇演讲词结构完整、内容全面。首先简单介绍了自己的基本情况，然后从教学和班级管理两个方面介绍了过去的工作业绩，接下来是对所竞聘岗位的认识，最后从 4 个方面对教务处副主任岗位工作的设想："认真""推动""深入""创新"，这 4 点之间是层层深入的关系，系统地阐述了作者今后展开工作的思路。整篇演讲词可谓是"麻雀虽小，五脏俱全"，包含了竞聘演讲词所要求的所有要素。当然，如果能够在每一个演讲点之下再加以详细的论述就会使演讲词更加充实、富有说服力。

· 第九章 ·

医疗卫生工作岗位

医疗卫生工作理论知识

医疗卫生的概念

医疗卫生是包话国家内所有和提高人民的健康、治疗疾病的人员、组织、系统、过程。

医疗卫生有 5 个最主要的目的：对所有人开放，质量，效应，经济性，病人和工作人员的满意。

世界卫生日

4 月 7 日是"世界卫生日"。自从第二届联合国世界卫生大会规定从 1950 年起将 4 月 7 日作为全球性的"世界卫生日"以来，每年的 4 月 7 日，世界各地的人们都要举行各种各样的纪念活动来推广和普及健康知识，强调健康对人们的重要性。

"世界卫生日"是一个全球性的纪念日，它每年都会有一个特定的主题，用以突出世界卫生组织关注的重点领域。至创办以来，其历届主题如下：

1950 年：了解你周围的卫生机构

1951 年：为了你和孩子们的健康

1952 年：在清洁的环境里健康地生活

1953 年：健康就是金子

1954 年：护士——卫生的先锋

1955 年：水——健康的镜子

1956 年：疾病的同谋犯

1957 年：食物和健康

1958 年 : 卫生进步的十年

1959 年 : 当今世界精神疾患和精神卫生

1960 年 : 消灭疟疾——向世界的宣战

1961 年 : 可以不发生的事故

1962 年 : 防盲

1963 年 : 饥饿——大众的疾病

1964 年 : 对结核病仍要提高警惕

1965 年 : 天花——经常的警报

1966 年 : 人和他的城市

1967 年 : 健康的卫士

1968 年 : 未来世界的卫生

1969 年 : 健康、工作和生产力

1970 年 : 为抢救生命及时发现癌症

1971 年 : 患有糖尿病也能正常地生活

1972 年 : 心脏——健康的中心

1973 年 : 健康从家中开始

1974 年 : 清洁的食物，更好的身体

1975 年 : 天花——只能前进不能后退

1976 年 : 预见和预防盲症

1977 年 : 预防注射，保护你的孩子

1978 年 : 当心你的血压

1979 年 : 健康的儿童，世界的未来

1980 年 : 要吸烟还是要健康，任君选择

1981 年 :2000 年人人享有卫生保健

1982 年 : 活得更长一些

1983 年 :2000 年人人享有健康，倒计时已经开始

1984 年 : 儿童的健康，明天的财富

1985 年 : 健康的青年，我们最好的资源

1986 年 : 健康地生活，人均可为胜者

1987 年 : 免疫——每个儿童应有的机会

1988 年 : 第一个世界无烟日

1989 年：大家谈健康

1990 年：环境与健康

1991 年：居安思危，有备无患，防备意外

1992 年：心搏——健康的节律

1993 年：善待生命——预防意外伤亡和暴力

1994 年：健康生活需要口腔卫生

1995 年：2000 年目标——无脊髓灰质炎世界

1996 年：创建卫生城市，为了美好生活

1997 年：全球警惕，采取行动——防范新出现的传染病

1998 年：母亲安全

1999 年：积极健康的老年生活

2000 年：安全血液从我开始

2001 年：精神卫生——消除偏见，勇于关爱

2002 年：运动有益健康

2003 年：创建未来生活：让儿童拥有一个健康的环境

2004 年：道路安全，防患未然

2005 年：珍爱每一位母亲和儿童

2006 年：通力合作增进健康

2007 年：投资卫生，构建安全未来

2008 年：保护健康不受气候变化的危害

2009 年：拯救生命：加强医院抵御紧急情况的能力

2010 年：城市化与健康

医疗卫生工作的职责

医疗卫生事业是事关人民群众切身利益的公共事业，每个人都离不开医疗卫生。我国现在正处于社会主义市场经济转型期，医疗卫生体制不够健全，需要大力改革和完善。因此，履行好现阶段医疗卫生工作的基本职责，是推进医疗卫生领域继续改革发展、服务人民的基础。

1.贯彻落实党中央国务院对医疗卫生工作的总体部署和要求。全面贯彻落实党中央国务院对医疗卫生工作的总体部署和要求，拟订卫生改革与发展战略目

标、规划和方针政策，推动卫生法制建设，加强卫生立法工作，统筹推进各项医疗卫生工作。

2. 推进医药卫生体制改革。只有以人们的实际医疗卫生需求为基点，不断推进医疗卫生的体制改革，才能适应不断发展变化的社会现状和人民的需求，保障医疗卫生事业的健康持续发展。

3. 推进农村医疗卫生综合管理。按照国家关于深化医药卫生体制改革的总体部署，统筹规划与协调全国卫生资源配置，组织制定并实施农村医疗卫生发展规划和政策措施，合理规划和配置农村卫生资源，促进新农合制度的巩固和完善，推动农村医疗卫生事业健康持续发展，规范服务行为，提高服务能力，进一步规范管理，加强监督，满足广大农村居民的医疗卫生需求。

4. 加强对重大疾病和突发公共卫生事件的防控能力。我国步入 21 世纪后，先后遭遇了数次肆虐全球的传染性疾病侵袭，如非典型性肺炎（SARS）、手足口病等，因此，做好我国的医疗卫生工作，加强对重大疾病和突发公共卫生事件的防控能力是非常迫切和必需的。

5. 规范和监督卫生行政执法工作。

负责医疗机构（含中医院、民族医院等）医疗服务的全行业监督管理，制定医疗机构医疗服务、技术、医疗质量和采供血机构管理的政策、规范、标准，组织制定医疗卫生职业道德规范，建立医疗机构医疗服务评价和监督体系。

怎样做好医疗卫生工作

1. 加强医疗卫生人才队伍建设。指导加强医疗卫生人才队伍建设工作，组织拟订国家卫生人才发展规划，制定医学教育发展规划，加强医生医务人员的职业道德操守教育，提升医生队伍整体道德素质，提高医药卫生科技水平。

2. 加强基层医疗卫生服务体系建设。加快实施基层医疗卫生服务体系建设，深化基层卫生服务机构运行机制改革，扩大基层卫生机构业务合作试点，大力推进一体化管理，不断创新体制机制和工作方法，总结推广实践经验，推动基层医疗卫生事业的蓬勃发展。

3. 加强医疗质量管理和安全监督。医疗质量和医疗安全问题是人民最关心的问题，这个问题直接关系到广大人民的基本利益。因此，必须进一步加强医疗质量管理和医疗安全监督，规范医疗监督执法行为，健全医疗服务监管体系，提高医疗监督管理能力，推进依法行政。必须坚持以"人"为中心，全面提高医疗质量，保障医疗安全。

4.促进医疗卫生的公平性。目前，我国在医疗卫生的公平性方面还有待提高。不同人群、不同地区之间还存在着较大的差别，最低医疗保障也随着不同地区社会经济发展水平的不同而有较大的差异，这也是社会舆论讨论的一个焦点话题。因此，为了满足所有人的医疗卫生需求，必须逐步取消医疗卫生的差别性待遇，努力做到公平性。

医疗卫生工作竞聘演讲词案例

竞聘省卫生厅疾病控制处副处长

尊敬的各位领导、同事们：

大家好！

首先，感谢厅党组给我这一次展示自己的机会！今天，我参加竞选的是疾病控制处副处长职位。下面，我从3个方面简要向各位领导和同志们汇报。

1.工作简历：

我叫×××，今年36岁，中国××促进会会员。1987年毕业于医学院预防医学系，获公共卫生学学士学位，最初在基层防疫站工作；1989年调入省流行病防治研究所，同年借调到省地病办；1991年参加公务员录用考试，正式调入省卫生厅地病办工作至今。在省卫生厅工作12年中，两次被全国地病办评为地方病统计工作先进个人并受到表彰。1995年至1996年参与全国地方病统计计算机系统软件的研制，并获厅级科技成果三等奖。1996年，参加省委第二批村建工作队到××县锻炼半年，工作结束时，受到了中共××地委村建领导小组的表彰。1998年跟随厅领导参加了在北京举行的第十五届国际麻风病防治大会，被评为全国麻风病防治先进个人，在这次大会上受到了卫生部的表彰。今年年初又被评为"八五"至"九五"期间全省传染病、地方病防治先进个人，受到省卫生厅和省人事厅的表彰。参加了《××省血吸虫病防治史志》一书的撰写工作。有多篇论文被国家级和省级医学杂志刊用。

2.参加竞岗的主要条件：

（1）本人坚持四项基本原则，拥护中国共产党，热爱祖国，遵纪守法，我认为一个人应当正直坦诚，刚正不阿，光明磊落，不人云亦云，坚持真理和原则。

（2）本人有大学五年扎实的预防医学知识和两年的卫生管理经验，并具备本岗位所需的专业知识和卫生管理知识。在从事地方病防治管理工作的12年里，得益于省地病办×××、×××、×××等3位主任的直接领导和支持，以及周围同志的热心帮助，使我在各方面进步很大，有能力胜任工作；其次我热爱疾病控制事业，熟悉我省主要传染病、地方病流行的历史及现状，熟悉与传染病、地方病防治相关的政策法规和专业知识，熟悉全省卫生防疫机构建设和发展以及全省传染病、地方病防治管理现状，多次参与过疫区处理，经常深入条件艰苦、交通不便的病区调查了解情况，并能就防治对策及防治效果评价等提出独到的见解。

（3）我年轻，身体健康，工作热情高，有较强的文字写作和语言表达能力。

3. 上任后的工作设想：

（1）摆正自己的位置，做好分内的工作，当好处长的参谋和助手，工作主动但不越权、越位。

（2）与全处同志一道尽快熟悉新的工作。按照厅"三定"方案，即将成立的疾病控制处将由现在的疾控处、地病办、爱卫会和国际贷款项目办联合组成，其职能将更多，工作内容更广泛，难度也更大。由于是新组建的处室，人员来自各个方面，对各不相同的工作内容和工作性质需要一个相互熟悉的过程。因此，必须根据省委、省政府赋予疾病控制处的职能以及所担负的工作任务，在较短的时间内，理顺工作思路，做好人员分工，建立新的规章制度和工作秩序，使疾控处工作尽快走入正轨。

（3）做好卫生防疫工作。我省仍然是传染病、地方病流行较严重的地区之一，卫生防疫保障任务十分艰巨而繁重。中央制定的西部大开发战略对我省来说是一次难得的历史机遇，疾病控制工作也面临严峻的挑战。按照省政府领导在全省卫生工作会议上提出的意见，紧紧围绕建设绿色经济强省，民族文化大省、把××建设成为通向东南亚、南亚的国际大通道这三大战略目标以及继续深入贯彻落实中共中央、国务院关于卫生改革与发展和省委、省政府的《实施意见》，按照厅党组提出的"重点疾病、重点防治，重点地区、重点预防，重点人群、重点保护"的原则，以鼠疫、霍乱、结核、疟疾等疾病防治为重点，抓好疾病监测、人才培训、机构建设，抓好爱国卫生运动和项目管理工作，建立健全暴发疫情和突发事件应急处理机制，提高快速反应能力。

（4）与全处同志一道，努力营造一种轻松和睦、健康向上的工作氛围。无论是领导还是一般工作人员，在一起共事是彼此的缘分，出现分歧也在所难免，大家都应有全局观念，以大局为重，以事业为重，加强团结，求同存异，认真履行职责，勇于承担责任，只有形成合力，才能共同担当起全省疾病控制管理的重任。

（5）加强自身的政治理论和业务知识学习，及时学习和掌握党和国家的卫生政策，不断提高自己的政治思想素质和工作水平，努力完成厅党组交办的一切任务。勤政廉洁，不贪不拿，务实高效，不断进取，谦虚谨慎，踏实做人。

我的志愿如果能够实现，相信自己有信心、有能力做好工作，决不辜负厅党组的信任和同志们的期望。再次感谢厅党组给我这样一次与大家交流学习的机会。无论成败与否，我无怨无悔。请同志们投信任我的一票！

谢谢大家！

 点 评

作者有丰富的疾病预防工作经验，并且具有3点竞聘的条件，都是采用了平实的语言和淡然的口吻来阐述的。演讲的重点部分在于上任后的工作设想。竞聘副处长，作者首先表明自己会摆正位置，当好处长的助手。然后分别阐述了如何与处里同志团结一致、共同奋斗，以及如何做好卫生防疫工作。这其中又以做好卫生防疫工作为重点。作者列举了目前工作面临的巨大挑战、历史机遇以及开展工作的具体措施。全文重点突出，阐述清楚，说理透彻，令人信服。

竞聘区卫生执法中队长

尊敬的各位领导、同志们：

大家好！

我叫×××。非常感谢党组织和在座的各位给了我这次展示自我、参与竞争的机会！实行中层干部竞聘上岗，是我单位贯彻落实区委用人导向、完善干部聘任、深化干部人员制度改革的重要内容，是区卫生部门加强干部队伍建设的重要举措，对此，我表示衷心拥护、坚决支持，并十分珍惜这样一个难得的机会，积极踊跃参与。

自参加工作以来，我时刻牢记着在座各位领导以及同志们在工作中给予我的亲切关怀和细心帮助，使我在工作中能够兢兢业业、勤勤恳恳，不断开拓创新、不断进取，在思想上、工作能力上都有了较大的进步。今天，我充满信心地走上这竞聘讲台竞聘中队长职务，不仅是因为在参与中能够检验自己的能力、水平，更是为了激励自己在今后的工作中奋发努力，再接再厉，把工作做得更好！下面，我将客观地说明我自己所具备的应聘能力，阐述我对做好中队工作的总体思路和措施，并且心悦诚服地接受各位领导和同志的评测。

我认为，竞聘中队长我有以下4个方面优势和条件：

1. 我有较丰富的基层工作经验。工作多年来，我始终坚持在实践中成长，在实践中成熟，在实践中提高，不断丰富和自我完善，通过向实践学习、向领导诚心求教、同领导虚心学习，在工作中，我积累了较为丰富的工作经验，能够认真学习各种专业知识，熟练掌握了许多工作技巧和方式方法，具备了处理各种复杂和突发事件的能力，具备了和谐解决各种工作矛盾的基本素质。

2. 我有较强的组织协调能力。在工作中，能够主动与同志们和服务对象进行有效沟通，及时向领导汇报工作情况，与各有关部门的工作衔接运转良好。在各项工作中我能较好地把握工作原则，多想办法，想好办法，灵活审慎地克服工作中遇到的各种困难，取得了显著成绩。

3. 我有较强的自律能力。执法队是我区卫生系统的窗口，执法形象直接影响着卫生系统的荣辱。工作中，我时刻牢记自己是执法队的一员，执法队的兴旺与形象需要我的努力与维护，因此工作中我严格要求自己，坚持按原则办事，按程序办事，按规定办事，模范遵守单位的规章制度，不拿群众一针一线，不吃商户一粥一饭，处处、时时体现一名执法职工的应有风格。

4. 工作态度端正。执法队工作是国家法律法规赋予的权力，权为民所用是一个执法者应有的工作态度。我时刻牢记为工作对象服务的宗旨，以极大的工作热情、耐心、责任感和端正的工作态度，为执法队的发展作贡献，为群众提供满意的服务。我有信心去竞聘中队长这个岗位，就是坚信自己能够秉公执法，能够热心服务群众，能够一心一意为执法队谋发展、谋利益。

以上4条是我竞聘中队长的优势条件，假如我有幸竞聘上这个岗位，我认为，这些优势条件将有助于我尽快熟悉工作、进入角色、有效开展工作，为执法队的发展作出更大的贡献。

工作中，我将贯彻以下工作思想和措施：

1. 争创一流抓重点。我将努力在科室上下大力营造"创一流业绩、造一流环境、树一流形象"的良好氛围。在自己的岗位上于细微处体现创业精神。创一流业绩，就是要以一流的工作水平，圆满完成各项任务，使工作走在先进的行列；造一流环境，就是要树立强烈的爱岗敬业，无私奉献的主人翁精神，干一行、爱一行、专一行、精一行，努力使中队全体人员都成为行家里手，进而营造良好的发展环境；树一流形象，就是要"内强素质，外树形象"，执法队整体形象的树立需要中队个体的努力，要本着"维护法律尊严，为百姓做好服务，促进单位发展"的宗旨，诚实高效秉公执法，服务群众，不断提高自身综合素质和能力。

2. 勤奋务实促工作。首先要带领中队人员彻底转变工作作风，把精力投入到具体监督指导和提高工作质量中，将变被动"要我干好"的工作意识，转变为主动的"我要干好"行动；其次要从机制、制度着手，抓住工作的"症结"所在，然后建章立制，使日常工作变得有章可循，做到每项工作有人管，能管好，实现责、权、利的有机统一；再次要充分发挥自己和中队的集体才智，带领和团结中队全体同志，做到"接受任务不讲条件、执行任务不找借口、完成任务追求圆满"，辛勤工作，努力进取，努力实现经济效益和社会效益双丰收。

尊敬的各位领导、同志们，诚恳待人、诚实为人、诚心办事是我的为人态度！勤奋务实、负重开拓、创新发展是我的工作态度！今天能否竞聘成功，我考虑得并不多。还是我前面说的那一句话：我充满信心走上这竞聘讲台竞聘中队长职务，不仅是因为在参与中能够检验自己的能力、水平，更是为了激励自己在今后的工作中奋发努力，再接再厉，把工作做得更好！无论结果怎样，我都将以一颗平常心待之，我都将继续认真做好本职工作。

谢谢大家！

 点评

演讲词通篇透露着作者对于执法中队长岗位的热爱之情。开篇即表达了自己对这次竞聘演讲的珍惜之情，又表达了对领导和同志们的感谢之情，言语间充满了对岗位的珍视和热爱。在工作设想中，作者早已归纳为两句话："创一流业绩、造一流环境、树一流形象"；"干一行、爱一行，专一行、精一行"。这两句高度概括却又表达直白的话直接表明了作者是一个爱岗敬业、肯于钻研的年轻干部。在结尾处，作者再一次表明了自己的态度：诚恳待人、诚实为人、诚心办事；勤奋务实、负重开拓、创新发展，再一次展现了对所竞聘的岗位的渴望，以情动人，赢得选票。

竞聘乡计划生育办主任

尊敬的各位领导、各位同事：

新年好！

今天我有幸参加计划生育办竞聘大会。在此，我向各位领导简单汇报一下我前段的工作情况：

我今年32岁，从事计划生育工作已有12个年头了。先后担任过乡计划生育协会秘书长、计生办宣传员、统计员、电脑操作员、政策法规员等职务。可以说除了技术和药具岗位外，计生办的岗位我全部都轮换过。在乡党委政府的培养和同志们的帮助下，我努力钻研业务，以适应新时期计划生育工作不断变化的新形势需要。在十多年省、市考核评估中，我管的岗位和所驻的责任村没有出现过任何问题。

经过十多年的风风雨雨，我感触最深的是计划生育法制建设越来越完善，特别是近几年来，国家和省里先后出台了一系列的计划生育法律法规，但随着社会的多元化加快，育龄群众的生育观更加千差万别，很难在短时期内有根本的改观。虽然，我们在逐步从行政强制措施为主向以法律措施为主转变，但积重难返，现在是行政措施和法律措施都难以奏效，给我们的工作带来了很大的阻力。譬如十年前，我在××乡，当时我可以一个人单枪匹马用单车载着结扎对象到服务站去，有相当一部分还是二女户结扎。最多的一年，我有80多天在市计划生育服务站，现在是想都不敢想。

计划生育工作另一个转变是越来越注重优质服务。计生工作人员要为育龄群众的生产、生育、生活提供最好的服务，在和风细雨的谈心中成为知心朋友，逐步改变她们的生育观。这是我们计划生育工作的最终目标。只要我们真心把群众当成朋友，时刻把他们的冷暖挂在心上，群众也一定会把你当成朋友，这样，我们的工作就会比较顺利。这一点我是最有体会的，去年，我协助×乡长在××村驻点，在×乡长的正确领导下，我们在××村的工作开展得有声有色，比较顺利。特别是农业税由2001年度仅完成15%到2002年度在9月份就与乡财政100%结算，还收了几千元上年度的欠税。为什么村上这样配合我们的工作，想来想去我觉得首先是我们非常诚心和他们交朋友，尽管去年我工资很低，在"一帮一"活动中，我一个人帮助了两个困难户，支助现金300元，还抽空帮他们搞"双抢"劳动，村上农网改造时，我还经常去参加义务劳动。另外，我非常关注××村产业结构调整，先后4次带村组干部和群众到××、××的农业产业化龙头企业××公司和××公司考察，学习养鸡、养羊技术，为××村的养鸡户引进了快速黄鸡、超速黄鸡、白乌鸡等高效品种，已经为××的养鸡户增加了4万元的纯收入。他们的鸡有什么毛病总是首先打电话告诉我，我比他们还急，我立即在网上查找有关技术资料，也经常在网上咨询一些农业大学的专家教授。

为了开阔村组干部的视野，我带领几位村组干部参观了××省第四届国际农博会，带回了几公斤的资料，同时也向有关的农业企业散发了2000份广告，为今后的合作打下了基础，我虽然在几次出差中花费了几百元的车旅费和资料印刷费，但坚持不要村上报销一分钱。在组长会上得到了全体村组干部的赞许。正因为有这样的感情基础，我们的工作自然就水到渠成。

说一千道一万，我认为计划生育工作和农业片的工作是完全相通的，都是做群众的工作，我们既要严格依法行政，更要时刻关心群众的疾苦，时刻把育龄群众的冷暖挂在心上。

2002年，我个人也经历了太多的苦难，从家庭的解体到《××报》对我的新闻诽谤事件，对我来说都是非常严峻的考验，好在一切都过去了。苦难没有使我消沉，只是使我更加理性。我必须更加刚强，因为从此后我不仅要搞好工作，还必须单独承担抚养教育幼儿的重任。我是有信仰的人！我是有信念的人！我是有爱心的人！因为爱，几年前我曾默默资助过一名失学儿童完成小学学业，后来《××报》还表扬过我；因为爱，我相信也一定会好好培养自己的儿子。但我不会因家庭的问题影响工作，我从来就是把工作放在第一位的。希望在座的各位领导和同事多多给我支持和帮助。

谢谢大家！

这篇演讲稿具有使听众想听、爱听、一定要听完的魅力。因为作者没有任何空话、套话，没有口号来振臂高呼。作者仅仅是将自己过去多年的计生工作经历回顾一遍，就足以唤起在场同行对那个时代的无限回忆。因为随着社会经济的飞速发展，曾经的计生工作方法与现在形势所要求的已经相差甚远。这就吸引听众想要知道作者究竟有怎样的想法来展开新的工作。这是作为多年计划生育工作的老干部的作者所特有的优势，在演讲中着重加以发挥，会产生意想不到的效果。

竞聘卫生院院长

尊敬的各位领导：

大家好！

今天，我站在这个舞台上竞聘卫生院院长。我能够站在这里，还要感谢局党委和领导对我的信任，给我这个展示自己的机会。我是大学本科学历，学士学位，执业医师。

11 年的工作锻炼和在我院担任副院长兼职党委书记的工作经历，让我积累了丰富的工作经验，所以我今天会满怀信心地站在这个竞聘的演讲台上。

实践的磨炼，培养了我较强的组织协调能力。我担任副院长之后，就协助院长分管办公室和党政工作，担任支部书记，这无疑对我的协调和组织管理能力提出了严峻的考验。2009 年开展第二批先进性教育活动时，作为乡先进性教育活动领导小组成员，能主动配合全乡开展各项活动，主持开展了卫生院党员先进性教育活动，通过加强党员先进性教育，使全院职工提升了思想意识，增强了服务群众的意识。自己也被评为优秀党员。组织的教育，培养了我勇于进取的决心。我大学毕业后怀着对卫生事业的满腔热忱，抱着做一个优秀的白衣天使的愿望，来到卫生院工作。参加工作以来，我时刻严格要求自己，政治上追求进步，不怕困难，敢于奋斗，勇于进取。

多年的工作，使我比较了解卫生院的基本情况。这几年，我亲眼见证了它的进步，看着它从过去的"一穷二白"到现在的初具规模。我想我熟知它的过去，那么我就更能掌握它今后的发展之路。我深知，卫生院在不断地发展，我也需要不断学习、提高自己的综合水平才能够跟上院里前进的脚步，才能够更进一步领导院里前进的脚步。通过坚持不断地学习，我相继通过了助理执业医师和执业医师考试。我平时还紧跟时代步伐，及时掌握党的方针政策，尤其是与农村医卫工作相关的内容；常学习、勤看书，已经成为我的生活习惯。最近我深入学习了"十一五"规划提出来的建设社会主义新农村知识，了解新时期卫生院工作的侧重点。还注重拓宽知识面，积极参加上级部门组织的演讲比赛，并多次获奖。这些学习和锻炼使我具备了一定的写作能力，撰写的工作文章多次在省、市级刊物上发表。

我干一行爱一行的内在动力来自多年的基层工作养成的勤奋好学、吃苦耐劳、乐于奉献的品质。这是我竞聘卫生院长最大的资本，也是我今生取之不尽、用之不竭的宝贵财富之源。如果组织信任、领导赞许、同志支持，让我竞聘上卫生院院长这一岗位，我将发挥我熟知卫生院工作情况的优势，尽快进入角色，积极履行职责，在工作上结合实际情况，努力开展好工作：

1. 我一定会以身作则，身体力行，当好表率，做一个好党员，当一个合格的院长。从一定意义上说，卫生院院长是全院职工的领头羊，他的一举一动都应成为职工们学习的榜样。我深知作为院长，肩负着为全院医护人员谋利益、为全乡群众保健康的神圣职责，所以，我在严格要求自己，保证勤奋工作的同时，清正廉洁，敢闯敢干，带领卫生院锐意创新、开拓进取。

2. 大力推进卫生院医疗服务水平建设。为了提高卫生院的医疗水平，增强卫生院服务广大群众的能力，我将做到"四个进一步"：进一步完善科室设置；进一步改进工作方法；进一步健全规章制度；进一步改善服务态度。要做强原有的科室、B超、手术室，在此基础上增加与农民群众密切相关的科室。要进一步改善服务态度。开展微笑服务，实施阳光工程，让他们切实感受到我们的热情服务。要主动走出去，积极请进来。组织专门队伍，定期进村入户，开展健康教育知识宣传，让群众尽可能多地掌握卫生保健知识。

3. 我会为卫生院的所有同志们努力营造一个良好的工作环境。以人为本、人性化管理，是我的管理准则。我会努力创造条件增加卫生院收入，改善医护人员的工资待遇，积极组织全院职工开展联谊活动，主动做好老干部职工的服务工作，以增进了解、交流感情、营造融洽的生活工作气氛。拥有一个和谐的工作环境，是凝聚人心、提高效率、保证服务质量的先决条件。我将想方设法改善办公环境，添置医疗设备，为医护人员提供良好的硬件设施。同时，为了提高广大同事们的专业素质，我会定期组织举办医学知识讲座，邀请专家学者针对农村常见疾病进行讲解。用制度管院，用制度管人，做到分工明确，各负其责。

尊敬的各位在座的卫生院的同仁们，如果我竞选成功，我将把领导的信任和期望化作无穷动力，激励我拼搏奋斗。在管理过程中发挥各方面的协调作用，正确处理好正职与副职的关系，支持副职抓好工作落实，全面推进卫生院工作，确保一年一个样，三年大变样。所以，请您将您宝贵的一票投给我，谢谢大家！

这篇演讲词首先阐述了作者的两个优势：较强的组织协调能力和对卫生院基本情况的了解。这两个优点表明了作者经过实践的磨炼，具有多年丰富的工作经验。接下来，作者阐述了两点工作设想：针对自身建设，作者提出了以身作则、身体力行、当好表率；针对医院建设，作者提出了大力推进卫生院医疗服务水平建设。整篇演讲词思路清晰，视野开阔，语言专业，逻辑清晰，值得借鉴。

竞聘中医院门诊部主任

尊敬的各位领导、各位评委、同志们：

大家好！

今天，能够站在演讲台上作××中医院××门诊部主任的竞职演说，我感到十分荣幸和激动！在此，感谢中医院提供的宝贵机会，感谢一直以来关心、支持、帮助我成长的各位领导、各位同事和各位朋友！我叫×××，大专学历，中医院主治医师。我竞争的岗位是门诊部主任。我之所以竞争这个职位，主要是因为我具备以下几方面的优势和能力：

1.我认为自己具备担任该职务所必需的政治素质和个人品质。一是我的敬业精神比较强，工作认真负责，勤勤恳恳，任劳任怨，干一行、爱一行、专一行。这是干好工作的基础；二是我的学习能力很强，思维比较开阔，爱思考，爱出主意，工作中主观能动性较强，这有利于开拓工作新局面；三是我办事稳妥，处世严谨，原则性较强，能够严格要求自己，这是做好工作的保证；四是我信奉诚实、正派的做人宗旨，能够与人团结共事，而且具有较强的协调能力。

2. 我认为自己具备担任此职务所必需的知识和能力。一是我在工作中能够把握正确的方向，保持较高的政治敏锐性。二是我专业知识扎实。自 1982 年参加工作以来，我长期从事医疗第一线的临床工作，有深厚的理论功底和丰富的实践经验，出色的工作成绩赢得了医院领导和同事的一致好评。与此同时，我还十分注重学习和提高，除了自学以外，我还多次参加了多种层次的进修和培训，特别是在 ×× 中医药大学的进修学习让我得到了极大的提高，进一步增强了我参与竞争的能力和信心。三是我在中医院工作多年，熟悉医院情况，了解医护人员心态，在全院职工中口碑好、威望高，擅长组织协调，具备独当一面的能力。

以上决定了我能够很快地进入门诊部主任角色，并且出色地开展工作。如果我能有幸竞争上这个职位，我将在中医院的坚强领导下，在各位领导、评委、同事的关心帮助下，创造性地做好各项工作。具体地说，就是坚持"一个原则"，实现"两个转变"，做好"三项工作"。

坚持"一个原则"，就是坚持"上为医院和领导分忧，下为同事和病人服务"的原则。

实现"两个转变"：一是实现角色的转变。由原来的战斗员转变为既当指挥员，又当战斗员，和全院同志思想上同心。二是实现思维方式的转变。由原来的"领导交办，办就办好"的思维方式向"怎样去办，怎么办好"的方式转变，对工作超前计划、周密安排，保证各项工作落到实处。

做好"三项工作"：一是勤奋学习强素质。我将一如既往地保持自学的良好习惯和持之以恒的精神状态，加强对业务知识的钻研和领导艺术的学习，努力把自己锤炼成适合市场经济要求的现代高级医务管理人才。二是改进方式抓服务。服务是医院的生命之所在。门诊服务水平的高低直接影响医院的形象。我将按照"一切为了病人，一切以病人为中心"的服务理念，给病人爱心、关心和责任心，组织和带领门诊部一班人，改进方法，苦练内功，努力提升服务水平。三是增进团结谋创新。团结出效益，创新促发展。作为门诊部主任，我将始终秉承"以人为本"的管理理念，营造人人想干事、人人能干事、人人能干成事的良好工作、学习和生活环境，打造团结型、务实性、奉献型、创新型门诊部，使门诊部成为中医院人性化管理的靓丽风景线。

我相信，经过我和门诊部全体同志的共同努力，门诊部工作一定会呈现出更加喜人的局面，简单可以概括为：常规工作有突破，重点工作有成效，基础工作有创新，整体工作有特色。由于时间有限，在此，我只能对我的想法和打算作这样简要的介绍。如果我这次有幸竞争成功，我将不辱使命，以最短的时间、最有效的办法、全身心的精力，积极投入到新的工作中去，为门诊部、为中医院的发展作出最大的贡献。

我的竞职演说结束了，谢谢大家！

作者的演讲思路是按照竞聘优势——工作思路的逻辑顺序展开论述的。首先，作者介绍了自己两个竞聘优势，实际上其中包含了 4 个优点：具有岗位所要求的政治素质和优秀的个人品质，具有岗位所要求的专业知识和从医能力。在阐述今后的工作思路时，作者高度地将其概括为"一个原则"，实现"两个转变"，做好"三项工作"。用数字和量词相结合的方式准确地、直观地使听众了解演讲者的执政纲领。工作思路部分也是整篇演讲词的亮点，将所要表达的观念归纳总结为短语是值得借鉴的。

竞聘医院感染管理科科长

各位领导、各位同仁：

大家好！

今天参与竞聘医院感染管理科科长这一职务，非常荣幸。我认为自己有能力、有信心做好这项工作，同时我也十分热爱这项工作，愿意为医院领导分忧，为医院的建设和发展尽一份力量。

竞聘院感染科科长我有 4 个方面的优势条件：

1. 我对两院院感工作基本熟悉。首先，这是我的本职工作，从结核病医院到传染病医院从事院感工作近一年，对医院感染管理工作的基本框架、工作程序、工作职责、标准制度、工作重点等都有了较为全面、系统的了解；其次，多次经过专门的医疗机构培训，先后参加了××市组织的医疗卫生机构消毒灭菌技术及质量控制培训、医院感染管理预防与控制培训、禽流感防治知识卫生专业技术骨干培训，以及世界卫生组织、西太平洋地区 HIV（艾滋病病毒）/AIDS（艾滋病）护理项目培训，除此以外我还利用业余时间阅读了《医院感染学》《医院感染预防与控制使用指南》等院感方面的相关书籍，同时还受医院委派到华西医科大学进修，到成都军区总医院胃镜室、第九人民医院院感科等单位参观见习，对医院院感管理工作的目的、意义、工作内容等基本理论以及目前世界和国内医院院感方面的相关情况也有了一定的了解。在工作实践中，我尽心尽责，从未出现过差错，较好地完成了医院赋予的各项任务；参加培训学习，能较好地结合本职工作，举一反三，认真听讲，虚心请教，每次都顺利通过考试，拿到学习结业证书和学分。从理论知识到实践经验，我具备了院感科长的基本素质。

2. 我有较丰富的临床护理工作经验。医院院感管理工作是一项综合性较强的管理工作，涉及医院多个科室，同时它关系每一个医患人员的生命，也是现代医院管理的一项重大课题，没有一定专业知识，没有丰富的临床工作经验，是不可能做好院感管理工作的。我自从 1987 年卫校毕业后，从事医疗护理工作已经 17 年了，先后在不同的岗位上工作过，在综合性医院内儿科、妇外科、手术室、产房和传染科从事过护理工作。1999 年底因工作需要调到结核病医院，先后在二病区工作，去年又到华西医科大学附属医院呼吸内科进修，对医院不同的科室怎么样搞好护理，怎样有效地防止交叉感染有亲身的体会和感受，有较为丰富的临床护理工作经验。我的工作经历告诉大家，我具备了一定的医院院感管理工作经验。

3. 我有一定的综合协调办事和文字工作能力。我从学校毕业后，当过护士、护士组长、护士长，现在在医院感染管理科工作，不论在什么岗位，都能积极努力地工作，协调好各种关系。在从事护理工作期间，能很好地处理医护、医患之间的关系，有较强的沟通能力，同时能团结好同事，使其各尽所长，发挥优势，顺利地开展工作。在两院从事院感科工作期间，能很快地进入工作状态，积极主动协调好医院内部各科室之间，医院与上级机关、与各相关医疗机构、医疗设备厂（商）家的关系，及时通报情况，反馈信息。为了切实规范医院院感管理工作秩序，使大家做到有章可循，我先后起草了《结核病防治院医疗废物管理办法》《结核病防识院医疗废物流失、泄漏、扩散和意外事故发生的应急预案》，建立完善了相关规章制度，参与了非典应急预案的修订。在这期间，能较好地摆正位置，当好参谋，对上级业务部门的有关指示及时传达贯彻，对医院感染管理工作情况及时上报。通过多次与省、市、区 CDC（Centers for Disease Control，疾病控制中心）和卫生执法监督部门的工作接触，了解机关办事部门工作程序，与之建立了良好的工作关系，办事渠道畅通。因此，我具备了从事院感管理工作良好的内部和外部条件。

4.我热爱院感管理工作。通过一段时间接触和了解，对医院感染管理工作有了更深刻的认识和理解，我竞聘院感管理科长，不是为了索取，而是为了更好地为医院、为医患人员服务，我深深感到一个医院其院感管理水平如何将直接影响医院的声誉，影响医院的整体形象。

如果这次我能当选为院感科长，将积极协助医院领导做好医院院感管理工作。具体打算：一是随着国债项目的启动，西部一座现代化的传染病大楼将矗立于×××18号，院感科应着手新楼正规秩序的建立，我们的院感工作一定要比其他医院做得好，应在医院的感染预防与控制方面带好头，做出样板。同时这也是时代发展的需要。二是随着欧盟援建项目污水处理场的建立，加强院感管理新理论、新设备，特别污水处理的工作原理、设备构造等方面知识的学习和掌握，以确保新建污水处理场正常运行。三是积极为供应室改造提供建议准备资料，争取将现有设备（还氧乙烷）投入运行。四是指定一名药剂师为院感科提供微生物药物应用总结报告和变化趋势。五是积极论证胃镜室购买清洗消毒设备的可行性。六是两院院感工作同步。七是采取多种形式，积极开展医院感染宣传教育，普及医院感染的预防与控制知识，提高医务人员对医院感染的认识，强化医患人员的院感意识。八是继续保持医情漏报率为零，加强全面综合性院感监测，每月分析总结院感工作一次，计划每季编印一期工作简报，及时反映医院感染预防与控制工作情况。九是加强院感科自身建设，不断地提高院感工作人员的素质，以便能更好地适应工作。

我的基本设想都已表达，敬请各位领导、各位老师、各位同仁能为我提供一个为医院奉献、为大家服务的工作平台！

 点评

作者从4个方面阐述了自己的竞聘优势，在态度方面，热爱工作；在经验方面，熟悉工作；在专业技能方面，有较丰富的临床护理工作经验；在领导能力方面，有一定的综合协调办事和文字工作能力。以上 4 个方面都是作为科长必须具备的专业素质和领导能力，并辅以大量的事实和案例加以说明，令人信服，是竞聘科长职务最大的砝码。接下来，作者阐述了对于科长工作的基本设想，从 9 个不同的方面设定了以后自己的工作任务。美中不足的是如果能够将每一条都稍加展开论述，增加整个工作设想部分的笔墨，会使整篇演讲词的布局更加平衡。

竞聘医务科科长

各位领导、同仁：

你们好！

我于××××年从××毕业，同年×月分配到××担任儿内科医师，2001 年从事儿内科临床二线医师工作，并负责科室部分行政管理工作，工作上兢兢业业、勤勤恳恳，政治上积极要求进步，在各方面严格要求自己，受到领导和同事们的好评，受到病友的称赞。2000 年 10 月至 2002 年 3 月在上海市儿童医院呼吸专科进修，使儿科专业水平更进一步提高。并撰写了多篇医学论文并在杂志上发表。2002 年 5 月承蒙院领导的信任，指派到医务科从事医院管理工作，在院领导及前任医务科长的培养下，使我的医院行政管理水平有了很大的提高，于同年 11 月份，担任医务科负责人工作至今，我带领医务科全体人员不计较个人得失，加班加点，使医务科工作忙而不乱、有条不紊，认真处理医务科的各项日常工作，特别是在去年几起较大的医疗纠纷处理过程中，我们医务科本着爱院敬院的思想，积极处理、极力化解且表现突出，并在医疗质量、科技兴医、人才管理上狠下功夫，使我院的医疗质量更上一个新台阶，比较圆满地完成了医院交给的各项任务。

今年，正值党的"十六大"之后医院改革的关键年，全员聘用、竞争上岗在各行各业轰轰烈烈地开展。在这种改革大潮的推动下，以"经营"医院、科技兴院的思想为主导，我竞聘医务科科长职务，我自信有能力做好医务科的管理工作。如果我竞聘成功，我决定做到以下几点：

1.服从医院领导，完成医院领导交给的各项任务。定期在科内组织政治学习，抓好职工的政治思想教育。带领全科人员钻研医院管理业务，提高全科人员的医院管理水平。

2. 进一步完善医院的发展及加大业务管理力度，根据医院走"大保健、精临床"思路，重点抓好专科建设、科技兴医，以进一步提高我院的品牌效应与知名度。

3. 进一步抓好医疗常规及规章制度的落实，协助医疗纠纷的调查处理、教学管理及工会工作。

4. 着重加强提高医务人员的整体业务水平，加强业务学习，加快医务人员知识的更新，提高医务人员的竞争意识。以扎实的业务水平和技术优势来面对当前日益激烈的市场竞争，以创造良好的社会效益的同时来带动经济效益的进一步提高。

5. 在任职期间，将负责组织完成新技术引进20项以上，启动科研项目8项以上，完成专科建设（专病门诊）15个以上，组织编写完成诊疗常规并负责落实，确保120急救任务的落实，保证上级相关检查达标。

如果我竞聘成功，我将努力地配合院领导进一步加强医院医疗管理工作，以严谨的工作作风来要求自己，并不断加强学习以不断提高自己的业务水平和管理能力，完成医院下达的每一项工作指标和任务。

以上是我的竞聘条件和思路，希望领导及同事给予支持，无论是否当选，我将都会以更严格的要求来完善自己，为医院出尽每一分力。

谢谢大家！

作者先阐述了自己的经历，一方面是向评委介绍自己，另一方面也显示出作者的竞聘优势——丰富的临床工作经验，这对于作者竞聘医务科科长是非常大的优势。接下来，作者介绍了自己竞聘成功后的工作思路。对上，服从领导；对下，开展好业务；对工作，将引进新技术，发展科室业务。可以说是考虑全面，思维缜密。如果作者能够将自己的竞聘优势分条目列出，将工作设想再充实一些，就会给听众以更加清晰的感觉，跟得上演讲者的思路，才能够了解演讲者的思想，才有理由给演讲者投上一票。

竞聘护士长

尊敬各位的领导、各位同事：

大家好！

本人姓名×××，今年××岁，大专学历。现有职称主管护理师，从事护理工作××多年。原任内一科护士长，现参加竞争护士长岗位上岗。下面我介绍一下本人的一些基本情况：

本人于1975年开始从事护理工作。在××市第一人民医院做护士工作期间，参加过下乡医疗队一年半，从事妇女保健、计划生育宣传、结扎手术的护理工作，在农村医疗队的一年多，使自己得到最大的锻炼，懂得了不少怎样做好一名护士的道理。

1977年曾在××医院进修护理专业一年。

1979年调入××职工医院，分配在内科病房，曾担任团支部书记。

1982年在××医院进修心电图，同年又参加心电图学习班，学制两年。

1985年在××进修学习，同年在《中国实用妇科与产科杂志》上发表了《×××症误诊原因分析》论文。

1994年调入××市第一人民医院内科从事护理工作，在创"二甲"医院评审时获得心肺复苏技术操作第一名，并获得护理技术操作防褥疮第一名。

1997年接受组织的安排调入内一科担任护士长工作，去年6月被院领导班子任命为内一科护士长。这5年间，在院领导班子和科主任领导下，能坚持学习，撰写论文。《×××心理护理的体会》被《中国当代护理杂志》刊登。曾多次被评为"优秀护士"和获得"临床贡献奖"。连续多年被评为市卫生系统和医院先进工作者，年度考核优秀等。

工作期间自己能做到：集体至上、忠诚正直、以身作则。要求下属做到的自己首先做到，定下来的纪律制度自己先遵守，能搞好上下左右团结，能使大家同心同德干事业，并能把工作的成绩、利益、荣誉和自己下属同享，能做到宽容大度、实事求是，能以职业道德规范严格要求自己。工作作风踏实、爱院、爱自己的专业、爱自己下属的全体护士，关心她们，今天能参与竞争护士长岗位，很大程度上与内一科全体护士给我支持和鼓励是分不开的。

随着护理学科的迅速发展，经验管理方式已不适合现代管理实践，现代化管理应需要不断更新知识、更新观念。随着我国加入了 WTO（世界贸易组织），避免不了要接受新的挑战，在医疗市场竞争日益激烈的条件下，要生存、求发展，就必须形成自己的优势，为患者提供更多更优的医疗服务、更全面地满足患者的要求，拥有更低的成本和更高效率，以求获得更大和更长期的市场回报，靠高质量的医疗服务，高尚的医德医风，健全管理机制，才能保证健康发展，为病人提供更好的服务。

护理工作方面最主要是在观念上的转变，把过去的"要我服务"转变为"我要服务"。目前我院的护理工作从三基理论、护理质控、技术操作均能达到较高的水平。但在礼仪与素养方面可以说是弱势，例如：我们医院有很多很优秀的护士，她们在各项护理工作中做得都很好，输液能做到一针见血，护理危重病人、观察病情都有很强的责任心，但在礼仪与素养方面就很难让患者感受到有宾至如归的感觉。很多护士进入病房能向病人讲解护理知识，但脸部表情却是非常严肃，没有笑容，甚至有些护士不好意思同病人说声"早上好"。

所以我认为护理工作在原来的基础上，提高护士的礼仪与素养是很重要的，创自己护理名牌，是当前护理工作重要内容之一。

最近有一篇报道讲述 ×× 医院的护士。凡是到过 ×× 医院的患者，没有看病就好了三分。患者看见 ×× 医院的护士就有一种宾至如归的感觉，还有患者这样形容："即使在繁华的 ××× 大街，你也能辨认出谁是 ×× 医院的护士。她们的风度和举止就是与众不同。"这就是护理的品牌。

礼仪对个人来说，其价值几乎等同生命，对整个社会而言，礼仪是社会文明标尺，是社会主义精神文明建设的标志之一。在医疗护理服务中，面对广大的护理服务对象，良好的护士礼仪及素养无疑是一剂疗效甚佳的良药，对提高医疗护理质量将起着举足轻重的作用。特别是对提高医学模式的转变，以病人为中心的医疗护理改革正在不断深化，高质量的医疗护理服务必须以高素质的医护人员相匹配。

护理部将要开展"模范护士"评比，体现以人为本的现代化管理理念，我认为势在必行。我相信有领导的重视与大力支持和在大家的努力下，一定能创出 ×× 市中心医院优质护理的品牌，以独特的市场优势，让我们的服务对象也能这样评价我们："就是在繁华的商贸广场，也能辨认出谁是 ×× 市中心医院的护士，她们的风度和举止就是与众不同。"

各位领导、评委、代表，假如我能够竞争为护士长的一员，我一定与医院领导和科主任同心同德，不断学习，与时俱进，开拓进取，为创造医院的辉煌贡献力量。假如未能竞聘成功，我也会一如既往地勤奋工作，在本职岗位上做一名合格的护士。

谢谢各位领导、各位评委、各位代表！

 点评

这篇演讲词最大的特点就是没有分条目论述。没有限制在任何条条框框中，只是将自己的想法和态度一点一滴地娓娓道来。作者经历单纯，一直从事护理行业，有丰富的护理经验。同时作者没有把眼光局限于自己的岗位、自己的行业，时刻关心着世界的发展对护理行业的影响，关注着行业模范的先进事迹。作者所提出的要将"要我服务"转变为"我要服务"，从领导的视角出发，心怀医院发展前途，是一位护士长岗位称职的候选人。

第二部分

企业单位系统

·第一章·

总经理工作岗位

总经理工作理论知识

总经理的概念

总经理（General Manager，GM）是公司行政和业务执行的最高负责人，在亚洲某些国家，如日本、韩国称之为社长。总经理又有董事总经理和总经理之分，"董事总经理"表示他既是董事会成员之一的董事，同时也是手握经营大权的总经理；"总经理"则至多只能列席董事会，而没有参与表决的权利。

在股份制公司中，由董事会决定聘任总经理，受聘后对董事会负责，在董事会的授权下，全力执行董事会的战略决策，实现董事会制定的整体经营目标。同时，组建必要的相关职能部门，汇聚营销总监、部门经理、主任等管理人员，组建一个以总经理为中心的工作体系，为公司经济效益最大化而协调作战。

事实上，总经理所处的地位，会因公司的规模大小而有所不同。例如在中小规模的企业，整个组织的最高负责人和管理、统筹各业务部门事务的人就是总经理。而在规模较大的组织里，例如：在大型企业或跨国企业中，其某个分支机构或关系企业、事业体等的最高负责人就由总经理这个角色扮演。

职场中人都非常向往能有总经理一职。综合专业、经验与阅历等因素考虑，总经理未来的发展趋向主要有以下几个方面：

1. 投资人，以自身多年的管理和业务经验在值得投资的企业和团队中起协助作用。

2. 职业经理人，在各大公司企业"游走"，获得职业价值的不断提升。

3. 自己当老板，成就一番伟业。

不是固定哪个专业才能成为总经理，只要经过努力，加之天时、地利、人和，都有可能成为一个合格的管理者。同时需要掌握企业管理、工商管理、行政管理等相关专业的知识内容，并接受领导能力开发、人力资源管理、战略管理、组织管理、经济法和财务管理等多方面的培训，以拓展其全面的领导与管理等综合素质。

总经理工作职责

1.完成董事会下达的年度经营目标，负责主持公司的日常业务、生产经营管理工作，并向董事会提交年度分析报告及各种业务报表、策划方案等。

2.领导制定和实施公司总体战略，统筹编制公司长、中、短期的经营计划、投资计划和提出公司中长期发展规划。组织实施董事会决议、公司年度计划和投融资方案。

3.拟订公司内部管理机构设置运行方案。

4.拟订公司的基本管理制度、绩效机制、具体规章，如公司职工的工资、福利、奖惩制度。

5.提请董事会聘任或者解聘公司副总经理、总经济师、总工程师及部门经理等高级职员的人选，决定公司除应由董事会聘任或者解聘以外的管理人员和普通职工的聘用和解聘。

6.负责公司信息化管理工作，拟定有关实施办法并组织实施，保证公司无形资产的"流通和增值"，实现企业管理科学化、规范化和信息化。

7.在董事会授权范围内，决定单项金额不超过公司最近一期经审计的净资产值的 2% 且 500 万元以下的投资方案、代表公司处理业务和签署经济合同。董事会特别授权除外。

8.公司章程或董事会授予的其他职权。

9.领导建立公司与客户、供应商、合作伙伴、上级主管部门、政府机构、金融机构、媒体等利害关系部门间良好的沟通渠道，领导开展公司的社会公共关系活动，树立良好的企业形象，注意提升公司的知名度、美誉度。

10.领导营造企业良好文化氛围，塑造和强化公司整体价值观。

11.应对突发情况，提议召开董事会临时会议。

怎样做好总经理工作

1. 卓越的领导能力，能全面了解员工的素质，合理任命员工；能正确地调动员工的积极性，使员工参与到公司的各项决议活动中；掌握公司精确业务技术及业内专家技术并协调组织实施产生良好效果；能够影响员工自愿追随并为公司全力付出。

2. 不断唤醒心中的创造潜力，不仅学习和掌握管理公司所需要的基本知识，同时吸收国内外最新的管理和业务理念，不断提升自己和下属的能力，使自己成为管理公司的全才。

3. 建立完善的制度和监督体系，能对各级管理者和其他人员进行制约和控制，降低企业运营风险，不断完善工作制度和业务流程再造工作。

4. 必须清楚自己所在的位置，明确总经理的职责。对董事会负责，在董事会的授权下，执行董事会的战略决策，实现董事会制定的经营目标。

5. 需具备忠诚敬业的品德、自律廉洁的气节、自信自主的气魄、卓越的组织协调能力、独立经营的能力、良好的公共关系能力、团队合作的精神、高效高能的行为及科学管理的素质。

6. 讲究领导艺术。高情商地处理公司的各种人际关系，并在实践中加以总结和改善，不断改进管理的方法和技巧，实现内部与内部、内部与外部之间的平衡。

总经理工作竞聘演讲词案例

竞聘建筑规划设计公司总经理

尊敬的各位评委、各位同事：

大家好！

首先感谢公司给我这个展示自我、营销自我的机会，使我抱着一种积极参与、激流勇进的心态参加设计公司总经理竞聘。

我叫×××，××××年×月出生，××××年×月毕业于××城市学院土木建筑系，××××年×月进入××集团工作至今，工程师，国家二级注册建筑师。

　　光阴似箭，日月如梭，转眼间，我来××已10年了。10年来，我有幸见证了××集团从小到大，从弱到强，到现在发展成为××乃至××房地产业的一面旗帜。××"以人为本，用心营造"的企业文化、科学严谨的管理模式、至高至远的锦绣前程深深地吸引着我。10年来，在这个学习氛围浓厚，有着良好互助精神的团队里，我得到了迅速的成长，从一名初出校门的业务新手成长为一名技术全面、业务娴熟的二级注册建筑师，从一名设计员成长为设计公司副总经理、代理总经理。是公司给了我一个"天高任鸟飞，海阔凭鱼跃"的发展平台，是公司培养了我，我的每一次进步都倾注了公司领导的心血。借此机会，我对多年来关心和支持我工作、学习的各位领导表示衷心的感谢，对各位同仁表示衷心的感谢。下面我分3个方面来阐述我的竞聘演讲。

　　1. 过去一段时期思想和工作小结：

　　在政治思想上，我一贯遵守中华人民共和国宪法和法律，遵守公司的规章制度；认同和拥护公司的企业文化，努力贯彻执行集团董事局和公司全委会方针、决策；关心国家大事，热心于公益事业，维护公司的形象和利益。

　　在业务工作上，我一贯重视专业理论知识的学习、更新和巩固，注重理论联系实际，用所学理论知识解决工程实际问题。通过自学和摸索熟练地掌握了PKPM系列工程设计软件，缩短了出图时间，大大提高了工作效率，同时热心地指导其他同事学软件、用软件，解答他们的疑问。在长期设计工作中，我对建筑设计产生了浓厚的兴趣，自学了建筑学的专业理论课程，还考取了××大学建筑学专升本，并于去年6月顺利完成了学业。近年来我先后完成了世纪花园10#、14#建筑方案及施工图，世纪花园大门方案，××省××农校图书馆建筑方案及施工图，河西××家居广场建筑方案，在水一方B、C、D栋建筑方案和建筑施工图设计，完成了××实验学校实验综合楼建筑方案及结构施工图，完成了湖天一色5#、7#、23#、24#楼结构施工图、湖天一色23#、29#楼的建筑方案，完成了顺天国际大厦和××县人民影剧院建筑方案设计。

　　2001年获房产公司世纪花园户型方案竞赛第一名，2003年获"市优秀设计"二等奖，两次获得"设计产值状元"称号。

　　在管理工作上，2001年至2003年，我担任设计公司总经理助理职务。2004年先后担任了土建综合室主任和设计公司副总经理职务。2006年3月底担任设计公司代理总经理。在完成生产任务的同时，积极参与设计公司的各项管理工作。

建立健全设计公司各项管理制度，制定岗位标准与考核制度，积极谋划公司发展规划，认真领会上级领导的精神，团结和带领同事完成领导交办的任务。1998年、2000年、2001年3次被评为优秀员工。

2. 拟任职务的现状及分析：

设计公司是集团公司的核心技术部门，肩负着房地产产品的开发和研究工作，为集团公司提供技术支撑和服务。近年来，设计公司在集团公司的正确领导下，依托主业，抢抓机遇，以质量求发展，抓管理促效益，取得了长足的进步；技术队伍和实力不断发展壮大，资质升为乙级；综合产值和利润逐年上台阶，为社会创作了一批较有影响的住宅小区、商业楼、办公楼、综合楼等建筑精品。员工收入和生活质量、工作环境得到了很大的改善。设计公司是一支年轻的团队，是集团公司百般呵护下的温室里的花朵，没有经受过市场经济的洗礼，没有领教过市场竞争的残酷，还没有完成由单一型"技术人"向复合型"社会人"的转变。设计公司的发展还存在许多不足，突出表现在不能满足集团公司主业迅速扩张的需要，在制度建设、设计水平、服务质量、管理水平、人才结构与贮备、市场竞争力等诸多方面暴露出很多缺点，具体表现在以下几个方面：

（1）装饰、园林工程施工管理工作没有走上正规的轨道，急需建立一套完善的立项、招投标、签立合同的程序和管理办法。

（2）设计水平和服务质量较往年有所下降，全面质量管理难以落实到位，项目前期参与不够，产品研发力量薄弱，重大项目管理不到位，导致一些项目边施工边修改，重大项目没有通盘考虑，顾此失彼，严重影响了工程建设进度，浪费了大量的人力、物力和时间。

（3）内部管理亟待加强。特别是项目进度和项目综合管理没有很好地贯彻执行，定额设计工作还停留在初级阶段。

（4）人才结构极不合理，技术人员中新手所占比例过大，技术力量薄弱。规划、建筑等人才缺乏，方案设计水平亟须提高，对外组织方案竞标的实力较弱。内部项目也出现安排不下去或安排的项目不能按时完成，严重影响建设方的工程进度，损害公司形象。

（5）外部市场丢失殆尽，在业界的知名度、影响力较低。设计人员接触的建筑类型单一，且没有经受市场的洗礼，成长缓慢，不利于设计公司长远的发展。

3. 任职后的工作打算：

如果我有幸能当选设计公司总经理，我将根据业界的发展趋势和公司实际情况做好以下几方面的工作：

（1）建立健全管理制度，为公司可持续发展打下坚实的制度基础。

①建立与利润挂钩、总额控制的行政、后勤管理人员管理产值分配制度，既维护股东利益，又充分调动管理团队的积极性。

②改革完善执、全委会制度，建立以管理层为主的执委会，建立以股东为主的全委会，切实加强全委会对执委会的领导和监督，以及两会各司其职。

③规范园林、装饰工程施工管理，严格按照集团公司的有关制度，结合设计公司的实际情况制定操作性强的管理办法。

④与房产、工程公司合作，制定定额设计实施细则和标准，完成集团公司下达的任务，将定额设计思想贯穿到设计的每一个阶段。

⑤制定科学规范的设计业务工作流程。

⑥制定末位不合格淘汰制度，引入优胜劣汰机制，激发员工积极向上的工作热情。

（2）建立一支高素质的专业人才团队，为公司的可持续发展打下坚实的人力资源基础。

①有计划地引进优秀的规划、建筑、结构、设备等专业人才。

②通过项目合作引进"外脑"，提高设计水平和项目管理水平。

③发挥技术骨干的传、帮、带作用，贯彻落实技术指导人制度，加快年轻技术人员的成长。

④鼓励员工参加注册考试和方案竞赛，鼓励发表专业论文和参加学术活动，开阔视野，增长见识。

⑤积极拓展外部市场，积极参加各类招投标，增强在公司业界的影响力和知名度。

（3）加强执行力建设。

①贯彻落实设计进度管理制度，严格按合约提交合格的设计作品。

②贯彻落实定额设计细则，最大限度为业主省钱，为社会节约资源。

③加强设计文件汇签管理，杜绝不合格作品出图。

④落实全面质量管理制度，重视事先指导、事中检查，把好图纸校审关，管好各类技术文件存档。

⑤做好设计前期研究工作，为房产当好参谋，加大作品的研发力度，为社会多出一些优秀的设计作品。

⑥强化"四部曲"及"百分制考核办法"。

（4）狠抓各项规章制度的落实，努力完成产值和利润目标。

利润是企业生存发展的前提，是投资人追求的经济目标，是对管理团队最直接的考核办法。我一定会建立健全和贯彻落实各项规章制度，切实抓好生产和服务工作，团结和带领全体员工努力工作，积极完成下一年发展规划的产值和利润目标。

经过长期的设计工作和管理实践，我具备了坚实的专业理论功底，丰富的工作经验，具有较强的工作能力和一定的管理经验。但由于设计公司在集团公司的特殊地位，由于设计公司自身的行业特点，设计公司总经理应该是一名优秀的技术专家和职业经理人，应该在业界享有较高的知名度。遗憾的是，我是专业技术出身，没有系统接受经营管理的教育，尚不具备这些条件，但我会在生活中学习，在工作中学习，朝着这个目标前进、努力。我深信，有董事局和全委会的正确领导，有公司同仁的大力支持，我会搞好设计公司的各项工作，给集团公司领导，给设计公司的各位股东，给设计公司的各位同仁交一份合格的答卷。

谢谢大家！

这篇演讲词通篇都体现着求真务实的态度和作者发现问题、分析问题和解决问题的卓越能力。在思想和工作小结部分，作者用叙述性的语言通过总结在建筑规划行业所取得的业绩和个人荣誉，体现了其扎实的专业功底。在工作设想方面，作者没有简单地罗列工作设想，而是从实际出发，首先分析公司现状以及岗位要求，然后才有针对性地一一提出对策，体现了其实事求是、踏踏实实的工作态度和严谨的工作风格。

竞聘科技部总经理

尊敬的各位领导、各位评委：

大家好！

新的一年，新的希望、新的目标、新的规划！

一元复始、万象更新。非常高兴在2009年的"开篇"之际，有机会参加科技部总经理的竞聘。在此，我要由衷地感谢各位领导和同事们给我提供了这样一个展示自我、公平竞争的舞台，谢谢大家！

今天，作为科技部前任总经理，我带着对部门工作的无限热爱、带着对科技部今后工作的规划和设想来到这里，此刻，我最想对大家说的就是："请相信，我能行！"

为了便于大家对我有一个更全面的了解，我先简单介绍一下自己的基本情况。

我今年××岁，中国共产党党员，××职称。我××××年×月毕业于××学校，××××年×月至××××年×月在××单位工作。

今天我信心百倍地来参加这次竞聘，是因为我认为凭借以下优势，自己完全可以胜任这一工作：

1. 以高度负责的态度认真组织部门工作。人们常说，一个人做不好工作往往可以找出很多借口，但要做好工作，3个字就够了，那就是"负责任"！从走上工作岗位的第一天起，我就将"负责任"3个字铭记于心，并切切实实地体现在行动中。特别是担任科技部总经理以来，我时刻告诫自己，保安全工作责任重大，不能有一丝一毫的疏忽和懈怠。因此，我始终以如临深渊、如履薄冰的谨慎态度，兢兢业业对待自己的工作，大到部门的整体工作目标，小到工作的细枝末节，我都认真规划、严格督促检查，确保落实到位，确保万无一失。

2. 以卓有成效的工作不遗余力保安全。在担任科技部总经理期间，我与部门员工共同努力，强化内部管理、提高服务质量和服务水平，不遗余力保安全。我们将IT（Information Technology，信息技术）服务台与维护服务流程相结合，做好对部门、支行的维护服务工作，确保了问题处理的及时性及支行的反馈意见，促进科技改进工作，提高效率。去年，科技信息部IT服务台接听处理电话12000余次。科技信息部全年处理总部及支行业务查询、维护2400余次，业务需求400余条，程序升级66次，累计解决业务需求310余条，外出维护900余次，调整前台操作员180余次，协助司法机关查询80余次。特别值得一提的是，我部门在去年两个奥运会前期，为保障奥运期间科技信息工作的安全运行，开展信息系统应急演练，完成信息系统运行隐患排查，实时监控、建立同城灾备等一系列工作，面对高强度、快节奏的工作，大家爱岗敬业、无私奉献，保证了我行在奥运期间安全无事故，为我行赢得了良好的声誉，创造了巨大的无形价值。

3. 以创新的精神促进部门工作的发展和提升。在工作中，我们不故步自封、墨守成规，而是主动尝试、大胆创新，促进了工作的发展和提升。例如，我们大胆尝试新的维护模式，由原来的松散式维护管理向"维护经理责任制"转变，大大提高了硬件维护组的工作效率，缩短了支行维护等待时间，确保了支行部门设备的稳定运行；又如，我们实行需求、申请的统一出入口管理，指定专人负责接收各种需求和申请，实行需求论证会制度，使科技信息部人员与业务部门更好地紧密合作，大大提高了工作效率，自去年 7 月开始的 5 个月时间共受理业务需求 118 个，实现本年度需求 85 个，完成率 98.5%；再如，我们解决了金卡键盘的写磁信息遗留的问题、银联设备网络切换的问题、ATM（Automated Teller Machine，自动柜员机）受结账日切过程影响的问题，并根据银联下发的银行卡运行情况分析影响交易成功率的因素进行改进……这些措施有效地提高了我行的跨行交易质量，第二季度我行银行卡跨行交易成功率跃居全国城商行第二、全省第一。

当然，优势也好，成绩也罢，只能说明过去，并不代表未来。今天，如果承蒙大家的厚爱，使我继续留任科技部总经理的工作岗位，我将戒骄戒躁，更加严格要求自己，不断提高自身素质，为把科技部建设成理念超前、管理优异、工作优良、团队优秀的部门而竭尽全力。具体来说，我要做好以下几方面的工作：

1. 加强管理，做好部门日常工作。有道是管理也是生产力。科技部作为保安全的重要部门，工作涉及面广、业务量大、责任重大。如果我继续留任，我将进一步加强管理，向管理要工作效率。我要继续完善科技信息部的各项制度建设，强化制度的落实情况，建立制度监督机制，保证制度落实到位，特别要对中心机房和灾备机房进行制度完善，强化制度的落实，提高 IT 服务台的管理效能，做到各项工作事事有人管、有人负责，同时要加强工作计划的严肃性，保证工作忙而有序、按部就班、有条不紊地进行。另外，还要进一步强化员工的安全意识，警钟长鸣，做好保安全的各项工作。

2. 持续创新，全面实现部门工作目标。创新是工作进步的强大推动力。如果继续留任，我将把持续创新作为科技部工作的主旋律，除了继续深化和完善"维护经理制度"，并根据相关单位的实际工作需要做好业务流程的创新，还要细致分析我行网络的故障点、安全点，对我行网络、系统进行全面的安全评估，借外网统一管理和网络试验环境的有利条件，开拓出一条适合我行发展的内外网安全管理之路。同时，还要做好风险监控系统正式启用前的各项准备工作，确保保安全工作目标的实现。

3. 加强团队建设，打造和谐高效的优秀团队。我要进一步加强团队建设，打造一支业务过硬、团结合作的高效团队。我们将坚持"每天晨会"的制度，全体员工每天利用晨会时间总结工作、集中学习业务知识、开展体育活动、组织丰富多彩的集体小游戏等活动。通过不断的学习和交流，使每位员工不仅锻炼身体，学习知识，更增加人与人之间的信任度，增强科技信息部的向心力和凝聚力，以团队的力量促进部门工作的全面发展，为我行发展贡献我们的力量。

同志们，面对浩瀚的蓝天，雄鹰选择了奋飞；面对汹涌的巨浪，水手选择了搏击；面对至爱的事业，我选择了拼搏和创新！我相信，有了大家的信任、支持和帮助，有了大家的执着和努力，我们定能发挥科技部的巨大作用，用科技为金融安全保驾护航，在我行不断发展的壮丽画卷上留下最绚烂的一笔，让我们带着这个美好的愿望一起上路吧！

我的演讲完毕，谢谢大家！

作者具有当好一名总经理的潜质。在总结竞聘优势时，第一点就指出干好一件工作，只需"负责任"3个字，体现了作者求真务实、脚踏实地的工作作风。除了有坚定不移的指导思想，作者还有能出成绩的实干精神。大量的数字汇报了丰硕的成果，接听处理电话12000余次，维护2400余次，业务需求400余条，程序升级66次，等等，事实胜于雄辩，数字足以震撼听众。在以前的努力工作之外，作者在工作设想中又加入了提高管理水平的措施，体现了作者努力在做好一个领导。这样既有实干精神又有领导素质的干部，是值得听众信任和投票的。

竞聘邮政广告公司总经理

尊敬的各位领导、同志们：

大家好！

首先感谢公司给了我们这一次参与竞聘的机会，我想说：面对这次的机遇与挑战，我对自己充满信心，对邮政广告公司的未来充满信心。

竞聘这一个岗位，我自身的优势是：到广告公司后，我系统学习了有关广告策划、广告制作以及广告营销等方面的知识，具有丰富的广告策划经验和较高的广告制作水平。经我策划、设计的广告作品近百幅，达到客户满意，并受到好评。

如果我能当选邮政广告公司总经理，要使公司工作开展得有声有色，要有自己的思路和设想。下面，我谈谈对邮政广告公司未来对外经营、对内管理中的一些工作思路：

首先邮政广告公司的方针目标是：强化公司职能，突出发展中心，转变经营模式，树立营销理念，加强管理力度，为完成80万业务收入而拼搏！

邮政广告公司作为一种全新的媒体，必将给客户一种全新的感觉，因此换一种全新的广告理念，改一改昔日的宣传方式，是公司在以后管理工作中的思路之一。在知识经济到来之时，最大限度地赢得客户，获取利润是我们的追求。让客户在选择我们的时候，能够充分感受到邮政广告得天独厚的信息传播网络，因此依靠邮政网络的平台经营广告，应该是邮政事业在信息产业化竞争中作出的正确决策，我们邮政广告人有信心、也有决心去做好这一领域的开拓。

1. 由我们公司独家经营的制作发行明信片，是一个非常有潜力的项目，公司在今后的业务发展中，将作为重点项目之一来开拓更大的客户市场。通过员工努力和借助社会力量，与学校、企业、单位、全市风景区有关部门联系，洽谈发展，制作企业明信片，开发景点型门票和文化收藏型明信片。

2. 公司将积极与各大单位建立联系，拓展商业信函业务市场，提高商业信函业务宣传，使其拥有更多客户。让客户了解，商业信函不只是用于账单一种用途，重大节日、重大的活动等都能以商业信函的方式发布广告，让需要利用邮政的信息资源给他的目标用户发送业务信函的企业都加入进来。

3. 公司将创造条件，增加、开发户外广告市场。在×××邮电宿舍临街面，增设一个广告制作门市部，条件成熟后，在城内增设广告制作门市部，承接广告邮购业务，买断一些黄金路段的市政设施以及大型商贸、文体活动的广告代理权；另外，大家都可以看到，大楼的对面、干道的两旁有多块大型喷绘广告牌，这些都是由其他广告公司策划和发布的，利润相当可观。我一直在构思，为什么不可以利用我们邮政大楼楼体来做一些大型广告牌，这里处于火车站和经济开发区的主干道上，地理位置十分优越，而且我们用自己的大楼做广告，成本也相对较低，只要做得好，必定会吸引一些大客户的注意力。

4. 公司将组建一支专业化营销队伍，运用商业运作方式，上门宣传、洽谈、揽收邮政广告业务，占领市场，并注重营销的实际效果。在邮政营销网点、各支局、以及我们局里员工中开展业务承接，利润分成，调动起我们系统内部职工联系广告业务的积极性。

5. 发展和健全邮政代销网络，吸引客户。据我了解，"娃哈哈"遂宁总经销商想通过邮政网络，把他们的产品推销到农村市场去。这说明邮政网络的作用已经被一些客户所认识，公司可以在如何健全农村邮购代销网络上下功夫，有了好的销售网络，将会有更多像"娃哈哈"这样的客户主动与我们建立业务关系，邮政信息网络才能真正发挥其优势，公司的经济效益也能得到更大的提高。

6. 企业网络化已不再是追求时尚，而是一种必然，利用互联网开展业务取得收益也应该是我们邮政广告公司新的经济增长点。例如开办邮政广告网络黄页，针对本市所有的企事业机关、单位、学校、社会团体，把他们的信息建立在网络中，这样，一方面对信息的查询者来说可以通过网站，能够更快、更方便、更准确地获取信息，一方面提供信息的企事业机关、单位、学校、社会团体也依靠我们的网络起到了很好的宣传、广告作用。

我是一名党员，也是一名退伍军人，在党的培养和部队严格的军事化管理中，培养了我较高的政治觉悟和较强的组织能力。对于公司的内部管理，我想首先应该服从局领导的管理，认真贯彻和落实局里的各项规章制度，在这个大的前提下，来做好公司的内部管理：

1. 在公司中建立一种能够激励每个员工发挥他们创造性工作能力的管理体系；建立一种全新的广告理念，来适应现代广告市场的需要。

2. 针对市场中未预期到的情况和最新的竞争压力作出最快的反应，调整公司的战略目标和公司的长期发展方向；针对公司的各项决策，在民主与集中的基础上给每一位员工参与公司决策的权利，这是合作和信任的基础。

以上只是我对这个岗位管理工作的认识与思路，重要的是落实行动。我一定以务实的作风不断地创新，为促进邮政追赶型跨越式发展、为邮政广告公司实现营利 80 万而努力拼搏，为邮政通信建设作出新的贡献！

竞聘邮政广告公司总经理，当然要十分会做自我推销的广告。首先，作者介绍了自己在广告行业的优势：经验丰富、成果丰硕，马上让听众对自己有了一个良好的整体第一印象。接下来，作者给自己定了业务目标——80万的销售业绩，让听众感叹作者在成绩面前仍然大胆拼搏，不停奋斗，进一步塑造了业绩斗士的进取形象。然后借助工作具体思路和措施的阐述，更加深入地向听众展现了不仅有勇、更加有谋的领导形象。整篇演讲词如同一则动态的电视广告，全方位、层层递进地向听众展示了一个优秀的经理形象，演讲十分成功。

竞聘公司总经理

尊敬的各位领导、评委、同志们：

大家好！

非常感谢各位领导、评委、同志们对我的信任和支持，并给我这次展示自我的平台。

1. 个人简历：

我叫×××，现年33岁，专科学历。所学专业为会计。

2. 核心竞争力：

今天我竞聘的岗位是公司的总经理。之所以竞聘这个岗位，是因为我有以下几点优势：

（1）有较为扎实的理论基础。工作以来，我始终不忘学习，勤钻研、善思考、多研究，不断丰富自己，提高自己。众所周知，治理工作离不开营销、金融、时事等多方面的知识。在这些年的工作中，我不断地充实自己在这些方面的知识，为做好工作奠定了坚实的基础。

（2）良好的团队意识。通过自己的学习与自身感受，一个好的企业必须有一支好的团队，团队的核心是协同合作，最高境界是全体成员的向心力、凝聚力。团队精神是高绩效团队中的灵魂，是成功团队身上的特质，在提高知识能力的同时更注重团队意识的培养，加强同事之间合作，不利于团结的话不说，有损于团结的事不做。

（3）业务知识的增长与积累。我不断学习公司相关业务知识，以提高自己的综合业务能力。信息社会不仅要求经理积累资本，更要求积累知识。企业治理的学习，使我对治理科学各方面的知识，包括经济治理、行政治理、科技治理等多方面的内容，有了更深的理解。法律自考的学习使我熟悉了国家制定的一系列方针、政策、法令、法律和条例。

3.对经理岗位职能的认识:

企业要在市场经济中立足和发展,有赖于优秀经理的存在,同样,建立现代企业治理体制也有赖于经理队伍的建设。因为,要使现代企业治理体制中的各种关系协调处理,有效运转,归根到底取决于该企业是否有一个优秀的经理。而各个企业要想拥有真正优秀的经理,就必须加快职工队伍建设。目前,我国虽涌现出不少优秀经理,但其数量远远不够,素质也有待提高。

一个真正的经理必须德才兼备,既有丰富的专业知识,又要有慧眼识真金的本领——善于发现人才、启用人才、保护人才,而且还要有海纳百川的气量,能充分发挥计谋韬略中的民主,善于听取别人的意见和建议,以便形成及时有效的多种渠道经营治理方案。

4.工作思路和设想:

我的工作思路是以稳定为前提,以改革创新为动力,以健全规章制度为基础,完善治理办法,提高工作质量,提高经营效益。

具体设想是:

(1)树立科学的发展观,进一步加强企业文化建设。首先,在公司大力提倡"学习工作化,工作学习化"的理念,充分调动干部职工的学习自觉性,养成终身学习的好习惯。其次,在干部职工中形成"学制度、用制度、守制度"的良好风气,全面提高干部职工的综合业务能力,同时在工作中不断总结、不断积累、推陈出新,把学习创新作为工作的永恒主题贯穿于各项工作中,在学习中求创新,在创新中生存,在创新中发展,在创新中壮大。

(2)明确岗位职责,落实目标责任,将工作目标落实到每一个职工。以质量求效益,以效益挣福利,把职工的工资待遇与目标任务的完成有机地结合起来。贯彻"至诚服务、提高效益"的核心理念,以服务争效益,积极寻求核心客户,以诚意留住黄金客户。

(3)积极开展争先创优活动,大力弘扬正气,鼓舞士气,努力打造一支政治过硬的队伍,建设一个文明互助的团体,使每个员工思想上同路,行动上同步,目标上同向,事业上同上,同心同德,携手共进。

各位领导、各位评委、同志们,假如组织能够选择我,我将不辱使命,努力拼搏,全力以赴干好本职工作。假如未能当选,我也会服从分配,一如既往地勤奋学习,努力工作。

我的演讲完了。谢谢大家!

点评

　　这是一篇可以通用的竞聘演讲词。结构完整，思路清晰，表达顺畅。3个竞聘优势：扎实的理论基础、良好的团队意识、业务知识的增长与积累是各行各业都需要的素质和能力。3个工作设想：树立科学的发展观、明确岗位职责、开展争先创优活动是任何部门都需要开展的工作内容。并且每一条每一款都阐述清楚、详略得当，是竞聘演讲词的良好模板。

· 第二章 ·

副总经理工作岗位

副总经理工作理论知识

副总经理的概念

副总经理是由总经理提名，董事会聘任，经过董事会授权成为企业某个领域的负责人，是公司行政班子的组成人员，也是总经理的助手，副总经理列席董事会会议。

副总经理一职一般需要具有企业管理、行政管理、工商管理等相关专业的教育背景的人担任。此外，需要接受领导能力开发、战略管理、组织变革管理、人力资源管理、经济法、财务管理等业务相关方面的培训。常规需要 8 年以上工作经历，5 年以上全面管理企业的工作经验。

作为副总经理，不仅要熟悉企业整体的业务和流程，在团队管理方面有极强的领导技巧和才能，熟悉企业全面运作，同时需要具有先进的管理理念以及很强的战略制定与实施能力，以协助总经理拓展公司业务版图。在拥有广泛的社会资源和客户资源的基础上，良好的个人综合素质尤为重要。

作为企业的二把手，需要熟悉企业业务和流程，在团队管理方面有极强的领导技巧和才能；熟悉企业全面运作，具有先进的管理理念以及很强的战略制定与实施能力，同时，具备优秀的项目组织能力、敏锐的市场洞察力和市场开拓能力；严谨的策划组织能力及人事管理和沟通能力、商务谈判能力；良好的敬业精神和职业道德操守，有很强的感召力和凝聚力，强有力的责任心和事业心都是成为副总经理的必备素质。

副总经理工作职责

副总经理工作的主要职责有：

1. 对总经理负责，协助总经理拟定并实施公司企业发展战略规划、经营计划、投资方案、业务发展计划、年度财务预算、决算方案等政策方略，实现公司的经营管理目标及发展目标。

2. 将公司内部管理制度化、规范化。制定公司组织结构和管理体系，以及相关的管理、业务规范和制度。

3. 组织、监督公司各项规划和计划的实施，及时向总经理反馈公司各部门运行情况，商讨出现问题的解决方案。

4. 遵守公司章程，忠实履行职务，维护公司利益，开展企业形象宣传活动。

5. 按时提交公司发展现状报告、发展计划报告。

6. 指导公司人才队伍的建设工作，负责部门的定期考核，提议员工专业培训计划并落实。

7. 协助总经理对公司运作与各职能部门进行管理，协助监督各项管理制度的制定及推行。

8. 协助总经理推进公司企业文化的建设工作。

9. 完成总经理临时下达的任务。

10. 负责考核分管部门的工作业绩，向总经理提出聘任或解聘公司财务部门负责人，全资公司经理、财务负责人，公司职能部门负责人的建议，提议晋升、奖惩。

11. 当总经理外出时，受总经理委托，暂时代理行使总经理行使职权。

12. 总经理授予的其他职权。

副总经理职责的考核标准：

1. 严格按照"谁主管，谁负责"的原则，认真履行副总经理职责，负责落实处理本岗位事务。

2. 认真贯彻落实总经理下达的月度、年度绩效目标及各项生产、业务工作，尽最大努力完成各项指标任务，协助总经理执行各项战略目标。

3. 根据经营需要和总经理要求，每季度例会上布置所分管领域工作及确定下达阶段工作计划、目标、措施等。

4. 每月召开所分管职能部门业务分析会议，找出问题，协调各部门采取改善和对应措施。

5. 经常深入基层了解安全生产经营情况，召开现场办公会议，及时解决处理所分管领域工作出现的问题。

6. 组织所分管处室、分（子）公司制定公司相关管理制度和办法。

7. 积极有效地处理公司各种突发意外情况，具有高水平的公关危机处理能力。

怎样做好副总经理工作

1. 贯彻执行党和国家的各项方针、政策，落实服务总公司办公会议决议，在总经理的领导下，协助配合总经理搞好公司的全面工作。在重大问题上必须与总经理保持一致。

2. 协助总经理按照现代企业管理要求，加强对各部门的管理，不断提高公司社会效益和经济效益。

3. 贯彻执行公司的各项规章制度和业务准则并下达公司各部门各项工作和指标。

4. 具备积极敬业、善于协调、技能突出、知识广泛、开拓创新的素质，并具有领导、计划、分析、决策的能力。

5. 要营造良好的工作环境，协调好上下级关系，发扬团队精神。

6. 负责人事制度、各部门日常操作规程以及各项规章制度的落实。

7. 掌握控制及处理各种紧急情况的方法及步骤，妥善处理各种突发性事件。

8. 抓好两个文明建设、企业文化建设工作，促进员工整体素质的提高。

副总经理工作竞聘演讲词案例

竞聘润滑油公司副总经理

各位领导、各位同事：

大家好!

首先感谢诸位多年以来对我的支持和帮助。我在润滑油公司副总经理这个岗位已经将近两年了，刚入行时看着 300 多个规格不同、性能不同、名称不同、用途不同的油品感到很迷茫，随着同事们的帮助和工作中的不断实践，我开始被它广阔的用途、丰富的内涵、激烈的竞争氛围所吸引，我深深地喜欢上了这份工作，所以我今天还要竞聘滑油公司的副总经理。

众所周知，润滑油市场开放很早，开放程度也很高，由于它需要的资金投入少，仓储条件简单，很多个体商户趋之若鹜，导致行业竞争非常激烈。我们作为专业化的油品销售企业，在公司领导的正确指导下，员工的不懈努力中运行到良性发展的轨道，市场份额不断扩大，市场占有率不断提高，如果我有幸继续成为润滑油公司的副总经理，将做到以下几方面：

1. 积极配合，努力工作，打造团结进取和谐向上的团队。在工作中我要认真履行好副总经理的职责，主动配合总经理做好各项工作，搞好团结。只做加法，不做减法；分工不分家，发挥总体优势，调动全体人员的积极性，共同承担任务，形成一个团结进取、和谐向上、富有战斗力的团队，确保我们在激烈的市场竞争中立于不败之地。

2. 协助总经理完成上级下达的各项工作，积极开拓市场，完成销售任务。市场经济是竞争下的经济，优胜劣汰是其规律。新的一年，我们面临严峻的挑战，激烈的竞争将使润滑油市场充满生机。为完成××××年的润滑油销量，我会协助经理做好以下几方面的工作：首先要努力开拓市场，保证老用户、开发新客户。实行客户经理负责制，健全客户档案并进行动态管理，以便及时掌握客户的需求，有的放矢，达到事半功倍之效。其次是诚信待客，以服务促销售，随着竞争的日益白热化，润滑油市场鱼龙混杂，个体经销商不乏以次充好，掺杂使假的情况，我们作为专业化的油品销售企业，一定要坚持诚信待客，做好售前、售中、售后的全过程及储存、发运等各个具体环节的全方位服务。为客户进行技术咨询，举办技术讲座，解决使用中出现的技术问题，使本公司的品牌深入人心。

3. 加强学习，组织员工培训，不断提高业务水平。有人说，润滑油销售的是知识、是服务。的确，润滑油有着几百个品种，纷杂的性能、广泛的用途让许多客户都搞不懂自己应该选用哪一种，如果我们不具备一定油品知识，在销售过程中就无法与客户进行良好的沟通，更谈不上推销产品了。因此，油品知识的学习、业务水平的提高是我们一项长期的工作。时间在推移，市场在变化，科技在发展，时代在变迁，学无止境，活到老学到老。一个优秀的企业要建立成学习型企业，我希望我和我的同事们能够在不断的工作中学习，进一步适应企业的发展需要，做好自己的本职工作，尽到自己的职责。

由于时间的关系，不能在这里一一陈述。最后，我还要以那句古人的话来结束我的演说，"路漫漫其修远兮，吾将上下而求索"。

谢谢大家！

为了能够打动听众，作者用了多种演讲技巧。首先，描述了自己从对产品的无知到精通的过程，体现了作者认真好学的精神。接下来，作者分析润滑油市场时描述了市场竞争激烈的现状与本公司营运状况良好的情形，以此来表达做好市场、做好副总经理的决心。最后，引用屈原的名句"路漫漫其修远兮，吾将上下而求索"，来表达自己不断进取、开拓创新的壮志。演讲词语言丰富、表达形式多样，能够由始至终抓住听众的注意力，值得借鉴。

竞聘保险公司副总经理

各位领导、同志们：

大家好！

今天我怀着激动的心情，参加市分公司副总经理职位竞聘，不管是否成功，我觉得都是我最大的幸运和机遇，这充分表明了各位领导、各位同志对我的期望、支持和关心。

1. 我的基本情况：

本人叫×××，××××年×月出生在一个贫苦的农民家庭，文化程度是大学本科，中国共产党党员，××××年×月在地方组织推荐下到部队服兵役，在部队期间由于个人努力、组织关心，我从一名普通士兵成长起来，历任班长、排长、连长、副营长等职，成为一名合格的军事指挥员，××××年转业分配到中国人民保险公司××县支公司，在组织的信任和同志们的关心、支持下，先后担任股长、经理助理、副经理，××××年×月任××支公司经理、党组书记，××××年选任××县政协常委。

2. 我的竞聘优势：

（1）自身综合素质的优势。我有一颗忠于人民保险事业激情燃烧的心，它鼓舞着我始终保持奋发有为的精神状态。多年来，我一直从事着管理工作，无论是在部队或是地方，我都能以高度的事业心和责任感来严格要求自己，兢兢业业工作，堂堂正正做人，服从于工作，服从于全局，在不同的工作岗位上都作出了突出的贡献：在部队先后荣立个人三等功3次，所领导的连队被北京军区授予精神文明先进单位并记集体三等功1次；到地方任公司一把手以来，个人先后受到各级嘉奖，被评为省分公司优秀党务工作者、先进个人；××××年被××市政府授予五一劳动奖章；××××年被××授予优秀管理者奖章；××支公司连续×年被授予×级文明单位，×级服务质量奖，×诚信单位，×五一劳动文明班组，××分公司先进单位、先进基层党组织；连续数年被县委、县政府评为目标考核一等奖，行风建设"二十强"单位；等等。任职以来，公司无论从管理还是到业务发展，年年都有提高，险种结构调整非常合理，几年来带领××公司上缴利润近××××万元。我在不同的工作岗位上干出了一定的成绩，受到各级领导、公司员工的一致认可和好评。

（2）学习能力的优势。我在工作后仍然坚持学习，积极参加各类学习和培训，不断提高自己的管理水平和专业水平。长期的学习养成了我较强的自学能力，并能把学到的东西灵活运用于日常管理工作之中，真正做到了学用结合。在抓好个人学习的同时，我以实际行动带领全体员工参加各类学习、培训，即使工作再忙，只要是组织的培训，我都要求员工参加，并给予一定的自学奖励资金。现在，××公司××名正式员工，本科学历已达×人、大专×人、初中×人。

（3）有丰富的工作经历。长期工作在基层，对基层工作有较深的了解和管理经验，并能处理好各种实际问题，同时本着"以管理制度约束人，以政治思想激励人"的宗旨，公司制定了一系列规章制度。任职几年来，未发生任何违规和责任事故。

（4）有较强的协调能力。不管是内部或外部出现的各种问题都能很快地得到解决并有很好的结果，公关协调能力较强，与地方政府、各职能部门和保户之间的关系密切。几年来，××支公司业务年年有增长，市场份额稳居在90%以上，险种结构调整最合理化，车险业务占业务总量52%，非车险48%，每年都能不折不扣地完成上级公司下达的保费任务和利润指标。

3.竞聘后的设想：

如果这次我未能竞聘成功，说明我在某些方面还没有达到组织和同志的要求，但我将继续为人民保险事业的发展作出自己应有的贡献。如果我能竞聘成功，这不仅是我人生追求、自我提高的体现，也是我进一步奉献人保事业，服务他人的一次机会。

我的具体工作设想是：

（1）认真学习，努力钻研业务，尽快进入角色。走上新的工作岗位，首先开展调查研究、结合 ×× 业务发展实际，迅速开展工作。要想当好一位领导，首先是要学会先做人后做事，虚心向老领导、有工作经验的同志学习，打开工作局面，提高工作的准确性，减少盲目性。

（2）摆正位置，当好助手。积极推进观念创新和机制创新，当好总经理的助手，做好参谋和密切联系群众的桥梁，从方方面面想细做细，关心干部职工的疾苦，帮助他们解决实际问题，做到经常交心、谈心，促进他们振奋精神，投入工作。

作为副总经理，首先要摆正位置，正确处理好正职和其他副职的关系。既要尊重领导，顾全大局，又不能事事依赖、唯唯诺诺、胆怯盲从。其次要按照分工，明确自身职责，坚持集体领导下的分工负责，创造性地开展工作。

（3）当前在人保公司内部，要积极推进观念创新和机制创新，树立"以人为本"的管理思想和"以市场为导向，以客户为中心"的经营理念。作为来自基层经营单位的负责人，更要充分认识到人才的重要性，要提请总经理关注员工的合理要求，为员工设计职业生涯；能让员工根据自身特点选择发展道路；要引导员工树立正确的市场观念和竞争观念，有市场才有繁荣，有竞争才有进步，市场不相信眼泪，竞争不同情弱者；要将以产品为中心的推销观念转变到以客户为中心的营销观念上来，充分满足不同层次客户的个性化需求；要积极适应现代企业制度的要求，建立科学的决策机制、高效有序的运作机制、规范严格的监督约束机制和科学合理的激励机制，提高公司运行效率，降低公司运营成本。

（4）在认真分析 ×× 地区、×× 地区，乃至 ×× 现状的基础上，找差距，找问题，就分管的工作制定出详细的计划，明确目标。在业务发展上，要抓住非车险业务发展，积极实施差异化的经营策略，大力发展以责任险为龙头的新险业务、以家财险为主体的分散性业务和以工程险为代表的高风险业务，重点抓好个体私营经济保险服务和"第三领域"保险业务，为业务发展培育新的增长点。在营销管理上，要强化营销观念，制定市场营销的长远规划，加强营销队伍建设，加快营销方式创新，以适应保险发展的新形势。在"三个中心"建设上，要在现有组织架构的基础上，进一步发挥信息技术的支撑作用，简化内部流转程序，提高内部流转的自动化，提高工作效率，降低经营成本，以适应保险经营的"微利"时代。

（5）采取措施，真抓实干，务求实效。作为一名副总经理，我一要认真贯彻总经理的意图，深入实际，关注市场，根据市场变化及时采取措施，主动寻求对策，提高公司的反应能力和应变能力。二是要积极指导、配合和帮助基层公司制定业务计划，确定展业重点，锁定展业目标，并要身体力行，协调、疏通有关工作环节，解决有关具体问题，营造良好的展业环境。三是建议设立"创新奖"，对在组织创新、业务创新、技术创新和管理创新上有突出贡献的干部员工，给予一定的精神和物质奖励。

（6）密切联系群众，严格要求自己。在新的工作岗位上，我要不断加强学习，牢固树立正确的人生观、价值观和权利观。依靠集体，尽职尽力，视权利为责任，视职位为服务，坚持廉洁奉公，奉献人保，锐意进取，开拓创新，做好总经理的参谋助手，将××公司的各项工作不断推向前进。

以上是我的竞聘演讲，不当之处，请批评指正。谢谢！

本篇演讲词的亮点在工作设想部分。作者将其归纳为6个方面。在学习方面，作者认为应该"努力钻研业务，尽快进入角色"；在对副职的岗位认识方面，作者认为应该"摆正位置，当好助手"，"做好参谋和桥梁"；在管理思想方面，作者认为应该"'以人为本'，密切联系群众，严格要求自己"；在工作实践方面，作者认为要"找差距，找问题，就分管的工作制定出详细的计划，明确目标"。可以看出，作者的工作设想角度既有宏观又有微观，客体方面既考虑到自己又考虑到公司和员工，总结全面、准确，是工作设想的良好范本。

竞聘生活服务公司副总经理

尊敬的各位领导、评议组成员、职工代表同志们：

大家好！

我竞聘的岗位是生活服务公司副总经理。现在，按照竞聘程序的要求，我将有关情况陈述如下：

我叫×××，1969年生，中国共产党党员，1994年毕业于××矿院，同年分配到××厂担任机电技术员。1997年9月任该厂副厂长，分管全厂的生产安全工作。1999年5月，生活区改用天然气后，我主动要求分流到×××矿从事电铲组装工作。2000年5月调入公司原政法处，从事信息调研和文秘工作。2001年8月调入公司经理办公室担任秘书至今。今天，我参加服务公司副总经理岗位的竞聘，有以下几方面的条件：

1.比较熟悉公司的整体情况。在调入公司机关以来，我先后从事过信息调研、文秘等工作，现又担任公司领导秘书，同时兼任公司党政联席会议秘书。工作的性质和任务，使我对公司的整体情况有着比较深刻的认识。能够从大局出发、兼顾各方面利益，尽快进入角色，有针对性地开展工作。

2.有基层管理经验和较好的协调能力。大学毕业后，我在原煤气厂担任过3年技术员和3年生产副厂长，先后在多种岗位上接受过锻炼，基层工作和管理经验较为丰富，组织、协调能力较强，有助于在工作中更好地贴近基层、贴近群众，加强沟通，提高效率。

3.工作责任心较强。在机关工作的4年多时间里，公司的各位领导和周围的同事们给了我很大的支持和帮助，我也从他们身上学到了许多优秀品质，特别是耳闻目睹公司领导以工作为重，驾驭复杂问题的领导能力和勤勉敬业的精神，更使我受益匪浅。

我是个农民的儿子，深知一份稳定的工作、一个事业的平台对于人的一生是多么的重要，只有勤勤恳恳，加倍工作，才能对得起组织、对得起群众、对得起为我们提供舒适生活的企业。

假如这次竞聘成功，有幸担任服务公司副经理职务，我会全力以赴做好本职工作。

1.树立全局观念、强化整体意识，切实维护好班子的团结，充分调动各级管理人员和员工的积极性、创造性，共同营造一个团结、协作、积极向上的氛围，建立起一种以人为本的良好工作环境，做到人尽其才，人尽其用，用集体的精神、集体的智慧、集体的力量去克服困难，齐心协力把服务公司的事情办好。

2.围绕服务公司的年度工作目标任务，精心做好分管范围内的工作。重点协助一把手抓好基础管理工作，结合公司正在实施的成本倒算，建立健全以成本费用为核心的管理体系，增强考核指标的刚性和考核的严肃性，以此带动工作质量的提高，力争使广大员工在增强成本意识、杜绝浪费行为的情况下，带来收入上的提高。

3.充分利用现有资源，拓展服务空间，提高服务质量。要运用市场化经营管理模式，结合内外经营环境和公司正在实施的主辅分离、辅业改制工作，不断适应市场条件的变化，尽可能地整合现有资源，提高资源的利用率，逐步涉足具有竞争优势的项目，培育核心业务。要在职工中倡导和培养服务制胜的理念，依靠服务求生存、求发展，使服务公司成为名副其实的以服务为主要竞争手段和盈利手段的企业。

4.努力完成上级和正职交办的其他各项任务。要深入基层、调查研究，倾听职工的呼声，掌握第一手材料，使工作更有计划性、针对性和实效性，一切工作的出发点都要放在维护企业和职工的利益上，放在提升企业形象和班子的整体形象上。

服务公司伴随着××公司的发展而发展，在××的建设上发挥了重要的作用，可以说，服务公司的全体员工为此付出了艰辛的劳动和努力。我相信，有总公司的全力支持，有全体职工的奋发图强，服务公司一定会蒸蒸日上，不断壮大，在公司长远规划稳步推进的征程上，迎来又一个发展的里程碑，我愿意以自己的微薄之力，做服务公司再创辉煌的建设者和见证人。

我感谢组织为我提供这次参与竞聘的机会，感谢各位对我的鼓励和支持。

谢谢！

全篇演讲词都体现出作者是一位工作一丝不苟、能够严格按照规章制度办事的领导。在开篇作者就步入正题，按照竞聘程序的要求介绍自己的实际情况。从作者的工作思路中，就可见一斑："树立全局观念"，以大局为重；"围绕服务公司的年度工作目标任务，精心做好分管范围内的工作"，埋头于本职工作；充分体现了作者处世谨慎，不争权、不越位的特质，是公司副手岗位的合适人选。

·第三章·

部门经理、主管工作岗位

部门经理、主管工作理论知识

部门经理、主管的概念

部门经理一般为承担领导和掌管某一具体的部门的负责人，同时，这个部门也是公司的一级部门。

主管通常要监督员工在一定的时间按照一定的标准完成定量的工作，然后向部门经理汇报工作的相关情况，扮演着监督者的角色。业务主管作为一个初级管理者，负责推进一个小团队实现由上级分配的工作目标。

部门经理与主管是有区别的，他们的区别主要体现在以下3点：

1. 部门经理具有很高的协调能力，不仅能协调本部门的事情，还能协调本部门和企业其他相关支持部门之间的关系。

2. 部门经理与主管相比，能够调配更多的企业内外资源，对人力资源的支配权也更充分。

3. 部门经理对财务运转也承担相应的责任。在对团队的支配中，部门经理会对人力资源以及对财力资源进行管理和调配。

部门经理、主管的职责

对于部门经理而言：

1. 完成总经理下达的年度经营目标，并向上级提交分管部门的业务报告。

2. 执行公司总体战略，长、中、短期的经营计划、发展规划。

3. 执行公司内部管理机构设置运行方案。

4.执行公司的基本管理制度、绩效机制、具体规章，负责对部门内人员进行培训、考核。

5.与客户、供应商等部门形成良好的沟通。

6.提高所负责部门开发产品的市场竞争能力。

7.积极应对突发情况并妥善处理并上报。

对于主管而言：

1.对部门经理负责，编制各种销售计划、目标责任和考核指标，并协助落实执行，并对本部门工作进行领导、监督和检查。

2.负责市场调研与分析预测工作，负责与委托的调研机构保持正常联络，提出有价值的建议，在获得肯定后负责编制实施方案。

3.负责制订具体的部门工作计划及与企业外部相关资源部门联系。

4.负责向上级及时反馈收集到的销售信息和其他有效信息。

5.及时处理本部门发生的问题并向部门经理反馈。

6.主持例会，布置当天工作，传达公司相关信息，检查本部门员工工作情况。

7.完成部门经理临时交办的其他任务。

怎样做好部门经理、主管工作

想做好部门经理、主管的工作，必须做好以下几点：

1.勇于负责，承担起部门经理、主管应负的责任。

2.卓越的领导能力，可以全面了解员工的素质，合理任命员工。

3.努力使自己具备胜任各种业务的能力，充分掌握营销理念。

4.具有高情商，艺术地处理公司的各种人际关系，并在实践中加以总结和改善，实现一种内部与内部、内部与外部之间的平衡。

5.明确工作重点，正确地调动员工的积极性，参与公司的各项决议活动。

6.深刻认识企业文化，能够影响员工自愿追随并为公司全心付出。

7.不断学习和掌握公司所需的基本知识，同时吸收国内外最新的业务理念，不断提升自己和下属的能力。

8.正确对待来自上司、下属的批评和建议。如果认为他们批评错了，就要坚持原则；相反，一旦发现自己错了，就要迅速尽力去弥补。

部门经理、主管工作竞聘演讲词案例

竞聘营销部经理

尊敬的各位领导、各位评委：

大家好！

我叫×××。担任企业策划部经理，我这次竞聘的职务是营销部经理。

来××工作快一年了，今天能够站在这里竞聘自己乐于为之奉献全部精力和热情的职位，首先感谢××××为我提供了一个展示自我、完善自我的平台，感谢××领导对我的关心培养，感谢同志们对我的支持、帮助！一个人一点一滴的成长都有赖于一个良好的环境和向上的团队，这一点我将永远铭记。

我出生于20世纪70年代初，农村长大的经历给了我纯朴、诚实的品质；当兵的历程塑造了我坚韧、顽强的个性；10年的酒店工作使我善解人意、乐于沟通、勇于奉献。

在农村出生，在部队长大，在酒店成熟，我热爱酒店工作，它丰富了我的知识，提升了我的生活，体现了我的价值。

竞聘营销部经理，我认为我有以下优势：

1. 我自1996年进入酒店行业，一直从事销售、策划、办公室等工作。对现代化酒店的运营有比较全面系统的认识，在营销工作的策划、组织、控制等方面积累了丰富的经验。

2. 我非常乐于学习，喜欢创新，思想活跃，知识面比较宽。作为一个和同事、客人打交道最频繁的部门，要与形形色色的、不同阶层的人沟通、交流，这一点非常重要。

3. 我今年35岁，年富力强，头脑清醒，精力充沛。正是一个人干事业出成绩的最佳时期，所谓"十年磨一剑"，正是"扬眉剑出鞘"之时。

4. 我重感情，讲义气，为人诚恳，乐于助人，喜欢结交朋友。

5. 我尊重他人，理解他人，不强人所难。

6. 我反应比较机敏，能短时间内找到解决问题的办法，而且不畏惧压力和困难。

当然，我身上也存在着一些阻碍自己发展、可能影响工作的缺点。比如，有时比较懒散、不拘小节、不够勤奋、情绪不稳定，给人以不易接近的错觉。我将努力改变这些缺点。在完成工作、干事创业的过程中不断完善自我，也真诚希望领导、同事、朋友给予及时的批评指正。

2006年是××跨步前进的第一年，经过一系列的磨合、调整，一个团结协作，勇于拼搏的团队即将形成。营销部可谓是"应运而生"，同时将担负起重要的任务，说句心里话，竞聘营销部经理一职，我是有压力的，虽说今年的经营指标已分给各部门，营销部并没有具体的任务。但是，作为一个对外经营的总协调处，中心的任务就是营销部的任务。

如果我竞聘成功，我将从以下几方面展开工作：

1.组建一支精干的营销队伍。吸纳优秀的人才、建立完善规章制度，严格管理，使营销部在家是一个好的"参谋部"，拉出去是一支反应迅速、机动灵活的"侦察分队"。

2.协助总经理，用先进的理念健全营销体系，将服务营销、全员营销、品牌营销、情感营销、口碑营销、事件营销等融入管理服务工作中，形成有特色的营销格局。

3.完善客户档案，做好客户管理，充分与客人沟通，了解客户动向、需求。协助一线服务部门为客户量身打造个性化超值服务。

4.在稳固现有客源的基础上，努力开拓市场，增加新客户，争取占领更大的市场份额。首先要服务好系统内客人，稳定政府客源，减少客人流失，将目光和精力投入××企事业单位，投入国内有实力的集团和品牌企业；其次要以适量的散客销售、团队销售改变客源单一的现状。

5.适时策划推出营销活动。以节日、事件、美食活动为切入点，让××品牌深入消费者心中。

6.对所有涉及××形象的宣传品严格把关，按星级酒店要求进行制作，提升酒店档次。

7.与各兄弟部门团结合作，协调发展，为今年"四个提高、两个创建"和两千万的营业指标的完成竭尽全力。

8.以"赢得顾客心"作为营销部的工作信条。

再次感谢领导给我这次机会！请相信我能胜任这一工作！有不当之处，请各位给予批评指正。

谢谢大家！

对于个人优势的详尽阐述和今后工作开展的清晰思路是这篇演讲的最大特色。全面阐述经验、能力、抗压力等，且不避讳个人问题，坦诚之至。工作思路涉及制度、营销体系、形象宣传、团队合作等，体现了一个具有工作经验的竞聘者把控大局的能力。

竞聘银行个人业务部经理

各位领导、同志们：

大家好！

今天我竞聘的岗位是个人业务部经理。

在这里我以平常人的心态，参与这次三年一度的岗位竞聘。首先应感谢领导为我们创造了这次公平竞争的机会！对此，我十分珍惜这次机会。

下面从4个方面向各位评委和代表陈述我的竞聘报告：

1. 工作简历：

我现年××岁，中国共产党党员，大学文化程度，经济师职称。1975年4月至1975年10月在××团委任干事；1975年10月至1978年8月在××院读书；1978年9月至1988年3月在××工作先后任组织干事、团委书记、野外分队党支部书记兼分队长、党办主任、政治处主任等职；1988年3月至1995年12月在××工作，先后任纪检委副书记、政法委副书记、街道办事处党委书记兼主任、经委主任等职；1995的12月至今先后任××社主任、××行行长、××行行长、纪检委副书记、筹资处副处长、个人业务部副经理。

2. 工作目标：

如果在竞聘中我能得到大家的拥护和支持，我在聘期内工作目标是：力争在2006年使我行储蓄存款达到29亿元，纯增16亿元；发放个人消费贷款11亿元，纯增9亿元；发卡量达到26万张，纯增15万张，卡内存款达到2.4亿元，纯增1.35亿元，卡均存款900元；中间业务收入在3年内实现660万元，占三年利润平均数的3.5%。经过努力，在全市金融行业中个人业务工作要上档次，争一流，从而使我行的发展步入一个新的阶段，成为一家更具竞争实力和影响力的金融机构。

3.工作思路和措施：

（1）抓好社区优质服务工作，快速增加储蓄存款。把社区服务这项活动作为今后一个时期的重要工作不断引向深入。一是根据社区环境的变化不断改变本行进社区工作的范围、目标和切入点，经常与各办事处领导接触，沟通协商，达成共识，开展工作；二是要继续总结和推广好的经验和做法，促进和推动今后工作的开展，切实解决各支行间发展不平衡的问题；三是既要宣传我行的发展现状又要进一步向居民介绍我行的业务种类和服务品种，更重要的是要掌握居民的消费能力和消费需求，制定相应的对策，出台一系列新的服务办法和措施，最大限度地满足客户的需要，为客户提供全方位理财服务；四是加强客户经理队伍的建设，要把各支行业务精、能力强、品质好的员工充实到客户经理队伍中来，从而达到提高我行的知名度，集结人气增强我行实力的目的。

（2）根据客户的需要不断发展新的消费贷款业务品种，同时制定相应的考核管理办法，严格要求从事个人信贷工作的员工认真履行信贷工作职责，保证我行信贷资金的安全。

把现有的个人贷款业务品种进行分类整理，针对客户的收入水平、消费能力、消费趋向等各种特征有针对性地形成组合后推荐给居民。特别是住房抵押贷款、汽车消费贷款等热点贷款要加大推广力度，提高贷款发放数量。消费贷款工作中特别要注意发挥"个人消费贷款中心"贷款品种全、营业时间长、客户选择贷款品种更加灵活方便的特点，充分发挥"个人消费贷款中心"的作用，把我行的各项消费贷款工作扎实有效地开展起来，以此来满足居民的贷款需求。同时开发综合信贷业务系统，以降低贷款风险，提高工作效率，保证资金安全。

（3）大力发展中间业务，培植新的利润增长点。根据我行的规模和地位，准确细分市场，制定长远规划，发挥本行的优势与特点。具体开展好如下几项传统中间业务。①代收业务类：代收水费、代收电费、代收电话费、代收手机费、代工商管理费、代收保险金、代收财政费。②代付业务类：代发工资、代发福利费、代发养老金、代发保险理赔金、代售火车票。③代理业务类：代理投保、银证通、银证转账。

根据当前国内的金融环境和实际情况，我行可采取下列策略来发展中间业务。新产品开发需经立项、验收合格后正式投放市场。建立中间业务考核指标体系，促进中间业务的发展。把中间业务的发展纳入经营目标责任制，作为考评业绩、年度评先的重要依据。在发展传统中间业务的基础上，重点引进和开发高层次的中间业务，开展高起点、高科技、高收益的中间业务，如远期结售汇、代理发行，承销、担保等各类衍生交易，以高科技服务取胜于同业。开展代理路、桥、高速公路收费，自动转账交易等品种，不断拓展中间业务品种，实现收益多元化，提高经营效益。

（4）在发展传统业务中，依托科技优势，加大创新力度，积极开发新的金融工具。注入创新机制，加快金融电子化建设，提高传统业务的科技含量，向业务多元化发展。针对不同的消费层次和服务需求，扩充"金鹤卡"的增值服务，争取开通金鹤卡与外行卡的卡卡转账业务、跨行跨地存款业务和在港澳地区消费业务。同时着重下力气保持金鹤卡现有的全国城市商业银行交易成功率排名第三的成绩。把自助银行的开办工作作为今后工作的重点。针对我行将要进行的系统升级工作，我们将组织人力，抽出专门时间在科技部、结算部的协助下，参考支行意见搞好金鹤卡业务的升级需求。向人民银行申请发行贷记卡以完善我行的银行卡品种，进一步缩小我行与其他银行在银行卡功能上的差距。继续开发 POS 机（Point of Sale，销售点终端机，供银行卡持卡人刷卡消费使用）划卡消费市场，把POS 商户的开发与客户经理的日常工作结合起来，鼓励支行家家都发展自己的特约商户。开展"有奖消费"活动，对消费量大的客户和收银员进行奖励，以激发客户用卡消费、收银员受理金鹤卡的积极性。

4. 自身优势和竞聘态度：

各位领导、各位同仁，我之所以参与这次岗位竞聘，主要基于以下几点：

（1）我具备金融领导干部的基本素质和经验。能够严格要求自己，恪尽职守，廉洁勤政，熟悉金融业务的操作规程，具有独立操作技能。

（2）我崇尚现代管理理念。坚持以人为本，重视企业文化。勤于思考，热衷实践。能够充分发挥主观能动性，开拓创新，注重实效。

（3）我注重团队意识。能够团结同志，与人共事。能够理解人，关爱人，包容人。善于协调关系，增强凝聚力，形成整体合力。

（4）我具备政策法律观念。深知银行工作的政策性、法规性比较强，既要竭诚为经济建设和人民生活服务好，又要依法经营。

（5）多年支行和部门的工作经验，使我熟悉银行经营管理的各个环节，尤其熟悉个人业务工作，有利于推进个人业务部整体业务的发展。

如果通过这次竞争，没有被竞聘上，我也会加倍努力，干好工作，请领导和同志们放心！最后我要感谢各级领导对我的鼓励和鞭策，同时也感谢在座各位对我的理解和支持。我愿与大家共创美好的未来，迎接我行辉煌灿烂的明天！

谢谢大家！

金融机关工作单位对于应聘者的忠诚度、法律意识、逻辑分析能力、数理敏感能力、经营思维具有较高的要求，该应聘演讲充分切入行业特性，丰富的履历、强烈的拓展市场意识以及管理团队的理念都使得应聘者更具优势。

竞聘汽车服务经理

各位领导、各位同事：

大家好！

非常感谢各位领导、同事们给了我这次竞聘的机会。

我叫×××，××××年5月我有幸来到××公司——这个人才济济、团结又温暖的大家庭。适逢这次难得的竞岗机会，我本着锻炼、提高的目的站在这里，展示自我，接受评判。

今天，我参加服务经理这个岗位的竞聘，主要基于以下几个方面的考虑：

首先服务经理必须具备以下几点基本技能：

1. 保证公司利润最大化。

2. 达到高标准。

3. 领导一个团队走向成功。

4. 压力处理。

5. 了解和运用日常业务知识。

6. 积极有效地完成××××及公司制定的任务目标，严格按照《××××经销商运营手册》完整地履行经销商职责，维护好×××这一百年历史品牌。

若是我竞聘上岗后将努力完成下列工作目标：

1. 遵守并履行××公司内部的一切规章制度。

2. 打破传统思维的桎梏，最大限度地提高客户满意度及忠诚度。

3. 管理售后服务部以保证满足顾客需求，提高车辆一次性修好率；关注售后服务业务的成长、利润和员工满意度的提高。控制售后服务部的所有行为包括对部门财政状况、顾客服务、零配件库存、商品和维修等各方面的监督。

4. 保证为每一个顾客提供高质量的售后和维修服务，顾客能得到车辆维修状况及时的反馈；保持一个清洁、专业的工作环境。

5. 了解顾客所关注的事情、他们的需求、期望以制订和执行有效的行动计划，对顾客进行追踪调查并建立一个售后服务的追踪回访系统，以保证顾客在接受售后服务的 72 小时内回访顾客对服务的满意程度，并及时有效地解决客户反馈的问题。

6. 在售后服务部内部和与其他部门之间创造一个良好的团队合作氛围，保证员工有一个健康的工作环境，用一种及时和有效的态度处理所有员工的抱怨，从而创造和维护管理者与员工的健康的工作关系。

最后，我认为自己竞聘服务经理的优势在于：一是我的敬业精神及团队精神比较强，这是干好一切工作的基础；二是我思想比较活跃，接受新事物比较快，这有利于开拓工作新局面；三是我的亲和力较强，信奉诚实、正直的做人宗旨，能和周围的同事友好相处，协调能力比较强。

演讲完毕，谢谢大家！

正如演讲结尾所说，"敬业精神及团队精神比较强"，应聘者通篇演讲给人务实低调、爱岗敬业的印象。开篇简洁，开门见山，对于个人优势的阐述没有过多渲染，简短到位。服务业最重要的是考验一个人的待人品质、工作态度、执行力等，应聘者的工作目标提及范围广，紧扣服务行业"顾客至上"的原则，围绕此展开，深入细节。

竞聘公司人事劳动政工部经理

尊敬的各位评委、各位同事：

你们好！

今天，感谢公司领导和评委给我参加这次竞聘的机会。

1. 个人工作简介：本人现年 ×× 岁，中国共产党党员，中专学历，统计师职称，于 1979 年 12 月参加工作，1980 年至 1998 年在公司办公室工作并担任过办公室副主任，2002 年 2 月通过竞聘，聘任为人事劳动政工部经理职务。

2. 应聘人事劳动政工部经理的理由：今天，我本来不想参加竞聘的，因为我相信别人能把人事管理工作搞好。但是，我自信——凭自己多年业务工作能力和管理工作，我能把人事劳动政工部工作搞得更好。因此，我竞聘人事劳动政工部经理。

3. 对加强人事工作管理的观点和今后的工作思路。紧密围绕公司改革、发展和稳定大局，树立人才强企和大教育、大培训的观念，以稳定队伍为基础，以提高素质和能力为重点，以重视绩效、强化激励为手段。紧紧抓住培养、吸引和用好人才三个环节，加强员工队伍建设。建立健全适应现代企业管理制度要求、富有竞争激励的新型薪酬管理体系和适应市场经济要求的职工社会保险体系，为公司的发展提供可靠的人才支持和智力支持。

（1）今后工作的重点：①编制人事开发规划；②加强人事管理制度建设；③研究劳动组织管理的新形式；④健全员工教育培训体系，抓好管理人员、专业技术人员和技能人员教育。

（2）具体措施和做法：

①推进两个创新，开创人事人才工作新模式。

一是创新工作理念：要打破传统的"用人必养"观念，树立起"不求所有，但求所用"的人才理念；树立用适当的待遇留住人才、吸引人才的理念。二是创新工作方法：要把企业需求作为工作的出发点，重新编制人才规划，确定人才、智力的需求重点。把"引得进、留得住"人才作为工作的重点，加强人才载体建设，探索建立公司引进、稳定高素质人才的激励机制，让各类人才在企业都有所作为。

②合理配置人才，优化人员结构。认真分析公司目前人才总量、结构、配置需求等现状，本着适应企业自身发展需要、提高企业员工整体素质和适当进行人才储备的原则，作出符合实际的需求计划。严把人员进口关，建立竞争型的吸引、使用配置用人管理机制，科学合理地配置人才。研究人事代理和聘用制管理模式，探索新的用工方式，实行"新人新办法"。进一步完善劳动合同管理办法，规范企业用工行为。

③加大人事开发力度，全面提升员工素质。要根据公司发展目标要求，编制员工教育培训规划，建立健全员工教育培训管理体系。充分发挥培训在人事开

发工作的重要作用，逐步推行员工培训制度，把岗位工作要求与培训标准结合起来，变被动培训为主动培训。从制度上引导和约束员工变"要我培训"到"我要培训"，使公司成为全员终身培训、终身学习的学习型企业。按照"重点干部重点培训，优秀人才加强培训，紧缺人才抓紧培训，一线生产人员经常培训"的原则，抓好管理人员、专业技术人员和技能人员三支队伍的培训。以多层次、多方面、多形式培训，全面提高员工的素质和能力。

④加强自身建设，塑造人事劳动管理部门的新形象。人事劳动管理工作关系到企业稳定、员工的切身利益，各级人事管理人员要主动适应电力体制改革要求，切实转变观念，增强服务意识；要经常深入实际，加强作风建设和廉政建设；要加强学习、联系实际、善于思考，不断研究人事开发与管理工作的新思路、新举措，树立人事管理部门的新形象，建设一支业务熟、作风硬、能力强的人事管理队伍。

4.对竞聘结果的态度：今天，我站在演讲台上，也许有的人认为我对管理工作没有经验。对此，我不想否认。我相信，在今后管理工作中，我能和各位很好地合作，有信心、有能力把管理工作搞好。若我竞争不上这个岗位，也不会灰心，不论在何岗位工作都能尽自己的能力做好。谢谢大家！

该应聘者开篇、结尾不避讳个人不足，陈述直截了当，但很快反客为主，清晰地说明个人"施政纲领"，最大限度地凸显工作思路的新意：创新人才观、构建培训体系等。对于无经验型应聘者来说，这是一篇值得借鉴的范文。

竞聘物业区域主管

尊敬的公司领导：

你们好！

感谢公司为我们提供这个极其珍贵的"自荐"机会，我是来自工业区的×××，自加入物业公司以来我始终以"堂堂正正做人，兢兢业业工作"作为自己的立世之本。在公司的培养和同事的帮助下，今已熟练地掌握所在区域的供配电系统，给排水系统的运行，电梯、发电机的操作，各设备设施的维修、保养、运行、操作、管理规程及应急处理。同时在这几年繁忙的工作之余，本人还坚持利用业余时间自我充电，今已取得了电工高级技术证书、物业管理中级证书、大专两年的机电专业知识，通过自身的不断学习和刻苦钻研，逐渐提高了解决实际问题的能力，大大拓宽了工作思路。多年来的工作成绩也得到了各位老师傅的充分肯定。如今公司为我们提供了竞聘上岗机会，我认为是我学以致用的时候了，所以我竞聘×××园区域主管一职。

如果我是区域主管，我一定虚心学习，大胆探索，务实求进，以身作则来做好各项工作，而且要抵制各种不良作风，以自己的规范行动带领属下完成各项工作，采取一系列措施来提高服务质量：

1. 首先要进行员工培训。让员工转变观念，提高业务水平，增强服务意识。

2. 建立严格的员工管理制度和投诉受理制度。要管理好员工，就必须靠严格的规章制度，靠良好的企业文化教育和对员工无微不至的关怀，靠自己勤勤恳恳、任劳任怨的踏实工作作风来赢得员工真心真意地同我合作。我们公司的员工素质普遍都比较高，我相信一定能够把他们团结起来，同舟共济，共同奋斗，按规范做好各项工作，争取达到市优标准。

3. 定期对员工进行考核，以提高员工的技能及综合素质，合理安排属下员工的调配及协调工作。督促员工按规范做好供电设备设施、给排水设施、电梯设备设施、消防设备设施、运行保养工作、安全教育、安全管理等相关记录。

如果我是区域主管，我决心立足本职，摆正位置，配合、支持公司领导的工作，坚决服从领导的工作安排，抓好分管工作，为领导提供多方面的参考意见；在思想上摆正位置，行动上顾全大局，工作上认真负责；加强员工之间的沟通；协调、营造、团结、竞争的良好氛围，力争让每个人的才能、潜力都能得到充分发挥；维护同事间的团结，维护领导形象；调动员工的积极性，团结同事共同搞好工作，提高服务质量，力求在服务中显示实力，在工作中形成动力，在创新中增加压力。

如果我是区域主管，我将合理做好日常工作安排，完善责任区的绿化、保洁、房屋装修、治安防范、各项安全防火措施、供水供电等的管理。主动与业主沟通，寻求他们的支持与配合，使业主的满意率及维修及时率达100%，并做好回访记录。提高员工培训力度，强化岗位的重要性，思想上应重视岗位，知晓麻痹大意的后果，杜绝一切违章行为，做好工作记录、工作总结，定期汇报领导。

作为这次竞聘的积极参与者，我希望能在竞争中取得成功；但是我绝不回避失败，不管最后结果如何，我将一如既往地"堂堂正正做人，兢兢业业工作"。

谢谢大家！

作者用了几个"如果我是区域主管"来作为段落开头，进行工作思路的阐述，可谓别出心裁。这样段落排比的方式很容易让听众找到演讲词的节点，能够跟着演讲者的思路，抓住重点，更加透彻地理解演讲者的中心思想。用同样的短语开头的段落排比方法，值得在演讲词中加以借鉴。

竞聘银行业务部经理

各位领导、同志们：

你们好！

今天能站在这里接受组织的挑选，心情非常激动，感谢行领导为我们创造这次公平竞岗的机会！我叫××，现年 32 岁，大专学历，中国共产党党员。1994 年从部队复员后参加工作，现任 ××× 营业所三级主管。我今天竞聘的职务是银行业务部经理，下面我向在座的各位讲述自己参与竞聘的条件和优势：

1. 勤于学习，自身素质过硬。在中国人民解放军 ×× 部队 3 年的服役和锻炼，夯实了我自身政治素质这根桩，连续 3 年获部队嘉奖，并光荣地加入了中国共产党。我在不断地加强自身政治修养的同时，为提高业务素质，时时处处向老同志学习，向先进学习，学习他们的敬业精神和业务技能，并通过自学以优异的成绩取得了经济管理专业的大专文凭。十年磨一剑，最终使自己从一名门外汉锻炼成为一名政治素质硬、业务素质精的工作能手。

2. 爱岗敬业，工作作风踏实。我始终认为，干好事业靠的是忠诚于事业，靠的是一丝不苟的责任心。十余年来，无论在哪里，无论干什么工作，我都把事业放在心上，责任担在肩上，尽心尽责用心工作。多年来组织的培养、领导和同志们的支持和帮助，造就了我敢于坚持原则、主持公道、照章办事、作风正派、求真务实、胸怀坦荡、谦让容人、善于团结并善于听取群众意见的品格。尤其是在关键时刻，自身更具有迎难而上、勇挑重担、敢担责任和风险的气魄。

3. 经历广多，工作经验富足。3 年的部队锻炼不必多讲，就入行十余年的经历而言，我先后担任过××办事处出纳员、办公室基建处质检员、营业部信贷员、专项信贷部内勤、不良资产清收大队队长、客户三部客户经理和××营业所二级主管兼柜员。特别是在从事清收不良贷款工作期间，我所负责的清欠小组全体组员群策群力、团结拼搏、乐于奉献，仅一年的时间内就取得了现金收回贷款192万元，盘活100万元，保全6000余万元的业绩，我个人也因此被评为先进工作者和市级清收能手。另外，在客户三部工作的半年时间内，我个人揽储额达580万元，其中定期350万元。以上成绩的取得无疑是领导和同事们支持和帮助的结果，也更是自身能力和工作经验的体现。

这次竞聘如果有幸再次得到领导和同志们的信任和支持，我将迅速找准自己的位置，尽快进入角色，将从以下几个方面开展好工作：

1.不断加强政治学习和业务学习，努力将自身素质提高到一个新层次，积极探索新形势下业务部工作的新渠道和新思路，力争使业务部的全面工作再上新台阶。

2.坚决服从行党委领导，紧紧围绕我行总体工作部署，充分发挥主观能动性，积极挖掘并充分利用社会关系等各方面的优势资源，制订明确的工作计划，卓有成效地开展业务工作。

3.团结部室同志，当好行长的得力助手和参谋，为工作多提好建议，多想好思路，多出金点子，带头在部室里掀起争先创优的工作热潮。

如果这次竞岗不能如愿，我也决不怨天尤人，更不会消极工作。因为通过这次竞岗活动，使我更清楚地看到了自身的不足，更能使我改进今后的学习和工作。更何况参与这次竞岗的目的不只是为了争"官"，而是借这次活动的平台向领导和同志们展示一下自己勇挑工作重担、敢于承担责任和风险的精神面貌！

在此，向多年来支持、关心帮助我成长的领导和同志们致以我最诚挚的感谢！

今天和明天，请大家继续支持我、关心我，谢谢！

我坚信：我行的明天更美好！

 点评

作者十分善于总结自己的优势，这一点就是竞聘演讲中一个非常大的优势。因为可能这些优势别人也有，但是没有总结出来，那么率先向听众表明这些优势的人就有更大的胜出的可能性。作者将自己的竞聘优势归纳为3点：勤于学习，自身素质过硬；爱岗敬业，工作作风踏实；经历广多，工作经验富足。采用了统一的句式，风格相近，便于听众理解和记忆。总结的方法值得借鉴。

竞聘会计主管

各位领导、同志们：

大家好！

我非常感谢各位领导、同志们给了我这次竞聘的机会。我叫×××，今年34岁，大专学历，会计员。13年来在营业网点和储蓄事后监督工作岗位上，从事的都是储蓄会计工作。今天我本着锻炼自己、为我行服务的宗旨站到这里，竞聘我行××分理处委派会计主管一职。营业网点会计工作具有专业性、广泛性、从属性、服务性和琐碎性等特点，从委派会计主管应当具备的基本条件和业务素质要求看，就知道这一工作的艰巨性。刚才参加竞聘演讲的几位同志，每个人都有自己的优势。我要说，我的优势就在于3个方面：

1. 有较为扎实的专业知识。自毕业参加工作以来，我始终不忘学习专业知识，不断地丰富自己、提高自己。参加了我行组织的政治理论和市场经济、金融管理等培训的学习。又参加了省财院货币银行学大专班（函授）的学习。使我的政治素养和业务水平不断提高。

2. 有较为丰富的实践经验。7年的营业网点前台和6年后台事后监督工作经历，使我熟练掌握各项柜面业务操作流程和计算机前台操作技术及各项业务管理规定与操作规程，掌握银行经营管理、财务会计等基本理论知识。深知营业网点从业务办理到凭证整理归案，经营风险防范的关键在于制度的执行与落实，知道委派会计主管工作的职责任务，明白做委派会计主管所必备的素质和要求。

3. 有较强的工作能力。我在日常生活和工作中注意不断加强个人修养，踏实干事，诚实待人。经过多年学习和锻炼，自己的业务能力、工作作风、组织协调能力、判断分析能力、具体处理会计工作中实际能力都有了很大提高，能够胜任委派会计主管工作。

假如我能够竞聘上岗，我打算从以下几个方面配合做好委派会计主管一职，提高委派会计拓展工作质效、树立委派会计主管优质的形象。

我的目标是：我与委派会计主管共发展。

1. 加强学习，全面提高自身素质。努力学习各种新知识，适应形势发展的需要。贯彻执行好国家有关财经法规和建设银行各项财务会计规章制度及操作规程。在思想上树立主人公的观念，以全局为重，以事业为重，敢言、直言、能言、善言，将自己的才智毫无保留地贡献出来，不计个人得失，不当摆设。在工作中，维护支行形象，维护班子形象，讲团结，顾大局，摆正位置，当好主角。做到"三个服从"，即个性服从党性，感情服从原则，主观服从客观。做到服务不缺位，主动不偏位，融洽不空位。让领导放心，让群众满意。

2. 履行职责，不断强化决策管理。一是组织好支行的会计核算，真实、准确、及时、完整地提供会计信息，严格岗位分工及岗位轮换，规范操作，防范操作风险，确保会计业务的正常开展；二是本着严格、优化的原则，组织拟定好支行日常检查计划，按月组织对支行进行重点检查及半年一次的全面检查或专项检查，对检查出的问题及时进行纠正。督促落实好整改上级检查及外部审计等发现的问题，重点做好柜员卡的日常管理检查，在用印签卡、抵质押物的核对、账户的对账上，确保账卡账实、账账相符；三是做好支行日常前台柜面工作，对重点会计业务按照规定严格进行管理。财会人员岗位变动时，做好重要物品、单证的监交工作，对大额进出款项进行严格管理，以管理提升效益。

3. 开拓进取，创新工作方法。创新永远是我们工作的灵魂。随着我行业务的迅速发展，中国×行全面实施股份制改革，这是贯彻落实党的十六大和十六届四中、五中全会精神，加快金融改革，促进金融业健康发展的重大决策，也是我国金融业一次全新的改革实践。通过股份制改造，我行将成为资本充足、内控严密、运营安全、服务和效益良好的现代金融企业。因此，不断创新基层内部管理、完善会计监督机制、创新会计信息质量和风险防范能力工作将成为我们的重点工作。围绕以上方面，在工作中我将重点对支行业务发展过程中存在的问题进行专题分析研究，提出整改意见，落实好整改情况；配合支行负责人协调好与上级行及当地与财会活动有关部门之间的关系；实施好会计基础规范化等级管理创新。

4. 拓展服务理念，打造优质服务品牌。本着"银企双赢共谋发展"的服务宗旨，秉承"心系万家银行业务拓展"的服务理念，追求"我与银行共发展"的服务目标，坚持做到定期或不定期组织财会人员进行业务知识和操作技能的学习和培训工作，以熟练的技能为客户服务。配合支行对综合实力强、经营管理规范、业绩良好、有品牌优势、资信良好的企业和个体商户，尤其是资信20强的企业，加强会计业务合作，为开发商及消费者等提供限时、首问责任制评估、快捷办理的优质服务；全面实施服务环境规范、服务形象规范、柜台服务规范、会计流程规范和检查督促规范，从客户的利益出发，永远把客户的利益和需求放在首位。在会计规范化服务达标基础上，推出首问责任制、一次性告知制、同岗替代制、限时办结制、办事制和例会制等为客户提供差异性、个性化的服务。体会服务就是品牌、服务就是管理的深刻内涵，为我行业务的增长奠定坚实的基础和良好的环境。

尊敬的各位领导、各位评委，在我的竞聘演说结束时，我还想说的是，我也许还不成熟，也许还有这样那样的欠缺，我会努力努力再努力，不断完善自我、追求自我、超越自我，做一个全面发展的人。西方一位哲学家说过：给他一个支点，他就能把地球撬起来。我要说的是：给我这个职位，我一定会做得更精彩！

谢谢大家！

点评

会计主管岗位要求候选人具有很强的条理性。本文作者在阐述竞聘优势时，总结为两点：扎实的专业知识和丰富的实践经验。在阐述自己的目标时，提出了四点：加强学习，全面提高自身素质；履行职责，不断强化决策管理；开拓进取，创新工作方法；拓展服务理念，打造优质服务品牌。不仅条理清晰，而且句式整齐，语言丰富，富于变化。演讲词的这些特点都体现出会计主管岗位所要求的特征，同时说明作者是一名合适的候选人。

竞聘商场主管

各位领导、各位同仁：

大家好！

在市场竞争日益激烈的新形势下，我们××商场适时调整经营方针，在内部进行人员调整，这是商场管理层的英明决策和对新形势的正确把握。作为××商场的一名员工，我深感振奋，也很受鼓舞，没有理由不积极响应，也没有理由不主动参与！

下面，我将我竞聘的条件、优势和态度向大家做一汇报。

1.长期的商业实践，给予了我竞聘的勇气。我叫×××，生于××××年，现在××工作。我于1980年参加工作，从事商业工作长达25年之久。在长期的商业经营过程中，我做过营业员、业务员，也做过专柜组长和部门经理，逐步积累了丰富的实践经验。

1999年，我去深圳在××集团××分公司先后担任童装、童车业务主管，负责与××百货、××百货、××百货、××广场等大型百货公司业务以及专柜形象维护、专柜小姐培训管理等工作，同时负责与××、××、××等大型超市业务的联系、促销人员管理及代理商市场维护。这些经历使我的商业阅历更为丰富，并接触和掌握了许多超前的超市管理知识。

去年，为照顾家庭，我被招聘到××商场从事××工作。一年多来，我虚心向老同志请教，在工作中学习、在学习中锻炼，300多个日日夜夜的耳濡目染，我对××独特的经营理念有了直接的认识和更为深刻的了解。

2.务实的工作思路，增强了我竞聘的底蕴。20多年的商业生涯，使我深深懂得，干商业工作不仅要有激情，要熟悉商业知识，更要会分析市场，掌握顾客心理，还要了解竞争对手的基本情况，做到知己知彼，才能在激烈的市场竞争中处于不败之地，抢占先机，赢得主动，这是做好商业工作的最基本的素质。如果我应聘成功，我将协助各位领导、依靠全体店员，把本人在20多年商业生涯中积累的经验灵活运用到××的经营实践中，围绕"增加销售"这一中心，做好5个方面的工作：

（1）在特色管理上，要注重商品专营的特色、引导时尚的特色、购物环境的特色、商品陈列的特色等，通过众多的单体特色，打造出独具个性的营销特色。

（2）在职工管理上，重点做到人性化。通过各种途径，不断向他们灌输先进的经营理念，提高其业务素质，规范服务行为，通过他们的一言一行，向顾客展现出××的美好形象，进而集聚人气，形成别具一格的核心竞争力。

（3）在顾客管理上，本人将进一步强化"顾客就是衣食父母"的理念，并将之贯穿于工作的全过程，真心实意为顾客提供热情、到位的服务。做到对商品分类与摆布等情况了如指掌，主动为顾客做好店内引导、商品说明等工作，同时要努力营造良好的购物环境，全面提升服务层次和服务质量，以满足顾客不同层次的需要。

（4）在商品管理上，要尽可能丰富商品品种。要把缺货作为营业的最大敌人，视商品质量为商场的生命，进一步完善《缺货登记制度》，在缺货醒目处设立"缺货告示"，告此商品的下次到货时间，以方便客户到时购买。

（5）在商品损耗管理上，要进一步强化手段。往往一种商品的损耗，至少需要5～6种商品的销售毛利才可弥补，因此我将把商品损耗管理作为门店节流、创利的重要环节来抓，从根本上提高商场的管理水平。

尊敬的各位领导、各位同仁，虽然我到××的时间不长，但我已深深地感受到××这个大家庭的温暖，看到了××的发展前景。我也确信，我对商业工作充满激情，精力充沛的我渴望拥有一个能够实现自我价值的舞台。假如这次条件够不上，我将继续努力，在原有的工作岗位上更加努力地工作，更加刻苦学习，做一个合格的××人。如果大家相信我、信任我，能够给我一次机会，我将在新的岗位上勤勤恳恳工作，认认真真做事，清清白白做人，不辜负领导和同志们的希望和重托，将自己的每一份光和热都融化到××的事业中去，脚踏实地地干出一番事业。

最后，我希望能用你们的信任和我的努力作支撑，共铸××商场明天的辉煌！

谢谢大家！

点评

作者竞聘商场主管最大的优势在于丰富的商场工作经验。在自我介绍中，作者叙述了自己在不同商场从事过多种工作的经历，说明竞聘商场主管的岗位自己是有一线工作经验的；同时阐述了自己在一线工作中的感悟——要分析市场，掌握顾客心理，从侧面说明了作者的不断进步和善于思考总结、勇于探索的工作风格。作者善于在事实的陈述中展现自己的优势，这一点在竞聘演讲中值得学习。

竞聘总经理工作部主管

各位领导、各位评委、各位同事：

你们好！

接下来的几分钟里，我会竭尽全力地向你们证明，我胜任××公司总经理工作部主管一职。

我叫×××，生于1970年，大专学历，于1998年获统计中级职称。自

1989年毕业分配到××供电局，一直从事电力统计工作，作为××供电局的普通一员，我的职责是提供高质量的统计数据。在工作中，由于我认真努力、兢兢业业，在各方面都取得了较好的成绩，曾经多次获得地（市）、自治区、国家电力公司的优秀统计工作者称号，我很自豪，我为我局这些年来所取得的巨大成绩作出了我应有的贡献。

今天的世界是一个相互依存的世界，我们每个人都有着独特的位置并扮演着特定的角色。因此，在我们相互合作去实现一些任何个人都无法实现的目标时，认清我们的位置、角色与责任就显得十分重要。我之所以竞聘××公司总经理工作部主管一职，是因为我觉得自己比较适合这一职位，具有以下几个优势：

1.有较扎实的专业知识。在15年的统计生涯中，我很注意发挥主观能动性，超前意识强，这有利于开拓工作新局面。自参加工作以来，我始终不忘读书，勤钻研、善思考、多研究，不断地丰富自己、提高自己，曾在本局职工计算机比赛中获第一名。

2.有较强的工作能力。我在日常生活和工作中，以"明明白白做人，踏踏实实工作，实实在在做事"为信条，言行一致，脚踏实地，诚实待人。经过多年学习和锻炼，自己的业务技术能力、组织协调能力、判断分析能力都有了很大提高。

（1）我具备一定的政策理论水平。由于平时注重学习，尤其是注意收集报纸、杂志、网络上有关方针政策的信息和动向，因此能够在工作中把握正确的方向，保持较高的政治敏锐性。

（2）我具备一定的文字综合能力。在过去从事的统计工作中，为能把数据后面所隐含的原因、苗头、趋势和问题及时参透出来，我每月都编写有关分析材料，由于文笔流畅加之分析内容观点适合形式发展需要，这些文章曾一度作为××电力系统统计分析的范文进行推广；另外我每年都向电机工程学会统计分会提交论文，曾获青年学术优秀论文奖。

（3）我有一定的组织协调能力。在过去几年中，我曾经组织筹备过全区电力生产统计、技改大修统计等大型会议，由于组织工作筹备得比较好，会议获得了圆满成功，受到同行的好评。

3.有强烈的责任心和事业心。我一直非常热爱我从事的统计工作，我曾全身心地投入，也获得了相应的回报，在各种专业统计评比中总少不了我的名字，各种经验交流活动中少不了我精彩的演说,一本又一本大红烫金证书是我的骄傲。我学会了在平凡的工作中体会快乐的人生。我正值而立之年,正值干事创业的大好时机,我认为自己应该向着更高的目标努力,换个岗位,从另一角度实现自己的价值。我相信以我充沛的精力、高度的敬业精神和强烈的事业心,定能够全身心地投入到新的工作中去。

假若我能够竞争上岗,我打算从以下几个方面开展工作:

1. 加强管理,提高创新意识。总经理工作部的工作面宽事杂,只有加强管理才能保证工作宽而不推,杂而有序。如果我竞选成功,首要任务是根据这次三改岗位设置修编质量和职业健康安全体系文件及各项规章制度。用制度和标准进一步加强管理,坚持以人为本,充分调动每个员工的积极性和创造性,让他们像圆规一样,找准自己的位置;像尺子一样公正无私;像太阳一样,给人以温暖;像竹子一样,每前进一步便小结一次。使办公室工作管理制度化,服务优质化,参谋有效化。

2. 努力当好总经理的参谋助手。在工作中多请示、勤汇报,既充分尊重领导的意见,又敢于表达自己的看法;对领导交办的工作做到事事有回音、件件有着落,坚持做到不越权、不越位、不错位、不失位。

在工作中更要加强协调意识,把协调作为一种统一步调,形成合力的调节器,凡事加强沟通,把握好横向和纵向协调力度,无论何时都要做到信息畅通,起到一种承上启下的作用。

3. 合理配置人才,优化人员结构。总经理工作部的职责之一就是合理配置人才,优化人员结构。如果能够上任,我会与有关责任人一同认真分析公司目前人才现状,科学合理地配置人才。建立健全员工教育培训管理体系,把岗位工作要求与培训标准结合起来,变被动培训为主动培训,使公司向学习型企业转变。

4. "打铁还需自身硬"。对自己政治上高标准、严要求;工作中身体力行,恪守职业道德,管理上奖惩分明,发扬民主,善于听取不同意见;生活中团结同志、助人为乐;提高自己的领导水平和管理水平。

这些年来,常常有一种声音在耳边回响:你幸福吗?我的回答是:是的!工作了这么长时间后,我认为我努力了,我理解我的角色,我履行了我的职责,我的工作对我来说已经不单纯是一份工作,它向我诠释着幸福的真谛,那就是:去做一些事,去爱一些人,去追寻一些梦想。今天,我参与竞争,追寻新的梦想,我希望你们能信任我，投我一票，让我在新的岗位上努力耕耘，用心描绘精彩的明天！

　　总经理工作部工作面宽，事情多而杂，需要一位条理性强并且能够驾驭全局的人。作者在演讲词中向我们展示了他的这一竞聘优势。在竞聘优势和工作计划这两部分，作者都分条目列出，并且在优势介绍部分还有纲目两层结构，调理清晰，思路明确。在工作计划部分，作者提出了用制度和标准进一步加强管理和合理配置人才，优化人员结构的措施，从全局出发、大处着眼，充分体现了管理整个总经理工作部繁杂事务的潜质。

下篇
情景模拟篇

· 第一章 ·

竞聘情景模拟概述

面试答辩的基本概念

1. 面试答辩的定义

面试答辩，顾名思义是以面对面的考核方式对竞聘者进行全方位、多角度的审核。情景模拟面试是面试答辩中重点采用的一种方式，所谓"情景模拟"，就是假设某种特定的场景，要求竞聘者扮演某种角色参与其中，去处理各种问题矛盾和采取有效的解决方案。考官会对竞聘者做出的行为和采取的解决方案进行观察和记录，并依据考试标准，测评出其综合能力和素质潜能，以判定其是否适合竞聘的岗位。

2. 面试答辩在竞聘上岗时的作用

面试答辩是机关组织或者企事业单位衡量一个人是否适合竞聘岗位的重要手段，它能给单位人才的任用提供充足的理论依据。竞聘者的履历只能说明部分问题，为了避免履历的单一性和误差性，面试答辩由此产生，并在竞聘岗位中起到了一定的作用。在公开竞聘某个岗位时，面试答辩环节往往被安排在竞聘演讲环节之后，其也可被单独列为选拔人才的唯一环节。这也是为什么有些机关组织或者企事业单位可以取消笔试环节，而不会取消面试考核的原因。面试答辩的审核效果不管在直观性、全面性还是时效性上均是笔试所无法达到的。尤其国家机关工作人员的选录和党政领导干部的选拔对竞聘者的真实性和可信度要求较高，所以面试答辩（情景模拟测试）这个环节就显得特别重要。

面对面的交流方式，能让用人单位对竞聘者有一个直观的了解，比如对竞聘者的仪容仪表、言谈举止等都有一个清晰的印象。这有助于招聘单位根据岗位的需要选择最合适的人才。比如从事外事服务工作就比较重视仪容仪表和整体的精神面貌，如果考核对象邋遢脏乱、咬字不清、眼神涣散，即使其拥有再出色的学历背景、再丰富的工作经验，也不符合招聘单位的要求。

3. 面试答辩在竞聘上岗时的重要性

在全面了解面试答辩的定义和作用后，面试答辩在竞聘上岗时的重要意义就显得更加突出，"百闻不如一见"就完整直观地体现出来了。机关组织和企事业单位都更偏重直观地判断一个"活灵活现"的考核对象，通过面对面的交流，加深对适合此职位人选的印象，从而作出正确的判断。它不仅对测评者衡量一个考生的综合能力起着重要的审核作用，而且考生也可以通过测评者的提问直观地了解该机关组织或者企事业单位用人的标准和具体要求。所以面试答辩在竞聘职位上，对竞聘双方都具有重要意义。

面试答辩的基本题型

在了解面试答辩的重要性后，就要为面试答辩做最充分的准备。在准备的过程中，最重要也是最关键的环节就是了解基本的出题思路和题型，很多岗位的竞聘者都能出色地通过笔试考核部分，却因为在面试答辩中，因为回答偏离主题或没有做好充分的准备而与竞聘职位失之交臂。其实面试答辩的题目万变不离其宗，它主要是考验考生的知识面、思维层次和逻辑理论构架。因此，在认清题目之后，回答相应的问题时，要具有逻辑性、条理性，切勿主次不分、轻重颠倒。回答问题前可以利用一两分钟进行短暂思考，尽量不要语无伦次、结结巴巴、漏洞百出，在回答问题时可以多用"首先、其次、最后"等关键词，它们能让回答显得更有条理性。

一般来说，面试答辩中出现的题型有分析题型、预测题型和图像题型 3 种。

1. 分析题型

一般来讲，分析题型在面试答辩考试中最常见。分析题型一般分为客观题和主观题两种，客观题一般比较少出现，它具有标准的回答思路；而主观题就比较常见，它可能会有多种的回答思路和方式，给竞聘者提供了更广阔的发挥空间，也给用人单位多视角的审核余地。如"分析一下你竞争这个岗位的优势劣势"，"请说一下你对这个行业和职位的认识"等等。回答分析题型采用陈述的表达方式最为适宜，根据个人的经历背景和已提交过的履历，如实地进行陈述性的描述。

2. 预测题型

预测题型也是面试答辩中经常会被采用的题型。用人单位通过预测某种场景，让竞聘者设身处地对将会遇到的问题展开思考和回答。这种题型的提问方式有："如果你成功竞聘到此职位，你会如何开展工作"，"如果你是×××，你和上级领导在执行项目时出现了一些分歧，你会如何处理"，"如果你是×××，看到此场景，你会怎么做"，等。竞聘者在回答此类问题时，应多结合自己所具备的优势，如个人学历、专业特长、相关工作背景和个人业绩等对所要竞聘职位的具体工作做进一步的设想，从而证明自己的能力可以胜任此职位，证明自己有别于其他人的优势。

3. 图像题型

考官还会借助图片、录像等辅助工具，给竞聘者展现某种画面或工作场景，要求竞聘者对此现象或问题作出分析。这种题型主要考核竞聘者的思维方式、观察能力以及判断分析能力。遇到这种题型的时候，竞聘者要认真思考，抓住重点，围绕主题展开回答，并尽量有自己的独特见解。

竞聘面试主要遵循的"二重奏"

1. 亮点优势

竞聘者在准备面试答辩阶段，首要任务是对自身的优点长处做具体的总结，比如自身优秀的性格品质、良好的教育背景、丰富的工作经验、独特的心理优势、缜密的思维方式、扎实的理论知识、深厚的文化素养等。因为很多竞聘者被用人单位问的第一个问题经常是"我为什么要聘用你"，竞聘者想说服主考官选择自己，就必须针对所要竞聘岗位的性质特点对自己所拥有的优势做深入具体、细致客观、形象生动的描述，有理有据、真实可信的陈述往往更能打动主考官。

2. 工作展望

一个即将竞聘上岗的竞聘者，必须对自己将要做的工作内容有具体的了解。"如果我有幸通过主考官和局领导的审核，顺利上任××部××一职，我将会从以下几方面开展工作：第一是宣传策划，第二是内部学习，第三是××××……"，合理地阐述自己的工作思路和对未来工作内容进行展望是面试答辩前一定要准备的，即使这个问题不一定被问到，但是至少在自己的竞聘准备里，一定要包含对未来工作的具体规划。如果连这个问题都未曾考虑过，那么主考官一定认为你还没准备好接受这份工作。在回答这个问题时，最好能结合当前最新政策热点，提出有建设性的意见和建议，这样的回答往往更能吸引主考官，增加他对你的印象分。

在准备面试答辩时，先把这个"二重奏"准备好，大部分面试的题目都可以迎刃而解。

面试答辩时应掌握的技巧

1."废话""套话"的技巧

面试答辩时，如果竞聘者对某些问题的思考还不够成熟，还没有理清思路，一下子不知道该从何说起时，不妨说几句"废话"，先在第一时间把考官的话接过来，比如："首先，我非常高兴今天能有这样的机会来展现自己……"，"您提到的××观点，我非常认同，我也认为这个观点非常重要……"。说这些"废话"，其实是在给自己争取时间整理思绪，组织语言材料。这是面试答辩的一种技巧，不过，这种"废话"不宜多讲，否则会引起主考官的反感，觉得竞聘者是一个拖泥带水、没主见的人。

另外，学会讲"套话"。比如被问到自己不太熟悉的问题时，不妨说上几句通用的套话，虽然有些空大，但是至少能保证不会出差错，比如："加强××建设""对××起到很重要的作用""协助上级领导做好副职的工作"，等等。

2."偷换概念""口语化"的技巧

在回答主考官的问题时，竞聘者要注意多谈论自己正面的积极的性格特点，少说负面的消极的事情。比如在谈到自己的缺点时，就可以用"我觉得我最大的缺点就是苛求完美""我的不足是做事情太着急，有点雷厉风行"，这种偷换概念、委婉地用优点代替缺点的技巧，不但不会给主考官留下不好的印象，反而会使他觉得你是一个可信的人。

在回答问题时，多引用一些自己熟悉了解的例子，切勿举空泛的例子，而且描述上不要太过于文言，尽量白话、口语化，否则会给人一种文绉绉、酸溜溜的感觉。如果想进一步阐述观点，不妨引用一下名人名言，如"这里我想引用一句雷锋的话'钉子有两个好处：一个是挤劲，一个是钻劲'，所以我们在工作中，也要提倡这种'钉子'精神，善于挤和善于钻。"这样的引用会给你的回答增色不少。

3."幽默""模糊"的技巧

竞聘者在面试答辩时适当插入幽默的语言，不但能让气氛活跃，使场面暂时轻松下来，而且还能博主考官一笑，给他留下机智灵敏的印象。如主考官问到"评价一下罗纳尔多和乔丹，你认为他们谁更厉害"，考生就可以这样回答："我觉得他俩都没我厉害！"之后再作解释："我要跟罗纳尔多打篮球，跟乔丹踢足球，那么他们都没有我厉害。"这样的回答不仅幽默，而且很富哲理性，往往能取得很不错的效果。掌握好了"幽默"的尺度，发挥好这个小技巧，往往会让你脱颖而出。不过值得注意的是，一定要关注竞聘单位的面试氛围，如果主考官是一个严肃严谨的人，那么就不适宜开玩笑，否则会起到相反的作用。

如果面试时遇到一些需做评论的问题，那么要对自己了解的方面多做评论，对自己不太熟悉或者模棱两可的事情少做评论或者直接不予评论。

4."规避""总结"的技巧

不同的机关组织、企事业单位所采取的面试答辩形式都不太一样，有些是采取主考官与竞聘者"一对一"的形式，有些是几个主考官与一个竞聘者"多对一"的形式，而有些是一个主考官与多个竞聘者"一对多"的形式，甚至是多个主考官与多个竞聘者"多对多"的形式。如果是和其他竞聘者同时参加面试答辩，那么竞聘者就可以尝试"规避"或"总结"前面竞聘者回答的技巧。

比如，在提到工作的设想时，如果前面的竞聘者已经归纳了几点，那么轮到你作答时就要尽量规避前者的回答，自己另外罗列新的观点，否则有"拾人牙慧"的嫌疑，不会给主考官留下很好的印象。此外，在被问到"优势与劣势"时，要善于将自己的优势劣势与其他人做比较，比如在总结自己的优势时，可以对其他人也具有的优势轻描淡写地总结一番，而在此基础上多谈论别人不具备而你具备的优势。在表达观点和分析问题时，就可以多注意总结归纳其他竞聘者提到的问题，再加入自己的观点，这样会显得你的回答全面而具体。

面试答辩时的基本注意事项

1.不焦虑，不紧张，稳定情绪，随时给自己良好的心理暗示，比如：我已经做好准备了。

2.注意仪容仪表，言谈举止，有礼有节，整个面试进行过程中，要礼貌应对。

3. 在面试过程中，应该努力思考，与面试节奏统一协调，如有没有听清的问题，要谦虚有礼貌地要求主考官再念一次。

4. 回答问题声音洪亮，注重语气语调。了解题目和出题的意图，并围绕主题去分析谈论，切勿在不理解问题的时候就作答。

5. 进行面试答辩的过程中，要注意自己的语速，不要过快或者过慢，要适中。回答任何问题都保持统一，不温不火。

6. 对自己不了解或者没把握的观点，不要提及。

7. 注意语言表述，不要重复强调一些观点，把重要观点简明扼要地表达出来即可。

8. 面试答辩时间有限，要注意时间的安排，在规定的时间内作答。在回答问题时，要精简，突出重点，围绕中心思想，干脆利落，注意文字上的精练。

·第二章·

党政工作竞聘模拟

某市公开选拔镇党委书记，梁某通过笔试，并顺利通过竞聘演讲，现在参加面试答辩。以下是面试答辩内容：

考官：请你谈谈为什么你觉得自己适合镇党委书记这个职位。

梁×：考官您好！我觉得我之所以适合镇党委书记，是因为我有以下 3 方面的优势：

1. 不怕苦的精神。我出生在农村，在农村生活成长，小时候生活环境艰苦，培养了我不怕吃苦的精神。之后我通过努力，以优异的成绩考上了 ×× 重点大学就读 ×××× 专业，并顺利取得学士学位。我在农村生活将近 ×× 年，农村纯朴的民风习俗、勤劳的生活方式，培养了我踏实肯干的性格、宽容坦荡的胸怀和吃苦耐劳的个性。我非常了解农村、乡镇人民的生活方式、生存现状及心理状态，对于他们遇到的种种问题，我能够感同身受，这些都是我当好镇党委书记的基础。

我不怕苦、不怕累，从小就和乡亲们打成一片，再脏再累的活我都干过，从没有一句怨言。我得到过很多乡亲们的帮助，我对每一个给予过我帮助和照顾的人都抱有感恩之心，所以我一定要回到家乡，从基层做起，为党和人民群众服务。大学毕业后，我没有留恋大都市，而是回到乡镇参加工作。我先后做过 ×× 技术员、出纳，担任某乡党委书记、某乡乡长，这些工作让我对基层岗位有了全方位的了解，并对基层工作有了整体的认识。

2. 极高的政治修养和觉悟，牢固的政治理论基础。我在 ×××× 年就光荣地成为一名共产党员，多年以来党组织对我的培养和关怀，不仅让我的理论知识和思想修养得到质的提升，还帮助我树立了正确的价值观、人生观、世界观。我永远牢记身为人民公仆应尽的义务：为人民服务是我最大的光荣。工作中我时刻不忘党的教诲，树立正确的政治方向，不断学习新的理论政策，努力踏实地为党、政府和人民群众做好基础工作，为祖国的长远建设贡献力所能及的力量。虽然我已经取得大学本科的学士学位，但是我不满足于有限的知识，我利用业余时间学习党校的课程，积极响应党的号召，扎实掌握"三农"的工作路线、方针、政策，除此之外，我也积极鼓励周围的工作人员一起学习。

3. 灵活的协调能力，持续的创新能力。我担任乡党委书记和某乡乡长期间，为组织提出过非常多的有建设性的意见和方法，不仅切实解决了难题，也大大提高了执行的效率，一时间我成为众多同志学习的对象。我多次为广大同志开展讲座，指导大家如何从平凡处发现不平凡，从小事中找到大发现，多思考，多创新，多为人民谋福利。身为领导，在面临很多重大问题，以及一些尖锐矛盾时，都需要有冷静的心态、准确的分析能力和灵活的协调能力，这一点我觉得我做得非常好，我所管理、领导过的乡镇，多次被评为模范乡镇，我个人也被评为先进工作者。

以上 3 方面的优点是我竞聘这个职位的参考依据。

考官：请你说一下现在乡镇管理中有哪些问题。

梁 ×：通过我多年的观察和研究调研发现，乡镇管理中存在两方面的问题：

1. 管理人员的工作事务过于繁杂，时间的利用效率较低。乡镇是整个社会的微缩，经济发展和文化建设都是这个微缩社会的重要大事，也是乡镇党委书记需要解决的头等大事。有句话对乡镇党委书记的工作总结得恰到好处："上面千条线，底下一根针"，来自各个机构和部门的问题源源不断地出现，来自各方面的评比和建议也是接踵而至，镇党委书记肩上的责任很重大。所以，如何在有限的时间内高效地处理繁杂的事务，这是当前镇党委书记要面对的最现实、最迫切需要解决的问题。

2. 技术支持紧缺和知识水平低下。乡镇特殊的行政位置，决定了党委书记需要掌握农贸作物、商品零售批发、农业机械、招商引资等各方面的专业知识，以及对各个乡村的民风习俗、历史文化等也要有一定程度的了解。随着农业生产的现代化，更多农业技术的出现，乡镇管理人员不得不时刻准备着更新自己的技术知识，以便更好地处理当地经济发展问题。上级虽然会向乡镇派驻一些党建专家和各种技术人员，可是目前还远远不能满足乡镇发展的需要。

考官：谢谢你的回答。面试已经结束，结果会在两周内公布。出去后请对考题保密。

点评

　　该考生能把自己的基层生活经验、丰富的基层工作经验，以及自己回到乡镇为人民服务的初衷紧密地结合起来，颇能打动考官。加上他接受过良好的大学教育，有着较好的党员修养和较高的政治觉悟，他能把自己的这些优势条理清晰地表达出来，回答得非常精彩。在最后一个问题中，他提到了乡镇管理中出现的两个问题，但是并没有提出自己的改革意见。如果这个问题上他能进一步阐述解决方案，那么他整场面试答辩是完成得相当不错的。

·第三章·

办公室、秘书工作竞聘模拟

　　许××，学历大专。1998 年毕业于浙江大学办公自动化专业，1999 年进入 ××× 公司广告策划部工作，担任策划宣传专员。2001 年调到公司的行政部，担任文秘工作。现应聘某机关单位办公室秘书一职，在顺利结束竞聘演讲后，进入面试答辩环节。

　　李主任：（微笑）你好！请介绍一下自己！

　　许 ××：（微笑）您好！我叫许××，今年 29 岁，1998 年毕业于浙江大学的办公自动化专业，1999 年进入 ××× 公司广告策划部工作，担任策划宣传专员，从 2001 年至今，一直在 ××× 公司的行政部，担任文秘工作。我的性格属于动静结合的类型，直率而且非常有责任心。也许我为人处世方面做得还不够老练，但绝对真诚。我也有很多兴趣爱好，比如：健身、看电影、听音乐和读书，等等。领导给我安排的任务，我总能非常认真、有条理地完成。我相信只要认真对待，没有不能胜任的工作！

　　李主任：对于办公室秘书这个职位，你的定义是什么？

　　许 ××：我个人的理解是，办公室秘书是领导的"左右手"，主要就是协助领导联系接待、日常接待、信息调研、文件起草、会议安排和辅助领导决策等职责。秘书的工作核心主要是围绕着领导分配的任务去办事。

　　李主任：能谈谈你的缺点吗？

　　许 ××：我觉得自己的缺点是有点急性子，而且比较追求完美。比如：我工作的时候不喜欢拖拖拉拉，总想尽可能高效率地完成工作；工作要是做不好，或者没有达到预期的效果，我会重新再做一次，直到满意为止，有时会比较容易自寻烦恼。

　　李主任：公司要控制日常的成本，你觉得应从哪几个方面入手？

　　许 ××：（略作思考）我认为从以下几个方面入手：

1. 办公耗材费用。

2. 接待费用。

3. 车辆管理费用。

4. 差旅管理费用。

5. 通讯费用。

6. 会议费用。

我觉得这6个方面是控制公司日常成本的关键费用。

李主任：你希望与什么样的上级领导共事？

许××：作为一个新人来说，我觉得应该多要求自己尽快地掌握公司的各项业务，并且一边熟悉新的环境的同时，一边把工作业务好好地开展起来，做好领导的"左右手"，让领导对我放心，所以，我觉得我应该顺应大环境，适应小环境，不应该对环境提出什么要求，只要能发挥我的专长就是最好的了。

李主任：如果你竞聘上办公室秘书的职位，你对接下来的工作有什么安排？

许××：如果我能竞聘上办公室秘书的职位，首先我会非常高兴，也很感谢领导们对我的信任。（笑）其次在开展工作方面，有3个方面会力争做好：

1. 一定要积极处理好公司各个部门和科室的关系，做好本职工作，加强和提高自身的理论修养，同时向有经验的老同事多请教，了解工作的技巧和方式，更好地分析和总结问题，更好地完成"上传下达"的工作。

2. 在办公室主任的领导下做好办公室日常行政事务。并且培养自己的分析和总结能力，能够准确地领会上级的指示，同时也能对下级反映的问题如实、准确地上报给上级。

3. 主动搞好调查研究工作。在全面了解调查项目的同时，站在领导的位置，多为领导出谋划策，提出有建设性的对策和建议。

点评

该考生思维敏捷，回答问题思路清晰并且有条理性，直击主题，符合面试的要求。该考生对职位还是有一定的思考和自己的见解。特别提出的是从"希望自己顺应环境，而不希望环境顺应自己"的观点可以看出，该考生是一个主观能动性很强的人，基本符合办公室秘书的职位要求。

·第四章·

组织、人事工作竞聘模拟

王×报考某局人事组织部科长一职，顺利完成竞聘演讲，成功进入面试答辩环节。答辩内容如下：

考官一：你好！请坐。

王×：好的，谢谢您！（微笑，坐下）

考官一：对于所要竞聘的这个职位，你觉得你有哪些优势和劣势？

王×：我先说一下我竞聘这个岗位的优势，扎实的理论知识和3年的基层工作经验是我的硬件优势，而这些优势又是这个职位所需要的。我想扎实的理论知识和基层工作经验相结合，将会对我日后开展组织部科长一职有很大的帮助。不过我也有劣势，这是不容忽视的，主要的问题在于我的经验还不是那么的丰富，说实话我觉得3年的工作经验对竞聘的这个职位还是有些匮乏的，不过我会在今后的工作中不断求索，不断积累经验，我相信我能胜任这个工作岗位。

考官二：如果你竞聘到了这个职位，你会如何树立自己的威信？

王×：首先，我认为群众的反馈才是衡量一个干部的工作是否到位、是否有威信的标准。如果我当上了组织部的科长，我打算从以下3个方面树立自己的威信。

1. 树立榜样。要想让群众觉得我合格，关键是要具备良好的作风和合乎规范的行为。我会以身作则，在完成上级领导安排的任务的同时，凡是我要求做到的，我首先会做到，并且争取做到最好；凡是要求不做的，我也会带头绝对不做，总之要遵守各项的规章制度，给科员和群众做好榜样。

2. 有原则，更要有民主。对于任何有争议的事情，尽量和群众商量沟通，一定要做到民主，绝不独断专行。在多听取大家的意见的同时，多和科员沟通，必要的时候要记录反馈，最后根据这些反馈的意见和建议，作出最合理的决策。

3. 良好的作风。我觉得一个领导的最大威信体现就在于良好的作风，因此，我要严格要求自己，做到清明廉政，严于律己，不收受贿赂，不权钱交易，做个自律廉洁的好干部，也请广大群众时刻提醒和监督。

所以我觉得如果我做好以上的 3 点，就可以在群众中树立起自己的威信。

考官三： 局委会为了加强党的建设，开展堡垒工程活动，如果你是组织部的科长，你会怎么做？

王 ×： 堡垒工程是加强党的建设的重大工作，我作为组织部的科长，也是党组织职能部的负责人，准备做如下几项具体的工作：

1. 宣传。一定要大力宣传此次活动的重大意义，准备召开各个党支部负责人的集体会议，部署分配此活动的具体做法，之后会给所有党员开动员大会，表明利害关系，使大家自觉参与此次活动。

2. 协调配合。我会和上级领导沟通，并积极配合上级领导的具体工作安排，之后我会把具体的工作内容下放到科室里，并且和科员沟通，在秉承民主的基础上达成一致，之后及时地总结推广，使此次活动朝着更好的方向发展。

3. 在开展活动期间，不定期地组织汇报座谈会，汇报活动的情况，把开展活动的经验汇总，了解和收集参加此次堡垒活动中中国共产党党员的情况和意见，并做详细汇总。资源共享给各个部门，让他们相互之间取长补短，共同进步。

4. 评估。在此次活动期间，开展评比活动，对成绩优秀者予以表扬，加强党员之间的能动性，从而巩固和加强党的建设。

考官一： 我们会认真考虑你的建议，也会认真考虑你是否适合这个岗位。请务必密切关注网站，两周后会公布竞聘结果，感谢参与！

 点评

该考生在答辩环节的思维还是很清晰的，在问到具体开展工作的细节上比较有逻辑性和条理性，而且在回答问题时还是比较有依据，并且加上了自己的独特见解，说明他对该职位的工作性质比较清楚，做了很多的准备工作。

·第五章·

公检法工作竞聘模拟

××市公开选拔法院副院长一职，考生李××参加完了公开竞聘演讲，便进入面试答辩环节。这次面试答辩由法院的院长和两位主考官主持，他们主要通过面对面直接了解的方式，来进一步审核李××是否适合此职位。这个环节有摄像头进行全程录像。

面试答辩5分钟后就要进行了，李××显得有些紧张，毕竟是第一次面对法院院长。不过他在等待的时候，一直在鼓励自己，给自己良好的心理暗示。所以在进入考场前，他已经变得很轻松自信了。

李××： 院长好！两位主考官好，很高兴能有这样一个机会让你们了解我。

两位主考官和院长示意他坐到指定位置。

主考官一： 很高兴你能进入这轮面试答辩，请坐！

李××： 谢谢！（落座）

主考官一： 你认为作为一名法院的领导，你都具备哪些优势？

李××： 我认为竞聘法院领导，我具备了以下4点基本优势：

1. 坚定的政治立场，品行端正。我是一名党员，在政治上始终坚持与党中央保持一致，顾全大局，识大体。在工作期间坚持以党中央的政策为原则，勤勉工作，清正廉洁，恪尽职守，且吃苦耐劳。

2. 丰富的工作经验。我曾承办并起草过《关于刑事抗诉工作的指导意见×××》和《××刑事抗诉案件庭审规则》等。曾历任法官和检察官，在任职期间，我办理的各类复核死刑的案件达38件；也曾受理过20件区级检察院提起抗诉的案件。在这些受理的案件中，检委会都予以采纳。××年的办案经验，使我具备了良好的专业素质。

3. 较好的理论素养。我是××大学毕业的×××专业硕士研究生。专业知识和文字功底扎实，曾发表过学术论文23篇，编著、合著过18部著作。具备较好的理论素养,并注重理论和实践相结合。曾担任过《×××刑罚××》的执行编委。曾担负高检院重点研究课题《公诉案件的证据规则和证明标准研究》的部分研究任务。这种理论上的研究探讨以及注意理论联系实际的作风,使我能够在工作中从较高的层次上去发现问题、分析问题并寻求解决问题的方法。比如:在案件中界定故意伤害还是间接故意杀人等疑难问题。

4.较好的组织管理能力和协调能力。在历任期间,我赢得了同志们的信任和支持,为人谦虚、做事低调、以理服人、坚持原则是我处世的风格。工作上作风良好、稳健踏实、善于分析,逻辑思维缜密。上级分配的任务,都能及时完成,并随时写总结报告,对于下级的反馈也第一时间做了总结,并记录备案,会议上我会提出意见或建议。历任期间,曾在区里组织过全国抗诉工作培训班,并取得了较好的成果。

综上所述,是我认为身为法院领导应具备的基本优势,我愿意领导和同志们对我进行考验。

主考官一:(点头)下面由第二位主考官为你出题。

主考官二:有人说"法官不学习,等于国家没有法律",谈谈你对这句话的理解。

李××:我非常同意这个说法。如果法官不更新法律法规知识,那么很多案件都无法界定。每部新法规的颁布实施,都要看法官的掌握程度。法官如果掌握不好,立法机关也形同虚设。所以认清这句话,作为一名法务工作者,不管是不是在领导的位置,最重要的都应该及时地更新知识,工作之余要多学习、多实践,领导和同事之间应该多坐在一起探讨理论知识。我就是在工作之余,自学了很多课程,如英文、法学等。今年我还参加了最高法院、省法院、中院组织的《××证券法》《合同法××》《票据法××》等专项法律审判业务的培训。通过学习,使我增长了知识,拓宽了视野,让我意识到学习的重要性,并为这次竞争创造了良好的条件。

主考官一:下面由院长给你出题目,请认真作答。

院长:如果你这次竞聘岗位成功,上任之后有什么建议?请考虑3分钟之后作答。

(3分钟后,李××点头示意院长考虑完毕,并可以作答。)

李××:如果我可以很荣幸地竞聘到法院副院长一职,是因为上级领导对我寄予了厚望,我绝不辱使命,协助好各位领导做好我的本职工作。我的建议有以下3点：

1.执法环境要纯净。曾有很多执法过错，甚至很多老领导马失前蹄，究其原因，多是因执法环境污染而生。一位法官如长期生活在吃喝玩乐的腐败环境中，很难养成一身正气。所以我向本庭同仁提出的第一条建议就是反腐倡廉，作为一名法律工作者，一定遵守自己的做人原则，不能违背这个行业公平、公正、公开的精神。

2.执法责任要具体。不同的岗位有不同的工作内容，对每位同仁的职责范围要明确。让每一位同仁在不同的岗位上都要各尽其责，各司其职。分工明确的好处是可规避职权交叉，高效办事，从而更好地为群众服务。

3.执法主体要理论化。将来的时代是一个集知识和信息为一体的时代，资格和经验在知识面前不再显得那么重要，我们如果不想被这个社会和行业淘汰，就必须增加我们的知识量，提高我们的理论素养。所以我提出最后一条建议，多学习，长知识，不仅能胜任自己的工作，提高自身的修养，还能执掌自己的命运。

主考官一：（示意院长，做最后的结束语）好的，今天的面试就进行到这里，一周之后，我们会在网站上公布成绩结果，请你保持关注。如果竞聘成功，我们会在公布成绩后3天之内通知你过来做交接工作，此次面试是非公开性质的，面试结束后请直接走出院大门，不要和其他考生交流面试题目。

考生回答问题时紧扣问题要点，并且都用到生动具体的实例来做扩展和深入。对主考官问到的敏感问题能迅速给出反应，直击问题中心，回答简洁明了，不拖泥带水，并能巧妙地将每一个对问题的回答变成对自己优势的阐释。这点在现场面试中难能可贵。

·第六章·

农林渔业工作竞聘模拟

孙××毕业于××××大学×××专业，参加了某市农业厅办公室主任的公开竞聘。在面试答辩环节，主考官与孙××采用一对一的方式作答。

主考官：请说一下办公室管理的重要性。

孙××：办公室管理的基本职责就是管理好日常工作事务，搞好对内对外的管理和宣传工作。科学的管理不仅可以营造一个良好的办公环境，还可以维护农业厅的良好形象。

办公室管理的重要性具体表现在：

1.科学性。科学化管理办公室系统，直接关系到上层领导的决策水平。上层领导主要职责是作出最准确、最适合的管理决策，任何一个管理决策都关系到管理的成败。办公室是辅助领导做决策的重要部门，这些工作离不开各方面的调查研究和资料收集，以作为作出正确决策的判断和依据。所以办公室是一个收集信息，准确传达信息和咨询反馈的平台，它的职责非常重大，任务非常艰巨。科学化的管理将有助于办公室各职能部门的工作分配。科学化的管理还表现在全面及时地收集大量的材料，对有针对性的材料做分配和修改，从而准确地传送信息，以达到时效性，最后到达上层领导的手边，做第一手参考资料，经过领导的参考和审核，最后作出管理决策。

2.条理性。办公室工作承载了各部门、各级别的资源分享和沟通"纽带"的职能。在管理系统这个复杂的网络中，办公室的职能和工作显得尤为重要，条理性的管理是决定这个"纽带"工作的依据。条理化的办公室管理，如公文管理、资料收集管理、督查管理和保密工作管理都要循序渐进地抓好，从而有效而快速地通过办公室这个"纽带"进行调查研究、资料筛选、信访和会议安排。任何一个环节都要做到认真负责、准确无误地传达。确保领导和下属，领导和部门，甚至部门与部门之间的合作。最终为上层领导做最后的决策起到承上启下的重要作用。

3. 协调性。办公室的协调管理也起着举足轻重的作用。协调的办公室管理不仅可以避免工作的拖拉现象，还可以为工作的条理性起到合理的辅助作用。办公室承担着公文处理、会议安排、信息收集及处理、印章管理、信访和机要保密工作，一旦管理不善，容易造成混乱的局面，导致效率降低、决策误差和服务质量差等一系列问题。因此科学地协调办公室机制，不仅能够分清任务的轻重缓急，还可以有条不紊、循序渐进地处理日常行政事务，较好地消除办公拖拉、部门相互推托等现象的发生，最终提高办公效率和质量。

主考官：具体怎样搞好农业厅办公室管理工作？

孙 ××：

1. 坚持正确的管理方式和指导思想。办公室的工作比较烦琐，容易产生分歧，在坚持办公室主任原则和履行职责的前提下，应该用平常心来客观公平地处世，清正廉洁地保证办公室工作的顺利开展，保证办公室在服务、协调、参与政务过程中的公正性和公平性。作为办公室主任，对内应该具备不同的用人策略，把不同性格、做事风格迥异的科员团结起来，扬长避短，互相理解和沟通，搞好工作；对外应该做到敢于承担问题的后果和风险，在问题前，不退缩，讲求事实，说到做到，并保证工作达到要求。办公室主任是厅党组的参谋助手，又是人民的公仆，只有真正地干实事，科学化管理办公室，才能真正地做好本职工作。

2. 明确工作重点的前提下，理清工作思路。围绕厅党组的中心工作，加强调查研究，把握新时期农业和农村经济工作的新特征，分析和概括 ×× 农业发展过程中出现的新问题、新情况，在了解整体社会经济发展态势的基础上，提出有关全省农业发展的建设性意见，为厅领导决策提供全面、准确、及时、客观的信息服务。做好上传下达的工作任务，提高办事质量和效率，搞好会议计划安排和保密工作。与此同时，加强与财务和后勤部门的联系，改善员工福利、办公环境、办公条件等。积极协助厅领导加强与省委、省政府等领导机关的联系，并努力争取理解和支持，力求省委、省政府对农业厅工作的重视，不断提高农业厅的地位和发挥它的作用。

主考官：请看一幅图，看后说一下你的想法。

（图片是一位办公室主任在办公的场景：办公室的桌子上除了有一部电脑外，还有一个笔记本电脑、三部办公座机电话、一台传真机、一台打印机。办公室主任正在使用台式电脑处理办公文件并打印部分文件，这时桌上的一部座机电话响起。)

孙××：图中显示的办公环境过于复杂化、任务过于集中化。说明办公室主任的任务没有合理地下发。任务集权化是办公室管理的弊端。良好的办公室环境，以方便和简约为主，一台电脑就可以完成工作安排、文案准备等工作，一部座机电话就可以合理地与各部门和领导沟通工作安排。切勿手忙脚乱，应有序、实效地完成管理工作及安排。对内部管理，应当把任务合理地、开放式地下发给员工，形成团结统一、任务重点一致的领导班子。

主考官：你对"××毒韭菜事件"怎么看？

孙××：××毒韭菜事件的确给我们农业厅、工商质检和纪委部门敲响了警钟。此次事件虽然伤及的群众不多，但是带来的负面影响极大。农业厅应拥护党中央对农产品的政策要求，加强对农产品的正确宣传，对农产品的种植应当给予更开放式的咨询平台。农业厅应该多配合工商质检部门做好农产品的审核和质量监督工作，对产品质量把好关，对人民群众的健康负责。只有系统完善的体制，才能在人民群众面前树立威信。

点评

农业工作一头牵着广大农民的切实利益，一头牵着百姓餐桌的安全，农业厅办公室主任的工作因此而显得十分重要，它既需要竞聘者掌握现代办公室管理的科学方法，同时还要具备很强的责任心和应对公共突发事件的能力。该竞聘者的回答既切中问题的要点，同时高屋建瓴，能站在一定高度看待胜任该工作所需具备的政治素养，胜券在握。

·第七章·

经济、贸易、商务工作竞聘模拟

某市委公开竞聘经济发展处处长，张××和陈××顺利通过了前两轮的竞聘环节，第三轮是面试答辩。考试规则是每两个人一起面试。张××和陈××刚好被安排在一起，他们心情紧张，但都极力保持镇定。

以下是面试对话：

考官：欢迎你们参加经济发展处处长的竞聘。请你们分别用2~3分钟时间介绍一下自己的工作经历和竞聘这个职位的优势。

（张××和陈××互相看了一眼，不知谁先开始叙述。张××反应很快，伸出左手，说："您先请讲。"示意陈××第一个回答。）

陈××：您好！我叫陈××，××岁，于××××年参加工作，××××年任××职务，根据本人情况，对于经济发展处处长这一职位，自认为具备以下3个方面的优势。

1. 在经济发展的事业面前，我有股"闯劲"。"爱岗敬业、开拓进取"是我的座右铭。多年来，我非常感谢组织对我的培养，领导和同事们对我的支持和帮助，让我能够充分发挥自己的能力，把领导交给我的工作做好。××××年，我开始参加工作，始终立足实际，认真学习。工作任务重，要求标准高，对我来说都是件非常令人兴奋的事情，我废寝忘食地完成了多项艰巨的任务。目前，中国的经济正处于改革和发展的关键时期，一些人害怕失败，不敢行动；一些人为保名誉不敢尝试，或者即使下达命令也行动迟缓，耽误改革大事。这个时候非常需要一种敢闯、敢作、敢为的人，而我正是具备了这种精神。

2. 我有股"韧劲"。伟大领袖毛主席有句话说得好："什么叫工作，工作就是斗争"，"我们是为着解决困难去工作、去斗争的。越是困难的地方越是要去，这才是好同志"。自从我成为一名共产党员之后，我一直充分发扬一个共产党员应有的革命乐观主义精神，坚韧不拔、积极对待工作中的困难和压力。在我看来，有困难就有挑战，有挑战就有希望，对待困难，永远要站在高一个台阶上审视，才有可能战胜困难。

3. 我有股"钻劲"。在经济发展的工作中，尤其要发扬钉子的钻劲。要做到不耻下问，向老领导学习，向专家们学习，向同志们学习，向实践学习，用钻研的学习精神，回报社会和人民，不辜负领导和同志们的理解和信任。自担任××以后，对管理学，我有深刻的体会。它是一门应用性较强的学科，对处工作的全面发展和进步有非常重要的意义。所以我立刻为自己"充电"，全面系统地学习行政管理、经济管理、计算机和英语等方面的知识。艰苦的学习和实践，不但丰富了我的见识和阅历，也提高了自己的领导能力，同时也大大提高了工作效率，为党和人民节约了很多时间和资源。

这里我想引用一句雷锋的话："钉子有两个好处：一个是挤劲，一个是钻劲，我们在学习上，也要提倡这种'钉子'精神，善于挤和善于钻。"我一直用这句话来激励自己。

（陈××说完看了一眼张××，示意自己已经回答完了。张××微笑一下，开始作答。）

张××：您好！我叫张××，今年××岁，曾经参军，后加入中国共产党，毕业于解放军××学院××专业，随后在××党校学习××专业。在部队期间，从战士踏实做起，由于本人勤奋学习，吃苦耐劳，先后担任过文书、班长等职务，在各级领导的支持下，我最后担任省军区××学院××主任；××年被评定为省军区××部工程师，同年被授予××军衔；对于领导交代的各种任务，我都出色完成，而且被评为先进个人。从部队转业后我先后到省民委办公室工作，任办公室秘书科科长以及办公室副主任，后任经济处副处长和经济处处长。因参加某省委的基层组织建设成绩卓越，被评为先进个人，我领导的工作组也取得优异成绩，被评为先进集体，并受到通报表彰。

因为本人在经济处工作多年，积累无数实战经验，希望可以为祖国建设作出更大的贡献，所以来竞聘经济发展处处长。我的优势有以下两方面：

1. 报效祖国的立场坚定，努力学习的决心坚定。从部队到转业后在某省民委以及经济处工作，××年的工作，我始终坚守一名革命军人和共产党员的正直的工作作风和严谨的政治品格。一直认真学习马列主义、先进的毛泽东思想和邓小平理论，在思想和政治觉悟上与党和人民站在同一条战线上。工作中，始终保持积极的态度并全身投入到国家的经济体制改革和社会主义建设的大业中。"活到老，学到老。"的信念促使我在不断地丰富自己的知识架构，先是到××党校学习××专业，解决了很多少数民族地区在经济运行中出现的各种新问题、新状况，之后又深入少数民族地区调查研究，认真撰写出数篇理论结合实际的有指导意义的文章。

2.恪尽职守的工作精神，出色完成任务的工作效率。我在经济处多年工作以来，不论工作繁重与否，从不挑任务，在工作中我起到了极好的带头作用，带领全体同志积极专注工作，高效高质量地完成党委交给我们的各项任务。即使有时候需要加班到深夜，没有一个同志抱怨，也没有一个同志的家属有任何不满。这一点体现了我处每一位同志及其家属的极高的思想觉悟以及为党和人民尽心尽力的决心。

考官：（微微点了点头，看了眼两位考生）请各自简短地谈一下今后的工作思路。

陈××：我今后的工作思路，有两方面：

1.加强企业管理和企业服务。这一方面，我制定的工作核心为：监督、帮助、督促。作为经济发展处，是对国家和社会经济发展负有很大责任的单位，对企业的经济发展我们一定要秉着具体问题具体分析的准则，对待某些企业务必要加强监督，对待某些需要扶持和帮助的企业给予应有的帮助，对待部分企业要时常督促，这样才可以保证全社会的经济发展稳步提高。

2.加大招商引资的力度，促进开发区域的经济可持续发展，提供经济增长点。我的工作方案是：首先要建立规范化的招商系统，去除一些不合理的招商路径，从而达到资源的最佳利用的目的，大大提高招商工作的效率，开拓出招商的新局面。

张××：我的工作设想是"两大突破"。

1.思想思路要突破。现代经济已经突飞猛进，全球经济发展一浪比一浪高，中国的经济也是日新月异，我要带领全处同志开发新思想、新思路，更好地开展新的经济发展工作。

2.各级工作要突破。对于上级下达的命令要全力执行，务必做到使政策彻底执行。

考官：好的，面试就到这里。谢谢你们的参加。

点评

从陈××的回答，我们不难看出他的思路清晰，因为是中青年，所以在工作上比较有魄力，思路也开阔。第一个问题的回答中，他对于之前经历的描述简单明了，没有赘述。更多的时间放在了自己的优势上，这点很好。而张××的回答则有些欠妥，个人经历方面太过详细，优势方面没有特别之处。

·第八章·

交通、邮电工作竞聘模拟

××市邮政局局党委公开竞聘邮政局业务部主任一职。在众多考生中，孙××和赵××以优异的成绩都进入了面试答辩环节，接下来将由人事考试中心的主考官给孙××和赵××进行面试，局领导全程参与。

主考官：很高兴在最后一轮的面试答辩中，看到两位候选人，说明你们都具备了相当的实力，这轮面试能让我们更直观地对你们进行测评，请不要紧张，面试现在开始。

主考官：说一下你们为什么值得我们聘用？

孙××：主考官、局领导，你们好！首先感谢局党委给了我这次竞聘的机会。我叫孙××，现年××岁，中国共产党党员。××××年参加工作，曾在邮政局×××部任职科长，有丰富的邮政工作经验。我之所以竞聘这个职位，除了我热爱这个行业，并且具有相关的学习工作背景外，还有以下两方面优势：

1. 勇于创新。我是一个勇于创新的人，多年的工作经验积累，使我具有扎实的理论知识。在遵守邮政局的各项条例下，我大胆创新，对部门内部进行科学合理的调整，并且对外策划宣传，使得业绩再创新高。我曾在历任科长期间，和科员一起组织策划宣传计划，并得到区委省委的高度重视，最后经过周密的调整，在短期内实施此宣传计划，得到了群众广泛的一致好评，从而提高了业务量，超出了局里的预期。

2. 年龄优势。我的年龄正处在事业的高峰阶段，身体健康、精力充沛，这些能保证我全身心地投入工作，并高效高额地完成任务。我有强烈的事业心和责任感，领导交给我的任务不仅可以按期完成，还有多余的时间和精力不断地在业务理论知识方面提升自己。

赵××：主考官、局领导，你们好！首先，我非常热爱邮政行业，不仅有扎实的理论知识，而且还有多年的邮政工作经验，我从××××年在邮政局×××部门做营业员开始，一直到××××年任职邮政局×××部门的副科长的位置，我是从邮政部门的基层做起的，所以我比较了解邮政局的工作程序。我积累了×年的工作经验，在工作过程中，我及时地对工作中发生的问题进行总结。

其次，在工作期间，我严格遵守党和国家对邮政局的相关条例和法律法规，作风正派，一直深得局领导的好评。

最后，在工作之余我不断地提升自己，多看书，提高自己的理论知识，并严格要求部门内的员工，互相学习专业知识，共同努力把邮政业务做好。

主考官： 如果竞聘上邮政局业务部主任一职，上任后，你们会注重抓哪方面的工作？

孙×× ： 如果我有幸通过主考官和局领导的审核，顺利上任业务部主任一职，我将着重地抓两方面的工作：

1.宣传策划。邮政局开展了越来越多的业务，我认为不管是哪项业务，都应该先把前期的宣传策划做好。在不违反党和国家给邮政局制定的各项规定下，大力地开展策划宣传活动，不仅可以增加邮政局的业务量，也会在人民群众心里树立良好的威信。同时在宣传工作中，要培养创新精神，在工作思路、工作方法上，都应该敢于突破墨守成规的旧思想，全方位、多角度地思考问题，同时进行创造性思维，使邮政工作充满生机和活力。

2.服务售后。现在服务售后工作越来越被重视起来，我们的工作是为人民服务，更应该把这一点做好，在保持和发扬作风正派、严于律己、奉公守法的前提下，为广大人民群众做好客服服务，提高对员工高素质的培养，摆正工作心态，从而更好地为人民群众排忧解难，并定期做客户信息反馈调查研究，自觉地接受局领导的监督。

赵×× ： 如果我有幸光荣地上岗，我将会在以下两方面大力开展工作：

1.提高业务管理。安全稳定地运行邮政局的各项工作，增加组织内部的政治责任感和使命感。在报刊发行、商业信函、广告、电子汇款、特快专递、邮政储蓄、代办保险和185客户服务上，要发挥主观能动性，执行上级领导的一切工作安排，坚持每个月做好经验总结，把这些总结的经验传达给基层员工，发现问题及时纠正以便于解决问题，同时要做好协调和督查工作，从而促进全局工作的顺利展开。

2.培养核心力量。加强邮政业务的宏观调控、管理技能等方面的能力。要做到从支撑生产逐步面向管理、经营和决策的转变。通过系统的、循序渐进的、有策略的方法培养组织内部的核心力量，保证他们具备掌握核心技术的同时，鼓励他们多沟通交流，努力把他们培养成综合素质高、能力强的优秀团队。

主考官：上任后，发现工作环境和团队不如你想象的那样，谈一下处理方法。

孙××：不管是新人刚开始工作，还是新官刚上任，我认为都应该先适应工作环境，而不应该在不了解工作环境的时候就着手改变工作环境，改变团队的管理方式。所以我会先踏踏实实地适应新的工作环境和团队，了解他们的工作内容和方式，在了解充分和全面的前提下，再进一步展开工作。

赵××：刚上任，即使是对相关工作已经有了一定的了解，但是毕竟是新的环境和人事，应该多和团队中的人沟通，放下领导的架子，多深入基层了解同事的相关情况，并且通过对他们的了解，慢慢地适应新的工作环境。每个刚上任的领导都应具备敏锐的观察力，对团队中的员工有一个深刻的了解，在了解的前提下，扬长避短地分配任务给他们，做到效率第一，任务质量第一。

主考官：（示意局领导）面试考核问题结束，请局领导根据刚才两位考生的回答做进一步的审核。

点评

邮政局的工作范围越来越广泛，作为业务部的主任，应该带领团队把业务量提升上去，考生孙××所重视的宣传策划和客服售后等环节比较符合新时代的邮政业务要求。考生赵××的回答也比较好，属于稳健管理类的人才，做事相对保守。在最后一个问题中，孙××回答的比较紧扣问题要点，直击问题中心。赵××思维比较凌乱，没有直接回答问题。所以局领导和人事考试中心考官，一致认为孙××更适合业务部主任职位。

·第九章·

教育工作竞聘模拟

× 区公开招聘教育办副主任一职，陈 × × 毕业于 × × × × 大学 × × × × 专业，本科学历，曾在 × × × × 学校执教过 × × 科目。并担任过 × 区 × × × × 学校招生办副主任工作 × 年，陈 × × 在这次公开竞聘教育办副主任一职中，顺利地通过笔试和竞聘演讲，并以优秀的成绩进入到第三轮的面试答辩环节。

陈 × × 被抽签决定第二个进行面试。她镇定自若，安静等待面试时间的到来。考场的门开了，"请二号考生入场"，陈 × × 坚定自信地走进考场。

主考官：请谈一下你竞聘这个职位存在的缺点。

陈 × ×：首先，我非常高兴今天能有这样的机会来展现自己。我简短地说一下自己的情况，我是本科学历，× × × × 专业，曾执教于 × × × × 学校 × × 科目，担任过 × 区 × × × × 学校招生办公室副主任一职。× 年的工作积累，让我对教育工作产生了比较系统的认识。通过和学生、学生家长、各级领导打交道，我了解到教育系统所需要的人才。我在招生办公室工作时，通过与部门领导、上级领导的沟通，也对教育行业的政务知识有了比较清楚的了解。说到不足，可能我为人处世比较雷厉风行，说到就要做到，不喜欢拖拉工作，提出的工作方案，一定要在规定的时间内完成，所以给自己的压力过大。这是我认为我竞聘这个职位的不足。

主考官：你和你的同事要共同完成一个项目，但你的同事进度比你慢时，你会怎么继续把此项目开展下去？

陈 × ×：首先，我会遵守上级领导的工作安排，严格遵守这项工作指定的工作期限，并在规定的时间内合理安排工作进度。我会和我的同事合理分工、扬长避短，保障工作质量。如果出现同事比我的工作进度慢的情况时，我会及时地委婉地和他沟通，在不打击他自信心的前提下，找出问题的瓶颈，一起把问题解决。我认为与同事合作，最重要的是沟通、互助、协作，把这几项工作做好了，那么才能保证任务最终按期完成。

主考官：你如何看待教育办副主任一职？

陈××：教育办是文化行政主管部门，它承载着加强党中央对文化工作的领导职能。副主任是副职工作，作为副职，我认为工作的重心应该围绕着正职的工作开展，凡事多为正职领导考虑，想领导所想，急领导所急，做好辅助和协调工作。在工作态度上，要积极主动，及时发现问题并要想到解决方法。在重大事情上，要及时、如实地向领导汇报，并严格执行上级领导的决策。以身作则，作风正派，和下属同事保持良好的合作关系，能放下架子，虚心接受下属的批评建议。

主考官：你如何看待教师体罚学生的问题？

陈××：教师体罚学生的现象屡见不鲜，我在工作期间，就曾遇到过这类问题的投诉。国家颁布《中华人民共和国未成年人保护法》第××条例、《中华人民共和国教育法》第××条等对教师体罚学生没有太过具体的界定，因此很多体罚的案例显得比较棘手。我认为要在源头上杜绝这种事情的发生，就应该加强教师队伍的素质考核，除了定期对教师进行职业测评外，还应该定期对教师展开心理测评和素质测评，多引进国外先进的教学管理方式，把体罚现象减少到最低。另外每个学校都应该严肃对待此类现象，不要等到发生问题再去解决问题，而应当在没发生之前，把问题的诱因杜绝掉。学校应制订详细的教师管理方案，定期在学生中间进行教师教学问卷调查，并开通合适的渠道比如意见箱、教务电话，接受学生家长的投诉建议。

主考官：感谢你的参与，你的面试答辩已经结束，感谢配合。

点评

该考生在答辩问题上，反应机敏，语言表述能力强。在第一道题问及个人缺点的时候，她反应机智，回答的所谓"雷厉风行"，在某种程度上其实就是优点。此外，在回答体罚问题上，她从教育法规、学校教师队伍建设、学生家长反馈等方面进行剖析解答，提出的问题具有很强的可操作性。

·第十章·

医疗卫生工作竞聘模拟

白××毕业于××省××××大学×××专业，本科学历，中国共产党党员，退伍军人，白××在这次××省×市公开竞聘××医院感染管理科科长一职中脱颖而出，顺利进入面试答辩环节。

面试答辩采取一对一的形式进行，经过抽签决定，白××是第一个参加面试的考生，他泰然自若，沉着自信地走进了考场。

审核团成员一：白××，你好！你是第一位参加面试的考生，请不要紧张，严谨作答。现在宣布面试开始，请主考官出题。

主考官：请说一下你对感染管理科的认识和了解。

白××：我毕业于××省××××大学×××专业，本科学历，曾在×××医院感染科工作×年，我历任过×××医院感染科的医生、主管医生和感染科副科长一职。我对医院感染管理科有如下几点认识和了解：

1.医院感染管理，是秉承国家和卫生行政部门对医院感染管理的法规标准展开拟定和组织工作，具体表现在拟定全院感染控制工作计划，组织制定医院及医院各科室感染管理规章制度，最后到监督和评价等工作职能。

2.普及感染病管理的知识和预防工作，定期对感染知识与技能进行专业培训和考核。并对医院发生的流行性感染做调查，提出控制措施并组织开展进行。

3.定期抽查医院的医疗卫生情况，针对医院医疗环境、医疗器材消毒、灭菌等进行检测、监督。

4.监督实施合理用药的规章制度，参与药事管理委员会关于抗感染药物应用的管理。

5.重点对购入一次性医疗产品、消毒药品、卫生用品等实行监管，如：储存注意事项、使用后和医疗废物的处理。

6.定期开展全院感染专题的研究，定期向主管领导和医院感染管理委员会上报医院感染控制措施，并做到全院通报工作。

以上是我 × 年在感染管理科工作的一些认识和了解。

主考官：你认为你竞聘感染管理科科长具备哪些优势？

白××：我曾是一名军人，也是中国共产党党员，我觉得做事一丝不苟、严谨负责是我最主要的优点。尤其作为一名医务工作者，更应该本着严谨求索的态度，为广大人民群众服务。除了这个优点外，我认为我具备可以竞聘科长的优势有如下几点：

1. 我对医院感染管理方面的了解。基于 × 年在感染病科室的工作经验，我对医院感染管理工作的框架、任务重点、工作内容及职责、工作程序和标准制度都有系统和全面的了解。我曾从基层做起，本着对感染管理工作的热爱，不断地在理论知识和工作经验上提升自己。我先后参加了 ××× 医疗卫生机构组织的 ××× 技术培训、医院感染管理预防与控制培训、流行性感染病（SARS（severe acute respiratory syndrome，严重性呼吸综合征，即"非典型肺炎"）、禽流感等）防护知识培训以及 HIV(human immuno deficiency virus，人类免疫缺陷病毒；艾滋病病毒)/AIDS（acquired immune deficiency syndrome，艾滋病）护理项目的培训，并均以优异的成绩毕业。我对本职工作一直严格要求自己，尽心尽责，在实际工作中从未出过差错。在处理医患关系上总结过自己的一套心得，曾被院委派往 ××× 军医大学做过演讲、工作汇报总结，并在 ××× 医科大学进修 × 年。以往的工作经验，让我对医院感染管理方面也有了一定意义上的认识和全方位的了解，能较好地完成上级领导和院领导交代的任务。

2. 我具备较丰富的临床护理和管理经验，我在刚调往感染科的前期，曾先后到不同的科室工作，能处理较多较复杂的综合并发症，对医院不同科室不同的护理和管理方式都有一定的了解，曾对各个科室不同的护理方式，有效地预防交叉感染等有切身的体会。我认为这对处理感染疫情是非常重要的，它关乎着每一个患者的性命。在各个科室工作的过程中，我认识到医院管理是一项很重大的课题。而且我一直在感染管理科做本职工作，有比较丰富的临床经验。

3. 我有一定的文字功底和办事协调能力。我从感染管理科的基层做起，深知各个岗位的工作技能和将面临的种种问题，在处理医患、医护关系之间，我有很深刻的体会，并有一套自己的管理办法。为了我们保持原则，做到开放透明的态度，我曾制定过《×××医患关系×××实施原则》《×××医务工作透明度明细》等，均在科室取得很好的反响，并经过院里决定，运用到各科室的基本管理中。在工作中，我对下级员工传达爱岗敬业的原则，团结科室人员，各尽所长地发挥自己的优势，对上级领导做到上传下达，围绕着科长办事，积极主动地协调各科室、医院和上级机关、科室与医疗机构之间的工作。及时地向上级领导反映情况并做反馈信息收集工作。

以上是我认为自己可以竞选这个岗位的优势，不管我是否可以竞聘上科长一职，我仍然还是会像以前一样，更好地为医院、为广大人民群众服务。

主考官：假如你的上级领导对你下发任务，但从你个人丰富的工作经验和专业的理论知识角度来看，觉得这个任务是有缺陷的，那么你会怎么处理呢？

白××：人无完人，每个人都有优缺点，我多年的工作经验是为了更好地为感染管理科做辅助工作，也是为了上级领导服务。一般来说，上级领导做重要决策时往往都有深厚的理论和经验做依据，下属应该听从和遵守领导的安排，毕竟上级领导是专门负责全院管理工作安排的。但如果遇上领导下发的任务违反某些操作程序，盲目执行可能会造成巨大的损失并产生恶劣的影响，我会及时地找领导们沟通，有理有据，心平气和，本着学习的态度向领导提出交流要求。而且，我会找出强有力的理论依据尽量说服领导暂停执行，并提出建设性的意见供领导参考。

点评

该考生专业能力强，工作经验丰富，在处理突发事件时能做到不越位，保持心平气和地解决问题的态度，这些素质比较符合竞聘科长一职的要求。

·第十一章·

企业单位工作竞聘模拟

　　×市××××贸易公司为私营企业，有员工约450名。老板是企业法人，全资拥有该公司，现为企业招聘总经理，吸引了很多应聘者。马先生和杨女士以优秀的笔试成绩脱颖而出，且都顺利地通过了公司副总的面试，最后一轮的面试答辩由公司的老板亲自出题考核。老板将通过最后的审核，从他们二人中选出一位最适合的做总经理。

　　王总:（点头，微笑）这是我们竞聘总经理一职的最后一个环节，二位都是精英型人才，但是本公司还是会从你们二位中选出一个最适合的人选。下面请简短地说一下为什么会应聘此职位，如何胜任?

　　杨女士: 我十分看好贵公司所在的行业，我认为贵公司十分重视人才，而且我相信自己曾经的工作背景可以胜任贵公司的工作，这个职位也非常地适合我，我相信一定能把工作做好。以下是我认为我可以胜任此工作的优势:

　　1.扎实的理论基础。我××××年毕业于×××大学，金融贸易专业，本科学历，中国共产党党员，上学期间，除了念基础学科，我还会每天看书看报，不断地更新知识，扩充知识面。工作后，我从×××贸易公司的起步阶段就在公司工作，经历过公司从无到有的历史性转变。我从采购部做起，之后到市场部、××部，最后协助总经理助理一起开发了×××项目，并在3年后，到地方分公司上任部门经理的职位。这是一个理论结合实践的过程，在此过程中，我不断地探索知识，摸索经验，扎实的理论基础让我在工作中少走了很多弯路。

　　2.丰富的实践经验。在历任期间，我从基层做起，直到后来被派到分公司做部门经理，这中间我经历过在很多部门的磨炼，掌握了很多其他的实践经验和为人处世的经验，经过多年学习和锻炼，组织协调能力、判断分析能力、领导部署能力都有了很大提高，能够推动贸易公司创一流业绩。

　　3.强烈的责任心和事业心。我具备强烈的责任心，历任时期，财务方面我管理得很严格，坚决杜绝公款吃喝、收受贿赂等行为，做到了清正廉洁，保持公司内外作风正派的风气；此外，我也具备对业务上的进取心和事业心，在协助经理开发项目的时期，在严格遵守企业文化，遵守国家政策的前提下，大刀阔斧地协助经理改革和管理，推动了公司在短期内的发展。

以上是我应聘此职位的目的和优势。也希望我能通过将来的不断努力为贵公司效力。

马先生：王总，您好！我竞聘贵公司总经理一职的原因很简单，我十分热爱贸易行业，也十分看好贵公司在行内的位置，贵公司在业内不仅口碑好，也是业内的领军机构。贵公司也十分重视人才，我觉得在贸易行业我算是一个可靠的人才，所以我希望可以竞聘到这个职位。以下是我认为自己适合这个职位的一些优势：

1. 团队精神。我认为一个企业必须有一个良好的团队，团队精神是创造高效益的灵魂，而一个领导必须要带领好自己的团队，在团队中起到带头和服务的作用。团队的核心力量是协助合作，增强凝聚力。我曾经在×××公司×××部门带领过一批员工，我们一起学习和提高业务知识的同时，也加强同事之间科学化的任务分配，使得我们部门一直是其他部门效仿的楷模。

2. 工作能力强。在历任总经理助理期间，我不断地加强个人修养和提升工作质量，踏踏实实地做事，实实在在地做人，协助好经理做好各项工作的安排和整合，曾在得到总经理的允许下，为公司出谋划策。我言行一致，诚恳待人，经过多年的工作和学习的磨炼，在组织管理能力和领导部署能力上都有了很大的提高，对总经理一职的工作任务有比较全面的了解。

王总：公司决定要启动新的项目，你向老板递交了一份管理设计方案，并得到了老板的认可，让你推行这份新的管理方案，但是个别部门的老职员对这套方案不积极配合，你将如何进行下去？

杨女士：一套管理方案的施行，难免会让一些员工不适应或者有异议，从而使管理方案达不到预期的效果，我会起草一份管理设计方案的反馈调查，由全体员工匿名填写意见和建议，我做最后的统计和汇总，并起草"管理设计方案实施情况"递交给老板。

马先生：首先，我认为，老板对我的管理改革方案表示肯定，说明我的管理大方向还是正确的，但是个别部门的老职员不积极配合或者根本不执行，我会找他们个别人来谈一下具体的问题，希望我能用我的实际行动感染到他们，并会以身作则，在短期让他们看到管理新局面给员工带来的好处。

王总：一家供应商，在你的认可下，终于攻进了我们公司。为了感谢你，供应商的领导想给你一些佣金，在其他人无人知晓的情况下，你会接受这笔佣金吗？

马先生：直接拒绝，但会说明此次功劳在于我们双方的努力。

杨女士：直接拒绝，说明还是以工作为首要，希望能顺利地完成此项目。

王总：很高兴听到二位精彩的答辩，我会仔细地审核，请一周后等我们的电话通知，请勿来电咨询。

一周后，××××贸易公司最终录取了马先生为总经理。马先生在回答问题时比较为大局考虑，思维缜密，在谈到收佣金的问题，马先生拒绝的同时，还不忘提到这是双方的努力结果，使得项目开展得顺利而愉快。相比较杨女士虽然阅历丰富，但是灵活性不够，比如公司推行新的管理制度一问，她没有做到先沟通再汇总上报等问题。所以不管是在判断力，逻辑思维能力和处理工作的柔韧度来看，马先生的能力稍好。

·第十二章·

电子、电信工作竞聘模拟

某省公开竞聘省人防通信站副站长，广大考生积极报名参加，聂×经过前两轮激烈的笔试和演讲环节后，进入最后面试环节。聂×有些紧张，因为她十分重视这次面试，眼看快到她面试了，聂×赶忙调整心态，让自己平静下来。她舒了口气，挺直胸膛，走进考场。下面是她的面试答辩过程。

考官： 很高兴你能参加此次面试。

聂×： 谢谢！（从她的表情可以看得出，她已经恢复正常，不再紧张。）

考官： 首先请谈一谈你为什么要竞聘这个岗位。

聂×： 以下是我竞争这个岗位的原因和优势：

1. 我对通信充满浓厚的兴趣。和其他女生相比，我不喜欢文学，也不热爱表演，偏偏钟爱通信业。我曾以最高分考入我省×××大学无线电专业，毕业后分配到无线电厂工作，我刻苦学习，吃苦耐劳，××年我又以最优秀的成绩进入了××市人防通信站工作。从此我就在通信站踏实工作，不断学习新知识，掌握新技能，积极参加通信站组织的业务培训课程。我对通信事业的热爱从来都没有中断过。

2. 我拥有丰富的工作经验。我在市人防通信站工作表现突出，连续多年被评为先进工作者，并被市委评为十大优秀青年人之一。后我被推荐到省人防通信站工作，参加过多个岗位的工作，一直兢兢业业，努力做好手上的每一件事。

今天，我参加省人防通信站副站长的公开竞聘，希望能得到更多领导的支持，为通信事业做更多的事情。

以上是我竞聘这个岗位的原因和优势。

考官： 这是一个副站长的职位，在工作中你将如何当好"配角"？

聂×：（略加思考）我对副职工作有如下几点看法：

1. 作为一名副职，我的工作职责就是要辅助站长做好各项工作。我会认清楚自己的本职工作，绝不越俎代庖，在对自己本职工作做到丝毫不误的基础上。在适当时刻，也要为站长排忧解难，共同解决通信站的问题和困难。

2. 要充分发挥副站长的作用。副站长的工作任务是具体的，对上要起到配合和协助的作用，对下要清晰地传达工作任务。同时，副站长要发挥主观能动性，培养整个团队的团结协作精神。

我将会做好领导的副手，努力地配合上级领导开展工作，这是我对副职工作的一些认识。

考官：你对这个工作岗位的理解。

聂 × ：（充满信心的模样）人防通信站，是为保障各级人民政府和各防空部门迅速准确地传递和发放防空袭警报信号、指挥防空袭斗争的。作为一个备战性质的事业单位，责任重大。可是目前，通信站存在一些问题：机构体制不健全；各岗位人员不到位；专业技术人员无法满足通信事业的发展；人员老龄化，无法积极工作。

面临这种情况，我有以下几方面的思路：

1. 重整体制，优化员工结构。对其他各省的人防通信站进行研究学习，效仿正确的编制方法，对自身存在的问题进行反思。对于在编不在岗的人员进行精简，对于技术不达标的人员进行系统培训，对于急需专业技术人员的岗位进行公开招聘。

2. 完善健全经费体制，促进通信站发展。建立健全合理的经费体制，明确制定经费的使用和管理。严查各种不良费用，惩治擅自使用公费的人员，让经费真正做到为通信站的发展服务。

以上是我对这个岗位的理解和认识。

考官：你怎么面对工作中遇到的阻碍？

聂 × ：遇到阻碍是非常正常的。我会追根溯源，找到问题的根本原因。如果是员工对于裁员有疑义，我会让他的上级领导与他沟通或者我直接与他交流。如果是新体制的执行中，遇到员工反对，首先我会仔细审核这个体制，考虑到每一个细节，避免顾此失彼的情况发生。然后让持反对意见的员工的部门负责人与其沟通。

考官：面试结束了，结果会在一周后公布，请及时关注。

 点评

该考生回答问题语言简洁、迅速。从她的回答中也可以看出她思维活跃、对问题的思考比较到位，是一个可造之才。

·第十三章·

科技、文化工作竞聘模拟

×市著名出版社编辑部广纳贤才，面向社会招聘编辑部副主任。于×，××岁，海外留学归来，经过前两轮考试，顺利进入到最后一个面试环节。于×看起来胸有成竹，非常镇定。

以下是他的面试答辩内容：

考官：恭喜你，进入最后一个面试环节。

于×：（面带笑容）谢谢！

考官：首先请谈一下你对编辑部副主任的认识。

于×：您好！我叫于×。编辑部副主任一职，是个副职，主要工作职责有：

1. 辅助编辑部主任顺利开展各项工作，包括下达出版社的最新选题任务，发布编辑部内的新规章、新方案等。

2. 督促编辑、策划、宣传等各项工作有序展开。

3. 时刻关注编辑部门各个成员的工作进度以及思想动向，争取创造一个团结协助、共同努力的良好的工作环境。

考官：好的。在众多考生中，你认为我们为什么要选择你为新的编辑部副主任？

于×：（稍微停顿）我的优势显而易见，有以下3个方面：

1. 我的政治思想觉悟很高。在求学的十几年期间，我一直担任班级的班长或者团支书，充当班主任的左右手，解决了不少老师与同学之间的隔阂和问题，我所在的班级一直都是学校的优秀班级。无论是少先队员、团员，还是党员我都是所在年级第一批被选上的人员，并作为代表向全体师生敬辞。从海外留学回国后，我曾在某市纪委工作两年，属于科级干部，我科全科人员均未出现过违纪现象。

参加工作后，我更加注重政治理论知识的学习，积极进行思想意识的改造。

我重新学习了马列主义、毛泽东思想和邓小平理论，"温故而知新"，在新的学习后，我又学到了很多有实践意义的政治理论，也更加坚定自己的政治立场。我多次被评为先进工作者，我科也被评为先进团体。我非常关心社会和国家大事，对国际重要事件也很了解，对国家大政方针也比较关注。国家政府每年的重要会议，我都认真研究，专心思考。经过多年的积累，我现在已经具有较高的政治敏锐性，将来在就任副主任一职时，一定可以做好相关工作。

2. 我有足够的能力做好副主任一职。我拥有中国重点本科院校的编辑专业学士学位，成功申请美国高校，获得高额的奖学金，并以高分顺利取得英国文学和管理双学士学位。此后我又在纪委工作后，我到××出版社工作，担任出版发行部主任，在此工作期间，我撰写的工作总结刊登在多个家杂志和报刊上，广受欢迎。我举办了多个培训小组，让部门每位成员的知识水平、工作能力持续提高，不因为工作忙碌而停止学习的脚步。我出版社发行的书籍多数都是畅销书籍，备受读者的喜爱。我出版社曾出版过精装版的中国的四大名著，以及国外数百本名著，在这样重大的任务面前，全部门人员齐心奋斗，在短时间内完成了任务，得到了领导的赞赏。

我接受了4年的国内传统教育，也接受过美国两年的国际性教育。在美国学习的两年里，我除了学习专业课程，还阅读了大量的国外文学名著，深入研究中西方文化差异。具备良好的文化素养，是我胜任副主任一职的另一个优势。在中国市场做图书事业，不仅要有全局观，了解中国的图书市场走向，了解读者的阅读需求，掌握图书的发展趋势，也要具有国际观，这样就可以走在图书发展行业的前端，引领读者阅读潮流，而不是被潮流带着走。在领导能力方面，我在美国求学期间所取得的管理学理学学士学位，是对我的管理知识的肯定。后来在纪委和出版社的工作，我的管理领导能力得到了进一步的实践和提高。所以我觉得我具备了做好副主任一职的能力和素养。

3. 扎实的文字功底和敏锐的文学嗅觉。大学读书期间，我曾做过校广播社的记者和广播稿的主编工作，对时事热点把握非常到位，撰写的广播稿经常被录用。我同时担任文学社副社长，我主编和指导发行的杂志，不仅在大学校园里取得了成功，也受到很多社会人士的一致认可。我的多篇文章都刊登在《新周刊》《南风》等知名杂志上。倘若我有幸担任副主任一职，我会在工作中尽力发挥自己的长处，为编辑部尽我的一份力量。

考官：如果你担任此职务，发现部门内部出现很多问题，你会如何解决？

于×：到一个新环境，我一定恪守"没有调查就没有发言权"这个原则。因为有些时候我们只是看到事情的表面现象，需要深入了解事情的缘由后，才能进一步做决定。如果我上任后发现编辑部存在很多问题，我会先跟具体人员进行沟通，深入了解情况。在做完这些工作后，与编辑部主任沟通，最后再作决定。如果是人员编制问题，我会立刻与人事部联系，确定新的更合理的人员编制系统；如果是人员素质问题，我会与其沟通，督促其改进，倘若没有更好地改善，则需要及时更换新人，确保编辑工作顺利进行；如果是编辑工作流程出现问题，我会先找到出现问题的关键环节，然后针对这些环节找到最好最有效的解决方案。

考官：好的，谢谢你的回答。面试结束了，我们会在两周内公布结果，请及时关注我们的网站。

点评

该考生具备很好的政治素养和专业素养，更重要的是他能有条理地把自己的这种优势反馈给主考官。在整个面试过程中，他始终保持良好的心态，非常自信。尤其在回答优势的时候，他能结合编辑部副主任的需要和自己在这方面的特长进行阐述，可见，是一个思维缜密的人。